경제
저격수의
고백

CONFESSIONS OF AN ECONOMIC HIT MAN: 3rd Edition
by John Perkins

Copyright © John Perkins 2004, 2016, 2023
All rights reserved.

Korean translation edition is published by arrangement with
Berrett-Koehler Publishers through EYA.

Korean Translation Copyright © Minumin 2005, 2010, 2025

이 책의 한국어판 저작권은 EYA를 통해
Berrett-Koehler Publisher와 독점 계약한 ㈜민음인에 있습니다.
저작권법에 의해 한국 내에서 보호를 받는 저작물이므로 무단 전재와 무단 복제를 금합니다.

끝나지 않는 경제 전쟁,
미국은 어떻게
승리하고 있는가?

존 퍼킨스
김현정 옮김

경제 저격수의 고백

최신
개정

Confessions
of an
Economic
Hit Man
3rd Edition

민음인

일러두기

원서의 주석은 숫자로 표기해 책 뒤편에 후주로 실었으며,
옮긴이의 주석은 ★로 표기해 본문 하단에 각주로 실어 두었습니다.

내게 영감을 불어넣는 뮤즈가 되어 주었을 뿐 아니라
처음부터 이 원고에 대한 비평과 제안을 아끼지 않았던 키먼 루카스,
그리고 퇴행의 길을 걷고 있는 죽음의 경제를
활력 넘치는 생명의 경제로 변화시키기 위해
전 세계에서 몸소 행동하고 실천하는 많은 분에게
이 책을 바친다.

차례

서문 ·· 10
들어가며: 제3의 경제 저격수 물결과 중국의 경제 저격수 전략 ··· 17

| 1부 | 다가올 미래의 징조

1장 반항적인 대통령 ··· 35
2장 악몽을 떠안긴 구세주 ·· 43
3장 새장 속의 카나리아 ·· 49

| 2부 | 1963~1971년

4장 더러운 일 ··· 61
5장 경제 저격수의 탄생 ·· 74
6장 "마음대로 그만둘 수 있는 일이 아니에요." ····························· 88
7장 첫 번째 표적: 인도네시아 ·· 101
8장 한 나라를 공산주의로부터 구해 내다 ···································· 106
9장 돈과 맞바꾼 영혼 ·· 113

|3부| 1971~1975년

10장 반둥의 미국인 조사관 ········· 125
11장 시련 앞에 선 문명 ········· 130
12장 일생일대의 기회 ········· 138
13장 파나마의 영웅 토리호스 ········· 148
14장 파나마 운하의 약탈자 ········· 155
15장 토리호스와의 대화 ········· 158
16장 세계 경제에 드리운 어둠 ········· 167
17장 사우디아라비아 돈세탁 프로젝트 ········· 173
18장 왕자, 뚜쟁이, 그리고 오사마 빈라덴 ········· 191

|4부| 1975~1981년

19장 파나마 운하 협상 ········· 201
20장 이란의 왕중왕 ········· 209
21장 고문당한 남자의 고백 ········· 215
22장 왕중왕의 몰락 ········· 221
23장 콜롬비아: 남미의 쐐기돌 ········· 226
24장 공화국 대 세계 제국 ········· 230
25장 조작된 이력서 ········· 241
26장 석유를 위해 싸우는 에콰도르 대통령 ········· 249
27장 마침내 던진 사표 ········· 256

| 5부 | 1981~2004년

28장 에콰도르 대통령의 죽음 ··· 263
29장 이번에는 파나마, 또 다른 대통령의 죽음 ················· 270
30장 나의 에너지 회사와 조지 W. 부시 ···························· 274
31장 뇌물 ··· 281
32장 미국의 파나마 침공 ·· 290
33장 이라크에서 실패한 경제 저격수 ······························ 303

| 6부 | 2004~2016년

34장 음모: 누가 독을 탔을까? ··· 317
35장 이스탄불: 생명의 경제와 죽음의 경제 ···················· 325
36장 경제 저격수가 개입된 또 다른 은행 스캔들 ············· 333
37장 뉴 밀레니엄 시대의 새로운 경제 저격수 ················· 341
38장 뉴 밀레니엄 시대의 새로운 자칼 ···························· 353

| 7부 | **중국의 경제 저격수 전략**

39장 판도를 뒤흔드는 중국 ·········· 363
40장 중국의 경제 저격수 ·········· 377
41장 중남미 ·········· 383
42장 아시아 ·········· 400
43장 아프리카 ·········· 419
44장 중동 ·········· 441
45장 유럽 ·········· 458
46장 미국 ·········· 474

결론: 모두가 노력해야만 바꿀 수 있다 ·········· 481

토론 가이드 ·········· 494

부록: 죽음의 경제 vs 생명의 경제 ·········· 502

저자 약력 ·········· 509

참고 자료 ·········· 516

주 ·········· 519

감사의 말 ·········· 543

저자에 대하여 ·········· 546

옮긴이의 말 ·········· 550

서문

"경제 저격수란 전 세계의 수많은 나라들을 속여서 수조 달러에 달하는 막대한 돈을 털어 내고, 그 대가로 고액 연봉을 받는 전문가를 가리키는 말이다. 이들은 세계은행과 미국 국제개발처, 또는 다른 해외 '원조' 기관들로부터 돈을 받아 내어 거대 기업의 금고나 전 세계의 천연자원을 손아귀에 쥔 몇몇 부유한 가문의 주머니 속으로 그 돈이 흘러가도록 조종한다. 그리고 그 과정에서 회계 부정, 선거 조작, 뇌물, 협박을 통한 갈취, 섹스, 살인 등 온갖 수단을 동원한다. 이들은 미국이라는 거대한 제국의 역사만큼이나 오래된 게임을 해 오고 있다. 이제 그 게임은 세계화의 물결 속에서 더욱 새롭게 무시무시한 양상으로 변모하고 있다.

나는 좀 더 일찍 깨달았어야 했다.

내가 바로 경제 저격수였음을 말이다."

경제 저격수를 뜻하는 영어 단어는 'Economic hit man'이다. 물론 경제 저격수 중에는 여성도 많지만, 앞서 출판한 두 권의 책에서 'Economic hit man'이라는 표현을 썼기 때문에 이 책에서도 같은 표현을 사용하고자 한다.

2004년에 출판된 『경제 저격수의 고백』 서문에 적힌 글이다. 『경제 저격수의 고백』은 미국 대형 컨설팅 회사의 수석 경제 전문가로 일하며 내가 저지른 용서받을 수 없는 행동, 그리고 내 뒤에서 나의 작전을 든든하게 뒷받침했던 자칼, 즉 미 중앙정보국(CIA)의 인재들이 저지른 범죄를 폭로한 책이다. 이 책은 단숨에 《뉴욕 타임스》 베스트셀러에 선정되어 무려 73주 동안 그 자리를 지켰으며 세계적인 베스트셀러가 됐다.

대학 시절 은사님이자 베스트셀러 『미국민중사』 저자인 하워드 진 교수님이 내 책을 읽고 점심 식사에 초대했다. 이때 나는 교수님에게 내가 저지른 짓 때문에 죄책감에 시달린다고 이야기했다. 그러자 교수님은 이렇게 답했다. "우리는 모두 유죄라네. 우리가 기꺼이 속아 넘어간 탓도 있어. 대기업들이 선전 기관을 동원하긴 했지만 우리도 거기에 기꺼이 속아 넘어갔다는 걸 인정해야 하네. 타성에는 강력한 힘이 있지. 우리를 망가뜨린 시스템을 유지하려고 무슨 짓이든 하거든."

이런 시스템이 널리 퍼진 건, 중국이 경쟁에 뛰어든 2000년대 초반 이후 경제 저격수 전략이 새로운 형태로 변신을 거듭하며 불길할 정도로 막강한 영향력을 갖게 되었기 때문이다. 중국과 미국, 그리고 다른 나라들의 관계 변화를 모두 아우를 수 있도록 『경제 저격수의 고백』을 업데이트하기로 결정하고 나니 크게 세 개의 핵심 주제를 다뤄야 한다는 생각이 들었다. 첫째, 과거에는 세계를 지배하기 위한 경쟁이 주로 군사 분야에 집중됐으나 이제 경쟁의 장이 경제 분야로 옮겨 갔다. 둘째, 중국의 신(新)실크로드(공식 명칭은 '일대일로—帶—路')와 미국이 지배하는 세계 금융 구조 등으로 인해 세계가 하나로 묶이는 추세가 나타나고 있다. 셋째, 지금 우리가 생각하는 미래를 만들어 나가려면 모든 곳에서 경제 저격수 전략을 중단해야 한다. 다시 말해서, 악화 일로를 걷는 죽음의 경제를 생명의 경제로 바꾸어야 한다.

그러나 『경제 저격수의 고백』 신판을 작업하던 중 이러한 주제에 새로운 관점을 더하는 두 가지 사건이 터졌다. 온 세상을 뒤흔든 그 사건들은 다름 아닌 코로나19 사태와 러시아의 우크라이나 침공이다. 코로나19 사태를 겪으며 사람들은 우리 모두가 예상치 못한 위기에 취약한 하나의 글로벌 커뮤니티에 속해 있으며, 반드시 필요한 상황이 되면 결국 우리도 변화할 수 있다는 사실을 배웠다. 그리고 러시아의 우크라이나 침공은 우리가 다시 냉전 시대의 군사 정책으로 복귀했다는 사실을 일깨웠다. 그와 동시에, 전 인류에게 핵무기를 앞세운 홀로코스트가 벌어질지도 모른다는 두려움을 안겼다. 더불어 이 사태를 통해 인류는 모든 나라가 하나의 과제를 해결하기 위해 힘을 모으는 것이 얼마나 중요한지 깨달았다. 또한 중국은 새로운 기회와 걸림돌을 동시에 맞닥뜨리게 됐다.

냉전 시대에 나는 아프리카와 아시아, 중남미, 중동에서 미국의 경제 저격수 전략을 실행하는 일을 했다. 공산주의를 저지하겠다고 굳게 결의한 우리 경제 저격수들은 세상을 향해, 그리고 우리 자신에게, 우리는 빈곤에 종지부를 찍고 민주주의를 독려하고 있다고 말했다. 그러나 사실 우리는 이미 부자인 사람에게 좀 더 많은 부를 안겨 줬을 뿐이었다. 그 결과 기후 재앙이 찾아와 불평등이 한층 더 심각해졌고, 환경이 파괴되었으며, 많은 생명이 멸종 위기를 맞이했다. 2022년까지는 제대로 이해하지 못했지만, 우리가 힘을 합쳐 만들어 낸 시스템은 러시아 대통령이 무자비한 옛 소련 독재자 스탈린의 발자취를 따르도록 부추기는 역할을 했다.

21세기에 접어든 후, 새로운 부류의 경제 저격수가 전 세계로 퍼져 나갔다. 2016년에는 2004년에 출판한 『경제 저격수의 고백』의 내용을 보강해 『경제 저격수의 새로운 고백(The New Confessions of an Economic Hit Man)』이라는 책을 출간했다. 새로운 부류의 경제 저격수들이 계속해서 저소득 국가를 공략하면서 한편으로는 미국을 비롯한 여러 고소득 국가에 경제 저격수 전략을 적용하기 위해 어떤 방법을 활용하는지 그 책에 잘 설명해 두었다. 환경과 사회가 얼마나 큰 비용을 감당해야 하는지는 전혀 고려하지 않은 채 물질주의적 소비와 단기 수익 극대화를 부추기는 사회·정부·경제 정책이 오랫동안 많은 나라를 힘들게 했다. 그 결과로 생겨난 문화적 가치, 법, 기술, 제도, 행동이 이런 정책과 더해지자 자원을 마구잡이로 사용하는 죽음의 경제가 탄생했다. 결코 오랫동안 유지될 수 없는 경제가 등장한 것이다. 『경제 저격수의 새로운 고백』은 죽음의 경제를 지속 가능하고, 활력 넘치는 생명의 경제로 바꾸는 방법을 제안한다. 인간과 자연 모두를 위한 장기적인 이익을 극대화하겠다는 목표를 추구하는 경제 말이다. 생명의 경제는 돈을 이용해 지구를 유린하고 오염시키는 방식으로 살아가도록 사람들을 부추기지 않는다. 대신에 오염을 제거하고, 파괴된 환경을 되살리고, 재활용하고, 모든 생명체가 함께 살아갈 미래를 만들어 나가기 위한 기술과 시스템을 개발한다.

　이 두 권의 책은 많은 나라에 상당한 영향을 미쳤다. 총 38개 언어로 번역돼 200만 부 가까이 판매되며 많은 곳에서 논의의 대상이 되었다. 모든 대륙의 대학, 환경 콘퍼런스, 국제 경제 정상 회담에서 이 책에 관한 논의가 이뤄졌고, 그런 자리에 초청받아 연설한 적도 많았다. 참가자들은 내심 의심은 했지만 상상했던 일이 실제로 벌어졌을 거라고 믿지는 않았다고 이야기하곤 했다. 직접 경험한 사람이 몸소 써 내려간 이야기를 읽고 나서야 애써 외면했던 진실을 바라보게 된 것이다. 프란치스코 교황이 주최하는 토론회 '프란치스코의 경제'★ 참가자들을 비롯해 다양한 조직에서 활동하는 학생과 활동가들이 자신을 '생명의 경제학자'라고 부르기 시작했다.

그동안 나는 많은 나라의 국가 원수와 고문을 만났는데, 그중 2017년 여름에 러시아와 카자흐스탄에서 참석한 콘퍼런스에서의 만남이 가장 기억에 남는다. 그곳에서 블라디미르 푸틴 러시아 대통령, 안토니우 구테흐스 유엔 사무총장, 나렌드라 모디 인도 총리와 함께 연설을 했다. 지속 가능하지 않은 시스템을 몰아내고 회복 능력이 뛰어난 시스템을 도입해야 할 필요성에 대해 연설해 달라는 요청을 받은 나는 잔뜩 고무된 마음으로 콘퍼런스에 참석했다.

하지만 생각지 못한 일이 벌어졌다. 세계에서 가장 영향력 있는 정재계 지도자와 사상가를 만나고, 프랑스, 카자흐스탄, 키르기스스탄, 폴란드 등 중국의 신실크로드 정책과 관련 있는 나라의 총리를 지낸 인물들과 대화를 나누는 동안 뜻밖의 추세를 발견했다. 당시 중국의 경제 저격수들은 매우 효과가 뛰어나고, 혁신적이고, 위험한 전략을 실행하고 있었다. 이번 책에서 중국에 관한 내용을 자세히 다룰 생각이다. 수십 년 만에 마오쩌둥이 주도한 문화 대혁명★★의 잿더미를 딛고 일어서 세계 강국으로 부상하고 죽음의 경제에 커다란 기여를 하게 된 중국을 저지하는 것이 불가능해 보이기 시작했다. 그러다 하워드 진

★ 전 세계의 청년 경제학자, 기업가, 활동가들이 참여해 현재 경제 시스템의 문제점을 논의하고 대안을 모색하는 국제 경제 포럼
★★ 1966~1976년에 일어난 중국의 정치·사회 변혁 운동. 구시대 문화와 관습을 타파하고 사회주의 문화를 건설한다는 명목으로 시작되었으나, 실제로는 극심한 사회 혼란과 경제 침체를 가져왔다.

교수님이 생각났다.

하워드 교수님은 이렇게 이야기한 적이 있다. "타성에는 강력한 힘이 있지. 우리를 망가뜨린 시스템을 유지하려고 무슨 짓이든 하거든." 그는 내가 느끼는 죄책감을 달랠 방법을 알려 줬다. "빠져나오려면, 속죄하려면, 그 시스템을 바꿔야 한다는 걸 사람들에게 보여 줘야 한다네."

점심 식사에 초대받은 날 이후에도 종종 교수님을 만나 함께 대화를 나눴다. 교수님은 경제 저격수 전략이 실패했다는 걸 솔직하게 털어놓아야 한다고 했고, 그와의 대화 덕에 우리 모두가 꼬임에 넘어가 수십 년 동안 오직 좋은 면만 보려 했다는 사실을 깨달았다. 즉 미국의 경제 저격수 전략 덕에 우리가 현대 과학, 의학, 기술을 누리게 됐다고 믿으며 살아온 것이다. 이제 우리는 미국의 경제 저격수 전략이 인류의 존재 자체를 위협하는 수많은 위기를 초래했다는 사실을 잘 알고 있다.

이 모든 이야기는 한 치의 거짓도 없는 사실이다. 눈앞에 보이는 장면, 소리, 냄새, 사람, 활동, 대화, 느낌 등 이 책에 묘사된 모든 사건은 어떠한 가감도 없이 내가 생생하게 경험한 것들이다.

비록 개인적인 경험이었지만, 그와 동시에 우리 역사를 만들고 오늘날의 위기를 초래한 세계적인 사건과 관련 있는 경험이기도 했다. 이러한 경험들이 우리 아이들이 마주할 미래의 기틀이 되기 때문에, 그 이면의 근본 원인을 이해하고 적절한 변화를 만들어 내는 것이 무엇보다 중요하다. 나는 나의 경험과 내가 만난 사람, 직접 나눴던 대화를 정확하게 전달하기 위해 모든 노력을 기울였다. 최근에 벌어진 사건과 역사적인 사건을 언급하거나 다른 사람과의 대화를 재구성할 때는 정확한 전달을 위해 다양한 도구를 활용했다. 가령 출간된 문서, 개인적인 기록과 메모, 나의 기억과 다른 사람들의 기억, 이전에 적어 뒀던 원고, 역사적 기록 같은 것들이다. 가장 눈여겨봐야 할 도구는 아무래도 예전에는 기밀로 분류되거나 입수할 방법이 없었지만 최근에 와서 공개된 자료들이다. 이야기를 원활하게 이끌어 가기 위해 한 사람과 나눴던 여러 건의 대화를 하나의 대화로 결합한 경우도 있다. 관련 주제에 흥미를 느끼는 독자들을 위해 책 뒤에 따로 주석을 달아 두었다.

우리 모두가 경제 저격수 전략의 피해자라는 사실을 이해하는 것이 무엇보다 중요하다. 미국인, 중국인, 러시아인, 아프리카인, 아시아인, 유럽인, 중남미인, 섬나라에 사는 사람, 가난한 사람, 부자를 가리지 않고 모든 생명체가 위협받고 있다. 정치, 정부, 종교 같은 문제에 대해서는 각자 다르게 생각을 할 수도 있다. 그러나 경제 저격수 전략이 계속되는 죽어 버린 행성에서는 그 어떤 것도 의미가 없다는 사실을 인정해야 한다.

우리의 아이들이 계속해서 살아가길 바란다면 모두 힘을 모아 어디에서도 경제 저격수 전략이 발을 붙이지 못하게 만들어야 한다. 중국을 통치하는 현재와 미래의 지도자들은 가족을 돌봐야 한다는 유교의 가르침을 지구촌에도 똑같이 적용해야 한다. 미국을 이끄는 현재와 미래의 지도자들 역시 인류가 맞닥뜨린 위기를 헤쳐 나가려면 미국의 모든 주와 전 세계가 힘을 모아야 한다는 사실을 기억해야 한다. 러시아인들은 국경을 확대하려 애쓰기보다 서양과 동양의 협력을 장려해야 자국의 안전을 확보할 수 있다는 사실을 이해해야 한다. 지구상에서 살아가는 모든 사람은 경제 저격수 전략이 발붙이지 못하게 만들고 죽음의 경제를 생명의 경제로 바꾸기 위해 모두 손을 잡아야 한다.

이 책의 목표는 이 모든 일이 현실이 되도록 독자 여러분을 격려하는 것이다.

들어가며
제3의 경제 저격수 물결과
중국의 경제 저격수 전략

이 지구 위에서 살아가는 모든 사람이 경제 저격수 전략의 피해자라는 사실을 계속해서 강조할 필요가 있다. 우리는 그동안 속임수에 넘어갔다. 우리 중 많은 사람이 자신의 조국이 옳은 일을 하고 있다고 믿어 왔다. 러시아인, 중국인, 브라질인, 나이지리아인, 미국인, 그 외의 많은 나라 사람들이 그렇다. 우리는 피해자이지만 동시에 부역자이기도 하다. 그런 전략이 효과를 발휘하는 것은 우리가 그런 전략을 지지하기 때문이다.

고대 중국, 페르시아, 로마 제국 시대에서부터 이런 전략은 국경 안팎에서 다른 사람들을 지배하려는 이들에게 도움이 됐다. 세월이 흘러 문화와 기술은 대거 변했지만 이런 전략의 목표는 똑같다. 단기적인 물질 소비 수요를 충족시키고 극소수에 불과한 지배 계층에 더 많은 부와 권력을 안겨 주기 위해 자원을 착취하는 것이 바로 그 목표다.

지배의 목적은 교묘하게 가려져 있다. 지배하는 사람들이 지배당하는 사람들을 돕고 있다는 인식이 지배의 진짜 목적을 가려 버린다. 결국 모두가 좀 더 나은 삶을 누리게 된다는 논리가 경제 저격수 전략을 정당화한다. 저소득 국가가 고소득 국가가 되고 최빈곤층이 중산층이 된다는 게 그들의 주장이다. 대학의 경제학 강좌나 경영학 강좌에서는 늘 "우리는 좋은 사람들"이라는 지배 계층의 논리를 그대로 전파한다. 세계은행(World Bank)이나 국제통화기금(IMF)의 보고서 역시 마찬가지다. 나 역시도 오랫동안 이를 맹신하며 이러한 인식을 널리 퍼뜨리려고 애썼고, 경제 개발 분야에서 일하는 많은 사람이 그렇듯 내가 옳은 일을 한다고 믿었다. 나와 직원들은 우리 전략을 채택하면 더 많은 부와 평등, 민주주의를 누릴 수 있다는 주장을 '증명'하기 위해 인상적인 통계 자료를 수집한 다음 정교한 계량경제 모델을 만들어 냈다.

경제학자들이 개발한 모델은 당연히 훨씬 복잡하지만, 숫자를 이용해 사람들을 속이기가 얼마나 쉬운지 간단하게 어림잡아 계산해 보자. 미국에서는 부유한 사람 단 세 명이 전체 인구가 소유한 부의 절반에 해당하는 부를 갖고 있다. 이 셋의 재산이 1년 동안 10퍼센트 늘어나는 동안 전체 인구 중 절반이 보유한 재산은 3퍼센트 줄어들고 나머지가 보유한 재산은 그대로라면, 평균 성장률은 3퍼센트를 약간 웃돌게 된다. 이 수치를 본 사람들은 미국의 모든 국민이 좀 더 나은 삶을 누리게 되었다고 생각하겠지만, 사실은 그 반대다. 돈을 번 사람은 단 셋뿐이다.

전기, 상하수도, TV, 휴대전화를 이용하는 인구에 관한 통계치와 복잡한 계량경제 모델을 함께 활용하면, 막대한 인프라 투자가 경제 성장으로 이어져 결국 모든 국민이 풍요를 누리는 것처럼 보인다. 그러나 이 책에 소개된 많은 사례에서 볼 수 있듯 이런 결론의 근거가 되는 것은 국내총생산(GDP)이나 국민총생산(GNP) 같은 지표들이고, 이 지표들은 경제 저격수 전략을 지지하는 조직들이 정한 것이다. 이런 지표가 좋아진다고 해서 모든 사람의 삶이 풍요로워지는 것은 아니다. 그보다는, 소수의 손에 좀 더 많은 권력과 부가 집중되고, 불평등이 심각해지고, 환경이 파괴되고, 기후가 악화되는 경우가 많다. 휴대전화를 소유하고는 있지만 화려한 고층 빌딩의 그림자가 드리운 불결한 뒷골목에서 살아가는 사람이 너무도 많다. 전기가 들어오긴 하지만 유독성 물질로 지어진 집에서 살아가는 사람도 있다. 상하수도를 이용할 수는 있지만 공기와 땅이 오염되어 영양소가 부족하거나 발암물질로 뒤범벅된 음식을 먹고 살기도 한다. 삶의 끝자락까지 내몰려 범죄와 마약에 손대는 사람도 많다. 그동안 유익하다고 알려졌던 것들이 실제로는 수십억 명의 사람과 자연에 매우 큰 피해를 끼쳤다.

현대판 경제 저격수 전략은 아래와 같이 요약할 수 있다.

고소득 국가는 석유나 다른 자원을 보유하고 있지만, 자원 개발에 필요한 수단이 부족하거나 정치적 의지가 없는 저소득 국가를 찾아낸다. 그리고 자국의 경제 저격수를 저소득 국가로 파견해 거액의 차관(借款)을 얻게 만든다. 이 과정에서 저소득 국가가 소유한 미개발 자원이 담보 역할을 한다. 이런 거래에는 중요한 조건이 따른다. 저소득 국가의 경제 성장에 박차를 가할 인프라 프로젝트, 특히 핵심적인 에너지 부문(오늘날의 경우는 전기에 해당한다.)과 관련된 프로젝트를 고소득 국가의 기업에 맡겨야 한다는 것이 바로 그 조건이다. 이런 기업들은 막대한 돈을 벌어들이고 현지의 몇몇 기업가 역시 번듯해진 인프라를 통해 이익을 얻지만, 나머지 사람들은 고통받는다. 대출 이자를 갚느라 국가에서 의료, 교육, 그 외의 사회 복지에 투입할 돈이 없기 때문이다. 부채의 규모는 너무 커서 갚기가 힘들 정도다. 결국 저소득 국가는 디폴트(default)를 선언한다. 이 과정을 *부채 함정 외교*★라고도 부른다.

디폴트 문제를 해결하기 위해 경제 저격수가 사용하는 1단계 전략은 석유, 광물, 그 외에 담보로 잡힌 자원을 고소득 국가의 기업에 싸게 넘기도록 저소득 국가를 압박하는 것이다. 물론 이때 환경이나 사회 분야의 규제를 대부분, 혹은 전부 없애 달라고 요구한다. 담보로 잡힌 자원이 빚을 갚기에 충분하지 않은 것으로 판명이 나면 경제 저격수는 2단계에 돌입해 *신자유주의(neoliberal)* 정책을 실행할 것을 요구한다. 신자유주의 정책이 도입되면 해당 국가의 정부는 부자가 내는 세금을 깎아 준다. 대신에 부자가 아닌 사람들에게 영향을 미치는 임금과 사회 복지는 삭감하는 식의 긴축 정책을 도입하고, 정부 규제를 완화한다. 또한 공공 기업을 민영화해 고소득 국가의 투자자에게 매각하고, 단체 교섭은 저지한다. 이 모든 정책이 다국적 기업에 도움이 되는 '자유' 시장을 뒷받침하는 역할을 한다. 신자유주의 옹호론자들은 기업과 지배 계층에 돈을 주면 나머지 국민에게로 '흘러내려 간다'는 낙수 효과를 강조한다. 그러나 이런 정책은 거의 항상 불평등을 더욱 악화시킬 뿐이다.

이 시스템은 맨 처음 나를 훈련시킨 이가 '경제 저격수 전략을 지탱하는 네 개의 전술'이라고 불렀던 '공포', '부채', '(음식, 집 등이) 부족할지도 모른다는 불안', '분열과 정복'을 바탕으로 한다.(그 사람에 관한 내용은 본문에 자세히 설명되어 있다.) 역사적으로 경제 저격수들은 네 개의 전술 중에서도 군사 위협을 동원한 '공포'를 가장 적극적으로 활용했다. 공포를

★ Debt-trap Diplomacy. 과도한 차관을 제공한 후 채무국을 상환 불능 상태에 빠뜨려 정치·경제적으로 통제하는 외교 전략

먼저 주입시킨 후 나머지 세 가지 방법도 결국 받아들이게 만드는 것이다. 예를 들면, 지배자 A는 지배자 B가 다스리는 나라에서 전쟁을 벌여 B를 꺾고 승리를 거머쥔다. A는 B와 자신의 딸을 정략결혼시키고, B의 영토를 재건하는 데 투자하고, B가 통치하는 국민이 한층 더 풍요로운 삶을 살게 해 주겠다고 약속하는 과정에서 B를 빚더미에 몰아넣는다. 단, 이런 '관용'을 베푸는 데 한 가지 중요한 조건이 따른다. 바로 B가 이웃 국가를 분열시켜 정복할 수 있도록 A를 도와야 한다는 조건이다.

네 개의 전술 중 어떤 것을 강조하는지는 시대와 특정 상황에 따라 달라질 수도 있지만, 전반적인 전략 자체는 유사 이래 줄곧 같았다. 그런데 내가 경제 저격수 일에 뛰어들었던 1970년대에 중대한 변화가 나타났다.

1970년대에는 규모로 보나 무기 성능으로 보나 세계 최강의 군사력을 보유한 미국이 북베트남 정복에 실패했고, 냉전에서 비롯된 핵무기의 망령이 좀처럼 사라지지 않았다. 그런 탓에 사람들에게 공포를 주입하기보다는 부채를 떠안겨 옥죄는 방법으로 주요 전략이 바뀌었다. 군대와 관련 업계는 모두 뒷받침하는 역할로 밀려났다. 쿠데타, 암살, 침공 가능성이 도사리고 있었지만, 내가 경제 저격수 대열에 합류한 시점부터 부채가 전략에서 무엇보다 중요한 도구로 자리 잡게 되었다. 이와 같은 전략 수정은 매우 성공적이었다. 제2차 세계대전 이후에 등장한 현대적인 경제 저격수들이 만들어 낸 제1의 물결이 이런 전략 수정을 주도했다. 2부에서 5부까지 총 서른 장에 걸쳐 관련 내용을 설명해 두었다. '제1의 경제 저격수 물결'이라고 간략하게 줄여서 표현한 이 현상은 2001년 9월 11일까지 지속됐다.

뉴욕 세계무역센터와 미 국방부 청사가 테러리스트의 공격을 받은 후, 미군은 다시 중심적인 역할로 복귀했다. 전쟁 물자를 생산하거나 판매하는 기업들과 이들에게 돈과 보험, 그리고 기타 서비스를 제공하는 기업들이 군사 활동을 더욱 부추겼다. 미군은 이라크와 아프가니스탄에서 매우 눈에 띄는 방식으로 전쟁을 벌였다. 뿐만 아니라 테러 조직을 숨겨 주는 것으로 의심되는 모든 나라에서 미군의 활동이 늘어났다. CIA와 국가안보국(NSA)을 비롯해 미국 정부 산하의 여러 기관이 활동에 박차를 가했다. 제1의 경제 저격수 물결이 거셌던 지난 40년 동안 저소득 국가를 빚더미로 내몬 성공적인 전략들도 계속 유지되었다. 그와 동시에 '제2의 경제 저격수 물결'이 거세게 일어 경제 저격수 전략이 새로운 단계로 발전했고, 결국 미국을 비롯한 다른 고소득 국가에도 적용되었다. 자세한 내용은 6부에서 설명할 예정이다.

중국 정부는 기회를 포착했다. 중국 지도자들은 자국의 경제 저격수들이 미국 경제 저격수보다 적극적으로 네 개의 전술을 수정해 이용하면 좀 더 큰 영향력을 발휘할 수 있다는 사실을 깨달았다. 중국의 경제 저격수들은 미국이 중동에 주목하느라 소홀히 하고 있던 모든 지역에 경제 저격수 전략을 적용하면 커다란 이익을 얻을 수 있다는 사실 또한 알게 되었다. 그렇게 '제3의 경제 저격수 물결'이 시작됐다. 관련 내용은 7부에 자세히 소개되어 있다.

핵심 요인: 인식

마케팅 책임자, 심리 치료사, 정치인들은 인식이 곧 현실에 영향을 미친다는 사실을 잘 알고 있다. 국가, 문화, 종교, 기업이 존재하려면 이들이 내세운 인식을 받아들여 현실을 수정하는 사람의 숫자가 충분히 많아야 한다. 다른 국가를 지배할 욕심을 가진 나라들은 이 전략의 핵심이 인식이라는 사실을 잘 알고 있다.

"영원한 구원을 얻으려면 야만인들이 문명화되어야 한다." "공산주의 물결이 전 세계를 휩쓸기 전에 저지해야 한다." "성공은 단기 이익, 주가, 그리고 무역 수지로 측정된다." 이런 인식은 사람들의 머릿속에 깊게 자리 잡고 있고, 하워드 진 교수님이 '선전 기관'이라고 명명한 조직이 유지되는 데도 매우 중요한 역할을 했다. 학교는 학생들에게 이런 인식을 심어 주는 역할을 했다. 게다가 이러한 인식은 잔뜩 꾸며진 미사여구 탓에 숭고하게 들리는 정치사상을 사람들의 머릿속에 밀어 넣고, 언론에 영향을 미치고, 군인들을 전쟁터로 내몰았다. 그뿐 아니라, 한 나라 전체가 인종과 문화에 편견을 갖게 만드는 원인이 되었다. 인식이 바로 경제 저격수 전략을 정당화한다.

미국이 주도한 제1의 경제 저격수 물결과 제2의 경제 저격수 물결이 널리 퍼뜨린 인식을 한 문장으로 요약하면 "부유한 나라가 되고 싶다면 워싱턴 컨센서스(Washington Consensus)가 빌려주는 돈을 받고, 미국 회사를 고용해 인프라 프로젝트를 맡기고, 신자유주의 정책을 펴라."는 것이었다. 워싱턴 컨센서스란 세계은행, IMF, 미 재무부, 관련 기관, 즉 돈을 빌려주고 신자유주의를 시행하는 조직을 일컫는다.

미국이 중동 문제에 몰두하고 많은 나라에서 반미 정서가 퍼질 무렵, 중국이 주도한 제3의 경제 저격수 물결은 중국의 전략이 미국과 다르다는 인식을 퍼뜨렸다.

경제 저격수 전략을 수정한 중국

시진핑은 2013년에 중국 국가주석이 되자마자 아프리카와 중남미를 포섭하기 위한 작전을 벌였다. 시진핑과 그가 이끄는 경제 저격수들은 중국이 신자유주의를 거부하고 자체적인 모델을 개발해 실현 불가능해 보이는 성과를 이뤄 냈다고 강조했다. 중국은 30년 동안 10퍼센트에 육박하는 연평균 경제 성장률을 자랑했다. 뿐만 아니라 7억 명이 넘는 중국인이 극심한 빈곤에서 벗어났다. 중국은 문화 대혁명의 재앙에서 벗어나 세계에서 두 번째로 막강한 경제를 구축했다. 중국 외에 이토록 뛰어난 성과를 거둔 나라는 없었다. 비슷한 수준의 성장세를 기록한 나라도 없었다.

시진핑의 직함은 영어로 '대통령president'으로 표기되지만, 중국에서는 중국 공산당 내에서 맡은 역할에 따라 '국가주석state chairman'이라 표기된다. 시진핑은 2012년부터 중국 공산당 총서기를 지냈다. 일반적으로 영어권에서는 시진핑을 묘사할 때 '국가주석'보다 '대통령'이라는 표현을 많이 사용한다.★

중국은 국내에서 눈부신 경제 성공 모델을 제시한 다음 해외에서는 경제 저격수 전략을 대폭 수정했다.

시진핑이 이끄는 중국 정부는 핵심 요인인 '인식'을 바꿔 놓았다. 중국은 다른 나라의 정부 정책에 영향력을 미칠 생각이 없다는 태도를 고수했다. "부유한 나라가 되고 싶다면 워싱턴 컨센서스가 빌려주는 돈을 받고, 미국 회사를 고용해 인프라 프로젝트를 맡기고, 신자유주의 정책을 펴라."는 미국식 전략을 채택하지 않았다. 대신 "부유한 나라가 되고 싶다면 귀국 정부가 하는 일에 간섭하지 않을 세계 무역 파트너로 중국을 받아들이고, 중국한테 돈을 빌려 인프라 프로젝트를 맡겨라."라고 주장한다. 신자유주의를 강요하는 조건도 없고 국정에 간

★ 이런 관례에 따라 이 책 원문에서는 시진핑을 줄곧 '대통령'으로 표기한다. 다만, 한국어 번역판에서는 한국의 관례에 맞춰 '주석' 혹은 '국가주석'으로 번역했다.

섭하지 않겠다는 약속 때문에, 채권자들의 요구에 질린 국가 지도자들이 중국에 관심을 갖기 시작했다. 물론 중국은 계속해서 이러한 약속을 어겼다.

이와 같은 인식 변화와 함께 제3의 경제 저격수 물결이 네 개의 전술도 바꿔 놓았다.

공포

'공포'의 경우를 생각해 보면, 중국은 최근까지 대부분의 나라에 군대를 주둔시키거나 군사적으로 다른 나라를 위협한 경우가 거의 없다. 물론 예외가 있긴 하다. 대표적으로 남중국해, 대만, 홍콩, 티베트, 인도 국경, 부탄, 미얀마, 러시아 등이 예외 사례에 속한다. 중국의 경제 저격수들은 주로 빈곤과 저개발에 대한 공포, 그리고 다른 나라에서 쿠데타를 조장하고 암살을 감행한 미국의 역사에 초점을 둔다. 수 세기 동안 군대를 앞세운 유럽의 식민 정책 때문에 고통을 겪었거나 제2차 세계대전 이후 미군에 점령당한 경험이 있는 사람들에게 이런 공포가 잘 먹혀들었다.

그러나 중국의 독재 정부도 식민 제국들과 비슷한 점이 많다는 사실을 기억해야 한다. 중국은 거의 눈 깜짝할 새 미국과 맞먹을 정도의 위력을 가진 해군을 키워 냈다. 최근에는 아프리카 동부에 있는 지부티라는 나라에 기지를 세웠으며, 캄보디아, 미얀마, 파키스탄, 타지키스탄, 솔로몬 제도를 비롯한 여러 나라에서 병력을 늘리기 위한 논의를 이어 왔다. 홍콩 진압에 더해 중국의 이러한 움직임은 중국에 과도하게 의존하는 국가들에 경고의 메시지를 전한다.

부채

중국이 제공하는 '부채(차관)'는 긍정적이든 부정적이든 몇 가지 중요한 측면에서 미국의 차관과는 다르다. 긍정적인 측면부터 살펴보자. 첫째, 중국은 미국과 달리 채무국의 정부 정책에 관여하지 않겠다고 약속한다. 둘째, 미국은 '외국'에 대한 나름의 편향된 사고방식을 가진 미국인 '전문가'를 고용할 것을 고집하지만, 중국은 차관을 통해 확보한 자금을 어떤 유형의 프로젝트에 사용할지 현지 관계자들이 직접 결정하도록 장려한다. 그러나 부정적인 측면도 존재한다. 첫째, 중국은 돈을 빌려줄 때 불간섭을 약속하지만 중국의 정책을 지원할 것을 요구하기도 한다. 특히 대만, 홍콩, 티베트, 위구르를 비롯한 여러 소수 민족과 관련된 정책에 있어서 중국의 정책을 따르도록 압박할 때가 많다. 둘째, 현지 관계자들에게 차관을 어디에 사용할지 결정할 권한을 준다는 것이 이론적으로는 긍정적인 것처럼 보인다. 그러나 이들이 그 과정에서 개인 주머니를 채울 가능성이 큰 만큼 부패를 조장하는 부정적인 결과가 뒤따를 수도 있다. 셋째, 중국은 채무국에 중국인 근로자 고용과 중국 부품 사용을 권한다. 그리고 그 부품을 계속해서 다른 중국 부품으로 교체할 것을 요구한다. 이렇게 되면 채무국은 영구적으로 중국에 의존할 수밖에 없어진다. 넷째, 중국이 진행하는 프로젝트는 설계가 부실하고 건설 과정 역시 조잡할 때가 많다. 그런 탓에 심각한 환경 문제와 안전 문제가 종종 발생한다. 관련 내용은 1~3장에서 소개된다. 다섯째, 중국은 독재 국가이고 언론의 자유가 보장되지 않는 나라이기 때문에 채무국이 엔지니어링, 건설, 사회·환경적 피해, 노동 관행, 부패 등에 관한 문제를 제기하기가 어렵다.

부족할지도 모른다는 불안

'부족할지도 모른다는 불안'은 미국과 중국 둘 다 비슷한 방식으로 활용한다. 양국 모두 "우리가 빌려주는 돈을 받고 우리 회사를 고용해서 부자가 되세요."라는 메시지를 보낸다. 그러나 중국의 경제 저격수들은 아주 최근에 무일푼에서 갑부로 변신한 자국의 사례를 잘 활용할 수 있다. 게다가 중국 정부가 추진하는 신실크로드 정책 덕에 채무국들은 전 세계의 무역 상대를 만날 수 있을지도 모른다는 매력을 느낀다. 미국은 이런 기회를 제공하지 않는다.

그러나 중국의 메시지에 담긴 매력은 위험 요인이 되기도 한다. "믿기 어려울 정도로 좋다면 사실이 아닐 가능성이 크다."는 격언을 이 대목에도 적용할 수 있다. 채무국들이 신실크로드의 매력에 사로잡혀 이런 상호 연결 관계가 자국에 불리하게 작용할 수 있다는 사실을 깨닫지 못할 수도 있다. 운송망이 발달하면 외국 군인들이 습격할 가능성이 생기는 등 착취 당할 위험이 커진다. 돈을 빌려 인프라를 구축하면 그 무엇도 부족하지 않게 만들 수 있다는 매력에 눈이 멀어, 중국이 추진했으나 끝내 실패한 프로젝트, 막후에서 벌어지는 정치 조작, 부패 같은 현실을 보지 못할 가능성이 있다.

분열과 정복

마지막으로, 중국이 주도한 제3의 경제 저격수 물결에서 관찰되는 가장 중요한 변화는 '분열과 정복' 전술의 변화다. 신실크로드 정책은 전 세계를 무역으로 통합해 이 세상의 극단적인 빈곤을 없애겠다는 약속을 앞세워 분열과 정복의 개념을 완전히 뒤집었다. 이 말을 들었을 때 '왜 우리는 이런 방법을 생각해 내지 못했지?' 하는 마음이 가장 먼저 들었다. 최근 몇 년 동안 이런 생각이 전 세계의 상당 부분을 지배하기에 이르렀다. 뿐만 아니라, 중국은 날이 갈수록 전 세계인의 상호의존성이 높아지는 현실을 강조하고 고대 역사를 바꿔 놓은 무역로를 연상시키는 낭만적인 비전을 제시했다.(일대일로라는 공식 명칭 대신 신실크로드라는 비공식 명칭을 사용하는 것은 바로 이런 이유 때문이다.)

하지만 문제점도 있다. 신실크로드를 통제하는 국가는 단 하나, 즉 중국뿐이고, 정부는 변하기 마련이다. 러시아의 우크라이나 침공만 보더라도 독재 정권이 어떻게 갑자기 역사의 흐름을 바꿔 놓을 수 있는지 잘 알 수 있다. 러시아와 중국의 경우가 그렇듯이 한 사람, 혹은 단절된 내부자 그룹에 권력이 집중되어 있으면, 사전 경고도 없이 순식간에 모든 것이 바뀔 수 있다. 중국은 한때 서로 나뉘어 있었던 국가를 한데 모으고 있다. 그러나 자기 평가와 비판을 막는 독재 정권 아래에서 이 모든 일이 이뤄지고 있다.

중국은 기존의 경제 저격수 전략을 수정하면서 그럴듯한 미사여구를 갖다 붙이지만 미국이 수백 년 동안 사용해 온 기본적인 전술과 다를 바가 없다는 사실을 잊어서는 안 된다. 이 전략을 실행하는 주체가 누구건 결국은 자원을 착취하고, 더욱 불평등하게 만들고, 많은 나라들을 빚더미에 파묻고, 지배 계층을 제외한 모두를 힘들게 하고, 기후변화를 초래하고, 우리 지구를 위협하는 다른 위기를 더욱 악화시키는 전략일 뿐이다.

제3의 경제 저격수 물결이 밀려온다

중국은 전 세계에서 경제 저격수 전략을 실행하고 있다. 중국의 전략이 너무도 광범위하고 성공적인 만큼 모두가 그 역학과 위험성에 관심을 가질 필요가 있다. 이제 세계 모든 대륙의 많은 국가가 중국을 최대 무역 상대국으로 꼽는다. 중국은 경제 저격수 전략을 구성하는 네 개의 전술을 활용해 에너지, 교통, 통신 등 전 세계에서 진행되는 다양한 인프라 개발 프로젝트에서 미국을 밀어내고 있다. 자세한 내용은 7장에 소개해 뒀다.

중국에 대해 어떤 생각을 하고 있든, 중국의 진짜 의도가 무엇이든, 그리고 중국의 경제 저격수 활동이 최근 들어 조금 주춤해졌다 하더라도, 중국 경제의 놀라운 성공과 경제 저격수 전략 수정이 전 세계의 많은 사람에게 깊은 인상을 남겼다는 사실은 부인할 수 없다. 나 역시도 러시아와 카자흐스탄에서 열린 국제 경제 정상 회담의 연사로 초청받기 전까지는 이런 현실을 제대로 인지하지 못했다. 당시 전 세계에서 가장 영향력 있는 1만 2000명 이상의 정책 입안자가 회담에 참석했다. 연사들은 잇따라 중국의 성공과 미국의 실패를 비교했다. 가장 자주 언급된 사례 중 하나는 물가 상승률을 고려한 미국의 평균 시간당 임금은 1973년 이후 전혀 증가하지 않았으며, 미국의 중산층이 전체 인구의 60퍼센트에서 50퍼센트로 줄어들었다는 것이었다. 같은 기간 동안 중국에서는 임금이 폭등해 수억 명의 사람들이 극빈층에서 벗어나 중산층으로 발돋움했다.[1]

생태계와 경제, 사회가 모두 파괴의 나락으로 떨어질 순간이 가까워지고 있다. 그런 만큼 우리가 위험하기 짝이 없는 엉터리 인식 속에서 살아가고 있다는 사실을 깨닫는 것이 무엇보다 중요하다. 단기적인 이익과 물질적인 소비를 극대화하는 생활방식, 그리고 경제 저격수 전략이 우리 인류를 죽음으로 내몰고 있다. 내가 경제 저격수를 주제로 하는 세 번째 책을 쓰는 이유는, 경제 저격수 전략과 인류가 직면한 수많은 위기들 간의 관계를 분석하는 것이 중요하다고 생각하기 때문이다. 그리고 우리 모두가 피해자의 역할에서 벗어나 변화를 유도하는 주체가 되는 것이 중요하다는 생각을 널리 퍼뜨려야 한다고 믿기 때문이다.

우리가 함께 힘을 모은다면

 중국 수용소의 끔찍한 환경, 그리고 중국이 위구르족을 비롯한 소수 민족에게 저지른 범죄에 관한 뉴스가 터져 나오자 전 세계는 중국의 어두운 이면에 관해 경각심을 갖게 되었다. 아울러 아시아 일부 지역에서 중국이 보이는 제국주의적인 행동 역시 사람들에게 경고를 보낸다. 그와 동시에 백인 우월론자, 사회적 불평등, 인종 불평등에서부터 선거 민주주의를 없애려는 시도, 감옥과 이민자 구금 장소의 끔찍한 상황에 이르기까지 미국에서 벌어지는 많은 사건을 통해 미국의 어두운 이면도 폭로됐다. 이런 폭로가 터져 나온 진짜 이유가 무엇이든, 위기로 가득한 이 세상을 헤쳐 나가려면 지금 우리에게는 너무도 절실하게 협력이 필요하다. 그러나 다른 나라의 부정적인 측면에 지나치게 집중한 탓에 협력하지 못하는 경우가 너무도 많다.

 나는 미국에서 백인 남성으로 자라면서, 다른 피부색이나 성별, 국적을 지닌 사람들에게는 허락되지 않은 기회를 누리는 것을 당연하게 받아들였다. 게다가 나를 비롯한 베이비붐 세대는 어릴 때부터 미국 백인들이 만든 아프리카계, 아시아계, 중동계 사람들에 대한 편견을 심어 주는 영화, TV 프로그램, 만화를 보며 자랐다. 지구 곳곳을 돌아다니다 보니 어디에 살든 사람들은 다른 사람들에게 편견을 가진다는 것을 깨달았다.

 나도 이런 편견 섞인 말과 마주할 때가 많다. 다른 나라들이 중국이 제안하는 모델에 매력을 느낄 수도 있다고 이야기하면 사람들은 내가 중국을 좋아한다고 비난한다. 중국 전략을 비판하면 아시아를 싫어한다고 비난하고, 미국 경제 저격수들의 실수를 폭로한다는 이유로 미국에 반대한다고 비난하기도 한다.

그래서 여러분의 도움이 필요하다.

나는 가능한 한 객관적이고 공정한 관점에서 글을 쓰기 위해 부단히 노력했다. 그러나 실제로는 여전히 편견을 갖고 있으면서 미처 깨닫지 못한 부분이 있을 수 있고, 독자 여러분이 이 책을 읽다가 그러한 편견이 반영된 문장을 발견하게 될 수도 있다. 만약 그런 문장과 맞닥뜨린다면, 용서와 이해를 구하고 싶다. 다른 누군가를 불쾌하게 만드는 것은 절대로 내 목표가 아니라는 사실을 알아주었으면 한다. 중국이나 미국의 모델을 옹호하려는 생각도 없다. 그보다는 경제 저격수 전략이 역사의 뒤안길로 사라지기를 바란다. 모든 경제 저격수 전략이 사라지기를 바란다. 완전히 말이다.

여러분이 이 책을 다 읽고 나서, 새로운 글로벌 협력 시대를 열어 나가기 위한 노력에 동참하고픈 열망을 느꼈으면 좋겠다. 생명력 넘치는 이 지구에서 성공한 사람이 된다는 것의 의미를 재정의하는 그런 협력의 시대 말이다.

1부
다가올 미래의 징조

1장
반항적인 대통령

　에콰도르의 대통령 라파엘 코레아는 에콰도르 대통령궁 발코니에 홀로 서서, 키토의 독립 광장에 모여들기 시작한 사람들을 내려다보며 미소를 지었다. 사람들은 손을 흔들며 휴대전화로 그의 모습을 촬영했다. 두 번째 대통령 임기를 끝내고 에콰도르 법에 따라 퇴임해야 할 2017년까지 1년도 채 남지 않았을 무렵이었다. 코레아 대통령은 자신이 대단한 승리를 거뒀다고 생각하며 대통령궁을 떠났을 것이다. 그는 시진핑 중국 주석을 만나 세기의 거래를 성사시켰다. 코레아는 미국의 경제 저격수들이 흔히 사용하는 방식을 동원해 그들을 이겼다.

　코레아는 평생 미국 정책의 영향을 받으며 살았다. 그가 난생 처음으로 미국 정책의 영향을 받은 것은 다섯 살 때였다. 그해, 라파엘 코레아의 아버지는 가족을 먹여 살리기 위해 마약을 원하는 미국인들에게 마약을 공급한 죄로 미국 감옥에 갇혔다. 열한 살이 된 직후, 코레아가 존경했던, 민주적으로 선출된 칠레 대통령 살바도르 아옌데가 세상을 떠났다. 라파엘 코레아는 청소년기를 보내는 동안, 내가 경제 저격수로 일하며 클라이언트로 삼았던 에콰도르 대통령 하이메 롤도스와 파나마 지도자 오마르 토리호스로부터 커다란 영향을 받았다.

코레아는 롤도스와 토리호스가 에콰도르와 파나마의 자원을 착취하기 위해 똘똘 뭉친 미국의 기업, 정부, 은행에 맞서 싸우는 모습을 깊이 존경했다. 무엇보다도 거대 석유 기업들이 더 이상 자국의 자원을 착취하지 못하도록 맞서려는 롤도스의 집념과 파나마를 둘로 갈라놓은 운하의 소유권을 되찾겠다는 토리호스의 굳은 결의가 그에게 크나큰 감명을 주었다. 나 또한 그들을 매수하려 한 적이 있지만 두 사람 모두 뇌물의 유혹에 굴하지 않았다. 뿐만 아니라, 나와 다른 경제 저격수들이 두 사람을 부패의 나락으로 끌어내리는 데 실패하자 자칼이 끼어들어 생명을 위협했음에도 두 사람은 굴하지 않았다. 로널드 레이건과 미국 대기업 CEO들은 롤도스와 토리호스를 모두 싫어했다. 코레아가 열여덟 살이 되던 해 레이건이 백악관에 입성했다. 바로 그해에 롤도스와 토리호스가 모두 비행기 사고로 목숨을 잃었다. 자세한 내용은 뒤에서 설명하겠지만 곳곳에서 암살의 흔적이 드러났다.

아버지의 재판과 유죄 판결, 영웅적인 세 지도자의 죽음에 드리워진 CIA의 그림자, 베트남 전쟁, 미국 내의 인종 갈등 및 사회 갈등 등을 모두 지켜본 코레아는 시스템 자체가 미국의 부유한 백인과 기업에 유리하도록 왜곡되어 있다고 느꼈다. 이 시스템을 좀 더 파고들고 싶은 열망에 휩싸인 코레아는 공부에 매진해 장학금을 받아 에콰도르의 대학에 진학한 다음, 벨기에의 대학원에서 석사 학위를 받고 미국 일리노이대학에서 경제학 박사 학위를 받았다. 코레아는 굴욕감과 수모, 착취를 직접 경험했다. 그런 경험 덕에 그는 경제 저격수들이 확산에 앞장서는, 자본주의라 불리는 글로벌 시스템에 대해 누구보다 잘 아는 전문가가 되기로 마음먹었다.

코레아 대통령은 내게 말했다. "당신네가 벌이는 경제 저격수 게임이 다른 나라를 빚더미에 앉히는 짓이라는 걸 다 알고 있습니다. 그런 다음에 우리나라를 먹어 치우려는 거지요." 그는 미국의 경제 저격수 전략을 제대로 이해하고 있었다. 여기에 더해 에콰도르를 좀 더 공정하고 평등한 세계 경제의 일원으로 발전시킬 방법을 찾고 싶어 했다. 코레아는 『경제 저격수의 고백』을 읽은 후 내게 서신을 보냈다. "혁신적이고 더 나은 공존 방법을 모색하는 데 도움이 될 만한 새롭고 보편적인 방식을 찾을 수 있도록 커다란 도움을 주셔서 감사합니다."

코레아 대통령 재임 기간에 에콰도르는 새로운 헌법을 제정했다. 자연의 양도 불가능한 권리를 법률로 명시한 세계 최초의 헌법이었다. 또 코레아는 에콰도르인의 삶을 둘러싼 모든 측면에서 사회·경제·환경적인 균형을 바로 세우기 위해 '부엔비비르'★ 부처를 신설했다.

부엔비비르부 장관 프레디 엘러스는 키토에 있는 아름다운 엘 에히도 공원을 함께 걷던 중에 이렇게 말했다. "코레아 대통령은 이 세계에 어떤 일이 벌어지고 있는지 잘 알고 계십니다. 우리 모두가 난관에 봉착했으며 현 시스템을 수정해야 한다는 사실도 잘 알고 계시고요. 대통령은 에콰도르와 에콰도르의 환경에 보탬이 되는 일을 하고 싶어 하고, 그 과정에서 에콰도르가 다른 나라들이 모방할 만한 모델이 되기를 바랍니다."

코레아는 순식간에 몰려든 발코니 아래의 군중을 향해 팔을 높이 치

★ Buen Vivir. 스페인어로 '좋은 삶'을 뜻하는 말로, 공동체와 자연의 조화로운 공존을 추구하는 안데스 원주민의 전통 철학이다.

켜들었다. 미국의 지배가 끝나가는 현실을 인식하는 국민이 늘어나면서 그의 인기도 함께 높아지는 듯했다. 미국의 지배를 끝내기 위해서 코레아는 중국과 손을 잡을 수밖에 없다고 느꼈다.

2006년에 열린 민주 선거에서 대통령으로 당선된 뒤 코레아는 나와 관련 있는 경제 저격수 전략을 조사하는 업무에 가장 먼저 착수했다. 그는 위원회를 꾸려 세계은행이 민주적인 선거를 통해 선출되지 않은 군부 독재자들에게 빌려준 차관에 대해 낱낱이 조사했다. 코레아는 경제학을 공부하며 미국이 다른 나라를 지배하기 위해 사용하는 경제 저격수 전략의 기본이 차관이라는 사실을 깨달았다. 위원회는 한 가지 질문을 던졌다. '에콰도르의 국민들은 세계은행에서 돈을 빌리는 데 동의한 적도 없고, 심지어 그 돈은 오직 독재자들의 배를 불렸을 뿐 국민에게는 어떤 혜택도 돌아가지 않았다. 그런데도 국민에게 그 차관의 원금과 이자를 갚을 의무가 있는 것일까?'

위원회의 조사가 끝난 후, 코레아는 에콰도르가 빌린 100억 달러의 차관 중 상당 부분이 위법하다고 선언했다.[1] 에너지광산부 장관 알베르토 아코스타는 코레아가 결단을 내린 직후 그의 사무실에 앉아 있던 내게 이렇게 말했다. "선거를 통해 뽑히지 않은 독재자에게 돈을 빌려준 은행들은, 그 돈으로 진행하는 프로젝트가 몇 안 되는 부자들에게나 도움이 될 뿐 대부분의 가난한 사람들에게는 오히려 해가 된다는 사실을 잘 알고 있었습니다. 그러니 여기 에콰도르를 비롯한 많은 곳에서 생긴 문제에 대한 비난도 감수해야 마땅합니다. 진정한 민주 선거가 열리고 이를 통해 선출된 관료들이 다수의 국민을 위해 맞서야 합니다."[2] 독일 쾰른대에서 경제학을 전공한 아코스타는 코레아와 마찬가지로 경제 저격수 전략의 덫에서 빠져나오는 것이 얼마나 중요한

지 잘 알고 있었다.

신용평가사 S&P와 피치는 코레아의 결정에 대한 보복으로 에콰도르의 신용 등급을 강등했다. S&P와 피치는 세계은행이나 미국에서 돈을 빌릴 때 한 약속을 지키지 않거나 경제 저격수 전략을 받아들이지 않는 나라는 결국 벌을 받게 된다는 신호를 보내기로 확고한 결심을 했다. 에콰도르의 무릎을 꿇릴 작정이었다.

그러나 코레아는 굴복할 생각이 없었다. 코레아는 현대 자본주의가 경쟁 상대를 이기고 독점력을 얻기 위해 경제 저격수 전략을 활용한다는 사실을 잘 알았다. 세계 최고의 국가라는 미국의 입지가 심각한 도전을 받고 있다는 사실을 그는 누구보다 빨리 알아차렸다. 미국의 전유물이었던 '제국'이 몰락의 조짐을 보이고 있었다. 잠에서 깨어난 "중국이라는 거대한 용"은 신용 평가 따위는 전혀 신경 쓰지 않았.

중국은 10억 달러의 차관을 앞세워 에콰도르에 구원의 손길을 내밀었고, 머지않아 또다시 10억 달러의 차관을 빌려주었다.[3] 에콰도르의 신용 등급은 순식간에 급등했다. 코레아는 신자유주의와 워싱턴 컨센서스를 거부했다. 대신에 중국 은행들이 내미는 도움의 손길을 붙들고 중남미 전체, 그리고 그 외 세계 곳곳에서 무역을 확대할 것이라는 중국의 약속을 믿었다. 에콰도르는 신실크로드를 제대로 이용하기 위해 전력망, 고속도로, 항구, 공항을 모두 건설해야 했다. 새로 지은 학교나 병원과 더불어 이 모든 성과가 코레아를 에콰도르 역사에 길이 남을 훌륭한 지도자로 만들어 줄 게 틀림없었다. 에콰도르 열대 우림 아래에 묻힌 유전을 담보 삼아 에콰도르를 빈곤에서 구해 내고 다른 나라에 희망을 주는 선례를 만들어 낸 그런 지도자로 남을 게 분명했다.

코레아는 난간에 기대어 계속해서 발코니 아래로 모여드는 군중을 바라봤다. 군중은 미소 띤 얼굴로 큰 소리로 인사하고 그를 향해 손을 흔들며 계속해서 사진을 찍었다. 코레아는 대통령직을 훌륭하게 수행했다. 새로운 헌법을 제정하고 부엔비비르부를 신설했을 뿐 아니라, 10년 동안 대통령이 무려 일곱 번이나 바뀌고 쿠데타와 군사 독재자가 난무하는 역사 때문에 오랫동안 고통받았던 에콰도르의 정치를 안정시켰다. 코레아는 첫 임기 동안 자신의 영웅인 롤도스 대통령의 발자취를 따라 해외 석유 회사의 고삐를 죄었다. 두 번째 임기에는 인프라를 구축하고 국민의 행복에 중요하다고 생각되는 사회 복지를 강화했다. 에콰도르의 경제는 성장을 거듭했다. 전 세계가 금융 위기로 어려움을 겪었던 2008~2009년에도 성장세를 이어 나갔다. 최저 임금은 두 배 이상 늘어나 에콰도르는 중남미에서 최저 임금이 가장 높은 국가 중 하나가 되었다. 빈곤층에서 벗어난 에콰도르인이 100만 명이 넘었다. 코레아가 대통령직을 맡고 있는 동안 이 모든 일이 벌어졌다.[4] 코레아는 한 손을 올려 광장에 모인 군중을 향해 엄지를 치켜들어 보였다. 중국과 에콰도르의 동반자 관계가 결실을 맺었다.

하지만 어떤 의문이 코레아의 머리를 맴돌았다. 기자들은 계속해서 "중국이 미국보다 덜 착취할 거라고 생각하십니까?"라고 물었다. 기자들은 소수 민족인 위구르족, 홍콩, 티베트 등을 상대로 중국이 행사한 폭력, 남중국해에서 제국주의적인 활동을 나날이 확대하는 정책, 홍콩과 대만을 대하는 중국 정부의 태도, 언론의 자유, 성별, 그 외의 인권 문제와 관련된 중국의 형편없는 기록 등에 관한 문제를 언급했다. 이런 질문을 던지는 것이 기자들만은 아니었다. 야당 정치인들 역시 같은 질문을 했다. 코레아의 고문들도 같은 질문을 던졌고, 코레아 역시 자신에게 그런 질문을 던졌다. 그러나 그는 세계 무역을 확대하겠다는 중국의 공언을 믿고 싶었다. 중국이 내건 신실크로드의 약속은 미국과 에콰도르, 단 두 나라만의 양자 간 프로젝트와 무역을 강조하는 미 정부의 제안과는 정반대였다. 뿐만 아니라, 시진핑 주석은 빌려준 돈을 이용해 중국 정부의 뜻을 에콰도르에 강요하는 일은 없을 것이라고 코레아를 안심시켰다. 게다가 손을 뗄 수도 없는 노릇이었다. 그는 전임자들이 추진한 지나치게 친미 성향인 정책들을 바로잡기 위해 노력해왔다.

2015년 말까지 코레아가 중국으로부터 얻은 부채는 60억 달러에 달했다. 에콰도르의 총 대외채무의 30퍼센트에 육박하는 금액이었다.[5] 《뉴욕 타임스》는 아래와 같이 보도했다.

> 중국 은행들은 정유 공장 건설에 70억 달러를 빌려주기 위해 협의 중이다. 정유 공장이 건설되면 에콰도르는 휘발유, 디젤, 그 외의 다른 석유 제품 시장에서 세계적인 기업으로 발돋움할 수 있다.
>
> 에콰도르 전역에 있는 도시의 마을에 중국 자본으로 도로와 고속도로, 교량, 병원이 세워지고 있다. 갈라파고스 제도까지 이어지는 감시 카메라도 줄줄이 설치되고 있다. 중국의 국영 은행들은 이미 에콰도르에 거의 110억 달러를 빌려주었고, 에콰도르 정부는 더 많은 돈이 필요하다고 이야기한다.
>
> 인구가 1600만 명에 불과한 에콰도르는 세계 무대에서 별다른 존재감이 없다. 그러나 중국은 앞으로 뛰어오르는 반면 미국은 점점 설 자리를 잃는 상황에서, 중국의 흔적이 빠른 속도로 늘어나는 것을 보면 세계 질서가 바뀌고 있다는 사실을 잘 알 수 있다.[6]

에콰도르가 중국에서 빌린 돈은 중국 국영 수력 발전 회사인 시노하이드로(Sinohydro)로도 흘러 들어갔다. 에콰도르가 필요로 하는 전체 전기 중 3분의 1 이상을 생산하고, 비즈니스와 산업 발전을 촉진하고, 수십만 개의 일자리를 창출하고, 국제 무역을 확대하겠다고 약속하는 거대한 수력 발전 댐을 건설하는 일을 시노하이드로에 맡긴 것이다. 코레아는 에콰도르가 발전하려면 전기가 무엇보다 중요하다는 사실을 잘 알고 있었다. 발전소 건설은 금상첨화 같은 일처럼 보였다.

그러나 비용이 눈덩이처럼 불어났다. 중국은 더 많은 자금을 투입해 에콰도르를 구제했다. 이런 과정이 끝없이 반복되었고, 빚은 쌓여만 갔다.

그러다가 한순간에 모든 것이 끔찍할 정도로 꼬여 버렸다.

2장

악몽을 떠안긴 구세주

2018년 크리스마스이브, 《뉴욕 타임스》는 시노하이드로 프로젝트와 관련해 다음과 같은 기사를 내놓았다.

> 중국이 돈을 대고 직접 건설한 정글 속의 이 거대한 댐은 많은 약속을 쏟아 냈다. 에콰도르가 엄청난 야망을 실현할 수 있도록 도와주고, 에콰도르의 에너지 문제를 해결하고, 남미의 이 작은 나라를 가난에서 벗어나게 해 준다고 약속했다. 그러나 이 댐은 에콰도르 전체를 휘감은 스캔들의 일부가 되어 버렸다. 부패, 위험천만할 정도로 많은 차관, 중국에 매인 미래가 에콰도르를 집어삼키고 있다.[1]

이 기사를 읽고 있으려니, 코레아가 감정적으로나 정치적으로 얼마나 힘든 시간을 겪고 있을지 제대로 가늠조차 되지 않았다. 그는 아주 높은 산 정상에서 깊은 크레바스 속으로 떨어져 내렸다.

시진핑 주석이 2년 전에 에콰도르를 방문했을 때만 해도 코레아 대통령은 자신의 아버지와 가족, 자신의 영웅들, 자신의 조국, 중남미 전체를 함부로 대한 미국에 마침내 앙갚음을 할 수 있게 됐다고 생각했을 것이다. 세계은행에서 빌린 차관에 대한 디폴트 선언은 대담하고 원대한 선택이었다. 단순히 원유를 수출하는 대신 중국으로부터 차관을 빌리고, 세계 금융 시장에서 에콰도르의 위상을 높이고, 에콰도르에 정유 시설을 만드는 것은 더욱 원대한 일이었다. 코레아가 시진핑 주석과 체결한 마지막 계약은 새로운 세기, 새천년으로 나아가는 거대한 도약으로 여겨졌다.

2016년 11월, 시진핑이 아내와 함께 비행기에서 내려 에콰도르 영토에 발을 디뎠을 때 에콰도르의 대통령과 수많은 국민은 역사적으로 중요한 순간이라며 환호했다. 에콰도르는 제임스 먼로 대통령이 먼로주의를 선언한 1823년으로 거슬러 올라가는 미국과의 주종 관계에 종지부를 찍고 있었다. 먼로주의는 미 대륙에 대한 유럽의 간섭을 허용하지 않겠다는 취지의 외교 정책이었으나 오랫동안 미국의 중남미 정세 간섭을 정당화하는 역할을 했다. 에콰도르는 미국과의 관계 때문에 신용 등급 문제로 골치를 앓던 중에 중국의 도움으로 곤경에서 벗어났다. 시진핑이 에콰도르를 방문한 기간 동안 두 지도자는 에너지, 교통, 농업, 제조 분야의 주요 프로젝트를 공동 추진한다는 내용을 골자로 하는 협정을 체결했다. 먼로주의는 지정학적으로 완전히 무너져 버렸다.[2]

시진핑이 코레아를 만난 지 한참 후에야 미국 대통령을 만났다는 사실은 특히 재미있다. 시진핑이 도널드 트럼프 미 대통령을 만난 것은 2017년이었다. 그리고 그 전에 이미 에콰도르뿐 아니라 아르헨티나,

브라질, 칠레, 코스타리카, 쿠바, 멕시코, 파나마, 페루, 트리니다드토바고, 베네수엘라를 모두 방문했다. 중국과 에콰도르가 체결한 것과 비슷한 여러 건의 협정을 체결했다. 반면 트럼프는 4년의 임기 동안 단 하나의 중남미 국가를 방문했을 뿐이며, 그조차도 아르헨티나에서 열린 G20 정상 회담에 참석하기 위해서였다. 이런 상황이 코레아를 비롯해 중남미 국가의 대통령에게 던지는 메시지는 분명했다. 중국은 중남미에 관심을 기울이고 있고, 먼로주의나 미국은 중국에게 위협이 되지 않으며, 중국은 중남미의 새로운 구원자가 되고 싶어 한다는 것이 바로 그 메시지였다. 중국은 신자유주의 정책보다 무역을 통해 그런 성과를 이루고 싶어 했다.

국제 유가가 2014년에 급락한 후 약세를 유지하고 있다는 사실은 중국의 중남미 진출 의욕을 떨어뜨리고 중남미 국가들과 체결한 협정을 취소하는 기폭제가 되었을 수도 있었다. 협정을 뒷받침하는 것은 결국 차관의 담보 역할을 하는 석유의 가치이기 때문이다. 그러나 대부분의 중남미 국가가 그렇듯 에콰도르는 다른 천연자원도 보유하고 있었다. 중국 정부는 이러한 상황을 차관을 늘리고, 더 많은 프로젝트를 진행하고, 에콰도르의 풍부한 광물을 착취하고, 무역을 확대할 기회로 삼았다. 홍콩 신문 《사우스 차이나 모닝 포스트》는 다음과 같은 기사를 내놓았다.

> 미라도르 광산은 주로 구리를 채굴하면서 금과 은도 함께 채굴하기 위해 설계된 14억 달러 규모의 대규모 노천광이다. …… 중국 철도건설공사(CRCC)와 통관 투자 회사로 이뤄진 중국 국영 컨소시엄이 설립한 자회사, 에콰코리엔테 S.A.가 건설과 운영을 맡고 있다.

에콰도르는 전통적으로 광업에 주력하는 나라가 아니다. 그러나 코레아 행정부 시절 광업이 좀 더 중요한 역할을 맡게 되었다. ……

미라도르는 에콰도르에서 가장 중요한 프로젝트로 꼽힌다. 그 외에도 최근 몇 년 동안 중요한 프로젝트와 관련된 여러 영업권이 허가됐고 그중 상당수는 중국 기업으로 넘어갔다.³

채굴이 이뤄질 곳은 내가 잘 아는 지역이었다. 그 광산은 1960년대 말에 내가 평화봉사단* 활동을 하며 지냈던 아마존 열대 우림에 위치했다. 지구상에서 생물의 다양성이 가장 풍부하고 자연 생태계가 가장 섬세한 곳 중 하나였다. 안데스산맥 오른쪽에 있어서 오리엔테**라고 불리는 이 지역은 전통적으로 슈아르족을 비롯한 토착 부족들이 거주해 온 영토다. 안데스산맥의 빙하와 고도가 높은 지역에 위치한 호수에서 발원한 강이 에콰도르의 정글을 지나 페루로 이동해, 다시 아마존강으로 흘러가 브라질을 가로질러 대서양으로 뻗어 나간다.

중국은 이미 거대한 댐을 완공했고, 곧이어 환경 운동가들이 '아마존의 신성한 상류(Sacred Headwaters of the Amazon)'라고 부를 정도로 중요한 지역에서 탄광 개발에 나섰다. 그리고 중국은 엄청난 실수를 저지르고 있었다.

가장 먼저, 중국이 건설한 댐은 곧 재앙이었다.

시노하이드로는 지진이 나기 쉬운 열대 우림에 자리한 활화산 레벤타도르 옆에 댐을 건설했다. 1,000명에 달하는 중국 근로자들이 댐 건

★ 1961년 케네디 대통령이 창설한 미국의 해외 봉사 기구. 미국의 청년들을 모집해 필요한 기술과 전문 지식을 교육한 다음 개발도상국으로 파견한다. 파견된 단원들은 교육, 보건, 농업 등의 분야에서 활약하게 된다.

★★ Oriente. 스페인어로 '동쪽'을 뜻한다.

설을 위해 에콰도르로 몰려들었다. 24킬로미터 깊이의 지하 터널과 여덟 개의 터빈 발전기 역시 건설 프로젝트에 포함되어 있었다. 건설에 참여할 노동자가 중국에서 건너오는 바람에 에콰도르 노동자들은 직접 건설에 참여하고 돈을 벌 기회를 놓쳤다.

그로부터 2년도 채 지나지 않아 발전소 건물은 균열로 가득해졌다. 저수지는 토사, 나무, 그 외에 정글에서 흘러온 잔해로 들어찼다. 댐 상류와 하류의 토양은 모두 심각하게 침식했다. 관광 수입을 올리는 데 도움을 줄 것으로 기대되었을 뿐 아니라, 생태학적으로도 중요하며 그야말로 장관을 이뤘던 폭포도 파괴되었다. 배관이 약해지면서 결국 터져 버렸으며, 배관 틈새로 새어 나온 석유가 정글로 흘러 들어갔다. 책임자들이 발전기의 전원을 켜자 에콰도르의 송전망이 모두 망가져 버렸다.

코로나19 사태가 터지기 전에 나는 자주 에콰도르로 날아가 중국이 진행한 프로젝트의 직격탄을 맞은 여러 지역을 방문했다. 토착 부족 지도자와 학생, 정부 관계자들을 만나고, 도시에서 길을 걷다 만난 시민들과 대화를 나누고, 시골에서 열리는 농산물 시장을 찾아가기도 했다. 그곳에서 벌어지는 일을 직접 두 눈으로 보고 많은 이야기를 들으며 엄청난 스트레스를 받았다. 코레아가 어떤 의도로 중국의 제안을 받아들였건, 에콰도르는 결국 우리 미국인들이 사용했던 것과 똑같은 경제 저격수 전략에 희생됐다. 이번에는 미국 대신 중국이 주체라는 차이가 있을 뿐이었다.

코레아가 대통령 임기를 끝내고 아내의 고향인 벨기에로 날아갈 무렵, 댐 프로젝트는 에콰도르의 재앙이 되어 버렸다. 《뉴욕 타임스》는 2018년에 다음의 기사를 내놓았다.

댐 건설에 연루된 에콰도르의 거의 모든 고위급 공직자가 부패 혐의로 감옥에 갇혀 있거나 형을 선고받았다. ……

그리고 가격표가 남았다. 에콰도르 정부는 '코카코도 싱클레어'라고 불리는 이 댐뿐만 아니라 교량, 고속도로, 관개 시설, 학교, 병원, 그리고 정부가 비용을 대느라 허둥대고 있는 다른 여섯 개의 댐을 짓기 위해 중국으로부터 약 190억 달러의 차관을 빌렸다.

에콰도르가 그 돈을 갚을 수 있는가는 중요하지 않다.

중국은 어떻게든 그 돈을 받을 수 있다.

중국은 돈을 빌려준 대신 에콰도르의 가장 중요한 수출품인 석유의 80퍼센트를 갖는다. ……

에콰도르 에너지부 장관 카를로스 페레스는 이렇게 이야기한다. "중국이 에콰도르를 이용했습니다. 중국의 전략은 분명합니다. 다른 나라들을 경제적으로 통제하는 거죠."[4]

코레아도 궐석 재판을 받고 유죄가 확정되어 8년 형을 선고받았다.

댐 문제가 부각된 이후, 중국이 지은 광산을 둘러싼 충격적인 폭로가 뒤따랐다. 이 광산 문제에 관한 자세한 내용은 바로 다음 장에서 다룰 예정이다. 구세주가 나타났다는 희망은 악몽이 되고 말았다.

3장

새장 속의 카나리아

《사우스 차이나 모닝 포스트》는 중국의 미라도르 탄광 프로젝트에 대해 다음과 같이 적었다.

> 이 지역의 산이 깎이고 삼림 벌채가 계속되고 있으며 탄광에서 흘러나온 오염 물질로 강이 더러워지고 있다. ……
>
> 에콰도르 정부와 중국 회사 에콰코리엔테가 계약을 체결한 것은 2012년이었다. …… 계약이 체결되자 낙관주의가 뒤따랐다는 사실을 모두가 기억할 것이다. 새로운 도로와 학교, 병원이 세워질 것이라는 약속은 요란했다. ……
>
> 환경단체 아마존워치(Amazon Watch)는 2010년부터 2017년 말까지 이 지역에서 탄광 때문에 벌채가 이뤄진 삼림의 면적이 1,307헥타르에 달한다고 추산한다.
>
> 유엔의 '하모니 위드 네이처(Harmony with Nature, 인간과 자연의 평화로

운 공존을 추구하는 프로그램)'에서 일하는 전문가인 데이비드 딘과 훌리오 프리에토는 현재의 광미 댐★ 설계는 이 지역의 자연 환경에 적합하지 않으며 붕괴할 가능성이 크다고 주장한다.[1]

세계적인 환경 저널 《에콜로지스트》는 다음과 같이 경고했다.

> 전문가들은 폐기물을 저장하는 방식으로 댐을 건설하면 결국 무너질 수밖에 없다고 2007년부터 경고해 왔다. 이미 건설되었든 앞으로 건설될 예정이든 모두 마찬가지다. 얼마 전 브라질에서 처음으로 광미 댐이 붕괴되었을 때도 수백 명이 목숨을 잃었다. 댐이 무너지면 수억 톤에 달하는 유독성 물질이 해일처럼 밀려 내려온다. 가파른 수계를 따라 수은, 비소, 시안화물, 산성물질, 중금속 같은 유독성 물질이 흘러내려 아마존강까지 다다를 것이다.[2]

다른 나라의 자원을 독점하는 데 혈안이 된 한 나라가 발전이라는 명목 아래 저지른 무모하고 무책임하고 파괴적인 행동의 대표적인 사례다. 나는 코로나19 사태로 에콰도르를 방문하지 못할 때도 마법 같은 현대의 위성 기술을 이용해 아마존 열대 우림 깊은 곳에서 살아가는 토착 부족 지도자들과 연락을 이어 나갔다. 여러 전문가 및 논평가와도 연락을 지속했다. 관련 문제에 대해 가장 잘 아는 인물 중 하나가 《사우스 차이나 모닝 포스트》 기사에 등장하는 데이비드 딘이었다.

2020년부터 2021년까지 딘과 수많은 통화를 했다. 어느 날 스페인 자택에 있던 데이비드가 내게 전화로 이렇게 이야기했다. "젊을 때 당

★ 광산에서 나온 독성 부산물인 '광미'를 격리하기 위해 만든 댐

신이 평화봉사단 활동을 했던 지역을 방문해도 알아보지 못할 겁니다. 이제는 넓은 도로와 거대한 건설 장비, 채굴 장비, 중국에서 온 노동자 합숙소, 산산이 뜯겨 나간 풍경만 보일 거예요. 슈아르족이나 토착 부족, 동물, 숲 같은 건 온데간데없습니다. 아마존 유역의 생태계 전체를 위협하는 가장 중요한 요인이 바로 광산입니다. '광미'라고 불리는 반유동적인 독성 물질로 가득 찬 거대한 호수를 가두는 격납 시설물을 부적절하게 설계하고 시공한 탓에, 상상을 초월하는 엄청난 규모의 재앙이 생겨나고 있습니다. 지금 두 개의 댐이 건설되고 있어요. 하나는 높이가 63미터고, 다른 하나는 260미터지요. 중국은 두 개의 댐을 건설하는 과정에서 환경영향평가 지침을 준수하지 않고 있으며 안전이 보장되지 않는 각도로 시공을 강행하고 있습니다. 공학적인 측면에서 보면 두 댐 모두 붕괴 직전인 데다, 지진, 내부 침식, 산사태, 지질학적으로 취약한 지반 위에 건설해서 발생하는 기초 붕괴 등 다양한 원인으로 무너질 위험이 큽니다."

나는 벨기에 집에 머물고 있던 코레아 전 에콰도르 대통령과 전화 통화 중에 나눴던 대화의 일부를 데이비드에게 전했다. "코레아 대통령은 에콰도르가 경제 발전을 이룩하려면 프로젝트 자금을 확보하고 직접 인프라를 건설하기 위해 다른 나라가 필요하다고 이야기했습니다."

데이비드는 이렇게 답했다. "그게 바로 정치인들의 주장입니다. 미라도르는 에콰도르가 수립한 10개년 채굴 계획의 중심에 놓인 '왕관의 보석'이라고 불립니다. 에콰도르는 로열티로 45억 달러를 받을 거라고 생각해요. 그러나 중국 광산 업체들은 690억 달러를 벌어들일 것으로 추산됩니다. 국보급 보물을 순수출한 셈이지요. 거기에다 에콰도르는 수백만 톤의 유독성 물질, 오염된 강, 온갖 사회 문제와 삶의 질 문제를 떠안게 되었습니다. 이렇게 막대한 비용에 브라질, 페루, 그리고 다른 이웃 국가들이 겪고 있는 엄청난 파괴를 더해 보세요. 심지어 대서양까지도 파괴되고 있습니다." 데이비드는 잠깐 멈추었다 다시 말문을 열었다. "속임수입니다. 이미 잘 알고 계시다시피, 속임수가 바로 착취의 기본이지요."

데이비드와의 통화가 끝난 후 내가 경제 저격수로 일할 때 속임수가 어떤 역할을 했는지 좀 더 깊이 생각했다. 한 가지 사례가 특히 뇌리를 떠나지 않았다. 1970년대에 미국의 경제 저격수 전략을 앞장서서 실행할 당시 우리는 소련이 중남미를 공산주의 위성 국가로 탈바꿈시키고 있다고, 또한 쿠바가 소련의 꼭두각시 노릇을 하며 체 게바라가 이끄는 테러리스트 부대를 중남미 전역으로 파견했다고 주장했다.

완전히 날조된 주장이었다. 소련 정부가 이토록 원대한 계획을 세운 적이 있는지조차 모르겠지만, 만약 그랬더라도 1962년의 쿠바 미사일 위기로 모든 것은 물거품이 됐다. CIA 요원 펠릭스 로드리게스는 1967년 볼리비아 정글에서 체 게바라가 처형당하는 모습을 지켜보며 놀라운 사실을 깨달았다. 미국이 주장했던 '쿠바 군대'는 실제로는 제대로 무장하지도 못한 채 특별한 지도자 없이 활동하는 20~30여 명의 오합지졸에 불과했다. '공산주의의 붉은 물결'이라는 표현 자체가 미국의 신자유주의 정책을 받아들이도록 다른 나라를 겁박하기 위해 만들어진 개념이 틀림없었다. 그러나 이런 날조가 끝없이 힘을 얻었다. 여러 선전 기관이 앞다투어 이런 날조를 옹호하고 나선 데다 이런 날조가 막강한 힘을 가진 글로벌 기업과 각 나라를 지배하는 가문, 그리고 미국 정부에 커다란 도움이 되었기 때문이다.

이제 정치인들과 소위 전문가라 불리는 사람들이 또 다른 허구를 퍼뜨리려는 것 같았다. 냉전 시대에 소련이 사용했던 전략과 중국의 팽창주의★를 동일시하는 주장이었다. 그러나, 이런 주장은 효과가 없었다. 에콰도르에서나 다른 중남미 국가에서나 모두 마찬가지였다. 중남미 사람들은 엄청난 차이를 발견했다. 중국과 달리 소련에는 뛰어난 기술이나 제품, 서비스 등 딱히 추천할 만한 것이 없었다. 모방하고 싶은 경제 개발 모델도 없었다. 소련은 해외 투자와 무역 확대를 위해 별다른 노력을 기울이지 않았고, 미미하게나마 나름의 노력을 기울였을 때도 대체로 그 시도가 실패로 돌아갔다. 아마도 가장 중요한 점은 소련의 지도자들이 경제 저격수 전략에서 가장 중요한 요소인 인식의 중요성을 이해하지 못했다는 것이다. 소련이 철학적인 정당화를 위해 들먹일 수 있는 유일한 근거는 마르크스 이론뿐이었는데, 그마저도 스탈린 때문에 상당히 왜곡되어 있었다. 바로 그 철학을 개혁하려는 소련의 내부적인 시도였던 페레스트로이카(Perestroika, 고르바초프가 공산당 서기장에 취임한 후 실시한 개혁 정책)는 결국 소련의 붕괴를 초래했다. 반면 중국은 참담한 문화 혁명 시기를 거친 후 완전한 쇄신을 통해 놀라운 성취와 발전을 이뤄 냈다.

우리 미국인들이 중국을 어떻게 생각하든, 중국이 진행한 토목 프로젝트 중 실패로 끝난 것들이 있음에도 불구하고 중국의 성공 사례가 희망을 준다고 믿는 사람들이 많다. 2021년 2월, 《타임》은 다음과 같이 보도했다.

★ 국가가 영토나 정치·경제적 영향력을 확대하려는 정책 혹은 이념

남미의 많은 나라가 나날이 발전하는 자국의 경제와 관련된 수많은 도전 과제를 해결하기 위해 애쓰는 가운데 북쪽이 아니라 동쪽을 바라보는 경향이 짙어지고 있다. 오늘날 중국은 남미의 최대 교역 파트너다. 2019년, 중국 기업들은 중남미에 128억 달러를 투자했다. 2018년보다 16.5퍼센트 늘어난 금액이었다. 중국 기업의 중남미 투자는 항만, 도로, 댐, 철도 같은 지역 인프라 구축에 집중되어 있다. 중국이 광물과 농산물을 구매한 덕에 남미는 2008년 금융 위기에서 비롯된 최악의 고통을 피할 수 있었다.[3]

실패 사례에도 불구하고 중국은 경제 저격수 전략을 통해 기대 이상의 수익을 올렸다. 2015년, 시진핑 주석은 2025년까지 중국과 중남미 전역의 총 무역 규모를 5000억 달러로 늘려 미국을 앞지르겠다는 목표를 세웠다. 2019년에 중국과 중남미의 무역 규모는 3150억 달러에 도달했다. 중국은 미국의 뒷마당에서 벌어진 경제 전쟁에서 승리를 거두고 있다.[4]

내가 젊었을 때 미국의 경제 저격수들이 그랬던 것처럼 미 국방부는 한 나라의 경제를 지배하려면 전력망을 통제하는 것이 무엇보다 중요하다는 사실을 잘 알고 있었다. 그런 탓에 미군은 중국이 중남미의 전력망을 빠르게 장악하는 실태를 깊이 염려했다. 미 육군대학원은 중국이 진행한 프로젝트 목록을 정리했다. 2021년에 공개된 보고서는 다음과 같이 시작한다.

3월 31일, 칠레 규제 기관들은 칠레의 종합 전기 회사 CGE(Compañía General de Electricidad)를 중국 국영 전기 회사인 국가전력망공사(State Grid)

에 30억 달러에 매각하는 방안을 조건 없이 승인했다. 앞서 2018년에는 중국남방전망(China Southern Power Grid)이 13억 달러에 칠레 송전회사 트랜셀렉(Transelec)의 지분 27.7퍼센트를 매수했다. 마찬가지로 중국수전력대외공사(China Water and Electric, CWE)가 아티아이아에너지(Atiaia Energy)를 인수하고 국가전력망공사가 22억 3000만 달러에 칠퀸타에네르히아(Chilquinta Energia)를 인수해 중국 회사들이 칠레 총송전량의 57퍼센트를 차지하게 되었다.

보고서는 중미 북쪽 국경에서부터 아르헨티나 남단까지 뻗어 있는 "광범위한 수력, 풍력, 태양광, 원자력 프로젝트"에 대해 자세히 설명한다. 보고서는 경고와 함께 다음과 같은 결론을 내렸다.

중국은 새로운 청정에너지 및 송전 기술을 비롯한 발전 및 송전 분야에서 지배적인 위치를 확보해 가고 있다. 중국이 다른 지역에서도 상업적 발전을 지원하고 있으며, 이 지역 내의 다양한 전략적 부문에서 날이 갈수록 커다란 부가가치를 차지하기 시작했다는 점에서 이런 현상이 특히 우려된다. …… 특정 분야에서 지배적인 시장 위치를 활용하면 중국 기업들은 세계 무대에서 영향력을 키워 나갈 수 있다. 현재 중국이 맡고 있는 역내 주요 전력 공급자의 역할은 향후 중국에 기반을 둔 기업들의 성장에 커다란 도움이 된다. 또한 중국은 전력 공급 및 주요 인프라 건설과 관련해 전략적인 선택을 함으로써 중국에 협조하는 상대에게는 보상을 제공하고 적대 세력이나 경쟁자에게는 불이익을 줄 수 있다.[5]

에콰도르와 칠레의 사례는 중남미 전역에서 벌어지는 일을 상징하는 동시에, 세계 곳곳에서 일어나는 일을 상징한다. 대서양 건너편에서 이런 현상이 특히 두드러진다. 중국이 아프리카에 투자한 외국인 직접 투자 금액은 2003년에는 7500만 달러에 불과했지만 2019년에는 무려 27억 달러로 늘어났다. 미국이나 다른 어떤 나라의 투자보다 많은 금액이다. 같은 기간 동안, 중국은 미국과 유럽연합(EU)을 제치고 아프리카 최대 교역 파트너로 발돋움했다.[6]

CNBC는 중국 모델의 효과를 다음과 같이 설명했다.

중국 기업들은 아프리카 국가 간의 통합과 교역을 뒷받침할 항만, 도로, 철도 건설에 가장 적극적인 모습을 보였다. 아프리카자유무역협정(AFCFTA)에서 중국의 이런 의도가 가장 잘 드러났다. 아프리카자유무역협정은 최근 운영 단계에 접어들었고, 궁극적으로는 55개가량의 아프리카연합(AU) 회원국을 인구가 12억 명에 달하는 세계 최대 규모의 자유무역 지역으로 통합하는 것을 목표로 삼고 있다.

최근 몇 년 동안 미국과 아프리카의 교역은 줄어들었으나 중국은 아프리카의 최대 교역 파트너가 됐다. …… 2017년, 아프리카와 미국의 총 교역 규모는 390억 달러에 불과했다. …… 같은 해, 중국과 아프리카의 교역 규모는 무려 1480억 달러에 달했다.[7]

어느 늦은 오후, 키토가 내려다보이는 바에 앉아 에콰도르 수도 위에 불길하게 솟아 있는 피친차 활화산 뒤로 해가 지는 광경을 지켜봤다. 나는 1970년대 말 경제 저격수로서 키토에 파견되기 전 워싱턴 DC에서 참석했던 회의를 떠올렸다. 내 임무는 미국의 거대 석유 기업 텍사코를 압박하는 정책을 중단하도록 롤도스를 설득하는 것이었다. 당시 롤도스는 에콰도르 유전에서 벌어들인 수익의 일부를 에콰도르 국민에게 주도록 텍사코를 압박하고 있었다. 미 국무부 관계자는 에콰도르를 "새장 속의 카나리아"라고 표현했다. 유독 가스를 감지해 내는 역할을 위해 광부들의 손에 끌려 탄광으로 들어가는 카나리아처럼, 에콰도르는 머지않아 닥쳐올 위험을 경고하는 존재였다. 그 관계자는 "롤도스가 성공하면 중남미의 나머지 국가들도 모두 소련식 공산주의를 받아들이게 될 것"이라고 경고했다.(롤도스는 사회주의자긴 했지만 소련식 공산주의를 경멸했으며, 미국이 실제로 중요하게 여기는 것은 이념이 아니라 석유라는 사실을 통째로 무시한 발언이었다.) 태양이 피친차 화산 너머로 저물어 도시 전체에 어두운 그림자가 내려앉자 에콰도르는 다시 한번 새장 속의 카나리아가 된 것 같았다.

중국은 키토에 내려앉았던 그 그림자처럼, 중남미는 말할 것도 없이 아프리카, 아시아, 중동, 유럽에서 한 나라씩 차례대로 집어삼키고 있다. 중국이 에콰도르를 비롯한 수십 개의 나라에서 프로젝트 진행 중에 많은 실수를 저질렀는데도 이토록 많은 나라가 중국의 제안을 열광적으로 환영하는 이유가 궁금했다. 내가 경제 저격수로 활약하던 시절에 미국 기업들이 건설한 수력 발전 댐과 전력 시스템은 여전히 아무런 문제없이 전기를 생산하고 있는 것처럼 느껴졌다. 반면, 중국의 기록은 형편없었다. 그런데도 중국은 왜 그렇게 성공할 수 있었을까?

해답은 미국이 너무도 중요한 질문들을 스스로 던지지 않은 탓일 수도 있다. 가령 국무부, CIA, 세계은행, 국제개발처(USAID), 경영대학원, 싱크 탱크 등에서 일하는, 공부를 매우 많이 하고 똑똑한 사람들은 어떻게 미국의 경제 저격수 전략이 장기적으로 성공할 것이라고 확신할 수 있었을까? 왜 그들 중 누구도 미국이 퍼뜨린 인식이 결국 역효과를 낼 것이라는 사실을 알아차리지 못했을까? 어떻게 그들은, 그리고 우리는 부자가 내는 세금은 깎아 주면서 다른 사람들이 받는 월급과 사회 복지를 줄이는 정책이 모두에게 풍요로운 삶을 안겨 준다는 발상을 믿었을까? 우리는 왜 중국과 달리 세계 무역의 파트너가 되겠다는 생각을 하지 못했던 것일까? 소련이 붕괴된 탓에 우리가 무아지경에 가까운 무기력한 상태에 빠져든 걸까? 국내의 정치 분열과 중동의 분쟁에 너무 치중한 나머지 나날이 거세지는 중국 경제 저격수 전략의 위력을 예측하지 못했던 것일까?

  이 질문에 대한 답은 뒤에서 좀 더 자세히 설명할 것이다. 그러나, 먼저 한 가지 질문에 대해 더 고민해 봐야 한다. 뉴햄프셔주 시골에서 교사의 아들로 자란 남자는 어쩌다 이토록 더러운 일에 뛰어들게 되었을까?

| 2부 |

1963~1971년

4장
더러운 일

1968년에 경영학과를 졸업한 나는 베트남전에 참전하지 않기로 마음먹었다. 당시 나는 앤과 결혼한 지 얼마 되지 않았다. 앤 역시 전쟁에 반대하는 쪽이었고 모험을 즐기는 성격이었던 탓에 기꺼이 나와 함께 평화봉사단 활동을 하겠다고 나섰다.

먼저 우리는 1968년에 에콰도르 키토로 갔다. 스물세 살의 자원봉사자였던 나는 아마존 열대 우림 깊숙한 곳에 있는 지역 사회에서 신용협동조합과 저축협동조합을 설립하는 일을 맡았다. 앤은 원주민 여성들에게 위생과 육아를 가르치는 일을 맡았다.

앤은 유럽에 가본 적이 있었지만 나는 북미를 벗어난 게 그때가 처음이었다. 우리가 세상에서 손에 꼽힐 정도로 고도가 높은 수도이자 가난한 수도 중 한 곳인 키토로 갈 예정이라는 사실은 잘 알고 있었다. 내가 그때까지 봐 왔던 어떤 광경과도 다른 모습을 보게 될 거라고 상상은 했지만, 그런 현실을 마주하게 될 줄은 몰랐다.

우리를 태우고 마이애미를 떠난 비행기가 키토 공항을 향해 기수를 내리는 동안, 나는 활주로를 따라 길게 늘어선 낡아 빠진 판잣집들을 보며 충격에 빠졌다. 손가락으로는 창문을 가리키면서 가운데 좌석에 앉은 앤 쪽으로 몸을 돌렸다. 그런 다음, 앤 옆 통로 좌석에 앉은 에콰도르 사업가에게 물었다. "정말로 저기 사람이 사나요?"

"에콰도르는 가난한 나라니까요." 남자가 침통하게 고개를 끄덕이며 답했다.

시내로 버스를 타고 가는 동안 맞닥뜨린 풍경은 더욱 충격적이었다. 쓰레기로 뒤덮인 거리에는 넝마 같은 옷을 입고 인도에 앉아 구걸하는 사람들, 집에서 대충 만든 것처럼 보이는 목발을 짚고 절뚝거리며 걷는 사람들, 위험할 정도로 배가 부풀어 오른 아이들, 뼈만 남은 개, 골판지 상자로 지어 놓은 허름한 집이 늘어선 판자촌이 즐비했다.

버스는 우리를 키토에 있는 5성급 호텔 인터콘티넨털에 내려 주었다. 인터콘티넨털 호텔은 빈곤의 바다에 떠 있는 사치의 섬이었다. 서른 명쯤 되는 평화봉사단원들은 그곳에서 며칠 동안 현지 브리핑을 들었다. 호텔 로비에 들어서자마자 안도감이 밀려들었다는 사실을 인정하지 않을 수 없다. 시간이 흐른 후, 그때 느꼈던 안도감은 미국인 백인 남성으로 자라면서 잘못된 특권 의식에 빠져들어 있었다는 깨달음과 죄책감으로 바뀌었다.

브리핑 기간에 우리 평화봉사단원들은 수많은 강의를 들었다. 그중 첫 번째 시간에는 에콰도르가 봉건 시대의 유럽과 미국의 황량한 서부가 뒤섞인 곳이라는 이야기를 들었다. 강사들은 독사, 말라리아, 아나콘다, 치명적인 기생충 등 그곳에 존재하는 모든 위험 요인에 대해 경고했다. 그 외에도 '인간 사냥을 하는 적대적인 전사'에 대해서도 이야기했다. 좋은 소식도 들려줬다. 텍사코가 우리가 머물게 될 열대 우림과 멀지 않은 곳에서 방대한 규모의 유전을 발견했다는 소식이었다. 에콰도르가 석유 덕에 남미 최빈국 대열에서 벗어나 가장 부유한 국가의 대열에 합류하게 된다는 것이 강사들의 주장이었다.

어느 오후, 호텔 엘리베이터를 기다리는 동안 텍사스 사투리를 쓰는 키 큰 금발 남자와 대화를 나눴다. 지진학자라고 자신을 소개한 남자는 텍사코 컨설턴트였다. 앤과 내가 수중에 돈이 별로 없는 평화봉사단원이며 열대 우림에서 일하게 될 거라는 사실을 알게 된 남자는 호텔 꼭대기 층에 있는 고급 레스토랑에서 저녁을 사 줬다. 그토록 큰 행운이 찾아오다니 믿기 힘들 정도였다. 메뉴를 훑어보며 저녁 밥값이 우리의 한 달 치 생활비보다 비싸다는 사실을 알게 됐다.

그날 밤, 레스토랑 창밖으로 피친차 화산을 쳐다보며 마가리타를 한 모금 마시다가 남자와 그의 삶에 매료됐다. 그는 가끔 회사 전용기를 타고 휴스턴에서 에콰도르로 날아오는데, 그 비행기는 정글을 마구잡이로 베어 내서 만든 활주로에 착륙한다고 했다. 그는 떠벌리듯 이야기했다. "우리는 입국 심사나 세관 검사를 거치지 않습니다. 에콰도르 정부는 우리한테 특별 허가를 내어 줬습니다." 그는 열대 우림을 방문할 때도 에어컨이 달린 트레일러에서 샴페인을 마시고 도자기 그릇에 나오는 안심 스테이크를 먹는다면서, "아마도 평화봉사단원들은 이런 걸 누릴 수 없겠지요."라고 웃으며 이야기했다.

그런 다음에는 '정글 아래에 묻힌 광활한 석유 바다'에 관한 보고서를 쓰고 있다는 이야기를 들려주었다. 그는 이 보고서가 세계은행이 에콰도르에 막대한 금액의 차관을 빌려주도록 설득하고, 텍사코를 비롯해 유전 개발을 통해 이익을 얻을 기업들에 돈을 빌려주도록 월 스트리트를 유혹하는 근거가 될 것이라고 설명했다.

그렇게 빠른 속도로 일이 진행되는 것이 놀랍다는 반응을 보이자, 그는 내게 이해할 수 없다는 눈빛을 보내며 물었다. "도대체 경영학과 교수들은 뭘 가르치는 겁니까?"

어떻게 답을 해야 할지 종잡을 수 없었다.

"내 말 잘 들어요. 이건 오래된 수법입니다. 아시아, 중동, 아프리카에서도 모두 그런 식으로 일이 진행됐습니다. 이제, 이곳 차례입니다. 지진학 보고서와 우리가 최근에 찾아낸 것과 같이 기름을 콸콸 쏟아내는 훌륭한 유정만 있다면 말입니다." 그러더니 그는 씩 웃었다. "새로운 도시가 생겨나는 겁니다!"

앤이 석유가 에콰도르 국민의 삶을 얼마나 풍요롭게 해 줄지 잔뜩 기대된다고 하자, 그가 답했다.

"게임을 즐길 수 있을 만큼 똑똑한 사람만 풍요를 누리게 될 겁니다."

나는 뉴햄프셔의 작은 마을에서 자랐다. 그 마을은 1849년에 금을 캐러 캘리포니아로 온 사람들에게 삽과 담요를 팔고, 그렇게 모은 재산으로 언덕 위에 저택을 지어 온 동네를 내려다본 한 남자의 이름을 딴 곳이었다. 나는 "상인들, 기업가들, 은행가들이 풍요를 누리겠군요."라고 답했다.

"그렇죠. 그리고 오늘날에는 대기업도 돈을 많이 벌게 될 겁니다." 그는 의자에 등을 기대고 앉았다. "우리는 이 나라를 틀어쥐고 있어요. 통관 절차 없이 비행기를 착륙시켜도 좋다는 허가 이상으로 훨씬 많은 것을 얻지요."

"예를 들면요?"

"정말이지, 모르는 게 너무 많군요. 그런 것 같죠?" 그는 도시를 향해 마티니 잔을 들어 올렸다. "먼저, 우리는 군을 통제합니다. 월급을 주고 에콰도르 군인들한테 무기도 사 주지요. 그들은 자기 땅에 석유 굴착 장치가 생기는 걸 원치 않는 원주민들로부터 우리를 보호해 줍니다. 중남미에서는 군대를 통제하는 사람이 대통령과 법원도 마음대로 움직입니다. 우리는 법도 만들 수 있어요. 석유 유출에 대한 벌금이나 인건비를 정하는 등 우리한테 중요한 모든 법 말이에요."

앤이 물었다. "텍사코가 그 돈을 다 내는 건가요?"

"뭐. 그런 건 아녜요." 남자가 테이블 반대편에서 손을 쭉 뻗더니 앤의 팔을 두드렸다.

"당신이 내는 겁니다. 혹은 당신 아버지가 내는 걸지도 모르고요. 미국 납세자들이 내는 거지요. 국제개발처, 세계은행, CIA, 미 국방부를 통해서 돈이 흘러갑니다. 그러나 여기 있는 사람 모두가……." 그는 창문과 저 아래로 보이는 도시를 향해 팔을 휘두르며 말을 이어 나갔다. "모두가 결국 텍사코와 관련이 있다는 걸 알고 있습니다. 이런 나라들은 모두 오랜 쿠데타의 역사가 있다는 걸 기억해야 해요. 자세히 들여다보면, 그런 일은 대부분 그 나라의 지도자들이 우리가 시키는 대로 하지 않았을 때 벌어진다는 사실을 알 수 있을 겁니다."[1]

"텍사코가 다른 나라 정부를 무너뜨린다는 말인가요?" 내가 물었다.

그러자 그는 웃음을 터뜨렸다. "협조하지 않는 정부는 소련의 꼭두각시로 보이게 된다는 정도로만 얘기해 두죠. 그들은 미국의 이익과 민주주의를 위협하는 존재입니다. CIA는 그런 걸 좋아하지 않아요."

그날 밤이 바로 차후에 '경제 저격수 시스템'이라고 부르게 된 방식을 처음 접한 날이었다.

앤과 나는 이후 열여덟 달 동안 아마존 열대 우림에서 활동했다. 그런 다음, 안데스 고원으로 이동해 벽돌을 만드는 사람들을 돕는 일을 맡았다. 앤은 장애인들이 현지 기업에서 일자리를 찾을 수 있도록 가르치는 임무를 맡았다.

벽돌공들은 벽돌을 굽는 구식 가마의 효율성을 높일 방법을 찾는다고 했다. 그러나 벽돌공들은 하나같이 나를 찾아와 트럭과 물류 창고를 소유한 도시 사람들에 대해 불평을 늘어놓았다.

에콰도르는 사회적 이동성이 없다시피 한 나라였다. 현지인들이 리코스*라고 부르는 몇몇 부유한 가문이 현지 기업과 정계 등 거의 모든 분야를 틀어쥐고 있었다. 이들의 대리인은 벽돌공을 찾아와 터무니없을 정도로 낮은 가격에 벽돌을 사들인 다음, 약 열 배쯤 높은 가격으로 벽돌을 팔았다. 한 벽돌공은 시장을 찾아가 불만을 털어놓았다. 그로부터 며칠 후, 그는 트럭에 치여 목숨을 잃었다.

공포가 마을을 뒤덮었다. 사람들은 그 벽돌공이 살해당했다고 믿었다. 경찰서장은 죽은 벽돌공이 에콰도르를 공산국가로 만들려는 쿠바인들의 음모에 가담했다고 발표했다. 그 발표 이후 트럭에 치인 벽돌공이 살해당한 것일지도 모른다는 의심이 한층 강해졌다.(체 게바라가 CIA 작전으로 볼리비아에서 사망한 지 3년도 채 지나지 않았을 무렵이었다.) 경찰서장은 문제를 일으키는 벽돌공은 누구든 반란 세력으로 체포될 수 있다는 뜻을 넌지시 내비쳤다.

벽돌공들은 내게 리코스를 찾아가 상황을 바로잡아 달라며 애원했다. 벽돌공들은 자신들이 두려워하는 사람들을 달래기 위해서라면 무엇이든 할 준비가 되어 있었고, 굴복하기만 하면 리코스가 자신들을

★ Ricos. 스페인어로 '부자들'을 뜻한다.

보호해 줄 것이라고 굳게 믿었다.

나는 어찌해야 할지 종잡을 수 없었다. 나는 시장에게 영향력을 행사할 수 있는 사람이 아니었다. 게다가 겨우 스물다섯 살에 불과한 외국인인 내가 개입하면 상황이 더 나빠지지나 않을지 걱정됐다. 나는 그저 그들의 말에 귀를 기울이고 측은해할 뿐이었다.

결국 나는 리코스의 방식이 하나의 전략, 즉 스페인이 정복한 이래 공포를 통해 안데스 주민들을 굴복시켜 온 바로 그 시스템이라는 것을 깨달았다. 내가 건네는 위로의 말은 그저 계속해서 아무것도 하지 않도록 그들을 달래는 역할을 할 뿐이었고, 리코스에게 맞서는 데 나는 아무런 도움이 되지 않았다. 그들은 스스로 리코스에게 맞서야만 했다. 억눌러 왔던 분노를 인정하고 오랫동안 참아 왔던 부당한 대우에 화를 내야 마땅했다.

나는 그들에게 행동해야 한다고 말했다. 다음 세대에게 좀 더 풍요롭고 평화로운 삶을 물려주려면 무엇이든 해야만 했다. 목숨을 잃을 위험도 마다해선 안 되는 상황이었다. 그 사람들을 도와야 한다는 깨달음은 내게도 훌륭한 교훈을 안겨 줬다. 피해자 역시도 부지불식간에 부역자가 될 수 있으며, 직접 행동에 돌입하는 것만이 유일한 해결책이라는 사실을 깨달았다. 그 방법은 효과가 있었다.

벽돌공들은 협동조합을 설립했다. 각 가족이 벽돌을 기부했고, 협동조합은 이 벽돌을 이용해 트럭과 도시에 있는 창고를 빌렸다. 리코스는 협동조합이 판매하는 벽돌을 구매하지 않았다. 그러나 노르웨이에서 온 루터교 선교 단체가 협동조합과 계약을 맺고 당시 건설 중이던 학교에 필요한 모든 벽돌을 협동조합으로부터 사기로 했다. 리코스가 벽돌공들에게 주던 벽돌값보다는 약 다섯 배가 높고, 루터교도들이 리코스에게 지불하던 금액과 비교하면 절반에 불과한 가격이었다. 리코스를 제외하면 모두에게 득이 되는 거래였다. 그 후, 협동조합은 줄곧 성장을 거듭했다.

그로부터 1년이 채 지나지 않아 앤과 나는 평화봉사단 임무를 완수했다. 나는 스물여섯이었고 더 이상 징집 대상이 아니었다. 나는 그렇게 경제 저격수가 되었다.

맨 처음 경제 저격수가 되었을 때, 나는 내가 옳은 일을 한다고 믿었다. 월남이 공산주의였던 월북에 함락되었고 이제 전 세계가 소련과 중국의 위협을 받기에 이르렀다. 경영학과 교수들은 세계은행으로부터 많은 돈을 빌려 인프라를 구축하면 저소득 국가도 얼마든지 가난에서 벗어나고 공산주의의 손아귀에서 벗어날 수 있다고 강조했다. 세계은행과 국제개발처의 전문가들은 이와 같은 사람들의 생각을 한층 강화했다.

후에 이런 이야기의 문제점을 발견했을 무렵에는 경제 저격수 시스템에 갇힌 듯한 기분이 들었다. 넘치도록 돈이 많은 남자아이들이 다니는 뉴햄프셔의 기숙 학교 교사였던 아버지 밑에서, 나는 우리 집이 줄곧 가난하다고 생각하며 자랐다.(물론 이제는 그런 생각 역시 상대적인 것에 불과했다는 사실을 잘 안다.) 그랬던 내가 갑자기 많은 돈을 벌고, 일등석을 타고 평생 꿈꿔 왔던 나라로 출장을 가고, 최고급 호텔에 머무르고, 일류 레스토랑에서 밥을 먹고, 많은 나라의 정상을 만나게 되었다. 마침내 꿈을 이룬 셈이었다. 그런 내가 어떻게 거기에서 빠져나올 생각을 했겠는가? 시간이 많이 흐른 후에야 사실은 내가 특권을 누렸다는 사실을 깨달았다. 이 세상의 많은 사람과 달리 나는 다음 끼니를 걱정하거나 몸을 누일 곳이 없을까 봐 걱정한 적은 없었다. 게다가 극소수에게

만 허락된 교육도 받았다.

어쩌면 내 무의식은 이미 이 같은 사실을 어느 정도 인지하고 있었는지도 모른다. 그 무렵부터 나는 악몽을 꾸기 시작했다.

두 눈으로 직접 보았던 장면들에 사로잡혀 컴컴한 호텔 방에서 식은땀을 흘리며 잠에서 깨곤 했다. 바퀴가 달린 나무 상자에 묶인 채 자카르타 거리를 굴러다니던 다리가 없는 한센병 환자, 바로 옆에서는 누군가 대변을 보고 끈적끈적한 녹조까지 잔뜩 끼어 있는 운하에서 몸을 씻던 사람들, 구더기와 파리가 득실거리는 쓰레기 더미에 버려진 사람의 시체, 종이 상자에서 잠을 자며 서로 쓰레기를 차지하려고 떠돌이 개 떼와 경쟁하던 아이들의 모습이 뇌리를 떠나지 않았다. 내가 오랫동안 이런 것들로부터 감정적으로 거리를 두기 위해 애썼다는 사실을 깨달았다. 다른 미국인들과 마찬가지로, 나 역시도 이 사람들을 인간 이하의 존재로 여겼다. 다시 말해서 '거지'나 '부적응자', 혹은 '그들'쯤으로 여겼다.

하루는 인도네시아 정부가 내어 준 리무진을 타고 가다가 신호등 앞에 멈춰 섰다. 한센병에 걸린 한 남자가 병에 걸린 손을 내가 앉아 있는 차창 너머로 쑥 밀어 넣었다. 운전사가 남자를 향해 소리쳤다. 그는 이가 모두 빠져 버려 한쪽으로 내려앉은 입으로 미소를 지으며 물러났다. 운전사는 계속 차를 몰았지만 남자의 영혼은 내 곁에 남았다. 마치 그가 나를 찾아낸 것 같았다. 피로 뒤범벅이 된 그의 손은 경고였고, 미소는 메시지였다. 그가 이렇게 말하는 것 같았다. "모든 것을 바꿔라." "회개하라."

그때부터 내 주위를 좀 더 자세히 살피기 시작했다. 더불어 내 자신도. 성공의 모든 요소를 다 갖췄는데도 삶이 너무 비참하다는 사실을 깨달았다. 나는 매일 밤 신경 안정제를 입에 털어 넣고 술도 많이 마셨다. 아침에 일어나면 커피와 각성제를 쏟아부은 다음 비틀거리며 수억 달러가 걸린 계약을 따내러 나섰다.

그런 삶이 내게는 너무 당연하게 느껴졌다. 경제 저격수 시스템을 정당화하는 이야기를 곧이곧대로 믿어 버린 것이다. 나는 내 삶을 유지하기 위해 빚을 떠안고 있었다. 나는 공포에 떠밀려 일을 하고 있었다. 공산주의에 대한 공포, 일자리를 잃을지도 모른다는 공포, 실패의 공포, 모두가 내게 필요하다고 이야기하는 물질적인 것을 갖지 못할 수도 있다는 공포에 휩싸여 살아갔다.

어느 날 밤, 나는 다른 꿈을 꿨다.

꿈속에서 나는 얼마 전에 엄청난 양의 석유를 발견한 국가 원수의 집무실로 걸어 들어갔다. 나는 상대에게 이렇게 말했다. "우리 건설 회사들이 당신 동생이 운영하는 존 디어 가맹점에서 장비를 빌릴 겁니다. 우리는 시세의 두 배를 낼 거고, 당신 동생은 그 돈을 당신과 나누겠죠." 코카콜라 보틀링 공장, 그 외의 온갖 식음료 공급 업체, 인력 공급 업체 등을 소유한 국가 원수의 친구들과도 비슷한 계약을 체결하겠다며 설명을 이어 나갔다. 그 지도자가 해야 할 일이라고는 세계은행에서 차관을 빌리겠다는 서류에 서명하는 것뿐이었다. 미국 기업을 고용해 그 나라에서 진행할 인프라 프로젝트를 맡기겠다는 계약 내용이 담긴 서류 말이다.

그런 다음 나는 제안을 거절하면 자칼이 출동할 거라고 태평하게 말했다. "그동안 어떤 일이 일어났는지 반드시 기억해 두셔야 합니다." 그러고는 이란의 모사데크, 과테말라의 아르벤스, 칠레의 아옌데, 콩고의 루뭄바, 베트남의 응오딘지엠 등의 이름을 줄줄이 읊었다. 나는 "그 사람들은 모두 쫓겨나거나"라고 말한 다음 손가락으로 목을 긋는 시늉을 하고서는, "다 우리가 시키는 대로 하지 않아서 그런 겁니다."라고 말을 맺었다.

나는 또다시 식은땀을 흘리며 침대에 누워 있었다. 나를 둘러싼 현실이 그대로 반영된 꿈이라는 생각이 들었다. 그중 내가 실제로 하지 않았던 일은 없었다.

내 꿈에 등장한 국가 원수 같은 정부 관계자들에게 국민 앞에서 차관을 정당화할 때 내놓을 만한 그럴듯한 자료를 제공하는 일은 간단했다. 나와 함께 일하는 경제학자, 금융 전문가, 통계학자, 수학자 들은 전력망, 고속도로, 항만, 공항, 산업 단지 등에 투자하면 경제 성장에 박차를 가할 수 있음을 입증하는 정교한 계량경제 모델을 능숙하게 만들어 냈다.

수년 동안 나는 이런 모델을 근거로 내 행동이 옳다고 스스로를 설득했다. 인프라를 구축한 다음 국내총생산이 *실제로* 증가했다는 사실을 떠올리며 내가 하는 일을 정당화하곤 했다. 그러나 나는 수학 이면에 있는 진짜 사실을 마주하게 되었다. 통계는 지나치게 왜곡되어 있었다. 산업, 은행, 쇼핑몰, 슈퍼마켓, 호텔, 우리가 지은 인프라를 통해 많은 돈을 벌어들이는 다양한 비즈니스를 소유한 가문들이 재산을 늘리는 데 도움이 되는 방식으로 편향되어 있었다.

그들은 많은 돈을 벌었다.

반대로, 나머지 사람은 전부 고통받았다.

의료나 교육을 비롯한 각종 사회 복지에 할당되었던 예산이 차관에 대한 이자를 갚는 데 사용됐다. 결국 원금은 줄어들지 않았다. 아무리 갚아도 영원히 차관의 족쇄에서 벗어날 수 없다. IMF의 저격수가 등장해 미국 회사에 석유 같은 자원을 헐값에 내놓고, 전기, 상하수도, 온갖 공공 기관을 민영화해 기업 정치를 주도하는 세력에게 팔 것을 종용했다. 가장 큰돈을 버는 것은 대기업이었다.

이런 차관을 빌려줄 때 미국의 토목 건설 기업에 공사를 맡기는 것이 무엇보다 중요한 조건이었다. 돈은 대개 미국에서 벗어나는 법이 없었다. 그저 워싱턴에 있는 은행 사무실에서 뉴욕, 휴스턴, 샌프란시스코 등지에 있는 토목 건설 회사 사무실로 옮겨 갈 뿐이었다. 우리 경제 저격수들은 차관을 빌리는 나라가 미국 기업으로부터 비행기, 의약품, 트랙터, 컴퓨터 기술, 그 외의 온갖 재화와 서비스를 구매하도록 만들었다.

결국 모든 돈은 거의 즉각적으로 기업 정치에 속한 기업의 품으로 되돌아가지만, 차관을 빌리는 나라, 즉 채무국은 원금에 이자까지 더해서 모든 돈을 갚아야만 했다. 경제 저격수가 완벽한 성공을 거두면 차관의 규모가 너무 커서 채무국이 결국 몇 년 후에 디폴트를 선언하게 된다. 실제로 채무국이 디폴트를 선언하면 우리는 지독한 요구를 한다. 유엔 투표에 대한 통제권, 군사 기지 설치, 석유 같은 귀중한 자원에 대한 접근권 등을 요구한다. 물론 그렇다고 채무국이 갚아야 할 돈이 사라지는 것은 아니다. 미국이 건설한 세계 제국에 또 하나의 나라가 추가되는 것뿐이다.

이런 악몽을 연이어 꾸고 나서 내가 바라던 대로 살고 있지 못하다는 사실을 깨달았다. 안데스산맥의 벽돌공들이 그랬던 것처럼 나 역시도 내 인생에 대한 책임을 직접 져야만 했다. 나와 다른 사람들, 그리고 그들의 조국에 했던 짓에 대한 책임을 내가 짊어져야만 했다. 그러나 내 안에서 꿈틀거리기 시작한 이런 현실을 둘러싼 보다 깊은 의미를 파악하려 들기 전에, 도대체 무엇 때문에 그런 일을 하게 되었는지 따져 봐야만 했다.

5장
경제 저격수의 탄생

처음부터 내 인생이 그렇게 흘러가도록 정해진 건 아니었다.

1945년, 나는 중산층 가정의 외동아들로 태어났다. 내 친가와 외가는 300여 년 전 뉴잉글랜드로 건너와 터전을 일구며 살아온 집안이었다. 조상들의 청교도적 성향을 물려받은 부모님은 엄격하고 융통성이 없으며 성실한 분들이었다. 두 분 모두 양쪽 집안에서 처음으로 대학에 진학해 장학금을 받으며 학교에 다녔다. 어머니는 대학을 졸업한 후 고등학교에서 라틴어를 가르쳤다. 아버지는 해군 대위로 제2차 세계대전에 참전하여 대서양을 오가는 유조선을 지키는 무장 경비대를 지휘했다. 내가 뉴햄프셔주 하노버에서 태어났을 때 아버지는 텍사스주에 있는 한 병원에서 고관절 골절 치료를 받고 있었다. 나는 태어난 지 1년이 지나서야 아버지의 얼굴을 볼 수 있었다.

아버지는 뉴햄프셔주 근교에 있는 남학생 전용 기숙 학교인 틸턴고등학교에서 학생들을 가르쳤다. 틸턴고등학교는 같은 이름을 가진 마을이 훤히 내려다보이는 언덕 위에 위풍당당하게 자리하고 있었다. 그 자태가 위풍당당하다기보다 오만해 보인다고 생각하는 사람도 더러 있었을지 모르겠다. 9학년부터 12학년까지의 학생들이 이 사립 학교에서 공부했고 각 학년 정원은 50명이었다. 학생들은 대부분 부에노스아이레스, 카라카스, 보스턴, 뉴욕 등지의 부유한 집안 자제였다.

우리 가족은 항상 돈이 부족했다. 그러나 가난하다고 생각한 적은 없었다. 교사 월급은 얼마 되지 않았지만 돈 한 푼 들이지 않고도 따뜻하고 안락한 집에서 맛있는 음식을 먹고, 깨끗한 물을 마음껏 쓸 수 있었다. 정원의 잔디를 깎고 집 앞의 눈을 치워 주는 사람들에게 따로 수고비를 줄 필요도 없었다. 네 번째 생일을 맞은 날부터 나는 틸턴고등학교 안에 있는 식당에서 밥을 먹었고, 아버지가 맡고 있던 축구팀이 사용하는 공을 가지고 놀았으며, 학교 탈의실에서 학생들에게 수건을 나눠 주곤 했다.

틸턴고등학교 교사와 그의 배우자들은 자신들이 지역 주민들보다 우월하다고 여겼다. 사실, 우월하다고 여기는 정도가 아니었다. 우리 부모님은 자신들이 그 지역의 미천한 농부들을 지배하는 영주라도 된 양 농담을 하곤 했다. 나는 그런 말을 들을 때마다 단순한 농담이라기엔 그 속에 뼈가 있다는 사실을 눈치챘다.

초등학교와 중학교에 다닐 때 사귀었던 친구들은 모두 틸턴 마을 농가 출신이었다. 친구들은 무척 가난했다. 부모는 농사를 지어 겨우 입에 풀칠하거나 벌목장 또는 공장에서 일하는 인부들이었다. 가난한 친구들은 "언덕 위에 사는 부자 놈들"을 몹시 싫어했고, 우리 부모님은 내가 가난한 친구들, 그중에서도 특히 "촌뜨기 계집애"들과 어울리지 못하게 했다.

해마다 틸턴고등학교가 여름 방학에 들어가면 우리 가족은 할아버지가 1921년에 지으신 호숫가의 작은 별장에서 석 달 동안 여름을 보냈다. 별장은 숲으로 둘러싸여 있었고 밤이 되면 올빼미나 퓨마 우는 소리가 들려오곤 했다. 그 주변에는 사람이 살지 않았기 때문에 걸어서 갈 수 있는 거리에 아이라고는 나밖에 없었다. 숲에 있는 나무들이 원탁의 기사나 곤경에 처한 여인이라고 상상하며 시간을 보냈다.

열네 살이 되던 해부터는 틸턴고등학교에서 무료로 수업을 들었다. 부모님의 강요에 못 이겨 인근 마을과 관련된 모든 것을 멀리했고 다시는 옛 친구들을 만나지 않았다. 같은 반이 된 친구들이 방학을 맞아 거대한 저택이나 펜트하우스로 돌아가고 나면 나는 그 언덕 위에 홀로 남겨졌다. 학교 친구들은 모두 사교계 소녀들과 사귀었다. 여자 친구를 사귀지 못했던 나는 또다시 혼자였고 좌절감을 느꼈다.

부모님은 틸턴에서 공부할 수 있다는 것이 대단한 특권이며 먼 훗날 감사하게 될 거라고 말씀하셨다. 그리고 내가 우리 가족의 고상한 기준에 딱 들어맞는 완벽한 아내를 만나게 될 거라고 하셨다. 그러나 내 면 깊은 곳에서 본능적인 욕망이 들끓었다. 그때까지 경험해 보지 못했던 섹스를 향한 강렬한 갈망을 느꼈다.

그러나 부모님의 뜻을 거스르기보다 횡포하게 날뛰는 욕망을 억누르고 두각을 나타냄으로써 좌절감을 이겨 냈다. 우등생이 되었고 두 개의 운동부 주장과 학보사 편집자를 지냈다. 나는 부유한 동기생들을 뛰어넘은 후에 틸턴을 영원히 떠나 버리기로 마음을 굳혔다. 졸업반이 되었을 때 브라운대학으로부터 전액 장학금을 주겠다는 제안을 받았다. 아이비리그 대학들은 공식적으로는 체육 장학금을 주지 않지만, 내가 축구에 전념할 것이라는 믿음하에 장학금을 제안했다. 브라운대학뿐 아니라 미들베리대학도 성적 장학금을 제안했다. 나는 브라운을 택했다. 운동선수가 되고 싶다는 것이 주된 이유였다. 게다가 브라운은 도시에 있는 학교였다. 하지만 어머니는 미들베리대학을 졸업했고 아버지도 미들베리에서 석사 학위를 받았기 때문에 브라운대학이 아이비리그에 속하는 명문대인데도 부모님은 미들베리를 원했다.

아버지는 내게 이렇게 말했다.

"운동하다가 다리라도 부러지면 어떻게 할 거냐? 성적 장학금을 타는 편이 낫지. 미들베리로 가거라." 결국 나는 굴복하고 말았다.

미들베리대학은 내가 보기에 틸턴고등학교의 확대 버전에 불과했다. 뉴햄프셔가 아닌 버몬트주 근교에 있다는 차이가 있을 뿐이었다. 미들베리대학은 남녀 공학이긴 했지만, 나는 그곳에 다니는 거의 모든 학생보다 가난했고, 게다가 지난 4년 동안은 여학생들과 함께 학교를 다닌 적도 없었다. 그 때문에 자신감을 잃었고, 뒤처진다는 느낌에 사로잡혀 비참한 기분에 빠져들었다.

인생이란 뜻하지 않은 여러 가지 우연들로 이뤄져 있다. 이런 우연에 어떻게 반응하는지, 다시 말해 흔히들 *자유 의지*라고 일컫는, 사람의 마음이 어떻게 움직이는지에 따라 모든 것이 결정된다. 운명이라는 굴레 안에서 스스로 선택한 결정들이 모여서 현재의 나를 만드는 것이다. 미들베리에 다니는 동안 나에게 인생을 바꾸어 놓을 만한 두 가지 중대한 우연이 찾아왔다. 첫 번째 우연은 이란 국왕의 고문 역할을 하는 장군을 아버지로 둔 이란인을 만난 것이었고, 두 번째 우연은 앤을 만난 것이었다.

이 책에서는 장군의 아들이었던 그 이란 출신 친구를 파라드라는 가명으로 부를 생각이다. 파라드는 미들베리로 오기 전에 로마에서 프로축구 선수로 활동했다. 그는 운동선수다운 다부진 체격을 타고났고 검은 곱슬머리에 부드러운 다갈색 눈동자를 지니고 있었다. 집안이 좋고 카리스마도 있었기 때문에 여자들이 넘어가지 않을 수 없었다. 파라드는 여러 가지 면에서 나와 정반대였다. 나는 파라드와 친구가 되려고 노력했고, 파라드는 앞으로 인생을 살아가는 데 도움이 될 만한 이야기를 많이 들려주었다. 그 무렵 앤을 만났다. 당시 앤은 다른 대학에 다니는 남자와 진지하게 교제 중이었으나, 나에게도 호감을 보였다. 우리는 정신적 교감을 나누는 사이로 발전했다. 앤을 만나면서 나는 난생 처음으로 진정한 사랑이 무엇인지 경험할 수 있었다.

파라드는 나를 파티에 데리고 다니면서 술을 마시고 부모님을 무시하도록 부추겼다. 나는 일부러 공부를 하지 않았다. 운동선수가 되고 싶었던 내 희망을 짓밟은 아버지에게 복수하는 심정으로, 공부에 전념하길 바라는 아버지의 희망을 꺾어 버리기로 마음먹었다. 학점은 곤두박질을 쳤고 결국 장학금을 받을 수 없게 됐다. 학교 측에서는 학자금을 대출해 줬다. 살면서 처음 생긴 빚이었다. 졸업 후에 원금에 이자까지 더해서 갚아야 한다는 생각이 들자 불쾌한 기분이 들었다.

2학년이 절반쯤 지나갔을 때, 나는 자퇴하기로 결심했다. 아버지가 인연을 끊겠다고 으름장을 놓았지만 파라드는 옆에서 반항심을 부추겼다. 결국 나는 다짜고짜 학장실로 달려 들어가 자퇴를 선언해 버렸다. 내 인생을 통째로 뒤흔들어 놓은 순간이었다.

파라드와 나는 미들베리에서의 마지막 날을 기념하기 위해 동네 술집으로 갔다. 그곳에서 몸집이 커다란 한 농부가 잔뜩 술에 취한 채 내가 자기 아내랑 놀아났다며 화를 냈다. 사내는 나를 번쩍 들어 올리더니 벽에다 내동댕이쳤다. 그 광경을 보고 있던 파라드가 농부와 나 사이에 끼어들어 칼을 꺼내 들고서 농부의 뺨을 그어 버렸다. 파라드는 쓰러져 있는 내 몸을 질질 끌어당겨 창문 밖으로 힘껏 떠민 다음 오터 강변에 있는 바위 위로 밀어 올렸다. 우리는 바위에서 뛰어내린 후 강을 따라 기숙사까지 걸어갔다.

다음 날 교내 경찰이 찾아와 우리를 심문했고, 나는 지난밤에 일어난 일에 관해 아는 바가 없다고 거짓말을 했다. 우리가 자백하지 않았음에도 파라드에게는 단 두 개의 선택지만 주어졌다. 교내 경찰은 파라드에게 당장 학교를 떠나지 않으면 형사 고발될 거라고 겁을 줬다. 파라드는 학교를 떠나는 쪽을 택했다. 우리는 보스턴으로 가 아파트를 구해 함께 살았다. 나는 허스트그룹 계열사인《레코드 아메리칸/선데이 애드버타이저》에 취직해《선데이 애드버타이저》편집장의 개인 비서로 일했다.

1965년 말, 신문사에서 함께 일하던 여러 친구가 징집되었다. 전쟁터에 끌려가기 싫었던 나는 보스턴대학 경영학과에 입학했다. 그때쯤 앤은 남자 친구와 헤어지고 미들베리에서 보스턴으로 나를 찾아오곤 했다. 앤이 찾아올 때마다 나는 반갑게 맞았다. 재미있고 장난기 많은 앤과 함께 있다 보면 베트남 전쟁에 관한 분노가 누그러졌다. 대학에서 영어를 전공한 앤은 단편 소설을 써 보라며 나를 부추겼다. 앤은 1967년에 대학을 졸업했지만 나는 학교를 1년 더 다녀야 했다. 앤에게 같이 살자고 하면 앤은 결혼하기 전까지는 절대로 그럴 수 없다며 완강하게 거부했다. 내가 너무 손해라며 농담처럼 투정을 부리기도 했고, 항상 점잖은 체하는 부모님의 케케묵은 잣대가 떠올라 짜증이 나기도 했지만, 앤과 함께 있는 시간이 즐거웠기 때문에 더 많은 시간을 같이 보내고 싶었다. 결국 우리는 결혼했다.

유능한 엔지니어였던 앤의 아버지는 중요한 역할을 하게 될 미사일 유도 시스템을 개발해 냈고 그 공로를 인정받아 해군 고위직을 맡게 되었다. 장인에게는 앤이 '프랭크 아저씨'(물론 본명이 아니다.)라고 부르는 친한 친구가 있었다. 프랭크 아저씨는 당시 일반인들에게는 잘 알려져 있지 않았지만 미국에서 가장 규모가 큰 정보기관인 NSA의 고위 간부였다.

결혼 직후, 군대에서 신체검사를 받으라는 통보가 날아왔다. 신체검사를 통과한 나는 졸업하자마자 베트남으로 가야 할 처지가 되었다. 동남아시아에서 직접 전투에 뛰어들어야 한다고 생각하니 혼란스러웠다. 하지만 어릴 때부터 항상 전쟁에 매료되어 있긴 했다. 나는 어릴 적부터 토머스 페인이나 에단 앨런 등 미국 독립 전쟁에서 대활약을 한 선조들의 이야기를 귀에 못이 박히도록 들으며 자랐다. 뉴잉글랜드와 뉴욕 북부에서 프렌치-인디언 전쟁과 독립 전쟁의 격전지를 모두 찾아가 보았고 역사 소설도 닥치는 대로 읽으며 자랐다. 미 육군 특전부대가 처음 동남아시아에 배치되었을 때에는 자원입대를 하려고도 했다. 그러나 언론에서 전쟁의 잔혹성을 강조하고 미국 정부의 정책에 일관성이 없다고 비난하기 시작하자 전쟁에 참전하고자 했던 욕망이 사그라졌다. 열정이 사라진 후, 만약 토머스 페인이 지금껏 살아 있다면 누구 편을 들었을지 곰곰이 생각해 보게 되었다. 생각하면 할수록 그는 미국에 대항하여 싸우고 있는 베트콩 편을 들 것이라는 확신이 생겼다.

그러던 찰나에 프랭크 아저씨가 나에게 구원의 손길을 뻗쳤다. 아저씨는 NSA에서 일하면 합법적으로 징집을 유예할 수 있다고 일러 준 후 여러 차례 면접을 주선해 주었다. 한번은 거짓말 탐지기까지 동원된 면접을 보기도 했다. 여러 번의 면접을 통해서 NSA 업무를 수행할 자질이 있는지, 또 훈련을 견뎌 낼 수 있을지 판단하는 거라고 했다. 만약 통과하면 면접 과정에서 드러난 강점과 약점을 바탕으로 앞으로 어떤 일을 맡게 될지 결정된다고도 했다. 베트남 전쟁에 관한 내 태도를 생각해 보면 면접에서 탈락할 수밖에 없을 것이라는 생각이 들었다.

면접을 보는 동안 나는 미국을 사랑하는 한 시민으로서 전쟁에 반대한다고 솔직하게 말했다. 놀랍게도 면접관들은 더 이상 그 문제를 거론하지 않았다. 대신 내 성장 과정, 부모님에 대한 생각, 부유하고 쾌락을 좇는 사람들에 둘러싸인 채 가난하고 엄격한 가정에서 성장하는 동안 생겨난 감정들에 관해 질문했다. 사립 고등학교에서 성장기를 보내며 여자 친구를 사귀지 못하고 섹스를 갈망하고 남들보다 가난한 삶을 견디면서 얼마나 좌절감을 느꼈는지, 그 결과 어떤 상상의 세계를 만들어 냈는지도 알고 싶어 했다. 면접관들은 파라드와의 우정, 그리고 파라드를 보호하기 위해 교내 경찰에게 기꺼이 거짓말을 했던 태도 등에 큰 관심을 보였다.

처음에는 그동안 내게 부정적인 영향을 끼친 것처럼 느껴졌던 모든 상황 때문에 면접에서 탈락할 거라고 생각했다. 그러나 면접이 진행될수록 생각이 달라졌다. 몇 년이 지난 후, 부정적이라고 생각했던 요소들이 NSA 입장에서는 오히려 긍정적인 요소였다는 사실을 알아차렸다. 면접관들에게는 미국에 대한 충성심보다 내가 살면서 느낀 좌절감이 더 중요했다. 내게는 부모님을 향한 적개심과 여자를 향한 갈망, 근사하게 살고 싶다는 야심이 있었다. 한마디로 그들이 쉽게 꼬드길 수 있는 존재였다. 학교에서든 운동 경기에서든 남들보다 잘하고 말겠다는 굳은 의지, 아버지에 대한 근본적인 반항심, 외국인과도 잘 어울리는 능력, 경찰에게 기꺼이 거짓말을 하는 태도 같은 자질들은 모두 그들이 원하는 것이었다. 한참 후에야 파라드의 아버지 역시 이란에 있는 미국 정보기관 직원이라는 사실을 알게 됐다. 결국 파라드와의 우정이 결정적인 도움이 되었던 셈이다.

NSA에서 면접을 보고 몇 주가 지난 후, 나는 스파이 훈련을 제안받았다. 몇 달 후에 학교를 졸업하고 나면 훈련이 시작될 거라고 했다. NSA의 제의를 정식으로 받아들이기 전에 나는 학교에서 열린 평화봉사단 모집 세미나에 충동적으로 참가했다. 평화봉사단은 NSA와 마찬가지로 봉사단 활동에 참여할 경우 징집이 유예된다는 점을 강조했다.

그날 평화봉사단 세미나에 참석한 것은 당시로서는 별 의미 없는 우연에 불과한 일이었지만, 이후의 인생을 돌이켜 보면 내 삶을 바꾸어놓은 중요한 사건이었다. 모집 담당자는 세계의 많은 나라 가운데서도 자원봉사자가 특히 필요한 몇몇 나라를 언급했다. 그중 한 곳이 바로 아마존 열대 우림 지역이었다. 그 지역 토착민들은 유럽인들이 북미 대륙에 도착하기 전에 원주민들이 살던 것과 매우 흡사한 방식으로 살고 있다고 모집 담당자는 설명했다.

나는 항상 우리 선조들이 뉴햄프셔주로 건너왔던 시절 그 지역에 살았던 아브나키족처럼 살고 싶다고 생각해 왔다. 아브나키족과 같은 방식으로 숲을 잘 이해하고 싶었다. 설명을 끝낸 모집 담당자에게 다가가 아마존으로 파견될 확률이 얼마나 되는지 물었다. 담당자는 아마존 밀림 지역에는 도움의 손길이 무척 많이 필요하기 때문에 그 지역으로 파견될 가능성이 매우 높다고 대답했다. 나는 곧장 프랭크 아저씨에게 전화를 걸었다.

우려했던 것과 달리 프랭크 아저씨는 평화봉사단에 자원하는 것도 좋은 생각이라고 환영했다. 그 정도 지위에 있는 사람들이 으레 그랬듯 아저씨는 당연히 하노이가 함락될 거라고 믿었고, 하노이가 함락되면 아마존에 관심이 쏟아질 거라고 은밀히 귀띔했다.

"아마존에는 석유가 넘쳐나지. 머지않아 NSA도 현지인을 잘 이해하는 전문가들을 필요로 할 거야." 프랭크 아저씨는 평화봉사단에서 활동하면 나중에 NSA에서 일할 때 큰 도움이 될 거라며, 아마존에서 오랫동안 전해 내려오는 사투리와 스페인어를 모두 능숙하게 익히라고 충고해 주었다. 아저씨는 싱긋 웃으며 말했다. "자네는 정부 기관이 아니라 민간 기업에서 일하게 될 수도 있어."

그 말이 무슨 뜻인지 도무지 이해할 수 없었다. 지금 와서 돌이켜 보면, 아저씨와 통화하는 동안 내 지위가 일개 스파이에서 이전에도 들어 본 적 없고 이후에도 한동안 들어 보지 못한 경제 저격수로 격상되고 있었다. 당시에는 전 세계 곳곳에 흩어져서 컨설팅 회사나 민간 기업을 위해 일할 뿐 그 어떤 정부 기관으로부터도 단 한 푼의 돈도 받지 않지만 제국의 이익을 위해 애쓰는 사람이 수백 명에 달한다는 사실을 전혀 알지 못했다. 뿐만 아니라 세기말이 가까워지면 좀 더 그럴듯한 직함을 달고 비슷한 일을 하는 사람들이 수천으로 늘어날 것이고, 날이 갈수록 규모가 커지는 이 조직에서 내가 중요한 역할을 하게 될 것이라는 사실도 전혀 짐작하지 못했다. 나는 앤과 함께 평화봉사단에 자원했고 아마존으로 보내 달라고 요청했다. 입단 허가서가 도착했을 때 내가 가장 먼저 보인 반응은 극단적인 실망이었다. 서류에는 우리가 에콰도르로 파견될 것이라고 적혀 있었다.

'제길, 이게 뭐야. 아마존에 가겠다고 했는데 웬 아프리카야?'

지도책을 펼친 다음 에콰도르를 찾기 시작했다. 아프리카 대륙을 샅

샅이 뒤졌지만 어디에도 에콰도르는 없었다. 대신 목차를 찾아보니, 에콰도르는 중남미 국가로 분류되어 있었다. 대학까지 나왔지만 세계 지리에 관한 기본적인 상식이 부족하다는 사실이 여실히 드러난 순간이었다. 책을 자세히 들여다보니 안데스산맥에서 흘러내리는 물줄기가 거대한 아마존으로 흘러 들어가고 있었다. 책에는 에콰도르 정글이 세계에서 가장 다양하고 웅장한 곳 중 하나이며 여전히 수많은 토착민이 지난 수천 년 동안 생활해 온 모습 그대로 살아가고 있다고 적혀 있었다. 마침내 앤과 나는 에콰도르로 떠나기로 결정했다.

캘리포니아 남부에서 평화봉사단 훈련을 받은 후 1968년 9월에 에콰도르로 출발했다. 우리는 아마존에서 유럽인들이 미 대륙을 발견하기 전의 생활방식을 고수하며 살아가는 토착민인 슈아르족과 함께 생활했다. 그런 다음, 안데스 지역으로 옮겨 가 잉카족의 후예인 현지 벽돌 제조공들과 함께 일했다. 상상조차 하지 못한 세상이었다. 에콰도르에 가기 전에 만난 남미 사람이라고는 아버지가 가르쳤던 부유한 집 학생들뿐이었다. 사냥하고 농사를 지으며 진흙으로 벽돌을 만들어 원시적인 가마에 굽는 토착민들에게 마음이 갔다. 왠지 모를 연대감도 느껴졌다. 그들을 보고 있노라면 내가 외면했던 마을 사람들이 생각났다.

어느 날, 정장을 차려입은 에이너 그레브라는 사람이 비행기를 타고 와 마을 근처의 임시 활주로에 내렸다. 에이너는 당시 일반인들에게는 거의 알려지지 않았던 국제 컨설팅 회사 '메인'의 부사장이었다. 당시 세계은행은 에콰도르와 주변 국가들이 수력 발전용 댐을 비롯한 사회기반 시설을 건설할 수 있도록 수십억 달러를 빌려줘야 할지 계산기를 두드리고 있었고, 메인은 세계은행의 의사결정을 돕기 위한 연구를 진행 중이었다. 에이너는 미 육군에서 대령을 지낸 인물이기도 했다.

에이너는 내게 메인 같은 민간 기업에서 일하면 어떤 점이 좋은지 이야기하기 시작했다. 나는 평화봉사단에 들어오기 전에 NSA 면접을 통과했으며 다시 그곳으로 돌아갈까 생각 중이라고 말했다. 그 이야기를 들은 에이너는 자기도 가끔 NSA를 위해 일한다고 했다. 에이너가 나를 쳐다보는 눈빛이 느껴질 때면 내 능력을 평가하는 것이 그의 임무 중 하나가 아닐까 하는 느낌이 들었다. 지금 생각해 보면, 그는 나에 관한 정보를 수집하며 북미인들이 대개 잘 버텨 내지 못하는 환경에서 내가 살아남을 수 있을지 평가하고 있었던 듯하다.

우리는 에콰도르에서 며칠 동안 함께 시간을 보냈고, 에이너가 미국으로 돌아간 후에는 편지를 주고받았다. 에이너는 에콰도르의 경제 전망에 관한 보고서를 보내 달라고 요청했다. 내게는 조그만 휴대용 타자기가 한 대 있었고 글을 쓰는 것도 좋아했기 때문에 그의 부탁을 기꺼이 수락했다. 약 1년 동안 나는 에이너에게 열다섯 통이 넘는 장문의 편지를 보냈다. 편지에는 에콰도르 경제와 정치의 미래, 석유 회사나 세계 개발 기구처럼 에콰도르를 좀 더 현대적으로 바꿔 나가려는 세력에 대항하는 과정에서 나날이 커지고 있는 토착 주민들의 좌절감에 관한 내용 등을 적었다.

평화봉사단 임무가 끝나자 에이너는 보스턴에 있는 메인 본사로 면접을 보러 오라고 했다. 단둘이 대화를 나누던 중, 에이너는 메인의 핵심 사업은 토목 공사지만 메인의 최대 고객인 세계은행이 얼마 전 토목 공사의 실현 가능성과 강도를 측정할 유능한 경제 전문가 채용을 요구했다고 강조했다. 에이너는 이미 나무랄 데 없는 경력을 지닌 박사 한 명과 석사 두 명을 뽑았으나 셋 다 성과가 형편없었다고 강조했다.

에이너의 말은 이랬다. "그들 중 신뢰할 만한 통계 자료가 없는 나라에서 경제 전망 수치를 산출할 만한 사람은 아무도 없더군요." 뿐만 아니라 채용 당시에는 에콰도르, 인도네시아, 이란, 이집트처럼 멀리 떨어진 나라들을 돌아다니면서 현지 지도자들을 만나고 해당 지역의 경제 발전 가능성을 직접 평가하는 일을 해내기로 했지만, 막상 그런 일을 해낼 능력이 되는 사람이 아무도 없었다고 했다. 그중 한 사람은 파나마의 시골 마을에서 신경 쇠약에 걸렸다는 설명도 덧붙였다. 결국 그 전문가는 현지 경찰의 호위 아래 공항으로 후송되어 미국행 비행기를 타고 되돌아왔다고 했다.

"그동안 보내 준 편지를 보면 위험을 두려워하지 않는 것 같더군요. 구체적인 데이터가 없을 때도 기꺼이 위험을 무릅쓰는 모습이었습니다. 에콰도르에서 퍼킨스 씨가 생활했던 환경을 생각해 보면, 아마 세계 어디에서든 살아남을 수 있을 거라고 생각해요." 에이너는 이미 전문가 셋 가운데 한 명을 해고했으며, 내가 제안을 수락하기만 하면 나머지 두 명도 곧 해고할 계획이라고 말했다.

1971년 1월, 스물여섯 살이 되던 그해에 나는 메인에서 경제 전문가로 일해 달라는 제의를 받았다. 스물여섯은 참 멋진 나이였다. 스물여섯부터는 징집 대상에서 제외였으니 그럴 수밖에 없었다. 처가 식구들과 진로를 상의했더니 그 일을 맡으라고 했다. 아마도 프랭크 아저씨의 영향이 컸을 것이다. 언젠가 내가 민간 기업에서 일하게 될지도 모른다던 프랭크 아저씨의 이야기가 떠올랐다. 확실하게 밝혀진 바는 없지만 프랭크 아저씨가 3년 전에 미리 세워 둔 계획에 따라 내가 메인에 들어가게 된 것 같다는 생각이 들었다. 물론 에콰도르에서 경험을 쌓고 기꺼이 그 나라의 경제와 정치 상황에 관한 보고서를 작성한 것 또한 에이너의 결정에 영향을 미쳤을 것이다.

몇 주 동안 기쁨과 자신감에 들떴다. 나는 기껏해야 보스턴대학 학사 학위를 갖고 있었을 뿐, 경제 전문가로 컨설팅 회사에 취직하리라고는 감히 상상도 못 했기 때문이다. 징집에서 제외되어 경영대학원(MBA)이나 다른 대학원에 진학한 동기들이 내 모습을 본다면 엄청난 시기심에 사로잡혔을 것이다. 나는 멋있는 비밀 요원이 되어 낯선 땅으로 날아가 호텔 수영장에서 어슬렁거리며, 수영복을 입은 늘씬한 미녀들에 둘러싸인 채 한 손에는 마티니를 든 내 모습을 상상했다.

물론 이런 상상은 몽상에 불과했지만 그중 일부는 실제로 맞닥뜨리게 될 일과 비슷했다. 에이너는 나를 경제 전문가로 고용했지만 정작 내가 해야 할 일은 그 이상이라는 사실을 금방 알게 되었다. 사실, 내가 메인에서 맡은 임무들은 경제 전문가의 일이라기보다 제임스 본드의 활약에 가까운 것들이었다.

6장

"마음대로 그만둘 수 있는 일이 아니에요."

법률 용어로 따져 보면 메인은 비공개 기업이다. 2,000명쯤 되는 직원 중 약 5퍼센트가 회사를 소유한다. 회사 지분을 소유한 사람은 파트너 혹은 어소시에이트라고 불렸으며, 일반 직원은 이들의 지위를 선망했다. 파트너들은 지분이 없는 직원들을 원하는 방향으로 움직일 수 있는 권력을 갖고 있었으며, 엄청난 돈을 벌어들였다. 파트너들은 항상 신중하게 행동했다. 그들의 주요 고객은 국가수반이나 기업의 고위급 간부들이었고, 이런 고객들은 변호사나 심리 치료사처럼 비밀 유지 의무를 철저히 준수하는 컨설턴트를 원했기 때문이다. 언론과의 접촉은 금기시되었다. 한 마디로 용인되지 않았다. 그래서 아서리틀이나 스톤앤드웹스터, 브라운앤드루트, 할리버턴, 벡텔 등 메인의 경쟁사들은 세간에 많이 알려져 있었으나 메인은 이곳 직원들 이외의 사람들에게는 거의 알려지지 않은 회사였다.

사실 경쟁 업체라는 용어에도 큰 의미는 없다. 메인 자체가 독특한 범주에 속하는 회사였기 때문이다. 메인에서 일하는 전문 인력들은 대개 엔지니어였지만, 회사는 어떤 장비도 가지고 있지 않았고 저장용 창고 하나 지어 본 일이 없었다. 또한 직원의 상당수는 군 출신이었지만, 국방부나 다른 군 관련 기관과 계약을 맺은 사람은 없었다. 메인에서 하는 일은 사람들이 생각하는 업무와 좀 달랐다. 첫 몇 달 동안은 메인이 무엇을 하는 회사인지 제대로 감도 잡지 못했다. 내가 아는 것이라고는 인도네시아로 파견될 것이라는 사실과 열한 명으로 구성된 팀의 일원이 되어 자바섬의 에너지 공급 계획안을 작성하게 될 것이라는 사실뿐이었다.

에이너를 비롯해 이 임무에 관해 나와 이야기를 나누었던 사람들은 자바의 경제가 곧 호황을 맞을 것이며, 훌륭한 경제 예측 전문가로서 두각을 나타내 승진하려면 가능한 한 긍정적인 예측 수치를 내놓는 편이 좋다고 열심히 설명했다.

에이너는 허공에 손가락을 뻗어 미끄러지듯 움직이다가 자기 머리 위쪽으로 밀어 올리면서 말하곤 했다. "자바 경제는 금세 차트를 벗어나 새처럼 날아오를 걸세!"

에이너는 2~3일짜리 출장을 자주 갔다. 그의 출장에 대해 제대로 알려 주는 사람은 없었는데, 사실 에이너가 어디로 갔는지 제대로 아는 사람 자체가 없는 듯했다. 사무실에 있을 때 에이너는 이따금 나를 불러 몇 분 동안 같이 커피를 마셨다. 그는 앤과 새 아파트, 우리가 에콰도르에서 데려온 고양이에 관해 물어보곤 했다. 에이너와 가까워질수록 나는 점점 대담해졌고 그가 어떤 사람인지, 또 내가 어떤 일을 하게 될지 알아내려고 노력했다. 하지만 만족할 만한 답을 얻을 수는 없었다. 에이너는 화제를 돌리는 데 타고난 재주가 있었다. 그러다가 한 번은 에이너가 평소와 다른 시선으로 나를 쳐다봤다.

"걱정할 필요 없어. 우리는 자네에게 큰 기대를 걸고 있다네. 난 얼마 전에 워싱턴에 다녀왔지." 에이너는 점차 목소리를 내리깔더니 묘한 미소를 지었다. "어쨌든 자네도 알다시피 쿠웨이트에서도 대규모 프로젝트를 진행 중이라네. 인도네시아로 발령 나기 전에 시간이 좀 있을 걸세. 시간을 내서 쿠웨이트 프로젝트에 대해서 공부를 좀 해 두면 좋을 것 같군. 보스턴 공공 도서관에 자료가 많아. MIT나 하버드대학 도서관 출입증도 만들어 줄 수 있어."

그날부터 도서관에 자주 드나들었다. 그중에서도 특히 회사에서 불과 몇 블록밖에 떨어져 있지 않은 데다 백베이에 있는 집에서도 매우 가까운 보스턴 공공 도서관에서 많은 시간을 보냈다. 이 기간 동안 쿠웨이트를 잘 파악하게 되었을 뿐 아니라 유엔, IMF, 세계은행 등에서 발행하는 경제 통계 서적도 많이 읽게 되었다. 인도네시아와 자바의 계량경제 모델을 만들어 내는 일을 담당하게 될 거라는 사실을 알고 있었으므로, 쿠웨이트를 위한 모델을 만드는 것부터 시작해 보겠다고 마음먹었다.

다만 대학에서 경영학을 배우는 동안 계량경제에 관해 충분히 배우지 못했기 때문에 따로 공부를 해야 했다. 심지어 계량경제를 가르치는 강의도 몇 개 수강했다. 그 과정에서 통계를 조작해 얼마든지 원하는 결론을 도출할 수 있다는 사실을 깨닫게 됐다. 분석하는 사람의 구미에 맞는 결론을 얼마든지 만들어 낼 수 있었다.

메인은 남성 중심적인 회사였다. 1971년 당시 메인에서 전문직에 종사하는 여성은 넷뿐이었다. 하지만 부사장급 간부와 부서장을 돕는 비서, 나머지 직원을 보좌하는 속기사 중에는 200명가량이 있었다. 이러한 환경의 메인에서 일하며 성 편견에 익숙해진 나는 어느 날 보스턴 공공 도서관의 참고 문헌 보관소에서 깜짝 놀라고 말았다.

매력적인 갈색 머리의 여자가 다가와 책상 맞은편 의자에 앉았다. 짙은 녹색 정장을 입은 여자는 매우 똑똑해 보였다. 나보다 몇 살 정도 많을 거라는 생각이 들었지만 쳐다보지 않으려고 노력하며 애써 관심이 없는 듯 굴었다. 몇 분 정도 침묵이 흐른 뒤, 여자가 책 한 권을 펼쳐서 내 쪽으로 밀었다. 책에는 그동안 내가 찾으려고 애썼던 쿠웨이트에 관한 정보가 담긴 도표와 함께 명함이 한 장 올려져 있었다. 명함의 주인은 메인의 수석 컨설턴트 클로딘 마틴이었다. 나는 고개를 들어 클로딘의 부드러운 녹색 눈을 바라봤고, 클로딘은 손을 내밀어 악수를 청하며 말했다.

"앞으로 당신의 훈련을 담당할 거예요." 믿기 힘든 일이 벌어지고 있었다.

바로 다음 날부터 메인 본사가 있는 푸르덴셜 빌딩에서 몇 블록 떨어진 클로딘의 아파트에서 훈련이 시작됐다. 비컨가에 있는 클로딘의 아파트로 처음 찾아간 날, 클로딘은 내가 맡게 될 임무는 평범한 일이 아니므로 어떤 정보도 누설해서는 안 된다고 설명했다. 클로딘은 다 안다는 듯한 웃음을 지으며 자신의 임무가 나를 경제 저격수로 키우는 것이라고 설명했다.

경제 저격수라는 단어를 듣자 스파이를 꿈꿨던 어린 시절이 떠올랐다. 나도 모르게 신경질적인 웃음을 터뜨리고는 당황해 버렸다. 클로딘은 미소를 지으며 사람들이 재미있어 하기 때문에 경제 저격수라는 이름을 사용한다고 이야기했다. "이런 이름을 심각하게 받아들일 사람이 어디 있겠어요?"

나는 솔직하게 경제 저격수가 하는 일이 무엇인지 모르겠다고 얘기했다. "당신만 그런 게 아니에요."라고 답하는 클로딘을 보며 잠시 그녀의 자신감에 금이 간 것 같다는 생각이 들었다. "우리는 흔치 않은 사람들이죠. 더러운 일을 하는 사람들인 겁니다. 당신이 어떤 일을 하는지 그 누구도 알아서는 안 됩니다. 당신 아내도 마찬가지고요." 이 대목에서 클로딘의 목소리가 사뭇 진지해졌다. "앞으로 몇 주 동안 정말 솔직하게 모든 걸 가르쳐 줄 겁니다. 그런 다음 당신이 선택해요. 그 선택이 최종 선택이 되는 거예요. 일단 발을 들여놓으면, 영원히 벗어날 수 없어요." 그 후로 클로딘은 경제 저격수(Economic hit man)라는 표현은 거의 사용하지 않았다. 대신 머리글자를 따서 만든 'EHM'이라는 표현을 사용했다. 우리는 그저 EHM 전략을 실행하는 EHM이었다.

클로딘은 NSA가 수집한 내 신상 기록에서 확인한 성격상의 약점을 제대로 활용했다. 당시에는 전혀 몰랐지만 지금은 그때 상황이 어떻게 흘러갔는지 잘 알고 있다. 에이너, NSA, 메인 인사부, 혹은 그 외의 다른 누군가…… 그중 누가 클로딘에게 나의 신상 정보를 제공했는지는 모른다. 다만 클로딘이 그 정보를 기술적으로 잘 활용했다는 것만은 틀림없다. 육체적인 유혹과 달콤한 말로 그럴듯하게 포장된 그녀의 접근 방식은 나를 꾀어 들이기에 딱 적당했지만, 클로딘만이 그런 방식을 사용하는 것은 아니었다. 위험할 뿐 아니라 판돈이 크고 수익성 높은 거래를 성사시켜야 하는 상황에서 압박받는 온갖 기업이 클로딘과 같은 방식을 사용했다. 클로딘과 그녀의 상사들은 내가 회사의 은밀한 일을 전부 폭로해 결혼 생활을 파탄으로 몰고 가지 않으리라는 사실을 잘 알고 있었다. 그래서인지 클로딘은 내가 해야 할 일의 어두운 면을 설명할 때 잔인하리만치 솔직했다.

메인이라는 회사 이름이 적힌 명함을 들고 있었으니 메인 직원이 아닐 거라고 의심할 이유는 없었지만, 도대체 누가 클로딘에게 월급을 주었는지 지금도 정확하게 알지 못한다. 그때의 나는 너무도 순진했고 겁을 먹은 상태이기도 했거니와, 클로딘에게 매료되어 있어서 지금으로서는 너무도 당연한 질문을 던져볼 생각조차 하지 못했다.

클로딘은 내가 수행해야 할 임무의 목표가 크게 두 가지라고 이야기했다. 첫 번째는 대형 토목 공사 프로젝트를 진행해 거액의 국제 차관이 다시 메인, 벡텔, 할리버턴, 스톤앤드웹스터, 브라운앤드루트 같은 미국 기업으로 돌아오게끔 하는 것이었다. 두 번째는 차관을 받은 나라들이 메인과 다른 미국 기업들에 대금을 지불한 후 파산하도록 유도하는 것이었다. 한번 파산하면 채무 관계에서 영원히 벗어날 수 없게 되고, 결국 미국이 군 기지나 유엔 투표권, 석유 또는 천연가스 등을 필요로 할 때 언제든지 손쉽게 이용할 수 있게 된다.

클로딘은 경제 저격수가 활용하는 전략은 총 네 개의 전술로 이뤄진다고 설명했다. 그녀가 이야기한 네 개의 전술이란 다름 아닌 공포, 부채, 부족할지도 모른다는 불안, 분열과 정복이었다. 클로딘은 경제 저격수 전략의 역사를 요약해서 설명한 다음, 최근에는 '공포'에서 '부채'로 전략의 핵심이 옮겨 갔지만 '부족할지도 모른다는 불안'과 '분열과 정복' 전략은 여전히 중요한 역할을 한다고 덧붙였다.

클로딘은 특정 국가에 수십억 달러에 달하는 돈을 투자했을 때 어떤 결과가 나타날지 예측하는 것이 내 임무라고 했다. 좀 더 구체적으로는 향후 20~25년 이후의 경제 성장률을 예측하고 다양한 프로젝트가 어떤 영향을 미칠지 평가하는 일을 맡게 될 거라고 설명했다. 예를 들어 특정 국가가 소련 편에 서지 않도록 설득할 목적으로 10억 달러의 차관을 주기로 결정이 나면, 그다음은 내 차례였다. 그 돈을 발전소를 짓는 데 사용하는 게 나을지 새로운 철로나 통신망을 만드는 데 쓰는 게 나을지 비교하는 것이 내 역할이었다. 혹은 그 나라에 현대식 전기 공급 시스템을 구축하는 방안을 제안했으니 이런 시스템을 만들기만 하면 차관이 아깝지 않을 정도의 경제 성장이 이뤄질 것이라는 사실을 증명해 보이라는 요구를 받을 때도 있었다. 어떤 경우든 가장 중요한 요소는 국민총생산이었다. 연간 평균 국민총생산에 가장 큰 도움이 되는 프로젝트가 언제나 승리했다. 물망에 올라 있는 프로젝트가 단 하나뿐일 때는 그 프로젝트를 실행하면 국민총생산이 월등히 증가한다는 것을 입증해 보여야 했다.

이러한 프로젝트를 시행할 때 언급되지 않는 사실이 하나 있다. 이 프로젝트들은 애초에 계약 업체에 상당한 혜택을 주는 것은 물론 차관을 제공받는 나라의 부유하고 영향력 있는 몇몇 가문을 행복하게 만들기 위해서 설계된다. 뿐만 아니라, 이런 부류의 프로젝트가 진행되면 전 세계의 많은 나라가 장기적으로 미국에 의존하게 되고 결국 각국 정부들은 미국에 정치적으로 충성하게 된다. 금액이 클수록 효과도 크다. 한 나라가 빚을 떠안게 되면 그 나라의 최빈곤층이 향후 수십 년 동안 의료, 교육, 기타 사회 보장 혜택을 받을 수 없다는 사실은 전혀 고려하지 않았다.

언젠가 클로딘은 차관을 수락하고 계획을 실행할 수 있는 지위의 사람을 만나면 이렇게 말해야 한다고 단언했다. "귀국이 번영하길 원한다면 세계은행의 차관을 수락하고 세계은행과 IMF가 내건 조건을 엄수해야 합니다." 클로딘의 재촉에 못 이긴 나는 이 말을 공책에 적어두고 외운 다음 경제 저격수로 일하는 내내 수없이 반복했다. 이후에 세계은행, IMF, 미 재무부, 그 외의 관련 조직들은 워싱턴 컨센서스로 알려졌고 이들이 활용하는 정책은 신자유주의로 분류됐다. 클로딘의 말을 다르게 표현하면 이런 뜻이 된다. "귀국이 번영하길 원한다면 워싱턴 컨센서스의 차관을 받아들이고 우리 회사를 통해 인프라 프로젝트를 진행하고 신자유주의 정책을 따르세요."

클로딘과 나는 현실을 왜곡하는 국민총생산의 본질에 관해 솔직하게 대화했다. 예를 들어, 전기 회사를 소유한 단 한 사람만 돈을 벌고 그 외의 대다수 국민은 빚에 허덕이더라도 국민총생산은 증가할 수 있다. 결국 부자는 돈을 더 많이 벌고 가난한 사람은 더 가난해진다. 그러나 통계 수치로만 본다면 어찌 됐든 그 나라의 경제는 성장하는 것처럼 보인다. 국내총생산 역시 마찬가지다.

일반적인 미국인들과 마찬가지로 메인에서 근무하는 대다수 직원은 다른 나라에 발전소나 고속도로, 항만 등을 지어 주면 그 나라에 도움이 된다고 믿었다. 미국의 학교와 언론은 이런 모든 일이 타인을 생각하는 선한 마음에서 비롯된다고 가르친다. 지금껏 살면서 이런 말을 하는 사람을 여럿 보았다. "성조기를 태우고 미국 대사관 앞에서 시위를 하다니! 그딴 나라에서는 철수해 버리면 그만이야. 그런 것들이야 가난에 허덕이며 살게 내버려 두면 돼."

이렇게 말하는 사람들은 주로 학력이 뛰어났다. 그러나 그들조차 미국이 전 세계에 대사관을 세우는 것은 미국의 이익을 위한 것이며, 지난 50년 동안 이런 노력을 통해 세계 최초의 진정한 세계 제국, 즉 미국 정부가 앞에서 이끌고 뒤에서 든든하게 떠받치는 기업 제국이 건설되었다는 사실은 알지 못했다. 공부를 많이 했으면서도 자신의 땅을 지켜내기 위해 싸우는 원주민들을 악마 신봉자라고 맹신했던 18세기 식민주의자들과 다를 바 없이 무지했다.

나는 몇 달 후에 인도네시아 자바섬으로 떠나기로 되어 있었다. 인도네시아는 지구상에서 인구 밀도가 가장 높은 지역으로 알려져 있었고, 석유가 풍부한 이슬람 국가이자 공산주의 활동의 온상이기도 했다. 소련인뿐 아니라 중국인들 역시 인도네시아와 동남아 전역에서 발판을 마련하기 위해 노력했다.

클로딘은 "인도네시아는 베트남 다음으로 반드시 쓰러뜨려야 하는 나라예요."라고 말하곤 했다. "반드시 인도네시아 사람들을 우리 편으로 만들어야 해요. 만일 인도네시아가 공산국가가 된다면……." 클로딘은 손가락으로 목을 긋는 시늉을 하며 달콤한 미소를 지었다. "그냥 쉽게 얘기할게요. 새로 발전소를 짓고 전력 공급 시스템을 건설하면 인도네시아 경제가 얼마나 발전하게 될지 아주 긍정적으로 포장하면 되는 거예요. 경제 전망이 잘 나오면 국제개발처와 여러 국제 은행이 차관을 빌려주게 되죠. 물론 당신도 충분한 보상을 받을 겁니다. 그러고는 이국적인 매력이 넘치는 다른 나라에서 또 새로운 프로젝트를 시작하는 거죠. 세상이 당신의 장바구니인 셈이에요."

클로딘은 내 임무가 힘들 거라고 경고했다. "은행 전문가들이 당신을 탈탈 털 거예요. 당신이 내놓은 예상 수치를 보고 흠집을 내려고 덤벼드는 게 그 사람들 일이거든요. 그들은 그런 일을 해야 월급을 받고, 당신을 바보로 만들수록 그들이 더 그럴듯하게 보이는 법이지요."

하루는 나와 함께 자바로 파견되는 열 명의 다른 팀원도 나와 같은 훈련을 받는지 묻자, 클로딘은 그렇지 않다고 답했다.

"그 사람들은 엔지니어예요. 발전기와 변속기, 송전 시설뿐 아니라 연료를 운송할 항만과 도로 등을 모두 설계하죠. 당신은 그들과 달리 미래를 예측하는 사람이에요. 당신이 내놓은 예측이 그들이 설계할 시스템의 강도와 차관의 규모를 결정해요. 이제 알겠죠? 그 무엇보다 중요한 것이 당신의 역할이에요."

클로딘의 아파트에서 걸어 나올 때마다 내가 과연 옳은 일을 하고 있는지 의문이 들었다. 그렇지 않다는 생각이 마음 한구석에서 사라지지 않았다. 그러나 과거에 경험했던 좌절감이 자꾸만 머릿속을 맴돌았다. 메인이 돈, 권력, 섹스 등 내가 그때껏 부족하다고 생각했던 모든 것을 메워 줄 것처럼 느껴졌다. 결국 좀 더 배우고 익히고 나면 판단할 수 있을 거라는 결론을 내렸다. 잘 모를 때는 일단 내부로 들어가 직접 경험해 봐야 한다며 내 선택을 합리화했다.

이런 생각을 털어놓으면 클로딘은 당혹스러운 눈길을 보냈다. "말도 안 되는 소리 말아요. 일단 한 번 들어오면, 다시는 나갈 수 없어요. 더 깊이 개입하기 전에 판단을 내려야 해요." 클로딘이 무슨 말을 하는 건지 잘 이해했다. 그래서 두려웠다. 클로딘의 아파트에서 나온 다음 커먼웰스가를 어슬렁거리다, 다트머스가로 내려와 주위를 거닐며 나는 예외일 거라고 스스로를 안심시켰다.

몇 달이 지난 어느 날 오후, 창가 소파에 나란히 앉아서 눈이 내리는 비컨가를 바라보던 클로딘이 말했다. "우리 같은 일을 하는 사람은 극히 드물어요. 우리는 많은 나라를 속여 수십억 달러의 차관을 얻게 만들고 그 대가로 많은 돈을 벌어요. 세계 각국 지도자들이 미국의 경제적 이익에 도움이 되는 거대한 네트워크의 일부가 되도록 부추기는 일이 당신이 맡은 임무에서 중요한 부분을 차지하죠. 그들이 공산주의자를 두려워하게 만들어야 해요. 필요하다면 우리를 두려워하게 만들어도 되고요. 문제를 해결하려면 우리 은행이 빌려주는 차관을 받아야 한다고 그들에게 말해야 합니다. 그러니까, 미국 은행들로부터 돈을 빌려서 그들의 빈곤에 종지부를 찍을 인프라를 구축하는 미국 회사에 그 돈을 주는 거죠. 간단합니다. 결국 그 사람들은 부채라는 덫에 사로잡혀서 미국에 더욱 충성하게 되죠. 우리는 필요할 때마다 정치·경제·군사적 목적을 위해 이들을 이용할 수 있어요. 이들은 자기 나라에 산업 단지, 발전소, 공항 등을 건설해 정치적 입지를 다지죠. 그러는 동안 프로젝트를 수주한 미국 토목 회사들은 엄청난 거부가 되는 겁니다."

그날 클로딘의 아파트 창가에서 눈이 휘몰아치는 아름다운 광경을 내다보며 내가 곧 첫발을 내디딜 직업이 언제, 어떻게 시작됐는지 배웠다. 클로딘은 역사상 여러 나라들이 실제로 무력을 사용하거나 혹은 무력을 사용하겠다는 위협을 통해 거대한 제국을 건설해 왔다고 설명했다. 그러나 제2차 세계대전이 끝나고 소련이 강대해지면서 핵무기의 공포가 세계 평화를 위협하자, 군사력으로 문제를 해결하려는 발상은 지나치게 위험한 것이 되었다.

결정적인 순간이 찾아온 건 1951년이었다. 그해, 이란에서 자국의 천연자원과 국민을 착취하는 영국의 석유 회사에 항거하는 반란이 일어났다. 그 회사가 지금은 BP라고 불리는 브리티시 페트롤리엄(British Petroleum)의 전신이다. 민주적인 방법으로 선출되어 대중의 지지를 한 몸에 받고 있던 모하마드 모사데크 총리가 이란의 모든 석유를 국유화하는 조치를 단행했다.(모사데크 총리는 1951년에《타임》'올해의 인물'로 선정되기도 했다.) 분노한 영국은 제2차 세계대전 당시 동맹국이었던 미국에 도움을 청했다. 그러나 미국과 영국은 무력을 동원해 보복하면 소련이 이란을 대신해 극단적인 행동을 취하는 상황이 벌어질까 봐 두려워했다.

결국 미국 정부는 해병대 대신 시어도어 루스벨트 대통령의 손자이자 CIA 요원인 커밋 루스벨트를 이란으로 급파했다. 커밋은 돈과 협박, 반공 선전을 동원해 반란을 훌륭하게 진압했다. 폭동을 일으키고 폭력적인 시위를 벌이도록 사람들을 선동했고, 이런 소요 사태 때문에 모사데크 총리는 국민으로부터 지지를 얻지 못하는 능력 없는 사람으로 비춰졌다. 결국 자리에서 물러난 모사데크 총리는 자택에 연금당한 채 여생을 보냈다. 이후 친미 성향을 띤 모하마드 레자가 이란을 지배하는 독재자로 등극했다. 커밋 루스벨트는 이런 과정을 통해 새로운 직업의 발판을 마련했고, 내가 바로 그 직업을 갖게 되었다.¹

오랫동안 이어져 내려온 전통적인 제국 건설 방법을 모두 무너뜨린 루스벨트의 책략으로 중동의 역사가 바뀌었다. 이 시기는 미국이 '제한적 비핵 군사 작전'을 도입해 한국과 베트남, 아프가니스탄에서 쓴맛을 보았던 시점과 일치한다. 내가 NSA에서 면접을 보았던 1968년 당시, 미국이 세계 제국의 꿈을 이루려면 (존슨 대통령이나 닉슨 대통령이 천명했듯이) 커밋 루스벨트가 이란에서 썼던 것과 유사한 방법을 동원해야 한다는 사실이 명확해졌다. 그 방법이야말로 핵전쟁의 위험 없이 소련을 물리칠 수 있는 유일한 길이었다.

다만 한 가지 문제가 있었는데, 바로 커밋 루스벨트가 CIA 소속이라는 사실이었다. 만일 커밋이 붙잡혔더라면 결과는 그야말로 끔찍했을 것이다. 커밋은 다른 나라 정부를 전복하기 위한 미국의 첫 번째 작전을 진두지휘했고 비슷한 작전이 계속 이어질 것이 틀림없었다. 그러나 미국 정부를 직접 연루시키지 않는 방법을 찾아내는 것이 무엇보다 중요했다.

전략을 세워야 하는 사람들에게는 참으로 다행스럽게도, 1960년대에 또 다른 형태의 혁명이 일어났다. 세계은행, IMF 같은 국제기구와 세계적인 기업들의 영향력이 커진 것이다. 국제기구에 자금을 대는 나라는 주로 미국과 한때 제국을 거느렸던 유럽 국가들이었다. 이런 흐름으로 인해 정부, 기업, 국제기구 사이에 공생 관계가 형성됐다.

내가 보스턴대 경영학과에 입학할 무렵, 미국 정부는 직접 개입하지 않고 문제를 해결할 방법을 모색하고 있었다. NSA를 비롯한 미국의 정보기관들이 잠재력 있는 경제 저격수를 찾아내면 기업에서 해당 인재를 고용하는 방식이 그들이 마련한 해결책이었다. 이렇게 고용된 경제 저격수들은 정부가 아닌 민간 기업으로부터 월급을 받았다. 따라서 더러운 음모가 밝혀지더라도 사람들의 비난을 받는 것은 정부의 정책이 아니라 사기업의 탐욕이었다. 뿐만 아니라 이들을 고용한 기업들은 정부 기관이나 다국적 금융 기관들로부터 돈을 받지만,(납세자들이 낸 세금이 이들에게로 흘러갔다.) 의회의 감시나 공개 조사로부터 자유로웠다. 게다가 상표법, 국제 거래법, 정보 열람의 자유법 등 나날이 늘어나는 각종 법을 통해 보호받았다.[2]

클로딘은 이렇게 결론 내렸다. "그러니까 말이죠, 우리는 당신이 초등학교에 입학할 무렵부터 시작된 자랑스러운 전통을 이어 가는 다음 세대인 거예요."

7장

첫 번째 표적: 인도네시아

나는 앞으로 맡을 임무에 관해 공부하는 한편 인도네시아에 관한 서적을 읽는 데 적잖은 시간을 쏟았다. "떠나기 전에 정보를 충분히 모아두면 그곳에서 일하기가 수월할 거예요." 클로딘은 이렇게 충고했고, 나는 그 말을 가슴 깊이 새겼다.

1492년, 콜럼버스는 향신료의 섬이라고 알려져 있던 인도네시아를 향해 항해를 시작했다. 식민지 시대에 인도네시아는 미 대륙을 모두 더한 것보다 귀한 보물로 여겨졌다. 화려한 직물과 동경심을 불러일으키는 향료, 대를 이어 내려온 호화로운 왕국으로 잘 알려진 자바섬은 많은 사람이 탐내는 곳이자 스페인, 네덜란드, 포르투갈, 영국의 탐험대가 무력 충돌을 벌이는 곳이었다. 1750년에는 네덜란드가 승전고를 울렸다. 그러나 네덜란드의 손아귀에 들어 있었던 것은 자바섬뿐이었고 나머지 섬을 모두 지배하기까지는 150년이 더 걸렸다.

제2차 세계대전 중에 일본이 인도네시아를 침공했을 때 네덜란드는 거의 저항하지 않았다. 결국 인도네시아 국민, 특히 자바섬 주민들이 심각한 피해를 입었다. 일본이 항복한 후 인도네시아에서 수카르노라는 카리스마 넘치는 지도자가 나타나 독립을 선언했다. 1949년 12월 27일, 4년에 걸친 싸움 끝에 네덜란드는 마침내 항복해 300여 년 동안 투쟁하고 지배당할 줄밖에 몰랐던 인도네시아 국민에게 주권을 돌려주었다. 수카르노는 새로운 공화국의 초대 대통령이 되었다.

그러나 인도네시아를 통치하기란 네덜란드와 싸워 이기기보다 훨씬 어려운 일이었다. 약 1만 7500개의 섬으로 이뤄진 군도인 인도네시아는 단일 민족 국가와는 거리가 먼 나라였다. 종족주의, 온갖 문화, 수십 개의 언어와 방언, 수 세기 동안 누적된 적개심을 여전히 품고 있는 다양한 소수 민족이 복잡하게 뒤엉킨 나라가 바로 인도네시아였다. 잔인한 전투가 자주 벌어졌고 그때마다 수카르노는 진압에 나섰다. 수카르노는 1960년에 의회를 해산시키고 1963년에 종신 대통령이 되겠다고 선언했다. 중국을 비롯한 세계 각지의 공산주의 정부와 긴밀한 협력 관계를 유지하는 대가로 군사 장비와 훈련 교관을 지원받았다. 그러고는 서남아시아 전역에 공산주의를 전파하고 세계 사회주의 지도자들의 지지를 얻기 위해 러시아제 무기로 무장한 인도네시아 군대를 이웃 국가인 말레이시아로 파견했다.

수카르노에 반대하는 세력이 점점 커졌고, 1965년에 마침내 쿠데타가 일어났다. 수카르노는 눈치 빠른 애인의 도움을 받아 가까스로 암살 위기를 모면했다. 그러나 군 고위 간부들과 그의 측근들은 수카르노만큼 운이 좋지 않았다. 당시 벌어진 일련의 사건들과 수카르노 반대 세력을 지지한 미국의 태도는 1953년 이란에서 벌어진 상황과 비슷했다. 결국 공산당, 그중에서도 특히 중국과 밀접한 관계를 맺은 당파가 책임을 지게 되었다. 군 주도의 대량 학살이 뒤따랐고, 그 결과 약 50만 명에 이르는 사람들이 목숨을 잃었다. 일각에서는 당시 사망자가 200만 명이 넘는 것으로 추정한다. 1968년, 최고 통수권자였던 수하르토가 마침내 대통령이 되었다.[1]

1971년, 베트남 전쟁에서 패배할 가능성이 커지자 인도네시아에서 공산주의를 몰아내겠다는 미국의 의지가 더욱 굳건해졌다. 닉슨 대통령은 1969년 여름에 미군을 재배치하기 시작했고, 미국 정부는 좀 더 세계적인 관점을 받아들이기 시작했다. 미국이 채택한 전략의 핵심은 세계 각국이 차례대로 공산주의에 함락당하지 않도록 막는 것이었다. 미국이 중점을 둔 몇몇 국가 중에서 전략적으로 가장 중요한 나라가 인도네시아였다. 메인의 발전 설비 건설 프로젝트는 동남아시아에서 미국의 영향력을 확대하기 위한 계획의 일환이었다.

미국은 이란의 국왕이 그랬듯 수하르토가 미국 정부에 충성하기를 바랐다. 뿐만 아니라 인도네시아가 주변 국가들에게 나아갈 길을 보여주기를 바랐다. 인도네시아에서 성공한다면 이슬람 사회, 특히 일촉즉발의 위기감이 감도는 중동으로 그 여파가 퍼져 나가 미국에 도움이 될 것이라는 계산도 깔려 있었다. 물론 이것만으로 충분하지 않았을 수도 있지만, 인도네시아에는 석유가 있었다. 인도네시아에 석유가 얼마나 매장되어 있는지 정확히 아는 사람은 없었다. 하지만 석유 회사에서 일하는 지질학자들은 매장량이 어마어마할 것이라는 관측을 내놓았다.

보스턴 공공 도서관에서 책을 파고들수록 흥분감이 커졌다. 앞으로 펼쳐질 모험을 상상하기 시작했다. 메인에서 일하면 평화봉사단 시절의 구질구질한 생활과 작별하고 훨씬 더 근사하고 멋진 삶을 살게 될 거라는 기대가 생겼다. 클로딘과 함께 보낸 시간만으로도 이미 내가 오랫동안 꿈꾸어 왔던 일 가운데 하나가 이뤄진 셈이었다. 아름다운 여자와 거리낌 없이 혼외정사를 벌였으니 말이다. 모든 상황이 너무도 황홀해서 현실이라고 받아들이기 힘들 정도였다. 남학생들밖에 없는 고등학교에서 힘든 시간을 보냈으니 클로딘과의 관계도 어느 정도 용서받을 수 있을 것 같다는 생각이 들었다.

내 삶에서 또 다른 일이 벌어지고 있었다. 앤과 따로 살게 된 것이다. 우리는 툭하면 싸웠다. 앤은 내가 변했다며, 결혼할 때 알던 사람이나 평화봉사단 시절을 함께 보냈던 사람이 아니라고 했다. 그 시절을 되돌아보면 아무래도 앤이 나의 이중생활을 눈치챘던 것 같다.

그러나 그때 나는 애초에 결혼할 수밖에 없는 상황으로 몰고 간 앤에게 일차적인 책임이 있다며 내 행동을 합리화했다. 에콰도르에서 평화봉사단 활동을 할 때 앤이 나를 위해 애쓰고 노력했다는 사실은 전혀 생각하지 않은 채 부모님의 변덕에 맞춰 행동했던 방식대로 앤을 대했다. 물론 지금에 와서 돌이켜 보면 앤은 나한테 여자가 생겼다는 사실을 어느 정도는 알고 있었던 게 틀림없다. 어쨌든 우리는 합의하에 별거에 들어갔다.

1971년, 인도네시아로 떠나기 일주일 전, 클로딘의 아파트에 들렀다. 작은 식탁 위에는 여러 종류의 치즈와 빵, 보졸레 와인 한 병이 놓여 있었다. 우리는 건배했다.

"드디어 해냈군요. 이제 당신도 우리와 같은 부류가 됐어요."

클로딘은 미소를 지으며 말을 건넸지만 왠지 진실해 보이지 않았다.

30분 정도 가벼운 대화를 나눴다. 와인 한 병을 거의 다 비웠을 무렵, 클로딘은 그때까지 한 번도 보지 못한 눈빛을 보내며 단호한 목소리로 말했다. "우리가 그동안 만나 왔다는 사실을 아무한테도 얘기해서는 안 돼요. 만일 비밀을 누설한다면 난 당신을 용서하지 않을 거예요. 당신을 만났다는 사실 자체를 부인할 거예요."

클로딘은 눈을 부릅뜨고 나를 바라봤다. 난생처음 클로딘이 나를 위협하는 듯한 기분이 들었다. 그런 다음 클로딘은 냉정한 미소를 지어 보였다. "우리 관계를 발설하면 목숨이 위험해질 거예요."

나는 너무 놀라서 할 말을 잃었다. 두려운 기분이 밀려들었다. 그러나 푸르덴셜 센터로 돌아오면서 클로딘의 계획이 얼마나 치밀하게 잘 꾸며져 있었는지 인정할 수밖에 없었다. 우리는 항상 클로딘의 아파트에서 함께 시간을 보냈다. 우리 관계를 입증할 증거도, 메인의 직원이 어떤 식으로든 관련되어 있다는 증거도 전혀 없었다. 한편으로는 클로딘의 솔직한 모습이 감탄스러웠다. 적어도 클로딘은 틸턴과 미들베리 문제와 관련해 나를 기만했던 내 부모와 달리 나를 속이지는 않았다.

8장
한 나라를 공산주의로부터 구해 내다

나는 석 달 동안 머물게 될 인도네시아에 대해 감상적인 생각을 하고 있었다. 인도네시아에 관한 책에는 밝은 색깔 사롱*을 걸친 여인과 이국적인 발리 댄서, 불을 뿜는 주술사, 연기가 피어오르는 화산 아래 긴 카누를 타고 에메랄드빛 물살을 가르는 용사들의 사진이 실려 있었다. 그중에서도 악명 높은 해적들이 탄 검은 돛의 갤리언선이 가장 인상적이었다. 그 무렵에도 인도네시아 군도를 둘러싼 해상에 종종 출몰했던 부기 해적들은 일찌감치 유럽인들을 공포에 떨게 했다. 옛 유럽 선원들은 고향으로 돌아간 후 아이들이 말을 듣지 않으면 "얌전히 굴어라. 안 그러면 부기 해적들이 너희를 잡아갈 거야!"라며 겁을 주곤 했다. 해적 사진을 보면서 나는 흥분을 감출 수 없었다.

인도네시아의 역사나 전설에는 격노한 신, 코모도왕도마뱀, 부족장

★ 말레이 제도 사람들이 허리에 두르는 천

같은 영웅적인 존재가 많이 등장한다. 예수가 등장하기 전부터 아시아의 산과 페르시아의 사막을 지나고 지중해를 건너 사람들의 집단 무의식 속에 자리 잡은 아주 오래된 이야기가 있다. 자바, 수마트라, 보르네오, 술라웨시 같은 인도네시아의 전설적인 섬 이름만 들어도 가슴이 설렜다. 인도네시아는 신비와 신화, 관능적인 아름다움이 혼재하는 땅, 콜럼버스가 애타게 찾았지만 끝내 발견하지 못한 소중한 보물, 스페인, 네덜란드, 포르투갈, 일본 같은 강대국들이 애타게 구애했으나 결코 가지지 못한 아리따운 공주였다. 한마디로 환상과 꿈이 공존하는 땅이었다.

위대한 탐험가가 된 듯한 기분에 사로잡혀 기대가 커졌다. 하지만 콜럼버스와 마찬가지로 내가 지닌 환상을 어떻게 다루어야 하는지 잘 알고 있어야만 했다. 항상 그렇듯 운명은 우리가 바라는 대로 흘러가지 않는다는 사실을 미리 알아챘어야 했다. 인도네시아는 소중한 보물을 안겨 주었지만 내 기대와 달리 만병통치약은 아니었다. 1971년 여름, 인도네시아의 후텁지근한 수도 자카르타에서 보낸 처음 며칠은 정말로 충격적이었다.

물론 내가 꿈꿨던 아름다운 모습도 있었다. 현지인들은 바틱 기법*을 이용해 염색한 화려하고 다채로운 색깔의 옷을 두르고 있었고, 생명력 넘치는 정원에는 열대 지역에서 자라는 꽃이 넘쳐났다. 자전거택시 운전사가 승객을 태우기 위해 앞쪽에 마련한 높게 솟은 승객용 의자 양옆에는 형형색색의 화려한 그림이 그려져 있었다. 식민지 시절에 만들어진 네덜란드풍 저택과 섬세한 장식이 있는 모스크도 있었다.

★ 밀랍을 이용해 옷에 물을 들이는 인도네시아 전통 염색 기법

화려한 도시의 이면에는 추하고 비극적인 모습이 감춰져 있었다. 한센병 환자들은 손 대신 문드러진 팔을 내밀고 거리를 돌아다녔고 가난에 찌든 어린 여자들은 밥벌이를 위해 어쩔 수 없이 몸을 팔았다. 한때는 화려한 모습을 자랑했을 것이 틀림없는 식민지 시대에 건설된 운하는 구정물 구덩이가 되어 있었다. 악취를 뿜어내는 시커먼 강 옆에는 온통 쓰레기로 뒤덮인 강둑이 기다랗게 자리 잡고 있었고, 많은 사람이 강둑에 지어진 허술한 판잣집을 삶의 터전 삼아 살아가고 있었다. 그뿐이 아니었다. 시끄러운 경적 소리와 매연이 온 도시를 뒤덮고 있었다. 아름다운 모습과 추한 모습, 우아한 모습과 저속한 모습, 신을 받드는 경건한 모습과 불경스러운 모습이 한데 뒤엉켜 있었다. 매혹적인 정향나무와 난초 향기가 도시를 뒤덮는 하수구의 악취와 뒤섞인 곳. 그 도시가 바로 자카르타였다.

자카르타에 가기 전에도 가난의 실체를 본 적이 있었다. 뉴햄프셔주에서 학교에 다닐 때 따뜻한 물이 나오지 않는 판잣집에 살면서 영하의 날씨에 얇은 점퍼만 걸친 채 낡아 빠진 테니스화를 신고 학교에 와서 씻지도 않은 몸으로 악취를 풍기는 친구들이 있었다. 안데스산맥에서 평화봉사단 활동을 하며 농부들과 함께 흙으로 지은 집에서 생활한 적도 있었다. 농부들은 말린 옥수수와 감자로 연명했고 돌이 되기 전에 죽는 아기들도 많았다. 이처럼 인도네시아에 발을 딛기 전에도 가난을 직접 두 눈으로 보았지만, 그 어떤 것도 자카르타에서 맞닥뜨릴 상황에 대비하는 데 도움이 되지 않았다.

메인에서 파견된 우리 팀은 인도네시아에서 가장 좋은 호텔에서 묵었다. 팬아메리칸 항공이 소유한 세계 각지의 인터콘티넨털 호텔 체인과 마찬가지로, 자카르타 인터콘티넨털 호텔은 부유한 외국인들, 그중에서도 특히 석유 회사 임원들과 그 가족들의 변덕에 맞춰 서비스를 제공했다. 인도네시아에 도착한 날 밤, 프로젝트 매니저였던 찰리 일링워스는 호텔 꼭대기 층에 있는 근사한 레스토랑에서 저녁을 사 주었다.

찰리는 전쟁 전문가였다. 여유 시간이 생기면 찰리는 대개 역사책이나 전쟁을 이끈 위대한 인물이나 전쟁에 관한 소설을 읽었다. 그는 탁상공론을 펼치며 무작정 베트남 전쟁에 찬성하는 인물이었다. 그날 밤, 찰리는 평소와 마찬가지로 헐렁한 카키색 바지와 군복 비슷한 모양의 어깨 장식이 달린 카키색 반소매 셔츠를 입고 있었다.

환영 인사를 한 그는 시가에 불을 붙였다. "멋진 인생을 위하여!"라고 말하며 숨을 내쉰 찰리는 샴페인 잔을 들어 올렸다.

우리도 따라 외쳤다. "멋진 인생을 위하여!" 샴페인 잔이 서로 부딪혔다. 찰리는 시가 연기를 내뿜으며 방을 둘러봤다. 그는 감사한 얼굴로 고개를 끄덕이며 "여기서 융숭한 대접을 받게 될 거야."라고 말했다.

"인도네시아 사람들은 우리를 극진하게 보살필 거야. 미 대사관 사람들도 그럴 테고. 하지만 우리한테는 임무가 있다는 사실을 잊어서는 안 되네."

찰리는 여러 장의 메모 카드를 들여다봤다.

"우리는 세계에서 인구 밀도가 가장 높은 자바섬에 전력을 공급하는 원대한 계획을 달성하려고 이곳에 왔지. 그러나 그건 빙산의 일각에 불과해."

찰리의 표정이 점점 심각해졌다. 그를 보고 있자니 문득 그가 존경하는 영웅 중 한 명인 패튼 장군을 연기한 영화배우 조지 스콧이 떠올랐다. "우리는 공산주의자들의 마수로부터 이 나라를 구하러 온 것이라네. 모두 알고 있겠지만, 인도네시아에는 길고 비극적인 역사가 있어.

인도네시아는 지금 또다시 시험대에 올랐지. 우리에게는 인도네시아가 베트남, 캄보디아, 라오스 등 인도네시아 북쪽에 있는 이웃 국가들의 선례를 따르지 않도록 이끌어야 할 책임이 있어. 통합 전기 공급 시스템을 만들어 내는 일이 가장 중요하네. 전기는 자본주의와 민주주의의 기반을 공고히 하는 데 다른 그 어떤 요소보다 도움이 된다네."(물론 석유는 여기에 포함되지 않았을 거라고 생각한다.)

여기까지 말한 다음 시가를 한 모금 빨고 앞에 놓인 메모를 몇 장 넘긴 찰리가 다시 입을 열었다. "석유에 대해서 말하자면, 자네들은 모두 미국에 석유가 얼마나 많이 필요한지 알고 있을 거야. 그 점을 생각하면 인도네시아는 미국의 중요한 동맹국이 될 수 있지. 그러니 기획안을 작성할 때 향후 25년 동안 석유 산업뿐 아니라 항만, 운송, 건설 등 석유 산업을 뒷받침하는 모든 관련 산업들이 필요한 전력을 얼마든지 확보할 수 있도록 최선을 다해 주기를 바라네."

찰리는 메모에서 눈을 떼고 나를 똑바로 쳐다봤다.

"수치를 낮게 잡는 것보다 높게 잡는 편이 훨씬 나을 걸세. 자네도 인도네시아의 어린아이들이나 자네의 손에 피를 묻히고 싶지는 않을 테니까. 인도네시아 국민이 중국의 붉은 깃발 아래 가난에 허덕이며 살아가는 걸 원하지는 않을 테지!"

그날 밤 나는 도시 위로 우뚝 솟은 특급 호텔의 고급 객실에 누워 클로딘을 떠올렸다. 대외 채무에 대한 클로딘의 이야기가 머리를 떠나지 않았다. 거시 경제 수업에서 배운 내용을 떠올리며 마음을 가라앉히려고 애썼다. 결국 봉건 시대의 경제 구조에서 여전히 벗어나지 못하고 있는 인도네시아가 산업화된 현대 세계에서 설 자리를 찾을 수 있도록 돕기 위해 이곳에 왔노라고 홀로 되뇌었다. 그러나 날이 밝은 다음 창밖을 내다보면 화려한 정원과 수영장 너머로 수천 가구가 거주하는 허름한 판자촌이 수 마일의 땅 위에 길게 늘어선 모습이 펼쳐져 있을 거라는 사실을 잘 알고 있었다. 뿐만 아니라, 인도네시아에서는 아이와 어른 모두 끔찍한 질병과 열악한 환경 속에서 고통받고 있으며, 음식과 물이 부족해 아이들이 죽어 가고 있다는 사실도 곧 알게 될 터였다.

침대에서 몸부림을 치며 찰리를 비롯한 우리 팀 모두가 이기적인 목적으로 인도네시아에 왔다는 사실을 더 이상 부인할 수 없다는 걸 깨달았다. 우리는 미국의 외교 정책을 따르고 미국 기업의 이익과 개인적인 부귀영화를 좇는 사람일 뿐이었다. 인도네시아 사람들에게 더 나은 삶을 안겨 주기 위해서가 아니라 우리의 탐욕을 채우기 위해 인도네시아로 날아갔을 뿐이었다. 그런 생각을 하다 보니 '기업 정치(corporatocracy)'라는 말이 머리를 스쳤다. 이전에 들어 본 적이 있는 말인지 내가 생각에 잠겨 만들어 낸 말인지 분명하지는 않았다. 하지만 온 세상을 지배하기로 마음먹은 새로운 엘리트 계층을 묘사하기에 딱 알맞은 말처럼 느껴졌다.

공통된 목적을 가진 소수의 사람들이 촘촘하게 얽혀 있었다. 거기에 속한 구성원들은 여러 기업의 이사회와 정부 고위직을 자유롭게, 자주 오갔다. 문득 당시 세계은행 총재였던 로버트 맥나마라가 가장 적절한 예라는 생각이 들었다. 맥나마라는 포드자동차(Ford Motor Company) 사장으로 일하다가 케네디 대통령과 존슨 대통령 시절에 국방부 장관으로 재직했던 인물이다. 이후 그는 세계에서 가장 영향력이 큰 금융 기관인 세계은행의 총재가 되었다.[1]

문득 대학에서 강의하던 교수님들은 거시 경제학의 진정한 본질을 이해하지 못했다는 깨달음이 밀려왔다. 한 나라가 경제 성장을 위해

외부의 도움을 받으면 피라미드의 꼭대기에 앉아 있는 극소수의 지배층만 부유해질 뿐, 서민들은 더욱 가난해지기만 한다. 사실, 자본주의를 추구하다 보면 중세 봉건 사회와 비슷한 결과가 나올 때가 많다. 물론 교수들 중 이 같은 사실을 아는 사람이 있었을지도 모른다. 만약 그랬다면 이런 진실을 외면한 것이나 다름없다. 아마도 대기업과 그런 회사를 운영하는 경영진이 대학에 재정 지원을 하기 때문이었을 것이다. 진실을 밝히면 교수들은 더 이상 강단에 설 수 없을 것이다. 물론 이 같은 진실을 폭로하면 나 역시도 같은 대가를 치를 수밖에 없다.

인도네시아에서 인터콘티넨털 호텔에 머무르는 동안 이런 생각들로 거의 매일 밤잠을 설쳤다. 결국 나는 지극히 개인적인 변명거리를 찾아냈다. 지긋지긋한 뉴햄프셔의 작은 동네와 사립 고등학교, 그리고 징집에서 벗어나기 위해 투쟁을 벌인 것뿐이라고 합리화했다. 우연과 노력이 더해져 이런 멋진 삶의 기회가 찾아온 것뿐이라고 자신을 속였다. 또한 내가 나고 자란 미국 문화의 관점에서 보면 옳은 일을 하고 있다는 사실이 위안이 됐다. 성공적이고 존경받는 경제 전문가로 거듭나고 있으며, 학교에서 배운 것을 실천하고 있을 뿐이고, 전 세계 석학들이 인정한 개발 모델을 실행할 수 있도록 내가 돕는 것뿐이라고 거듭 나를 기만했다.

그러나 밤이 깊어지면 언젠가는 진실을 폭로하겠다고 다짐하며 나 자신을 달랬다. 그러고는 서부 개척 시대 총잡이들의 이야기를 그린 루이스 라무어의 소설을 읽다가 잠들곤 했다.

9장
돈과 맞바꾼 영혼

　우리 팀 열한 명은 엿새 동안 자카르타에 머물면서 미 대사관에 신원을 등록하고 인도네시아의 여러 정부 관계자를 만났다. 마음의 준비를 하고 수영장에서 휴식도 취했다. 인터콘티넨털 호텔에는 놀랄 정도로 미국인이 많았다. 젊고 아름다운 여자들을 쳐다보는 재미에 푹 빠지기도 했다. 미국의 석유 회사나 건설 회사에서 임원으로 일하는 남편을 따라 인도네시아로 온 그 여자들은 낮에는 수영장에서 시간을 보내고, 밤이 되면 호텔 식당이나 근처의 근사한 레스토랑에서 저녁을 즐겼다.
　엿새 후, 찰리는 팀원 모두를 반둥이라는 산악 도시로 데려갔다. 반둥은 자카르타보다 기후가 좀 더 온화하고 빈곤이 눈에 덜 띄었으며 즐길 거리도 적었다. 우리는 인도네시아 정부가 제공하는 손님용 숙소 위스마*에 머물렀다. 위스마에는 전용 관리인, 요리사, 정원사를 비롯해 다양한 서비스를 제공하는 직원들이 있었다. 네덜란드 식민지 시절에 지어진 위스마는 말 그대로 천국이었다. 넓은 베란다 앞에 펼쳐진 널따란 차밭이 구불구불한 언덕과 자바의 화산섬 비탈로 이어졌다. 팀원들은 숙소 외에도 운전사와 통역사가 딸린 도요타 자동차를 한 대씩 받았다. 회원제로 운영되는 반둥 골프앤드라켓 클럽 회원권과 인도네시아 국영전기공사(Perusahaan Umum Listrik Negara, PLN)의 지역 본사 건물에 있는 사무실도 하나씩 얻었다.

반둥에 도착한 이후 처음 며칠 동안 나는 찰리와 하워드 파커를 여러 차례 만났다. 칠순 노인인 하워드는 과거에 미국 전력 회사 뉴잉글랜드 일렉트릭시스템(New England Electric System)에서 전력 수요 예측 전문가로 일했던 인물이다. 반둥에서 나를 만났을 무렵, 하워드는 향후 25년 동안 자바섬에 어느 정도의 에너지와 전기가 필요할지 예측하고, 각 도시와 지역별로 수요를 추산하는 임무를 맡고 있었다. 전기 수요는 경제 성장률과 밀접한 관계가 있어서 전기 수요를 제대로 예측하려면 내가 계산한 경제 전망치가 필요했다. 하워드와 내가 제시한 예상치를 가능한 한 효율적으로 충족시킬 수 있는 방식으로 발전소, 송전 시설, 연소 운송 시스템을 어떤 곳에 어떻게 세울지 종합적인 계획을 마련하는 것은 나머지 팀원들의 몫이었다. 찰리는 항상 내 역할이 얼마나 중요한지 강조하면서, 가능한 한 긍정적인 전망을 내놓아야 한다고 압박했다. 클로딘이 옳았다. 종합 계획을 세울 때 무엇보다 중요한 것이 내 역할이었다.

찰리는 "처음 몇 주 동안은 데이터 수집 작업을 해야 하네."라고 말했다. 우리 세 사람은 찰리의 호화로운 개인 사무실에 있는 커다란 등

★ Wisma. 인도네시아어로 '집'을 뜻한다.

나무 의자에 앉아 이야기를 나눴다. 사무실 벽에는 고대 인도의 힌두 서사시 『라마야나』*의 내용을 묘사하는 바틱 태피스트리가 걸려 있었다. 찰리는 두툼한 시가를 한 모금 빨았다.

"엔지니어들이 전기 시스템, 항만 시설, 도로, 철도 등 모든 종류의 세부 정보를 종합적으로 파악할 걸세." 찰리는 이렇게 말한 다음 시가 끝으로 나를 가리켰다. "자네가 빠르게 움직여야 해. 한 달 정도 지나면 하워드는 새로 전력 공급망을 깔았을 때 인도네시아 경제에 어떤 기적이 일어날지 제대로 알고 싶어 할 거야. 두 번째 달이 끝날 무렵이면 각 지역에 어떤 변화가 생길지 궁금해할 거네. 마지막 한 달 동안은 부족한 부분을 채우는 데 집중해야 하지. 그게 제일 중요해. 그때가 되면 우리 모두 머리를 모아야 해. 미국으로 돌아가기 전에 필요한 정보를 모조리 수집해야 한다네. 나는 일을 할 때 추수감사절을 가족과 함께 보내는 걸 무엇보다 중요하게 여긴다네. 뭔가 빠뜨린 걸 찾으러 다시 이곳에 돌아오는 일 같은 건 없어야 해."

하워드는 넉넉한 할아버지 같은 인상을 풍기는 부드러운 사람처럼 보였지만 실은 인생이 자기를 배반했다고 느끼는 고약한 노인이었다. 평생 뉴잉글랜드 일렉트릭시스템의 최고 자리에 올라가지 못했고, 그 사실을 내내 못마땅해하는 듯했다. 그는 몇 번이고 내게 말했다. "기회를 놓친 거지 뭐. 회사 정책을 따르지 않았거든." 하워드는 강제로 퇴직당한 후 종일 아내와 함께 집에 머무르는 삶을 견디기 힘들어 메인에서 일하게 됐다. 인도네시아 프로젝트는 하워드의 두 번째 임무였다. 사실 나는 에이너와 찰리로부터 하워드를 잘 감시하라는 지시를 받은

★ 산스크리트어로 쓰인 고대 인도의 양대 서사시 가운데 하나

터였다. 두 사람은 하워드가 고집스럽고 야비하며 복수심이 강한 사내라고 설명했다.

당시에는 알지 못했지만, 시간이 흐른 뒤 생각해 보면 하워드는 진정한 내 스승이었다. 하워드는 내가 클로딘한테 받았던 것과 같은 훈련을 경험한 적이 없었다. 아마도 윗사람들은 하워드가 너무 늙고 고집스럽다고 생각했던 것 같다. 아니면 나처럼 다루기 쉽고 고분고분한 애송이가 걸려들 때까지만 하워드를 고용하려던 계획이었을지도 모른다. 어떤 경우든 회사의 입장에서 보면 하워드는 골칫거리였다. 하워드는 상황을 명확하게 판단하고 회사가 자기에게 어떤 역할을 기대하는지 정확히 이해한 다음, 그들의 졸개 노릇을 하지는 않겠다고 다짐했다. 에이너와 찰리가 하워드를 묘사할 때 사용했던 수식어들은 실제로 그에게 알맞기는 했다. 하지만 그의 고집스러움은 하수인 노릇을 하지 않겠다는 다짐 때문이었던 게 틀림없다. 하워드는 경제 저격수라는 말을 들어 본 적조차 없을 가능성이 크지만, 그렇더라도 메인이 자신을 이용해 절대로 용납할 수 없는 제국주의의 꿈을 실현할 작정이라는 사실은 알고 있었을 것이다.

어느 날 찰리와 셋이서 회의를 끝낸 후 하워드가 나를 한쪽으로 불렀다. 보청기를 끼고 있던 하워드는 셔츠 아래로 손을 넣어 보청기의 볼륨을 조절했다.

"이건 자네와 나, 우리 둘만의 비밀일세." 하워드가 숨죽여 말했다. 함께 사용 중이었던 사무실 창가에 서서 인도네시아 국영전기공사 건물을 끼고 있는 운하가 쓰레기로 뒤덮인 모습을 가만히 내다봤다. 한 젊은 여자가 그 더러운 물에서 몸을 씻고 있었다. "사람들은 인도네시아 경제가 급성장할 거라는 확신을 심어 주기 위해 어떻게든 자네를 설득하려 들 걸세. 찰리는 무자비한 사람이야. 너무 곁을 줘서는 안 돼."

하워드의 말을 들으며 기분이 착잡해졌다. 하지만 찰리가 옳다고 하워드를 설득하고 싶다는 생각도 들었다. 결국 상사를 얼마나 기쁘게 하는가에 따라 내 위치가 달라질 수밖에 없다.

"이 나라는 호황을 누리게 될 겁니다." 나는 운하에서 몸을 씻는 여인에게 시선을 고정한 채 이야기를 이어 갔다. "이제 어떤 일이 일어날지 잘 보십시오."

"그렇군." 하워드는 눈앞의 광경을 전혀 눈치채지 못한 채 중얼거렸다. "이미 그들에게 설득당한 게로군. 그런 거지?"

운하에서 벌어지는 또 다른 일이 내 시선을 사로잡았다. 한 노인이 강둑을 내려가 바지를 내리더니 변을 보려고 쪼그리고 앉았다. 몸을 씻던 여자는 노인을 쳐다봤지만, 전혀 개의치 않았다. 여자는 그저 계속 몸을 씻을 뿐이었다. 나는 창가에서 돌아서서 하워드를 똑바로 쳐다봤다.

"저는 이곳저곳에서 일을 해 봤어요. 나이는 어리지만 남미에서 이미 3년이나 활동했고요. 석유가 발견되면 어떤 변화가 일어나는지 똑똑히 지켜봤어요. 그런 일이 벌어지면 상황이 빠르게 변합니다."

하워드가 조롱하듯 말했다. "그래? 나도 여러 곳에서 일해 봤지. 정말 오랫동안 일했어. 이봐, 젊은 친구. 내가 하나만 얘기해 주지. 나는 석유 같은 걸 찾든지 말든지 관심이 없어. 평생 전력 수급량을 예측했을 뿐이지. 대공황 때도 그랬고, 제2차 세계대전이 벌어졌을 때도 내 일은 그거였어. 경기가 호황과 불황을 오갈 때도 오직 그 일만 했어. 128번 도로가 생겨나고 소위 매사추세츠주의 기적이 일어났을 때 보스턴에 어떤 변화가 생기는지도 지켜보았지. 내가 장담하는데, 오랫동안 연간 전기 수요량이 9퍼센트 이상 꾸준히 늘어난 경우는 없네. 절대로 없어. 9퍼센트라는 것 자체도 최상의 시기에나 가능한 이야기고. 6퍼센트 정도가 좀 더 적정한 증가율이라네."[1]

나는 하워드를 똑바로 응시했다. 마음 한편에서는 그가 옳을지도 모른다는 생각이 들었지만 항변하고 싶은 마음이 불쑥 치밀어 올랐다. 하워드를 설득해야만 할 것 같았다. 내가 하는 일을 정당화하지 않고는 양심의 가책을 견딜 수 없었기 때문이다. 클로딘이 기억해 두라고 했던 말을 떠올렸다. 나는 "귀국이 번영하길 원한다면 세계은행의 차관을 받아들이고 세계은행과 IMF가 내건 조건을 따르세요."라고 인도네시아 지도자들을 설득할 수 있는 보고서를 내놓아야 했다.

"하워드, 여긴 보스턴이 아니잖아요. 인도네시아는 지금껏 아무도 전기를 사용해 본 적이 없는 나라예요. 상황이 달라요."

하워드는 휙 돌아서서는 나를 내쫓기라도 할 듯 손을 휘저었다. 그러고는 버럭 소리를 질렀다. "어디 해 보시지. 돈 좀 벌자고 마음껏 양심을 팔아 보라고! 난 네놈 따위가 뭘 하든 관심이 없어." 하워드는 책상 뒤쪽에 있는 의자를 휙 당겨서 몸을 파묻었다. "나는 내 판단에 따라서 전기 수요를 예측해. 말도 안 되게 높이 부풀린 수치 따위는 필요 없어." 그런 다음 하워드는 연필을 집어 들고 종이에 뭔가를 끄적였다.

그의 행동이 무시할 수 없는 도전처럼 느껴졌다. 나는 하워드에게 다가가 책상 앞에 섰다.

"만약 내가 모든 사람이 기대하는 것처럼 인도네시아의 전기 수요 증가율이 캘리포니아의 골드러시 때와 맞먹을 거라고 예측했는데도 당신은 1960년대의 보스턴과 비슷할 거라고 얘기하면 말이죠, 당신은 완전히 바보가 될 거예요."

하워드는 연필을 팽개치고는 나를 노려봤다. "이런 양심도 없는 놈! 그건 양심도 없는 짓이야. 나쁜 놈들! 너 말이야. 네놈들 전부 다 말이야!" 그는 벽 너머에 있는 수많은 사무실 쪽으로 팔을 휘휘 저었다. "자네들은 악마한테 영혼을 팔았어. 자네들은 모두 돈을 벌려고 이런 짓을 하는 거야." 그는 억지로 미소를 지으며 셔츠 아래로 손을 넣었다. "난 이제 보청기 끄고 일하러 갈 걸세."

하워드의 말은 나를 통째로 뒤흔들었다. 나는 문밖으로 나와 찰리의 사무실로 향했다. 반쯤 걸어갔을 무렵 내가 무엇을 하려는 건지 잘 모르겠어서 걸음을 멈췄다. 몸을 돌려 계단을 내려간 다음 건물 밖으로 나가 오후의 햇살을 느꼈다. 조금 전에 운하에서 몸을 씻던 여자가 사롱으로 온몸을 단단히 감싼 채 걸어 나오고 있었다. 변을 보던 노인은 이미 사라지고 없었다. 남자아이 몇몇이 운하에서 서로 물을 튀기고 소리를 지르며 놀고 있었다. 나이가 많은 한 여자가 무릎 깊이의 물에 서서 이를 닦고 있었고 그 옆에서는 또 다른 여자가 빨래를 하고 있었다.

갑자기 목이 메어 왔다. 깨진 콘크리트 조각 위에 앉아 운하에서 풍기는 자극적인 냄새를 맡으며 아무렇지 않은 척하려고 애썼다. 눈물을 참으려고 노력하면서 왜 그토록 비참한 기분이 드는지 생각해 보았다.

자네들은 모두 돈을 벌려고 이런 짓을 하는 거야. 하워드의 목소리가 자꾸 귓전을 맴돌았다. 하워드가 나의 신경을 건드렸다.

아이들은 계속해서 서로 물을 튕기며 놀았고 아이들의 명랑한 목소리가 대기를 가득 메우고 있었다. 문득 내가 무엇을 할 수 있을지 궁금했다. 어떻게 하면 저 아이들처럼 걱정 없이 편안하게 지낼 수 있을까? 더러운 물에서 노는 것이 얼마나 위험한 일인지 알지도 못한 채 아무런 걱정 없이 뛰어노는 아이들을 바라보며 앉아 있는 동안 이런 질문이 자꾸만 나를 괴롭혔다. 그러는 동시에 그 상황이 얼마나 아이러니한지 깨달았다. 나는 아무런 노력도 없이 많은 특권을 누리고 어린 시절부터 갖고 있었던 환상의 상당 부분을 충족시킨 백인 남자였고, 천진난만하게 노는 아이들은 내가 장려하는 시스템 때문에 착취당하며 더럽기 짝이 없는 운하에서 멱을 감고 있었다. 그런 내가 그 아이들을 부러워하는 상황이 너무도 어처구니없었다.

　울퉁불퉁한 지팡이를 손에 쥔 등이 굽은 노인이 운하 둑을 따라 절름거리며 걷고 있었다. 가던 길을 멈추고 아이들을 쳐다보던 노인은 이가 하나도 없는 얼굴로 환하게 미소를 지었다.

　어쩌면 하워드한테라면 내 속내를 털어놓을 수 있을 것도 같았다. 그와 함께라면 해결책을 찾을 수 있을 듯하다는 생각이 들었다. 그러자 곧 안도감이 밀려왔다. 곧이어 조그만 돌멩이 하나를 집어 들고 운하를 향해 던졌다. 물결이 사라지자 좀 전에 느꼈던 즐거운 기분도 함께 사라져 버렸다. 나는 내가 그런 짓을 할 수 없는 사람이라는 사실을 잘 알고 있었다. 하워드는 나이가 많고 냉소적인 사람이었고, 승진할 기회를 이미 모두 날려 버린 사람이었다. 그러니 굳이 마음을 고쳐먹을 이유가 없었다. 그러나 나는 그때만 해도 젊었고, 일을 시작한 지 얼마 되지도 않았던 데다 하워드 같은 꼴이 되고 싶지는 않았다.

　악취가 풍기는 운하를 바라보며, 다른 아이들이 사교계에 데뷔하며 화려한 방학을 즐기는 동안 홀로 언덕 위의 학교에 남아 있었던 뉴햄프셔 시절을 떠올렸다. 갑자기 슬픈 기분이 몰려들었다. 또다시 속내를 털어놓을 사람이 아무도 없는 처지가 되었다.

그날 밤 침대에 누워 하워드, 찰리, 클로딘, 앤, 에이너, 프랭크 아저씨 등 그동안 만난 사람들을 차례로 떠올렸다. 만일 그들을 만나지 않았더라면 내 삶이 어떻게 되었을지 생각해 보았다. 나는 어디에 살고 있었을까? 인도네시아는 아니었을 거라는 사실만은 틀림없었다. 앞으로 어떤 미래가 내게 찾아올지, 내가 어떤 길을 걷게 될지 궁금했다. 어떤 결정을 내려야 할지도 궁금해졌다. 찰리는 하워드와 내게 "인도네시아 경제 연간 성장률이 17퍼센트가 넘을 것으로 예상된다."라는 보고서를 가지고 오라고 분명하게 요구했다. 나는 과연 어떤 예상치를 내놓아야 할까?

갑자기 머릿속에 한 가지 생각이 떠오르며 마음이 편해졌다. 왜 전에는 그런 생각을 하지 못했던 걸까? 어차피 최종 결정은 내 몫이 아니었다. 하워드는 내가 어떤 결론을 내리든 자신이 옳다고 생각하는 대로 보고서를 작성할 거라고 이야기했다. 경제 성장 전망치를 높게 잡아서 상사를 기쁘게 하면 그만이었다. 그러면 상사는 알아서 결정을 내릴 테고, 결국 내가 제시한 수치가 최종 결정에 별 영향을 주지 않을 거라는 생각이 들었다. 사람들은 내 역할이 얼마나 중요한지 끊임없이 강조했지만 꼭 그런 것은 아니었다. 순식간에 무거운 짐이 사라진 듯한 편안한 기분에 사로잡혀 깊은 잠에 빠져들었다.

며칠 후, 하워드는 심각한 아메바성 전염병에 걸렸다. 서둘러 가톨릭 교회에서 운영하는 선교 병원으로 하워드를 이송했지만, 의사는 처방을 내린 후 즉각 미국으로 돌아갈 것을 강권했다. 하워드는 필요한 데이터를 모두 확보했으며 보스턴으로 돌아가서 예상 성장률을 뽑아내는 데 아무런 문제가 없다고 했다. 하워드는 전에 들려주었던 경고를 되풀이하고 미국으로 떠났다.

"숫자를 조작할 필요는 없네. 경제 성장의 기적 운운하며 뭐라고 떠들어 대든, 나는 절대로 그 사기극에 가담하지 않을 걸세."

| 3부 |

1971~1975년

10장
반둥의 미국인 조사관

인도네시아 정부, 아시아개발은행, 미국 국제개발처와 계약을 체결할 때 메인이 반드시 지키기로 한 조건이 하나 있었다. 우리 팀원 중 누군가가 개발 지역 내 주요 인구 밀집 지역을 직접 방문하는 것이 바로 그 조건이었다. 찰리는 내게 그 역할을 맡기며 이렇게 말했다. "자네는 아마존에서도 살아남았잖는가. 벌레나 뱀을 다루는 방법도 잘 알고, 물이 오염됐을 때 살아남는 법도 잘 알지."

운전기사와 통역을 데리고 자바 해안에 위치한 경치가 끝내주는 어촌 마을을 비롯한 많은 장소를 방문했다. 그런 곳에서 다른 팀원이었다면 아연실색할 만한 숙소에 머물렀다. 각 지역 사업가들과 정치 지도자들을 만나 경제 성장에 관한 의견을 물었다. 그러나 대부분 내게 쉽게 정보를 주려 들지 않았다. 나의 존재 자체를 위협으로 받아들이는 듯했다. 이들은 주로 상사나 정부 기관에 물어봐야 한다거나 자카르타에 있는 본사와 상의해야 한다고 얘기하곤 했다. 가끔 이들의 행동을 보면 어떤 음모가 숨어 있을지도 모른다는 생각마저 들었다.

지방 출장 일정은 대개 짧았다. 2~3일을 넘는 법이 없었다. 출장이 없을 때는 반둥에 있는 위스마에 머물렀다. 위스마를 관리하는 지배인에게는 나보다 몇 살 어린 아들이 있었다. 아들의 이름은 라스몬이었지만 지배인을 제외한 모든 사람이 그를 라시라고 불렀다. 지방 대학 경제학과에 재학 중이던 라시는 내가 하는 일에 커다란 관심을 보였다. 사실 어느 순간 라시가 일자리를 얻을 작정으로 내게 접근했을지도 모른다는 생각도 했다. 라시는 내게 인도네시아 공용어를 가르치기 시작했다.

라시에게는 스쿠터가 한 대 있었다. 라시는 나와 상의도 없이 스쿠터에 나를 태우고 다니며 반둥과 지역 주민들을 소개해 줄 계획을 세웠다. 어느 저녁, 라시는 "지금껏 보지 못했던 인도네시아의 또 다른 모습을 보여 드릴게요."라고 장담하더니 스쿠터 뒷좌석에 올라타라고 강권했다.

우리는 스쿠터를 타고 달리며 그림자 인형극 연기자, 전통 악기를 연주하는 악사, 입으로 불을 뿜는 차력사, 저글링하는 사람, 밀수한 미국산 카세트부터 귀한 인도네시아 전통 공예품까지 상상할 수 있는 모든 물건을 파는 노점상 행렬을 지나쳤다. 우리의 마지막 행선지는 젊은이들로 붐비는 작은 카페였다. 라시는 테이블 하나를 차지하고 앉아 있는 젊은이 무리에게 나를 소개했고 우리는 함께 자리에 앉았다.

테이블에 둘러앉은 젊은이들은 저마다 수준이 다르기는 해도 모두 영어를 쓸 줄 알았지만, 인도네시아 공용어를 사용하려는 내 노력을 반가워하면서 계속 인도네시아어를 사용하도록 부추겼다. 그들은 언어에 관한 이야기를 솔직하게 시작하더니 왜 미국인들은 인도네시아어를 배우려고 하지 않는지 물었다. 나로서는 딱히 해 줄 말이 없었다. 또한 반둥 골프앤드라켓 클럽이나 근사한 레스토랑, 극장, 고급 슈퍼마켓 등에는 외국인이 많은데 내가 라시와 함께 찾아간 그 지역 인근에는 다른 미국인이나 유럽인이 전혀 보이지 않는 이유도 설명할 수 없었다.

라시 일행은 나를 친구처럼 대해 주었다. 그들과 함께 그들의 도시와 음식, 음악을 공유하고, 그들 삶의 일부인 정향 담배 냄새와 다른 향기를 음미하고, 함께 웃고 떠들며, 그곳에 있다는 사실 자체에 희열을 느꼈다. 다시 평화봉사단 시절로 돌아간 듯한 기분을 만끽하며 그동안 왜 일등석만을 고집하면서 이런 사람들과 어울리지 않으려고 했는지 스스로에게 질문을 던졌다. 라시 일행은 점차 인도네시아와 베트남 전쟁에 관한 내 생각에 관심을 보였다. 그들은 베트남 전쟁이 미국의 '불법 침략'이라고 꼬집어 말하면서도 내가 어떤 반응을 보일지 두려워했다. 나도 그들과 같은 생각이라는 사실을 알게 되고 나서야 마음이 한결 가벼워진 듯했다.

라시를 비롯한 인도네시아 청년들과 여러 차례 함께 시간을 보내고 인도네시아 전역을 돌아다니면서 생각이 점차 달라졌다. 나와 같은 미국인들을 다른 시선으로 바라보게 되었다. 젊고 아리땁게만 보였던 미국 회사 임원 아내들은 더 이상 아름답게 느껴지지 않았다. 예전에는 그 자리에 있다는 사실을 인지조차 못했던, 수영장 주위의 쇠사슬과 호텔 아래층 객실 창마다 설치된 방범창이 눈에 거슬렸다. 풍성하고 냄새가 좋은 현지 음식에 비하니 호텔의 고급 레스토랑에서 나오는 음식도 예전처럼 맛있게 느껴지지 않았다.

다른 변화도 있었다. 정재계 인사들과 회의할 때마다 그들이 나를 대하는 방식에서 드러나는 미묘한 감정을 읽을 수 있게 되었다. 이전에는 전혀 느끼지 못했지만 많은 사람이 내가 옆에 있다는 것만으로도 몹시 불편해했다. 예를 들어, 현지인들은 다른 현지인에게 나를 소개할 때 *조사관* 또는 *감시관*이라는 뜻의 인도네시아어를 사용하는 경우가 많았다. 사전을 찾아본 덕에 이미 그들이 나를 어떻게 부르는지 눈치채고 있었지만 인도네시아어를 안다는 사실을 일부러 밝히지 않았다. 내 전담 통역관조차 내가 그저 몇 마디 쉬운 말만 할 줄 안다고 생각했다. 하지만 나는 설명이 잘 되어 있는 인도네시아어-영어 사전을 하나 구입해 회의가 끝난 후에 그들이 사용한 단어가 무슨 뜻인지 찾아보곤 했다.

어쩌다 보니 그런 호칭을 사용했던 것뿐일까? 아니면 내 사전에 문제가 있었던 걸까? 그럴지도 모른다고 믿으려 애썼지만, 그런 표현을 사용하는 사내들(그때만 해도 그 정도 지위에 오른 사람 중에는 여성이 없었다.)과 함께하는 시간이 늘어날수록 내가 그저 침입자일 뿐이며, 그들은 상부에서 협조하라는 명령이 떨어져서 어쩔 수 없이 나를 돕고 있다는 사실을 느낄 수 있었다. 그 명령을 내린 사람이 정부 관리인지, 은행가인지, 장군인지, 아니면 미국 대사관인지는 알 수 없었다. 내가 아는 것이라고는 그저 그들이 나를 사무실로 초대해 차를 대접하고 내 질문에 예의 바르게 대답하며 환영하는 듯 행동하지만, 그들 가슴 속에는 적개심과 체념만이 드리워져 있다는 것뿐이었다.

내 질문을 듣고 그들이 내놓은 대답과 그들이 제공한 데이터의 타당성에 대해서도 의문이 생겼다. 예를 들면, 통역관을 대동하고 사무실을 찾아가도 담당자를 바로 만날 수 있는 경우는 없었다. 사전에 약속을 잡는 것이 항상 먼저였다. 전화기가 제대로 작동하는 경우가 드물었기 때문에 직접 운전을 해 자동차로 꽉 찬 도로를 가로질러야만 했다. 길이 복잡하게 뒤얽혀 있어서 고작 몇 블록 떨어진 건물까지 가는 데 한 시간씩 걸리기도 했다. 일단 도착하면 먼저 여러 가지 서류를 작성해야 했다. 그런 다음에는 남자 비서가 나타났다. 비서는 예의 바른 태도로 어떤 정보가 필요한지 물어본 다음 회의 시간을 예약해 주었다.

회의는 항상 며칠 후로 정해졌다. 일단 회의가 시작되면 미리 준비해 둔 서류들을 넘겨받았다. 사업가들은 5개년 및 10개년 계획표를 제시했고, 은행원들은 차트와 그래프를 내놓았으며, 정부 관료들은 장차 경제 성장을 이끌어 나갈 원동력이 될 여러 프로젝트의 목록을 제공했다. 그들이 내놓는 자료와 들려주는 이야기는 하나같이 자바섬이 그 어떤 나라나 지역보다 빠른 속도로 경제 성장을 이룩할 거라는 내용으로 가득했다. 이런 전제에 의문을 제기하거나 부정적인 견해를 내놓는 사람은 아무도 없었다.

그러나 반둥으로 돌아오면 인도네시아에서 내가 하는 일들이 현실이라기보다는 게임에 가깝다는 생각이 들었다. 우리는 모두 자신의 패를 숨기고 있었다. 서로를 믿지도 않았고 서로 주고받는 정보가 신뢰할 만하다고 여기지도 않았다. 그러나 그 게임은 매우 진지했고, 그 결과가 향후 수십 년 동안 수백만 명의 삶에 영향을 미치게 될 것이었다.

11장

시련 앞에 선 문명

어느 날 라시가 환하게 웃으며 말했다. "오늘은 '달랑'에게 데려가 줄게요. 달랑은 말이죠. 인도네시아의 유명한 인형극 연기자들을 뜻하는 말이에요." 반둥으로 돌아온 나를 몹시 반기는 눈치였다. "오늘 밤 시내에서 매우 중요한 인형극이 열릴 거예요."

라시는 나를 스쿠터에 태운 채 내가 존재조차 알지 못했던 어느 지역을 가로질렀다. 작은 기와지붕 사원의 가난한 버전처럼 보이는 자바 전통 가옥들이 거리에 즐비했다. 내가 익숙해져 있던 네덜란드 식민지 시대에 지어진 웅장한 저택과 고층 건물들은 더 이상 눈에 들어오지 않았다. 그 지역 사람들은 분명 가난했지만 모두 자긍심을 갖고 있었다. 해졌지만 깨끗한 바틱 사롱과 밝은색 블라우스를 챙겨 입고 챙이 넓은 밀짚모자를 쓰고 있었다. 어디를 가든 사람들은 미소와 웃음으로 우리를 반겼다. 오토바이가 멈추어 서자 어린아이들이 달려와 나를 만져 보고 내 청바지의 감촉을 느끼려고 했다. 어린 소녀 하나가 내 머리카락에 향기로운 플루메리아 한 송이를 꽂아 주었다.

우리는 수백 명의 군중이 모여 있는 노천극장 근처에 스쿠터를 세웠다. 서 있는 사람도 있고 간이 의자에 앉아 있는 사람도 있었다. 달빛이 환한 아름다운 밤이었다. 극장은 반둥에서 가장 오래된 구역 한복판에 있었지만 근처에는 가로등이 없었고 머리 위로 수많은 별만 반짝였다. 대기는 타오르는 장작과 뜨거운 땅콩 소스, 정향 냄새로 가득했다.

라시는 군중 속으로 사라졌다가 카페에서 만났던 여러 친구와 함께 금세 돌아왔다. 라시와 친구들은 뜨거운 차와 조그마한 케이크, 작은 고기 조각을 땅콩기름으로 조리한 '*사테*'라는 요리를 권했다. 내가 사테를 받기 전에 망설였던 모양인지, 한 여자가 작은 불을 가리키고는 웃으며 말했다. "아주 신선한 고기예요. 방금 조리했어요."

그런 다음, 음악이 시작됐다. 절의 종소리를 연상케 하는 *가믈란*이라는 악기에서 신비로운 소리가 들려왔다.

"저 달랑은 모든 음악을 직접 연주해요." 라시가 속삭이며 말했다. "모든 인형을 직접 움직일 뿐 아니라 인형 목소리도 직접 내면서 여러 나라 말로 이야기해요. 무슨 뜻인지 우리가 통역해 줄게요."

인도네시아의 전설과 최근에 벌어진 사건들을 하나로 엮은 훌륭한 작품이었다. 나중에 그 인형극을 한 달랑이 무아지경 상태로 공연하는 주술사라는 이야기를 들었다. 100개가 넘는 인형을 직접 움직이며 각 인형에 맞춰 다양한 목소리를 냈다. 정말로 잊지 못할 밤이자 내 삶에 지대한 영향을 미친 밤이었다.

달랑은 고대 인도의 힌두 서사시 라마야나의 내용 중 일부를 인형극으로 선보인 다음 코가 길고 턱이 축 늘어진 미국의 대통령 리처드 닉슨 인형을 등장시켰다. 닉슨 인형은 성조기를 본떠서 만든 모자를 쓰고 연미복을 입은 엉클 샘의 차림새를 하고 있었다. 닉슨 인형 옆에 가는 세로줄 무늬 정장을 제대로 갖춰 입은 다른 인형이 등장했다. 그 인형의 손에는 달러 표시가 그려진 통이 들려 있었다. 성조기를 쥔 나머지 한 손은 닉슨의 머리 위로 쳐든 채 열심히 흔들어 대고 있었다. 마치 주인에게 부채를 부쳐 주는 노예 같은 꼴이었다.

두 인형 뒤로 중동과 극동아시아가 그려진 지도가 나타났다. 각 나라의 이름이 적힌 고리가 지도에 빼곡하게 걸려 있었다. 닉슨 인형은 곧장 지도에 가까이 다가가더니 베트남을 고리에서 빼 입속에 밀어 넣었다. 그런 다음 "완전 써! 이건 쓰레기야! 이제 더는 필요 없어!" 같은 소리를 질러 댔다. 베트남이라고 적힌 팻말을 통 속으로 던진 후 다른 나라들도 똑같이 통 속으로 던져 버렸다.

놀랍게도 닉슨 인형이 다음으로 고른 나라들은 동남아시아 국가들이 아니었다. 인형은 팔레스타인, 쿠웨이트, 사우디아라비아, 이라크, 시리아, 이란 등 중동 국가들을 차례로 골랐다. 그러고는 파키스탄과 아프가니스탄 쪽으로 가더니 욕설을 퍼부으며 두 나라를 모두 통 속으로 던져 버렸다. 팻말을 하나씩 통에 던져 넣을 때마다 닉슨 인형은 "이슬람의 개", "무함마드의 괴물", "이슬람 악마" 같은 반이슬람적인 독설을 내뱉었다. 관중들이 미국을 이토록 인종 차별적이고 편견이 심한 나라로 여기는 것이 너무도 부끄러웠다.

관중들은 매우 흥분했고 통 속으로 던져지는 나라가 하나씩 늘어날 때마다 긴장감이 더욱 고조되었다. 관중들은 웃음을 터뜨리기도 하고 충격에 휩싸이거나 분노를 표출하기도 했다. 달랑이 내뱉는 표현에 관중이 격앙된 반응을 보일 때도 있었다. 어느 순간 수치심은 공포로 바뀌었다. 나는 군중 속에 서 있었지만 다른 사람들보다 키가 커서 존재가 두드러졌다. 관중들이 인형극에서 느낀 분노를 내게 쏟아 낼까 봐 두려움이 밀려왔다. 그런 다음 라시가 통역해 준 닉슨 인형의 대사를 듣고 머리카락이 쭈뼛 섰다.

"이 나라를 세계은행에 주시오. 우리나라가 인도네시아에서 돈을 뜯어내는 데 세계은행이 얼마나 도움이 되는지 한번 지켜보시오." 달랑이 인도네시아를 지도에서 떼어 내서 통 속으로 던져 넣으려는 순간 다른 인형이 구석에서 튀어나왔다. 바틱 셔츠와 카키색 바지를 입은 인도네시아 사람 역할이었다. 인형은 선명하게 이름이 적힌 표를 두르고 있었다.

"반둥의 유명한 정치인이에요." 라시가 설명했다.

인형은 닉슨과 통을 든 남자 사이로 그야말로 날아 들어가 손을 치켜들며 소리를 질렀다.

"멈춰! 인도네시아는 주권 국가야!"

군중들이 박수갈채를 보냈다. 통을 들고 있던 인형은 성조기를 들어 올려 창을 휘두르듯 인도네시아인 인형을 공격했고, 인도네시아인 인형은 비틀거리다가 장렬한 죽음을 맞이했다. 관중들은 큰 소리로 야유를 퍼부으며 주먹을 흔들어 댔다. 닉슨 인형과 통을 든 인형은 그곳에 서서 우리를 바라보았다. 그러고는 인사를 하고 무대를 내려갔다.

"나는 그만 가 봐야 할 것 같군요." 라시에게 말했다.

라시는 마치 보호하듯 한쪽 팔로 내 어깨를 두르며 말했다. "괜찮아요. 이 사람들이 당신한테 개인적인 원한을 가지고 있는 건 아니에요." 라시의 말이 정말로 옳은 건지 확신이 들지 않았다.

라시의 친구들과 함께 카페로 이동했다. 그들은 이번 인형극이 닉슨과 세계은행에 관한 것인 줄 몰랐다고 말했다. 한 친구가 이야기했다.

"인형극이 시작되기 전까지는 달랑이 어떤 이야기를 할지 아무도 몰라요."

내가 그 자리에 있었기 때문에 그런 인형극을 한 것이 아니냐고 묻자, 누군가 웃음을 터뜨리며 내가 무척 자기중심적이라고 말했다. 그러고는 내 등을 두드리며 한 마디를 덧붙였다. "전형적인 미국인이로군요."

내 옆에 앉아 있던 남자가 말을 이었다. "인도네시아 사람들은 정치에 관심이 많아요. 미국인들은 이런 쇼를 보러 다니지 않나요?"

대학에서 영어를 전공하는 예리한 학생이 내 맞은편에서 이렇게 물었다. "그렇지만 당신은 세계은행을 위해서 일하지 않나요?"

세계은행이 아니라 아시아개발은행과 미국 국제개발처를 위해 일한다고 답하자 그녀는 다시 물었다.

"결국 다 똑같은 거 아닌가요?" 질문을 던져 놓고 내 대답을 기다리지 않았다. "오늘 밤 인형극에서 본 내용과 다를 바가 있나요? 당신네 나라 정부는 인도네시아와 다른 나라들을 그렇게 보잖아요. 그러니까, 뭐랄까……." 그 학생은 적당한 단어를 물색했다.

"포도?" 친구 중 하나가 거들었다.

"그래요. 그저 포도송이로 보는 거죠. 일단 포도송이를 따고 나면 고를 수 있잖아요. 영국은 계속 쥐고 있고, 중국은 먹어 버리고, 인도네시아는 버리는 거죠."

"우리나라 석유를 다 빼앗은 다음에 말이죠." 다른 학생이 일침을 가했다.

변명하려고 애썼지만 말이 나오지 않았다. 내가 미국인임을 간파한 달랑이 나를 당혹스럽게 만들 작정으로 준비한 듯한, 반미 정서가 물씬 풍기는 인형극을 보았다는 사실에 자부심을 느끼고 싶었다. 라시와 친구들이 내가 얼마나 용기를 내어 그 자리를 지켰는지 알아봐 주고, 우리 팀원 중 굳이 인도네시아 현지어를 배우거나 현지 문화를 배우려고 애쓰는 사람은 나뿐이라는 사실을 인정해 주고, 전체 관중 중 외국인은 나뿐이었다는 사실을 짚고 넘어가 주기를 간절하게 바랐다. 그러나 이런 말은 아예 하지 않는 편이 훨씬 낫겠다고 판단했다. 대신 다시 대화에 집중하려고 노력했다. 달랑이 없애 버린 나라가 베트남만 빼고 모두 이슬람 국가인 이유가 무엇인지 물었다.

영어를 전공한 여학생이 비웃듯 말했다. "그게 계획이니까요."

한 남학생이 끼어들었다. "베트남은 일종의 지연 전술에 불과해요. 나치 독일이 네덜란드를 점령한 것과 마찬가지죠. 발판이 필요하잖아요."

여학생이 다시 말을 받았다. "진짜 목표는 이슬람 세계죠."

나는 도저히 가만히 있을 수가 없었다. "미국이 반이슬람적이지 않다는 걸 믿지 않겠군요."

여학생이 반박했다. "과연 그럴까요? 언제부터요? 서구 역사학자가 쓴 글을 좀 읽어 보셔야겠네요. 토인비라는 영국 작가 말이에요. 1950년대에 토인비는 21세기에 벌어질 진짜 전쟁은 공산주의자와 자본주의자의 전쟁이 아니라 기독교와 이슬람교의 전쟁이라고 예언했어요."[1]

"아널드 토인비가 그런 말을 했다고요?" 깜짝 놀라서 물었다.

"네. 『시련에 처한 문명』과 『세계와 서양 문명(The World and the West)』을 읽어 보세요."

"그렇지만 이슬람교도들과 기독교도들이 서로 그토록 큰 적개심을 가질 필요가 있나요?"

학생들은 서로 눈길을 주고받았다. 그토록 바보 같은 질문을 한다는 사실을 도저히 믿기 힘든 표정이었다.

영어 전공 여학생이 머리가 나쁘거나 귀가 잘 들리지 않는 사람에게 설명하듯이 천천히 설명했다. "왜냐하면, 서구 문명, 특히 그 대표 격인 미국이 전 세계를 지배해 역사상 가장 큰 제국이 되기로 마음먹었기 때문이죠. 이미 그 목표에 거의 도달한 거나 다름없어요. 소련이 방해가 되긴 하지만 그리 오래 가지 않을 거예요. 토인비도 그 점을 알고 있는 거죠. 소련에는 종교도, 신념도, 이데올로기를 지탱해 줄 실체도 없어요. 역사를 보면 믿음, 그러니까 영혼과 신적인 존재에 대한 믿음이 얼마나 중요한지 알 수 있어요. 우리 이슬람교도들에게는 믿음이 있어요. 세상 어떤 사람들보다 강한 믿음을 갖고 있어요. 기독교를 믿는 사람들보다도 더 강한 믿음을 갖고 있어요. 그래서 우리는 기다려요. 우리는 점점 강해질 거예요."

한 남학생이 끼어들어 이야기했다. "우리는 기다릴 겁니다. 그런 다음 뱀처럼 뒤통수를 칠 거예요."

마음을 정리하기가 어려울 정도였다. "너무 끔찍한 생각이군요. 이런 상황을 바꾸기 위해서 우리 미국이 할 수 있는 일이 뭘까요?"

영어 전공 여학생이 내 눈을 똑바로 쳐다보며 말했다. "미국이 탐욕을 버려야죠. 물론 이기심도 버려야 해요. 당신네가 좋아하는 큰 집과 화려한 상점이 이 세상의 전부가 아니라는 사실을 깨달아야 해요. 사람들이 굶주리고 있는데 당신들은 차를 굴릴 석유만 생각하죠. 아이들이 목말라 죽어 가는데도 당신네 미국인들은 최신 유행을 좇으려고 패션 잡지나 뒤적이잖아요. 우리 같은 나라들은 가난에 허덕이며 고통스러워하는데 미국 사람들은 도와 달라는 호소를 귀담아듣지조차 않아요. 그뿐인가요? 누가 이런 이야기를 하려 들면 귀를 막아 버리죠. 그런 사람들에게 급진주의자라거나 공산주의자라는 낙인을 찍어 버립니다. 힘들고 가난하게 살아가는 사람들을 더욱 가난하게 만들고 짓밟는 대신 그들을 향해 마음을 열어야 해요. 남은 시간이 그리 많지 않아요. 아무것도 바꾸지 않으면 미국은 결국 멸망할 겁니다."

며칠 후, 닉슨 인형에 맞서다가 통을 든 인형에게 찔린 인도네시아인 인형의 실제 모델이었던 반둥의 유명한 정치인이 뺑소니차에 치여 사망했다.

그로부터 얼마 지나지 않아 나는 미국으로 돌아갔다.

화해를 위해 파리에서 앤을 만났다. 하지만 우리는 끝도 없이 계속 싸웠다. 파리를 떠나기 바로 전날, 앤이 바람을 피웠냐고 물었다. 솔직하게 털어놓자 앤은 그럴지도 모른다고 생각한 지 이미 한참 되었다고 답했다. 센강이 내려다보이는 벤치에 앉아 몇 시간 동안 대화를 나눴다. 비행기에 탑승할 무렵, 분노와 원망으로 점철된 우리의 오랜 역사가 너무 큰 걸림돌이어서 더 이상 함께 살기는 힘들다는 결론에 도달했다.

12장

일생일대의 기회

인도네시아는 여러모로 내게 일종의 시험이었다. 하지만 보스턴에 돌아오니 또 다른 시험이 기다리고 있었다.

미국에 도착하자마자 아침에 가장 먼저 한 일은 푸르덴셜 센터에 있는 메인 본사를 찾아간 것이었다. 메인 직원 수십 명과 함께 엘리베이터를 타고 올라가면서, 카리스마 넘치는 팔순 노인인 메인의 회장 겸 CEO 맥 홀이 에이너 그레브를 오리건주 포틀랜드 지사 사장으로 승진시켰다는 놀라운 사실을 알게 되었다. 에이너가 승진한 덕에 나는 브루노 잠보티라는 새로운 상사에게 보고해야 하는 입장이 됐다.

자신에게 도전하는 모든 사람의 허를 찌르는 교활한 성격과 머리 색깔 때문에 '은빛 여우'라는 별명으로 불리던 브루노는 영화배우 캐리 그랜트처럼 말쑥하고 외모가 훌륭했다. 브루노는 달변가였으며 공대와 MBA의 졸업장을 갖고 있었다. 계량경제학에 관해 잘 알고 있었던 그는 메인의 부사장을 지내며 전력 부서와 대다수 해외 프로젝트를 담당하고 있었다. 브루노의 멘토인 나이 많은 사장 제이크 도버가 은퇴하면 사장직을 맡게 될 것이 거의 확실시되는 인물이었다. 다른 메인 직원들과 마찬가지로 나 역시 브루노에게 경외심과 두려움을 동시에 느꼈다.

점심 직전에 브루노의 사무실에 불려 갔다. 인도네시아에 관해 기분 좋은 대화를 나누던 끝에 브루노가 아연실색할 만한 얘기를 들려줬다. "하워드 파커는 해고야. 뭐 별로 자세히 얘기할 필요는 없겠지만, 하워드가 현실성이 떨어지는 소리를 한다는 사실만 알아 두게." 그는 대화 내용과 어울리지 않게 온화한 미소를 띤 채 책상 위에 놓은 서류 묶음을 손가락으로 두드렸다. "1년에 8퍼센트라니. 하워드는 연간 전력 수요량이 8퍼센트씩 증가할 거라고 보고했네. 믿기는가? 인도네시아처럼 가능성이 넘치는 나라에서 고작 8퍼센트라고!"

브루노는 미소가 사라진 얼굴로 내 눈을 똑바로 바라봤다. "찰리 일링워스는 자네가 제시한 경제 성장률이 적당하고, 그 정도면 전력 수요 증가율이 17퍼센트에서 20퍼센트 정도 된다고 이야기하더군. 그렇지?"

나는 브루노의 말이 맞다고 답했다.

내 답을 들은 브루노는 자리에서 일어서서 악수를 청했다. "축하하네. 자네는 방금 승진했네."

당장 달려 나가 동료들과 함께, 혹은 혼자서라도 근사한 레스토랑에서 축배를 들어야 마땅했다. 하지만 내 머릿속은 온통 클로딘 생각뿐이었다. 승진 소식과 인도네시아에서 겪었던 일, 앤과 있었던 일을 클로딘에게 모두 털어놓고 싶어 죽을 지경이었다.

클로딘은 해외에서 전화를 걸어서는 안 된다고 경고했기에 나는 그동안 그 말을 따랐다. 그러나 미국으로 돌아와서 클로딘의 번호가 사라졌으며 바뀐 번호조차 남겨져 있지 않다는 사실을 깨닫고 충격에 사로잡혔다. 나는 클로딘을 찾아 나섰다.

클로딘의 아파트를 찾아가니 젊은 부부가 나왔다. 점심 무렵이었지만 부부는 자다가 깬 듯한 모습이었다. 그들은 짜증이 잔뜩 섞인 말투로 클로딘에 대해 별로 아는 바가 없다고 말했다. 더 알아보기 위해 부동산을 찾아가 사촌인 체하면서 이것저것 물어보았지만 부동산에 있는 계약서에는 클로딘의 이름이 적혀 있지 않았다. 계약서에 명시된 이전 세입자는 익명을 요구한 남자였다. 푸르덴셜 센터에 있는 메인 본사 인사부를 찾아가도 클로딘의 기록이 없다는 말 외에 다른 답을 들을 수 없었다. 인사부는 '특별 컨설턴트' 파일이 있다는 사실을 인정하면서도 관련 내용을 내게 알려 줄 수는 없다고 말했다.

오후가 되자 몸도 마음도 지칠 대로 지쳤다. 무엇보다 시차로 인한 피로가 몰려왔다. 텅 빈 아파트로 돌아오니 외롭고 버려진 듯한 기분이 들었다. 승진이 아무런 의미가 없는 것처럼 느껴졌다. 심지어 얼마든지 신념을 버리겠다는 나의 의지를 상징하는 것처럼 느껴지기도 했다. 절망감에 사로잡혀 침대에 드러누웠다. 클로딘이 나를 이용하고 버린 것 같았다. 더 이상 고통을 느끼고 싶지 않은 마음에 감정을 통째로 차단해 버렸다. 그렇게 침대에 누워 아무것도 없는 벽을 하염없이 바라봤다.

겨우 몸을 추슬렀다. 간신히 몸을 일으켜 벌컥벌컥 맥주 한 병을 비운 다음 탁자에 빈 병을 내리쳤다. 그런 다음, 창밖을 바라봤다. 저 멀리 거리를 내려다보는데 클로딘이 나를 향해 걸어오는 모습이 보이는 것 같았다. 현관문을 향해 걸어가다 다시 창으로 되돌아왔다.

여자가 좀 더 가까이 보였다. 세련된 옷차림과 자신감 넘치는 걸음걸이가 클로딘과 닮았지만 다른 사람이었다. 가슴이 내려앉았다. 분노와 혐오감이 두려움으로 변했다. 클로딘이 죽거나 살해당한 건 아닌지 걱정이 밀려들었다. 신경 안정제 몇 알을 먹고는 곯아떨어질 때까지 술을 마셨다.

다음 날 아침 메인 인사부에서 걸려 온 전화 소리를 듣고 잠에서 깨어났다. 인사부장 폴 모미노는 피곤한 줄 알지만 오후에는 출근해야 한다고 일러 주었다.

모미노는 "좋은 소식이 있습니다. 절호의 기회예요."라고 말했다. 나는 인사부장이 시키는 대로 사무실에 들렀고, 브루노가 승진 운운한 것이 그냥 해 본 말이 아니라는 사실을 알게 됐다. 하워드의 직위로 승진됐을 뿐 아니라 수석 경제 전문가라는 직함을 갖게 되었고 연봉도 올랐다. 기분이 조금 나아졌다.

오후에는 휴가를 낸 다음 맥주를 마시며 찰스강을 따라 거닐었다. 시차로 인한 피로와 끔찍한 숙취에 시달리며 강을 떠다니는 보트를 바라보면서, 클로딘은 맡은 소임을 다하고 다음 임무를 위해 떠난 것뿐이라고 스스로를 납득시켰다. 클로딘은 항상 비밀 유지가 얼마나 중요한지 강조했다. 언젠가는 클로딘이 다시 전화를 걸어 올 거라는 생각이 들었다. 인사부장의 말이 옳았다. 시차로 인한 피로와 분노가 함께 가라앉았다.

그 후 몇 주 동안 클로딘에 관한 생각을 떨쳐 내려고 애썼다. 대신 인도네시아 경제에 관한 보고서를 작성하고 하워드가 작성한 전력 수요량 예상치를 수정하는 데 대부분의 시간을 할애했다. 나는 윗사람들이 좋아할 만한 보고서를 작성했다. 새로운 전력 공급 시스템이 도입되면

12년 동안 연간 19퍼센트씩 전기 수요가 증가하고 이후 8년 동안 연간 전력 수요 증가량이 17퍼센트로 줄어들며, 다음 25년 동안 연간 15퍼센트씩 증가하는 수준을 유지할 것이라고 예측했다.

국제 대출 기관과의 공식 회의에서도 위와 같은 예측 결과를 발표했다. 전문가로 구성된 여러 팀이 내가 제시한 수치에 대해 꼬치꼬치 캐물었다. 그 무렵에는 내 감정 상태가 이미 고등학교 시절과 비슷해져 있었다. 다시 말해서 반항하느니 친구들을 실력으로 눌러 버리겠다고 이를 악물었던 암울한 투지가 되살아났다. 하지만 클로딘에 관한 기억이 여전히 머릿속을 맴돌았다. 아시아개발은행에서 근무한다고 자신을 소개한 어느 젊고 건방진 경제학자는 오후 내내 갖은 골치 아픈 질문을 던졌다. 그의 가차 없는 질문 세례에 시달리다 보니 몇 달 전 비컨가에 있는 그녀의 아파트에 나란히 앉아 있었을 때 클로딘이 해 준 말이 생각났다.

"25년 이후를 내다볼 수 있는 사람이 누가 있겠어요? 당신의 예상치도 그들이 내놓는 예상치만큼이나 그럴듯해요. 자신감이 전부예요."

회의하는 내내 개발도상국에서 지낸 세월만 따져 보면 내 보고서를 평가하는 사람들보다 내가 훨씬 낫다는 사실을 떠올리며 내가 전문가라는 것을 잊지 않으려고 애썼다. 그중 몇몇은 나보다 나이가 두 배는 들어 보였지만 개발도상국에서의 경험만큼은 내가 훨씬 낫다는 확신이 들었다. 아마존에서 살았던 적도 있고 자바섬에서는 다른 사람들이 방문하기를 꺼리는 지역들도 기꺼이 찾아다녔다. 뿐만 아니라 회사 임원들에게 계량경제학의 중요한 내용을 가르칠 목적으로 개설된 집중 과정도 두 개 수강했다. 포드자동차 사장을 거쳐 존 케네디 행정부 시절 국방부 장관을 역임한 깐깐한 세계은행 총재 로버트 맥나마라가 좋아하는 부류, 즉 통계를 잘 알고 계량경제를 믿는 새로운 부류의 수재 중 하나가 나였다. 맥나마라 본인이 숫자와 확률론, 수리 모델, 자신에 대한 굉장한 자신감으로 명성을 얻은 탓에 비슷한 부류를 좋아했던 것이다.

나는 맥나마라와 메인의 상사 브루노를 따라 하려고 노력했다. 맥나마라의 화법을 흉내 내고 브루노처럼 서류 가방을 옆구리에 꿰차고 으스대며 걸었다. 그때를 되돌아보면 어떻게 그렇게 뻔뻔할 수 있었는지 놀라울 정도다. 전문성이 심각하게 부족했지만 대담하고 자신감 넘치는 행동으로 그 부족함을 메우려고 노력했다.

내 작전은 정확하게 들어맞았다. 전문가로 이뤄진 팀이 결국 내 보고서에 승인 도장을 찍어 주었다.

이후 몇 달 동안, 테헤란, 카라카스, 과테말라시티, 런던, 빈, 워싱턴 등지에서 열린 여러 회의에 참석했다. 회의에서는 이란의 국왕, 여러 나라의 전직 대통령, 로버트 맥나마라 같은 저명한 인사들을 만났다. 고등학교 때와 마찬가지로 남자들로 가득한 세상이었다. 수석 경제 전문가라는 새로운 직함을 알리고, 국제 대출 기관 심사관들 앞에서 얼마 전에 당당하게 승인을 받아 낸 사례를 소개하자 사람들이 나를 대하는 태도가 놀라울 정도로 달라졌다.

처음에는 어떻게 일을 잘 해낼지만 생각했다. 나는 마치 마법사 멀린처럼 지팡이를 휘둘러 순식간에 온 나라를 불 밝히고 갖은 산업을 발전시키는 재주라도 가진 양 의기양양해졌다. 그러다 어느 순간 환멸감이 밀려들었다. 나 스스로 어떤 동기를 갖고 이런 일을 하는 것인지, 함께 일하는 다른 사람들에게는 어떤 의도가 있는지 의문을 품게 되었다. 명예로운 직위나 박사 학위는 자카르타의 오수 구덩이 옆에서 힘겹게 살아가는 한센병 환자의 삶을 이해하는 데 별다른 도움이 될 것 같지 않았다. 뿐만 아니라, 통계를 조작하는 능력이 있다고 해서 미래를 내다볼 수 있는 것도 아니었다. 온 세상에 영향을 미치는 결정을 내리는 사람들에 대해 더 잘 알게 될수록 그들의 능력과 목표를 더욱 회의적인 눈으로 바라보게 되었다.

자원이 제한되어 있는데 전 세계가 미국처럼 풍족한 삶을 누릴 수 있는 것인지 의문이 들었다. 심지어 미국에도 빈곤하게 살아가는 인구가 수백만 명에 달하지 않는가. 게다가 다른 나라 사람들이 미국인 같은 삶을 원하는지도 전혀 확실치 않았다. 폭력, 우울증, 약물 오남용, 이혼, 범죄에 관한 통계 자료는 미국이 역사상 가장 부유한 사회 중 하나지만 그와 동시에 가장 불행한 사회일 수도 있음을 보여 주었다. 그런데 다른 나라 사람들이 우리 미국인 같은 삶을 살기를 바랄 이유가 있을까? 회의에 참석한 사람들의 낯짝을 보고 있으면 회의적인 마음이 그들의 위선에 대한 조용한 분노로 변할 때가 많았다.

그러나 이런 생각들도 결국 바뀌었다. 사실 그들은 대개 스스로 올바른 일을 하고 있다고 믿었다. 찰리와 마찬가지로 그들도 자신과 선조들이 내린 잘못된 결정 때문에 공산주의가 나타났다고 보기보다는 공산주의가 그저 사악한 세력이라고 여겼다. 뿐만 아니라, 자신들에게는 조국과 후손, 그리고 신을 위해 이 세상을 자본주의 사회로 바꾸어 나갈 의무가 있다고 믿었다. 이들은 적자생존의 법칙도 맹신했다. 가령 판잣집이 아닌 귀한 가문의 자손으로 태어났다면 후손에게도 그 특혜를 물려줄 의무가 있다고 믿는 식이었다.

이런 사람들을 실제로 음모를 꾸미는 무리라고 여겨야 할지, 전 세계를 지배하기 위해 빈틈없이 짜인 조직이라고 여겨야 할지 헷갈렸다.

그렇지만 시간이 지날수록 이들이 남북 전쟁 이전에 농장을 소유했던 농장주들과 닮았다는 생각이 들었다. 남부의 농장주들은 특별히 나쁜 의도를 가지고 은밀하게 모인 사람들의 배타적인 조직이라기보다는, 공통된 신념을 바탕으로 더 많은 이윤을 얻기 위해 힘을 모은 느슨한 연합체였다. 농장주들은 어릴 때부터 하인과 노예를 거느리며 자랐고, '이교도'를 보살피고 이들이 주인과 같은 종교와 삶의 방식을 갖도록 이끄는 것이 자신들의 권리이자 의무라고 배웠다. 철학적으로 노예제에 거부감을 느낄 때조차, 그들은 토머스 제퍼슨처럼 노예제가 붕괴되면 사회적으로나 경제적으로 혼란이 생긴다며 노예제를 정당화했다. 현대 사회를 지배하는 소수의 지도자들, 즉 기업 정치를 주도하는 세력도 이들과 다를 바가 없어 보였다.

나는 전쟁을 일으키고, 무기를 대량 생산하고, 댐을 건설하고, 토착 환경과 문화를 파괴하는 일이 과연 누구에게 이득이 되는지 궁금해지기 시작했다. 혹은 식량 부족이나 수질 오염, 얼마든지 치료 가능한 병 때문에 수십만 명이 목숨을 잃는 사태가 누구에게 이득이 되는지도 궁금해졌다. 장기적으로는 결국 누구에게도 이득이 되지 않지만 단기적으로는 메인의 상사들이나 나처럼 피라미드의 꼭대기에 있는 사람들이 적어도 물질적으로나마 이익을 얻게 되는 현실을 점차 직시하게 되었다.

이런 결론에 도달하자 여러 의문이 잇따랐다. 왜 이런 상황이 지속될까? 왜 이토록 오랫동안 문제가 해결되지 않을까? 오래전부터 전해 내려오는 "힘이 곧 정의다."라는 격언에서 답을 찾을 수 있을까? 다시 말해서, 권력을 가진 사람들이 이 시스템을 영속시키기 때문일까?

오직 권력 때문에 이런 상황이 영속된다고 말하기에는 무언가 부족하게 느껴졌다. "힘이 곧 정의다."라는 격언이 많은 것을 설명하긴 했지만, 그보다 더 강한 어떤 힘이 존재한다는 생각이 들었다. 문득 학교에서 경제학을 가르쳤던 교수가 생각났다. 북인도 출신이었던 그는 한정된 자원, 나날이 커지는 인간의 욕구, 그리고 노예 노동의 원리에 대해 가르쳤다. 교수는 성공적인 자본주의 시스템에는 항상 엄격한 명령 체계를 기반으로 하는 위계질서가 존재하게 마련이라고 주장했다. 명령 체계 최상부에 군림하는 소수의 지배자는 하부로 전달되는 명령을 통제하며 밑바닥에 있는 수많은 노동자들은 경제적인 관점에서 사실상 노예나 다름없는 역할을 한다는 것이었다. 결국 우리가 이 시스템을 널리 퍼뜨리려 애쓰는 이유는, 자본주의 피라미드의 맨 꼭대기를 소수의 사람끼리 나눠 가지고 미국식 자본주의 시스템을 전 세계로 퍼뜨릴 권리를 신이 우리에게 부여했다는 '기업 정치'의 논리에 설득당한 탓이었다.

물론 미국의 이러한 시도가 역사상 최초는 아니었다. 북아프리카와 중동, 아시아에 존재했던 고대 제국에서부터 페르시아, 그리스, 로마, 십자군 전쟁에 이르기까지 비슷한 시도는 수없이 많았다. 콜럼버스가 미 대륙을 발견한 이후 제국 건설에 열을 올린 모든 유럽 국가 역시 비슷한 지배 구조를 만들기 위해 애썼다. 제국을 건설하려는 열망은 예전부터 지금까지 줄곧 전쟁, 오염, 기아, 멸종, 학살의 주요 원인이 되고 있다. 뿐만 아니라, 제국의 울타리 안에서 살아가는 시민들의 양심과 행복에도 큰 영향을 끼치고 있다. 그 결과, 사회적 병폐가 나날이 심각해졌으며, 인류 역사상 가장 부유한 여러 사회가 최악의 자살률, 심각한 약물 남용, 빈번한 폭력 사건 등으로 몸살을 앓게 됐다.

나는 이런 질문들에 대해 깊이 고민하면서도, 이 시스템 속에서 내가 맡은 역할의 본질에 관한 생각은 회피했다. 나 자신을 경제 저격수가 아닌 수석 경제 전문가로 여기려고 애썼다. 사실 매우 그럴듯한 발상이었다. 급여 명세서를 쳐다보기만 하면 순식간에 내가 수석 경제 전문가라는 확신을 얻을 수 있었다. 내가 받는 급여는 모두 민간 기업인 메인에서 나오는 것이었다. NSA나 정부 기관으로부터 받는 돈은 한 푼도 없었다. 그렇게 나는 확신을 할 수 있었다. 거의 그랬다.

어느 오후, 브루노의 전화를 받고 사무실로 올라갔다. 브루노는 내가 앉아 있던 의자 뒤로 걸어 들어와 어깨를 두드리며 기분 좋은 목소리로 말했다. "정말 잘했어. 자네의 공을 치하하는 의미에서 일생일대의 기회를 주겠네. 이런 기회를 가질 수 있는 사람은 극히 드물다네. 그나마 운 좋게 기회를 잡는 사람들도 대부분 나이가 자네보다 두 배는 더 많은 사람들이라네."

13장
파나마의 영웅 토리호스

열대성 폭우가 쏟아지던 1972년 4월 어느 밤, 파나마에 있는 토쿠멘 국제공항에 도착했다. 늘 그랬듯 회사의 다른 임원들과 함께 택시를 탔고 스페인어를 구사할 줄 안다는 이유로 조수석에 앉았다. 아무 생각 없이 택시 차창 너머를 바라봤다. 떨어지는 빗방울 사이로 대형 간판이 눈에 들어왔다. 거기에는 짙은 눈썹과 번뜩이는 눈매를 지닌 잘생긴 남자의 얼굴이 그려져 있었다. 남자는 한쪽이 위로 접힌 챙 넓은 모자를 쓰고 있었다. 가만히 쳐다보니 파나마의 영웅으로 알려진 오마르 토리호스였다.

해외 출장을 앞두고 으레 그랬듯 파나마로 향하기 전에 보스턴 공공 도서관에서 참고 문헌을 미리 읽어 뒀다. 토리호스는 파나마의 자치와 파나마 운하 통치권을 강하게 주장하는 정치 철학으로 파나마에서 높은 인기를 끌었다. 그는 자신이 파나마를 통치하는 동안 수치스러운 역사를 되풀이하지 않겠다고 굳게 결심했다.

수에즈 운하 건설을 감독했던 프랑스인 엔지니어 페르디낭 드 레셉스가 중미의 파나마 지협을 가로지르는 운하를 만들어 대서양과 태평양을 연결하기로 마음먹었을 당시, 파나마는 콜롬비아의 영토였다. 1881년에 공사에 돌입한 레셉스는 수많은 난관에 부딪혔다. 1889년에는 재정 문제 때문에 공사가 중단되었다. 하지만 시어도어 루스벨트는 기회를 놓치지 않았다. 20세기에 들어선 직후, 미국은 파나마 지협을 북아메리카 컨소시엄에 넘기는 조약에 서명하도록 콜롬비아를 압박했다.

1903년, 루스벨트 대통령은 미국 군함 내슈빌호를 파견했다. 파나마에 상륙한 미군은 당시 국민들로부터 많은 사랑을 받고 있던 군사령관을 잡아들여 처형한 후 파나마의 독립을 선언했다. 파나마에 괴뢰 정부가 들어섰고 첫 번째 운하 조약이 체결되었다. 수로 양옆에 미국의 치외법권이 인정되는 구역을 만들고 미군의 활동을 합법화하는 조항이 조약에 포함되었다. 파나마라는 신생 '독립'국의 통치권이 사실상 미국에 넘어간 셈이었다.

흥미롭게도, 이 조약에 서명한 사람은 미 국무부 장관 존 헤이와 파나마 운하 건설에 참여했던 프랑스인 엔지니어 필리프 뷔노바리아였다. 이 조약에 서명한 사람 중 파나마인은 없었다. 결국 파나마는 미국인과 프랑스인이 맺은 조약에 따라 콜롬비아의 손아귀에서 벗어나 미국의 이익을 위해 존재하게 되었다. 돌이켜 생각해 보면, 너무도 뻔한 일이었다.[1]

미국 정부와 깊이 뒤얽힌 몇몇 부유한 가문이 50년이 넘도록 파나마를 통치했다. 이들은 미국의 이익에 도움이 되는 일이라면 물불을 가리지 않는 우파 독재자들이었다. 미 정부와 뜻을 같이하는 남미 독재자들이 대개 그랬듯 파나마 정치인들도 사회주의 냄새가 풍기는 대중의 움직임은 무엇이 됐건 무조건 억압하는 편이 미국에 도움이 된다고 생각했다. 중남미 전역에서 사회주의가 확산하지 못하도록 CIA와 NSA의 활동을 도왔으며, 존 록펠러 소유의 스탠더드오일(Standard Oil), 유나이티드프루트(United Fruit, 조지 H. W. 부시 소유의 자파타코퍼레이션이 인수를 시도했으나 실패한 기업) 같은 미국의 대기업을 도왔다. 중남미 정부들은 가난에 허덕이거나 대규모 농장과 기업에서 사실상 노예처럼 일하는 자국민의 생활 수준을 높이는 것은 미국의 국익에 아무런 도움이 되지 않는다고 생각했다. 파나마를 지배하는 여러 가문은 미국을 돕는 대가로 두둑한 보상을 받았다. 파나마가 독립한 이후부터 1968년까지 미군은 10여 차례 파나마를 지배하는 세력을 위해 내정에 간섭했다. 그러나 내가 평화봉사단의 일원으로 에콰도르에서 일할 때 파나마의 역사가 큰 변화를 맞았다. 쿠데타가 일어나 마지막 독재자 아르눌포 아리아스가 축출되었고, 쿠데타에 적극적으로 가담하지 않았던 오마르 토리호스가 새로운 지도자로 떠올랐다.[2]

토리호스는 파나마 중산층과 서민층의 전폭적인 지지를 받았다. 그는 부모가 교사로 재직했던 산티아고라는 시골 마을 출신으로, 파나마의 주요 군 조직이자 1960년대에 서민들로부터 엄청난 지지를 받았던 국가 방위군에 입대하여 빠른 속도로 진급을 거듭했다. 토리호스는 가난한 사람들의 이야기에 귀를 기울인다는 평을 받았다. 변두리 지역을 거니는가 하면 정치인들이 꺼리는 빈민촌에서 회의를 열었다. 실업자들에게는 일자리를 찾아 주었으며, 얼마 안 되는 자산을 힘들고 병든 사람들에게 나눠 주곤 했다.[3]

생명을 존중하고 국민을 사랑하는 토리호스에 관한 이야기는 파나마 국경을 넘어 세계 각지로 퍼져 나갔다. 토리호스는 파나마를 박해받는 망명자를 위한 안식처로 만들기 위해 노력했다. 칠레의 독재자 피노체트에 반대하는 좌파에서부터 쿠바의 혁명가 카스트로를 싫어하는 우파 게릴라에 이르기까지 정치적 이념을 초월해 모든 망명자에게 피난처를 제공하는 나라를 만들고자 했다. 많은 사람이 토리호스를 평화의 수호자로 여기기 시작했고, 중남미에서 토리호스를 칭찬하는 목소리가 높아졌다. 게다가 토리호스는 온두라스, 과테말라, 엘살바도르, 니카라과, 쿠바, 콜롬비아, 페루, 아르헨티나, 칠레, 파라과이 등 수많은 중남미 국가를 분열시킨 파벌 간 격차를 줄이기 위해 노력했다. 인구가 200만 명에 불과한 파나마는 성공적인 사회 개혁 모델의 역할을 했을 뿐 아니라, 소련으로부터 독립해 국가를 건설할 계획을 세우고 있었던 노동조합 지도자부터 리비아의 무아마르 카다피 같은 이슬람 무장단체 지도자에 이르기까지 전 세계의 많은 지도자에게 영감을 불어 넣었다.[4]

파나마에 도착한 첫날 밤, 신호에 걸려 멈춰 선 차창 밖으로 빗물이 끝없이 떨어져 내렸다. 빗방울을 닦아내느라 와이퍼가 요란한 소리를 냈다. 창밖으로 보이는 커다란 간판 속에서 미소를 지으며 나를 내려다보던 토리호스. 카리스마와 용맹함이 뿜어져 나오는 잘생긴 얼굴로 나를 바라보는 그의 얼굴이 가슴에 남았다. 보스턴 공공 도서관에서 파나마에 관한 정보를 수집하면서 토리호스가 확고한 신념을 가진 사나이라는 사실을 알게 되었다. 파나마는 건국 이래 처음으로 미국이나 다른 나라의 간섭을 받지 않게 되었다. 토리호스는 소련이나 중국의 유혹에도 굴하지 않았다. 사회를 개혁하고 가난한 사람들을 구제해 좀 더 살기 좋은 나라로 만들 수 있다는 믿음을 가지고 있었지만 공산주의를 신봉하지도 않았다. 쿠바의 혁명가 카스트로와 달리, 토리호스는 미국의 적국들과 동맹을 맺지 않는 전략을 채택해 미국으로부터 자유로워지고자 했다.

보스턴 공공 도서관에서 잘 알려지지 않은 잡지를 읽다가 토리호스를 칭송하는 기사를 발견했다. 기사에는 토리호스가 대륙 전체를 지배하려는 미국의 오랜 야욕을 저지해 미 대륙의 역사를 바꿔 놓을 인물로 소개되어 있었다. 기자는 미국인들이 오랫동안 신봉해 온 '명백한 운명(Manifest Destiny)'을 언급하며 글을 시작했다. 명백한 운명이란 1840년대에 미국 사회에서 널리 퍼졌던 신념으로, 북미 대륙 정복이 미국의 신성한 의무라는 팽창주의적인 태도를 뜻한다. 명백한 운명에 따르면, 원주민 대학살, 숲 파괴, 거의 멸종에 가까운 수준의 버팔로 말살, 늪 파괴, 강줄기 변경, 지속적인 노동 및 천연자원 착취를 명령한 것은 인간이 아니라 신이었다.

이 기사를 읽으며 내 조국이 다른 나라를 어떤 태도로 대하는지 생각하게 되었다. 1850년대와 1860년대에 미국은 미 대륙 전체를 지배할 특수한 권리가 미국에 있으며, 미국의 정책을 따르지 않는 중남미의 국가를 침공할 권리도 여기에 포함된다고 주장했다. 이때 미국은 그 근거로 1823년에 제임스 먼로 대통령이 선언한 먼로주의를 들었다. 먼로주의는 시어도어 루스벨트 대통령이 도미니카 공화국과 베네수엘라의 내정에 간섭하고 콜롬비아에서 파나마를 독립시키는 근거로도 사용되었다. 여러 미국 대통령, 특히 태프트, 윌슨, 프랭클린 루스벨트 등은 제2차 세계대전이 끝날 때까지 미국 정부의 범미주의 활동을 확대하는 근거로 먼로주의를 들먹였다. 결국 미국은 1950년대 이후 공산주의의 위협을 앞세워 베트남, 인도네시아 등 다른 대륙에 있는 여러

국가에도 먼로주의를 확대 적용하기에 이르렀다.[5]

그런 미 정부의 정책을 가로막고 나선 남자가 있었다. 물론 토리호스가 처음은 아니었다. 카스트로나 아옌데 같은 지도자들은 토리호스보다 앞서 미국에 반기를 들었다. 하지만 공산주의 이데올로기의 그늘 밖에서, 그리고 혁명을 주장하지 않으면서 미국에 저항한 사람은 토리호스뿐이었다. 토리호스는 그저 파나마에는 자국민, 영토, 그리고 파나마를 둘로 갈라놓는 수로에 대한 주권이 있으며 이런 권리는 미국이 누리는 권리만큼이나 명확하고 신성한 것이라고 주장했을 뿐이다.

토리호스는 운하 구역에 세워진 미 육군 아메리카군사학교(2001년에 서반구 안보협력연구소로 이름이 바뀌었다.)와 미군 남방사령부 열대 전쟁 훈련소에도 반대 입장을 밝혔다. 미국은 북미 이외의 지역에서 가장 규모가 크고 시설이 뛰어난 이런 학교와 훈련소에 자녀와 군 간부들을 보내도록 오랫동안 중남미의 독재자와 대통령들을 설득해 왔다. 미국이 세운 이 같은 기관에 입소한 사람들은 공산주의와 싸우는 법을 배웠다. 또한 자신들의 재산을 지키고 석유 기업을 비롯한 민간 기업의 자산을 보호하는 데 도움이 되는 군사 기술, 비밀 작전 수행 요령, 취조 방법 등을 익혔다. 이런 과정은 미군 고위급 장교들과 친목을 다지는 데도 도움이 됐다.

실질적인 이익을 얻는 몇몇 부유한 가문을 제외한 대다수의 중남미인은 이와 같은 미군 시설을 혐오했다. 군사 훈련소들은 반체제 인사를 처단하는 극우 암살단과 고문단을 양성해 많은 나라를 독재 국가로 전락시켰다. 토리호스는 파나마 영토 내에 미군 훈련소가 있어서는 안 되며 파나마 운하는 파나마의 영토여야 한다는 점을 분명하게 밝혔다.[6]

대형 간판에서 웃고 있는 잘생긴 장군의 얼굴을 바라보던 중에 그 아래 적힌 글귀가 눈에 들어왔다. "오마르의 이상은 자유다. 이상을 말살할 수 있는 미사일은 발명되지 않았다!" 등골이 오싹해졌다. 20세기의 파나마가 마주한 문제는 쉽게 해결되지 않을 테고, 토리호스가 난관에 봉착하거나 어쩌면 비극을 맞게 될지도 모른다는 예감이 들었다.

열대성 폭우가 차창을 두드리는 동안 신호가 바뀌었고 운전사는 앞차를 향해 경적을 울렸다. 내가 어떤 상황에 놓인 건지 정리해 보았다. 내가 파나마로 떠난 건 메인이 처음으로 진행하게 될 진정한 종합 개발 계획과 관련된 계약을 성사시키기 위해서였다. 메인의 계획은 파나마라는 작지만 중요한 나라의 에너지, 교통, 농업 분야에 수십억 달러를 투자하도록 세계은행, 미주개발은행, 국제개발처를 설득하는 근거가 될 터였다. 물론 파나마가 영원히 부채를 갚지 못하도록 방해하고 나아가 미국의 꼭두각시 노릇을 하도록 만들려는 속임수일 뿐이었다.

택시가 밤이 내려앉은 파나마를 질주하는 동안 가슴을 후벼 파는 죄책감을 간신히 억눌렀다. 뭐 하러 그런 데까지 신경을 쓰겠는가? 나는 이미 자바에서 결심을 굳혔고, 영혼도 팔았고, 브루노의 말처럼 일생일대의 기회를 얻었다. 단숨에 부자가 되고 유명해지고 권력을 거머쥘 기회가 드디어 내게 찾아온 것이다.

14장

파나마 운하의 약탈자

다음 날, 파나마 정부는 내 길잡이가 되어 줄 남자를 한 명 보냈다. 피델이라는 이름을 가진 그 안내인에게 나는 금방 호감을 느꼈다. 피델은 키가 크고 날씬했으며 자신의 조국에 자긍심을 갖고 있었다. 그의 고조할아버지는 스페인으로부터 독립하기 위해 시몬 볼리바르*와 함께 싸웠다고 했다. 나는 미국 독립을 위해 싸웠던 토머스 페인이 내 직계 조상이라는 사실을 얘기했고, 피델이 스페인어로 번역된 토머스 페인의 『상식』을 읽었다는 이야기를 듣고는 기분이 들떴다. 피델은 영어를 할 줄 알았지만 내가 스페인어에 능통하다는 사실을 알고는 몹시 기뻐했다. 그는 "미국 사람들은 오랫동안 여기 살면서도 굳이 스페인어를 배우려 들지 않아요."라고 말했다.

피델이 나를 차에 태워 간 곳은 놀라울 정도로 화려한 뉴파나마라는

★ 베네수엘라의 독립 혁명 지도자

곳이었다. 유리와 철로 지어진 고층 건물을 지나면서 피델은 리오그란데강 남쪽에 있는 그 어떤 나라보다 파나마에 국제 은행이 많다고 설명했다.

"파나마는 미 대륙의 스위스라고 불리곤 해요. 우리는 고객에게 거의 질문을 하지 않아요."

다시 도시로 돌아온 다음 피델은 빈민가를 향해 차를 몰았다.

"가장 못사는 동네는 아니지만 대충 감은 잡을 수 있을 거예요."

나무로 지어진 판잣집과 구정물이 들어찬 도랑이 길을 따라 늘어서 있었다. 그곳에 있는 집들은 망가진 배가 더러운 물구덩이에 처박힌 모양새였다. 배가 부풀어 오른 아이들이 우리 차를 따라 달려왔고 차 안은 메스꺼운 오물 냄새로 가득 찼다. 속력을 줄이자 아이들이 주위로 몰려와 "엉클"이라고 외치며 구걸했다. 자카르타가 떠올랐다.

벽은 온통 낙서투성이였다. 하트 그림 안에 사랑하는 연인의 이름을 새겨 놓은 낙서도 있었지만, 대개는 "미국 놈들아, 꺼져!" "우리 운하를 더 이상 건드리지 마." "미국 놈들은 노예나 부리는 놈들!" "파나마는 베트남이 아니라고 닉슨한테 전해라!" 등 미국을 향한 적대감을 드러내는 문구로 가득했다. 하지만 내 간담을 가장 서늘하게 만든 건 "자유를 위한 죽음은 예수에게 가는 길"이라는 문구였다. 벽 곳곳에 오마르 토리호스의 포스터가 붙어 있었다.

피델이 말했다. "이제 다른 쪽을 보여 드리죠. 제게는 정부가 발급한 허가증이 있고 선생님은 미국 시민이니까 우리는 얼마든지 갈 수 있어요." 하늘이 붉게 물들어 가는 가운데 피델은 운하 쪽으로 차를 몰았다.[1] 미리 마음의 준비를 하고 있었음에도 거리의 광경은 상상을 뛰어넘었다. 하얗게 칠해진 거대한 빌딩, 단정하게 손질된 잔디, 호화로운 집, 골프장, 가게, 극장 등 온 동네가 화려했다.

"사실상 여기 있는 모든 게 미국 겁니다. 슈퍼마켓, 이발소, 미용실, 식당 등 모든 사업체가 파나마 법의 구속을 받지 않아요. 심지어 세금도 없습니다. 18홀짜리 골프 코스가 일곱 개나 있고, 편리하게도 미국 우체국이 곳곳에 있습니다. 미국 법원과 학교도 있습니다. 제대로 말하자면, 나라 안에 또 다른 나라가 있는 겁니다."

피델은 나를 뚫어지게 쳐다보다가 도시 쪽을 가리켰다. "저쪽 좀 보세요. 1인당 소득은 1년에 1,000달러가 채 되지 않습니다. 실업률은 30퍼센트에 육박하고요. 물론, 좀 전에 갔던 그런 빈민촌에서 1,000달러씩 돈을 버는 사람은 아예 없어요. 일자리를 가진 사람 자체가 드뭅니다."

피델의 말을 듣고 내가 물었다. "미국의 식민주의가 최악이라 할 만한 상태가 되어 버렸군요. 도대체 무슨 일이 벌어지고 있는 겁니까?"

피델은 몸을 돌려 나를 바라봤다. 분노로 가득 차 있던 그의 표정이 슬픔으로 바뀌었다.

"우리가 뭘 할 수 있죠?" 피델은 고개를 저었다. "저도 모릅니다. 하지만 이렇게 말할게요. 토리호스는 애쓰고 있습니다. 그러다가 결국 목숨을 잃을 수도 있지만 토리호스는 죽어서라도 원하는 것을 모두 이루고 말 겁니다. 그는 자기를 믿는 국민을 위해 끝까지 싸울 사람입니다."

15장
토리호스와의 대화

전혀 기대하지 않았던 초대였다. 파나마에 머물러 있던 1972년 어느 날 아침, 파나마의 국영 전력 회사인 수자원 및 전력 연구소(Instituto de Recursos Hidraulicos y Electrificación)에서 통계 서류를 보고 있는데 한 남자가 사무실 앞에 나타났다. 남자는 열려 있는 사무실 문 앞에 서서 자신의 존재를 알리기 위해 문틀을 부드럽게 두드렸다. 숫자에서 잠깐이나마 눈을 뗄 수 있는 핑곗거리가 생긴 것에 내심 기뻐하며 남자를 사무실로 들였다. 자신을 토리호스 장군의 운전사라고 소개한 남자는 장군의 별장 중 한 곳으로 나를 데려가기 위해 찾아왔다고 설명했다.

한 시간 후, 나는 오마르 토리호스 장군과 마주 앉았다. 토리호스는 파나마에서 흔히 볼 수 있는 편안한 옷차림을 하고 있었다. 편안해 보이는 카키색 바지와 전면에 단추가 달려 있고 하늘색과 은은한 녹색 무늬가 섞인 반소매 셔츠를 입고 있었다. 토리호스는 키가 크고 건강하며 잘생긴 사람이었다. 막중한 책임을 떠안고 있는 사람치고는 매우 편안해 보였다. 툭 튀어나온 이마 위로 검은 머리카락 한 가닥이 내려와 있었다.

토리호스는 인도네시아, 과테말라, 이란 등지에서 겪은 일에 관해 질문했다. 세 나라 전부에 관심을 보였지만 특히 이란의 국왕 모하마드 레자 팔라비에게 호기심을 보였다. 당시 팔라비는 히틀러와 결탁했다는 혐의로 영국과 소련이 선친을 몰아낸 덕분에 1941년에 왕좌에 오를 수 있었다.[1]

토리호스는 내게 "아버지를 몰아내기 위한 음모에 가담하는 걸 상상이나 할 수 있겠소?"라고 물었다.

토리호스는 파나마에서 멀리 떨어진 이란의 역사에 대해 상당히 잘 알고 있었다. 우리는 1951년에 이란에서 어떤 변화가 일어났으며 이란 총리 모하마드 모사데크가 어떻게 팔라비를 추방했는지 이야기를 나눴다. 세상 사람 대부분이 그렇듯 토리호스 역시 총리를 공산주의자로 몰아세워 내쫓은 후 팔라비를 복권시킨 것이 CIA의 계략이었음을 잘 알았다.★ 그러나 토리호스는 클로딘이 내게 알려 준 사실, 즉 루스벨트가 뛰어난 책략을 사용했으며 그가 새롭게 제국주의 시대의 포문을 연 탓에 세계적인 제국을 만들려는 움직임에 불이 붙었다는 사실은 알지 못했다. 어쩌면 알았을지도 모르지만 적어도 언급하지는 않았다.

토리호스는 말을 이어 갔다. "국왕은 왕권을 되찾은 후에 산업을 육성하여 이란을 근대화시키려고 여러 가지 개혁을 단행했지요."

이란에 대해 어떻게 그토록 많이 알고 있는지 토리호스에게 물었다.

★ 1951년, 모하마드 모사데크는 앵글로-이란 석유 회사를 국유화했다. 이후 이를 못마땅하게 여긴 영국이 미국 등과 합심해 모사데크에 '공산주의자'라는 낙인을 찍어 권력을 빼앗았다. 6장에 관련 내용이 설명되어 있다.

"분명하게 말씀드리지만, 아버지를 몰아내고 CIA의 꼭두각시 노릇이나 하는 팔라비 국왕의 정치 방식을 그다지 높게 평가하지 않아요. 하지만 이런 방식이 이란에는 제법 도움이 되는 것처럼 보입니다. 저도 팔라비 국왕을 보며 무언가를 배울 수 있을 것 같습니다. 국왕이 살아남는다면 말이지요."

"살아남지 못할 거라고 생각하시는 겁니까?"

"팔라비 국왕 주변에는 막강한 힘을 가진 적이 너무 많습니다."

"그렇지만 세상에서 가장 뛰어난 경호원들도 있잖습니까?"

토리호스는 냉소적인 눈길을 던졌다. "이란의 비밀경찰 사바크는 무자비한 사람들로 정평이 나 있어요. 그러면 친구를 많이 만들기 힘들죠. 팔라비는 그리 오래 왕좌에 머무르지 못할 겁니다." 그는 잠깐 말을 멈춘 다음 눈동자를 굴렸다. "경호원이라. 하긴 나도 경호원이 있어요." 그런 다음 토리호스는 문 쪽으로 손을 흔들어 댔다. "당신네 나라가 나를 몰아내기로 해도 저들이 날 구해 줄 것 같나요?"

토리호스에게 정말로 그럴 가능성이 있다고 생각하는지 묻자, 그는 어리석은 질문을 던지는 나를 질책하듯 눈썹을 치켜올렸다. "파나마에는 운하가 있어요. 아르벤스와 유나이티드프루트보다 훨씬 문제가 심각합니다."★

과테말라에 대해서 이미 공부를 해 둔 터라 토리호스의 말을 이해할 수 있었다. 정치적인 측면에서 보면 유나이티드프루트는 파나마의 운

★ 하코보 아르벤스 구스만은 민주적으로 선출된 과테말라의 제25대 대통령이다. 당시, 미국에서 설립된 다국적 과일 기업 유나이티드프루트는 과테말라 경작지의 7분의 1 이상을 차지할 정도로 막강한 힘을 갖고 있었다. 처우 개선을 요구하는 바나나 농장 근로자들이 학살당하는 사건이 중남미 곳곳에서 벌어지자, 아르벤스는 유나이티드프루트가 소유한 땅을 사들이겠다고 제안했다. 하지만 유나이티드프루트는 미 당국과 결탁해 아르벤스에 '공산주의자'라는 낙인을 찍은 후 축출했다.

하와 같은 역할을 했다. 1800년대 말에 설립된 유나이티드프루트는 중미에서 가장 막강한 힘을 가진 세력 중 하나로 급성장했다. 1950년대 초, 중남미의 민주적인 선거 모델로 칭송받았던 과테말라 대통령 선거에서 개혁을 주장하던 하코보 아르벤스가 당선됐다. 당시 과테말라에서는 3퍼센트도 채 안 되는 지배 계층이 70퍼센트의 토지를 소유하고 있었다. 아르벤스는 빈곤층이 굶주림에서 벗어나도록 돕겠다는 공약을 내걸었고 대통령에 취임한 후 종합 토지 개혁안을 제시했다.

토리호스가 이어 말했다. "중남미의 서민과 중산층은 아르벤스를 칭송했습니다. 아르벤스는 내게도 영웅 같은 인물입니다. 하지만 우리는 숨을 죽일 수밖에 없었습니다. 유나이티드프루트는 과테말라에서 가장 많은 땅을 차지하고 농민들을 가장 억압한 집단 중 하나였어요. 그랬던 탓에 아르벤스의 정책에 반발했습니다. 유나이티드프루트는 콜롬비아, 코스타리카, 쿠바, 자메이카, 니카라과, 산토도밍고,★ 파나마 등지에서 거대한 농장도 운영했습니다. 아르벤스가 토지 개혁을 지지하도록 다른 사람들을 선동하는 꼴을 내버려 둘 수 없었던 겁니다."

그 뒷이야기는 나도 알고 있었다. 유나이티드프루트는 미국에서 대대적인 선전 활동을 벌여, 아르벤스가 소련과 손잡고 음모를 꾸미는 중이며 과테말라는 소련의 위성 국가라는 거짓 정보를 미국 국민과 의회에 주입했다. 1954년, CIA는 과테말라에서 쿠데타를 주동했다. 미군 폭격기가 과테말라시티에 폭탄을 투하했고 민주적으로 선출된 아르벤스가 결국 물러났다. 그 자리를 차지한 인물이 무자비한 우익 독재자 카를로스 카스티요 아르마스 대령이었다.

★ 도미니카 공화국의 수도

과테말라 신정부는 유나이트프루트 덕에 정권을 잡은 셈이었다. 결국 신정부는 감사의 표시로 토지 개혁 계획을 무산시키고, 외국인 투자자에게 지급되는 이익과 배당금에 붙는 세금을 폐지했으며, 비밀 투표제를 없애고, 정책을 비난하는 수천 명의 인사를 잡아들였다. 카스티요에 반대하는 사람들은 모두 박해당했다. 역사학자들은 유나이티드프루트, CIA, 카스티요가 지휘하는 과테말라군이 그다지 은밀하지도 않게 대놓고 결탁한 탓에 20세기에 과테말라에서 그토록 많은 폭력과 테러가 발생한 것으로 보고 있다.[2]

토리호스의 이야기는 계속되었다. "아르벤스는 암살당했습니다. 정치적 암살이자 인격적 암살을 당한 겁니다." 잠깐 말을 멈추고서 얼굴을 찌푸린 다음 그가 다시 입을 열었다. "당신네 나라 사람들은 어떻게 CIA의 쓰레기 같은 짓거리들을 참는 겁니까? 나는 그렇게 쉽게 당하지 않을 겁니다. 여기 파나마 군대는 모두 파나마 사람들로 채워져 있습니다. 정치적으로 나를 암살하기는 쉽지 않을 겁니다." 토리호스는 미소를 지으며 한 마디를 얹었다. "CIA가 나를 직접 죽여야 할 겁니다."

우리는 입을 다문 채 잠깐 동안 각자 생각에 잠겼다. 토리호스가 먼저 입을 열었다.

"유나이티드프루트 주인이 누구인지 아십니까?"

"자파타오일 아닌가요? 유엔 주재 미국 대사인 H. W. 부시의 회사 말입니다."

내 대답을 듣고서 토리호스는 몸을 앞으로 숙이며 낮은 목소리로 말했다. "야심으로 가득 찬 사람입니다. 사실 나는 벡텔에 있는 부시 측근들에 맞서고 있습니다."

토리호스의 말을 듣고 나는 깜짝 놀랐다. 벡텔은 전 세계에서 가장 영향력 있는 토목 회사로 메인의 주요 협력 업체이기도 했다. 파나마 종합 개발 계획을 세우는 프로젝트를 생각하더라도 벡텔이 메인의 주요 경쟁 업체 중 하나일 거라고 예상하고 있었다.

"그게 무슨 뜻입니까?"

"우리는 해수면과 높이가 같고 수문이 없는 운하를 새로 건설하려고 해요. 그러면 더 큰 배가 드나들 수 있어요. 아마 일본 업체가 투자하려고 할 겁니다."

"일본인들은 파나마 운하의 가장 큰 고객 아닙니까?"

"바로 그겁니다. 일본 업체들이 돈을 투자하면 그들이 공사도 맡게 될 겁니다."

나는 충격에 사로잡혔다. "벡텔은 낄 자리도 없을 겁니다. 현대 역사에서 가장 규모가 큰 건설 프로젝트죠." 토리호스는 잠시 말을 멈췄다. "벡텔은 닉슨, 포드, 부시의 측근과 엮여 있습니다.(토리호스는 유엔 주재 미국 대사인 부시와 미 하원 소수당 대표이자 공화당 전당대회 의장인 포드가 공화당 권력 브로커라는 사실을 잘 알고 있었다.) 벡텔 가문이 공화당을 움직이고 있다는 얘기를 들었습니다."

대화를 나누는 동안 점점 마음이 불편해졌다. 나는 토리호스가 그토록 혐오하는 시스템이 무너지지 않도록 애쓰는 사람 가운데 하나였고 토리호스도 그 사실을 잘 알고 있는 게 틀림없었다. 국제기관을 통해 차관을 얻고 그 대가로 미국의 토목 및 건설 업체에게 공사를 맡기도록 설득하는 임무를 수행하는 게 거의 불가능한 일처럼 느껴졌다. 정면 승부를 해 보기로 마음먹었다.

"장군님, 저를 여기로 부르신 이유가 뭔지 궁금합니다."

토리호스는 시계를 쳐다보더니 미소를 지었다. "자, 이제 비즈니스 이야기를 할 때가 되었군요. 파나마는 당신의 도움이 필요합니다. 나도 당신의 도움이 필요합니다."

깜짝 놀라 되물었다. "제 도움이라뇨? 제가 뭘 할 수 있다는 겁니까?"

"우리는 운하를 되찾을 겁니다. 그렇지만 그걸로 충분하지 않아요." 토리호스는 의자에 편히 기댔다. "우리는 또한 본보기가 되어야 합니다. 가난한 파나마 국민에게 마음을 쏟고 있다는 사실을 보여 줘야 하고 러시아, 중국, 쿠바 등 그 어떤 나라도 우리의 독립 의지를 꺾을 수 없다는 걸 증명해야 합니다. 파나마가 합리적인 나라이며, 우리가 미국에 *대항하는* 것이 아니라 가난한 국민의 권리를 *지켜 주기 위해* 노력한다는 것을 전 세계에 입증해 보일 겁니다." 토리호스는 충분한 조사를 통해 내가 자신의 이야기에 귀 기울일 만한 사람이라는 결론을 내렸다고 이야기했다. 평화봉사단 활동을 하며 가난한 사람들을 도왔던 경험, 유창한 스페인어, 중남미를 향한 너무도 분명한 나의 애정이 그에게 깊은 인상을 남긴 듯했다.

토리호스는 다리를 꼬았다. "그러려면 중남미에서 아직 찾아볼 수 없는 경제 기반을 구축해야 하죠. 전기가 중요합니다. 그렇지만 극빈층에게도 전기를 공급해야 하고 보조금도 필요합니다. 대중교통이나 통신 시설도 마찬가지입니다. 농업은 특히 그렇습니다. 다 해내려면 돈이 필요합니다. 미국의 돈, 세계은행과 미주개발은행의 돈이 필요합니다."

토리호스는 다시금 앞으로 몸을 숙이더니 내 눈을 응시했다. "당신네 회사가 더 많은 일을 따내고 싶어 한다는 것과 주로 프로젝트 규모를 부풀리는 방법을 사용한다는 걸 잘 알고 있습니다. 좀 더 넓은 고속도로와 좀 더 큰 발전소, 좀 더 깊은 항구를 만들게 부추기는 거지요.

이제 시대가 달라졌습니다. 이제 파나마 국민에게 가장 득이 되는 일이 무엇인지 알려 주셔야 할 겁니다. 그러면 당신네가 원하는 일을 드리겠습니다."

전혀 예상하지 못했던 토리호스의 제안을 들으며 충격과 흥분을 동시에 느꼈다. 그동안 메인에서 배웠던 모든 내용에 반대되는 제안이었다. 물론 토리호스는 외채를 끌어들이는 것 자체가 하나의 속임수임을 알고 있었다. 당연히 알고 있어야 하는 사실이기도 했다. 외채를 끌어들이면 토리호스 본인은 부유해지는 대신 파나마는 부채에 허덕이게 된다. 뿐만 아니라, 파나마는 영원히 미국과 기업 정치 시스템에 종속될 수밖에 없고, 중남미는 '명백한 운명'의 길에 붙들려 미 정부와 금융계에 영원히 굴종하는 신세로 남게 된다. '권력을 가진 사람은 누구나 쉽게 부패한다.'는 진리 때문에 이런 시스템이 영속된다는 사실을 토리호스도 잘 알고 있는 게 분명했다. 이 시스템을 개인의 부귀영화를 위해 사용하지 않겠다는 토리호스의 결정이 위협처럼 보일 수도 있을 터였다. 연쇄 반응을 일으켜 시스템 전체를 무너뜨리는 새로운 형태의 도미노 말이다.

탁자 너머로 운하 덕분에 자신이 특별하고 독특한 권력을 누리고 있으며, 동시에 그 운하 때문에 매우 위태로운 상황에 놓여 있다는 사실을 잘 알고 있는 한 남자를 쳐다봤다. 토리호스는 신중하게 굴어야만 했다. 토리호스는 저개발 국가 지도자들 사이에서 이미 그들을 이끄는 리더로 꼽히고 있었다. 만일 토리호스가 자신의 영웅 아르벤스와 같은 노선을 택한다면 전 세계가 그를 주목하게 될 터였다. 이 시스템은 어떻게 작용할까? 좀 더 구체적으로 이야기하면, 미국 정부는 어떤 반응을 보일까? 중남미의 역사에는 죽어 나간 영웅이 수두룩했다.

눈앞에 앉아 있는 남자가 그동안 내 행동을 정당화하기 위해 내가 만들어 냈던 변명거리를 모두 무색하게 만들고 있다는 사실도 깨달았다. 분명 토리호스도 완전무결한 사람은 아니었다. 하지만 적어도 약탈자는 아니었고, 영국 국왕으로부터 받은 적국 선박 나포 면허장(letters of marque)을 앞세워 약탈 행위를 정당화했던 헨리 모건이나 프랜시스 드레이크 같은 포악한 모험가도 아니었다. 파나마에 도착한 첫날 밤 빗길에서 보았던 사진 속의 문구는 정치적인 목적으로 사람들을 기만하기 위해 적어 둔 것이 아니었다. "오마르의 이상은 자유다. 이상을 말살할 수 있는 미사일은 발명되지 않았다!" 토머스 페인도 비슷한 글을 쓰지 않았던가?

그러나 문득 의문이 들었다. 이상은 죽지 않을지도 모른다. 그렇지만 체 게바라, 아르벤스, 아옌데처럼 그 이상을 좇는 사람들은 어떨까? 이때까지 목숨을 부지하고 있었던 사람은 아옌데뿐이었다. 하지만 얼마나 오래 버틸지 그 누구도 알 수 없었다. 여기까지 생각이 미치자 또다른 의문이 생겼다. 만일 토리호스가 순교자의 역할을 떠맡게 된다면 나는 어떻게 반응해야 할까?

헤어질 무렵, 우리 둘은 메인이 파나마 개발 계약을 따내는 것으로 하고, 대신에 토리호스가 원하는 대로 계획을 구상하기로 뜻을 모았다.

16장
세계 경제에 드리운 어둠

    수석 경제 전문가가 된 나는 메인에서 한 부서를 맡았고 세계 각지에서 우리 회사가 진행하는 프로젝트에 관한 연구를 진행했다. 뿐만 아니라 세계 경제 동향과 이론에 관해서도 익숙해져야만 했다. 1970년대 초는 세계 경제에 많은 변화가 일어난 시기였다.

    1960년대에 산유국들은 막강한 힘을 가진 대규모 석유 회사들에 대항하기 위해 석유수출국기구(OPEC)를 구성했다. 이란도 OPEC 설립에 중요한 역할을 했다. 팔라비 국왕은 자신을 몰아낸 모사데크 총리를 축출하고 왕좌를 되찾을 수 있었던 것은 모두 미국이 은밀히 개입한 덕이라는 사실을 잘 알았다. 목숨을 부지한 것 역시 미국 덕이라는 사실 또한 모르지 않았다. 동시에, 상황이 언제든 바뀔 수 있다는 사실도 예리하게 인식하고 있었다. 주요 산유국 지도자들은 모두 이런 사실을 이해했고 이로 인한 두려움에 시달렸다. 뿐만 아니라, '일곱 자매(The Seven Sisters)'라고 불리는 대형 석유 회사들이 더 많은 이익을 얻기 위해 원유 가격을 낮추고 산유국에 지불하는 비용마저 낮추기로 담합했다는 사실도 익히 알고 있었다. 결국 석유 회사들에 대항하기 위해 OPEC을 만들었다.

1970년대 초가 되자 상황이 극으로 치달았고 대형 석유 회사들은 결국 OPEC 앞에 무릎을 꿇었다. OPEC의 산유국들이 함께 일련의 행동을 취하면서 1973년에는 제1차 석유 파동이 일어났다. 미국 전역에서 기름을 넣으려는 자동차가 주유소 앞에 줄지어 늘어선 모습이 미디어를 통해 전 세계로 퍼져 나갔다. 대공황에 맞먹는 경제적 재앙이 닥칠 지경에 이르렀다. 전 세계의 선진국 경제에 커다란 충격을 준 사건이었으나, 그 심각성을 제대로 이해한 사람은 얼마 되지 않았다.

미국 입장에서 석유 파동은 최악의 시기에 닥친 또 하나의 재앙이었다. 이 시기에 미국은 베트남 전쟁에서의 치욕적인 패배와 곧 퇴임하게 될 대통령을 둘러싼 추문으로 온 나라가 두려움과 불신으로 뒤덮여 있었다. 베트남전과 워터게이트 사건 외에도 닉슨 앞에 산적한 문제가 많았다. 돌이켜 보면 닉슨은 세계 정치와 경제가 새로운 국면에 접어든 시점에 미국 대통령이 됐다. 당시에 OPEC 가입국을 비롯한 "별 볼일 없는 나라들"이 점차 우위를 점하는 분위기가 짙어졌다.

세계 무대에서 일어나는 여러 가지 일이 무척 흥미롭게 느껴졌다. 제국을 건설하려는 미국 정부와 기업들의 노력에 가담해 돈을 벌면서도, 나를 조종하는 사람들이 난관에 봉착하는 모습이 내심 기뻤다. 아마도 죄책감이 어느 정도 누그러진 탓인 듯했다.

그러나 그 무렵에는 석유 수출 중단의 여파가 얼마나 클지 그 누구도 제대로 알지 못했다. 우리는 나름대로 이론을 세웠지만 상황이 어떻게 진행될지 이해하기는 힘들었다. 석유 파동이 일어난 이후의 경제 성장률은 1950년대와 1960년대의 절반 수준에 그쳤다. 게다가 물가 상승 압력이 훨씬 큰 상황에서 경제 성장률은 저조했다. 성장률 자체가 낮았을 뿐 아니라 구조적인 차이도 있었다. 일자리가 많이 창출되지 않았고 실업률이 급증했다. 무엇보다도 국제 통화 시스템이 큰 타격을 받아 제2차 세계대전 이후 줄곧 사용되어 온 고정 환율 제도가 사실상 붕괴하고 말았다.

나는 지인들과 어울려 점심을 먹거나 퇴근 후에 맥주를 마시면서 이런 문제에 관한 대화를 나눴다. 내 밑에서 일하는 부하 직원들과 이야기를 나누기도 했는데, 그들 중에는 아주 똑똑하고 젊은 사람들도 있었다. 그들은 대개 자유주의 사상가들이었다. 적어도 고리타분한 기준으로 보면 그랬다. 보스턴에 있는 싱크 탱크에서 일하는 고위급 인사들이나 인근 대학 교수들과도 어울렸고 어느 국회의원 보좌관과도 이따금 만남을 가졌다. 모두 비공식적인 사교 자리였으며 단둘이 이야기를 할 때도 있었고 열 명 남짓한 사람들이 모일 때도 있었다. 대화를 나눌 때는 한결같이 활기가 넘치고 떠들썩했다.

이때의 대화를 되짚어 보면 나는 부끄럽게도 우월감에 빠져 있었던 것 같다. 당시 나는 다른 사람들에게는 이야기해 줄 수 없는 정보를 많이 알고 있었다. 함께 대화를 나누는 친구들이 고위 관료나 교수, 또는 싱크 탱크에서 일하는 박사들을 통해 얻은 은밀한 정보를 자랑하듯 떠벌리기도 했다. 그럴 때마다 나는 일등석을 타고 전 세계를 여행하는 일류 컨설팅 회사 수석 경제 전문가의 시선에서 답을 내놓곤 했다. 그렇지만 토리호스와 은밀하게 나누었던 대화나 우리가 모든 대륙에서 다른 나라들을 마음대로 주무르는 방식에 대해서는 논할 수 없었다.

그런 약소국들이 가진 힘에 관한 이야기가 주제로 떠오를 때면 자제력을 발휘해야만 했다. 미국 정부와 기업, 그들이 거느리는 경제 저격수, 경제 저격수가 실패할 경우를 대비해서 조용히 숨죽이고 있는 자칼은 약소국들이 마음대로 굴도록 내버려 두지 않을 터였다. 그렇지만 그들 중 그 같은 사실을 제대로 이해하는 사람은 없었다. 나는 그저 아르벤스와 모사데크에 관한 이야기나 좀 더 최근인 1973년에 CIA가 민주적으로 선출된 칠레 대통령 살바도르 아옌데를 몰아낸 사례를 언급할 수밖에 없었다. 미국이라는 세계 제국은 OPEC의 방해에도 아랑곳하지 않고 점점 세력을 키워 나갔다. 혹은, 당시에는 의심에 불과했지만 이후 확인된 것처럼 어쩌면 OPEC의 도움으로 미국의 지배력이 더 강해졌는지도 모른다.

1970년대와 1930년대의 상황이 얼마나 비슷한가를 놓고 여러 차례 진지한 토론도 벌였다. 1930년대는 세계 경제의 중요한 분수령이었고, 그 무렵 세계 경제를 연구, 분석, 이해하는 방식도 대거 달라졌다. 이때 케인스 경제학이 주목받았으며 의료나 실업 급여를 비롯한 각종 복지 서비스를 제공하고 시장을 관리하는 데 있어 정부가 중요한 역할을 해야 한다는 믿음이 생겨났다.

대공황이 몰아닥치자 미 정부는 경제 제재, 정부의 금융 개입, 광범위한 재정 정책을 아우르는 각종 대책 방안과 뉴딜 정책을 채택했다. 또한 대공황과 제2차 세계대전으로 인해 세계은행, IMF, 관세 및 무역에 관한 일반협정(GATT) 같은 기구들이 탄생했다. 1960년대는 신고전주의 경제학에서 케인스 경제학으로 넘어가는 중요한 10년이었다. 당시 케네디 행정부와 존슨 행정부가 집권하고 있었으며 가장 큰 영향력을 미친 사람은 단연코 로버트 맥나마라였다.

맥나마라는 우리 대화의 단골 소재였다. 맥나마라가 재무 기획 담당자에서 포드자동차 사장으로 고속 승진해 일약 유명세를 얻은 후, 국방부 장관을 역임하고 결국 세계은행 총재가 됐다는 사실을 모르는 이는 없었다.

맥나마라는 케인스식 경제 정책을 신봉하며, 병력 규모와 예산 분배를 비롯해 베트남전과 관련된 각종 전략을 수립할 때 수학 모델과 통계적인 접근 방법을 적용했다. 정부 관료뿐 아니라 기업 임원들도 맥나마라의 '공격적인 리더십'을 앞다투어 모방했다. 미국 명문 경영대학 교수들은 맥나마라식 리더십을 경영학 강의의 새로운 철학적 접근 방법으로 삼기에 이르렀고, 결국 세계 제국 건설에 앞장설 새로운 부류의 CEO가 대거 탄생하게 되었다.[1]

식사를 하며 세계정세에 관한 대화를 할 때 사람들은 맥나마라를 군산 복합체의 전형으로 묘사하곤 했다. 권력 분산의 원칙이 이토록 쉽게 깨졌다는 사실에 모두 경악했다. 놀라지 않은 사람은 나뿐인 것 같았다.

지금 생각해 보면 세계 제국을 건설하는 데 세계은행에 전례 없이 중요한 역할을 맡기고 위험한 선례를 만들어 낸 것이 로버트 맥나마라가 세계 역사에 남긴 가장 큰 업적이자 가장 큰 폐를 끼친 결정이었다. 로버트 맥나마라는 "부강한 나라가 되고 싶다면 세계은행의 차관을 받아들이고 미국 회사에 인프라 구축 프로젝트를 맡기고 세계은행과 IMF가 요구하는 조건을 따라야 한다."는 생각을 강조하며 이런 철학을 새로운 차원으로 끌어올렸다. 맥나마라에게도 기업 정치를 구성하는 여러 요소 간의 거리를 좁히는 능력이 있었지만, 그의 뒤를 이은 사람들은 한층 놀라운 솜씨를 보였다.

내가 경제 저격수로 일할 당시 벌어졌던 이런 일이 지금도 계속되고 있다. 예를 들면, 조지 슐츠는 닉슨 행정부에서 재무부 장관을 지낸 후 벡텔 회장이 되었다가 레이건 행정부에서는 국무부 장관을 맡았다. 캐스퍼 와인버거는 벡텔의 부사장 겸 고문을 지낸 후 레이건 대통령 시절 국방부 장관을 역임했다. 리처드 체니는 조지 H. W. 부시 행정부 시절 국방부 장관을 지낸 후 할리버튼의 회장이 되었으며 조지 W. 부시가 대통령이 되자 부통령을 맡았다.(조지 H. W. 부시 역시 석유 회사 임원, 유엔 미국 대사, CIA 국장을 두루 역임했다.) 빌 클린턴 시절 재무부 장관을 지낸 로버트 루빈은 골드만삭스의 공동 회장을 지냈다. 이런 인물은 수없이 많았고 버락 오바마, 도널드 트럼프, 조 바이든 행정부에서도 비슷한 인물이 계속 등장했다.

내가 경제 저격수 역할을 하고 맥나마라가 세계은행을 맡고 있었던 시절, 나는 너무나도 순진했던 듯하다. 여러 측면에서 우리는 여전히 제국을 건설하기 위한 오래된 접근 방법에 사로잡혀 있었다. 커밋 루스벨트는 민주주의를 지향하는 이란의 지도자를 몰아내고 독재자를 왕좌에 앉히면서 제국을 건설하기 위한 더 나은 방법을 제시했다. 우리 경제 저격수들은 인도네시아나 에콰도르 등지에서 목표를 달성하고 있었지만, 베트남에서의 실패는 세계 제국이 얼마나 쉽게 낡은 방식에 빠져드는지 잘 보여 주었다.

제국을 건설하기 위한 구태의연한 접근 방법을 바꾸려면 OPEC의 핵심 국가인 사우디아라비아가 필요했다.

# 17장
사우디아라비아 돈세탁 프로젝트

1974년, 사우디아라비아의 한 외교관이 내게 자국 수도 리야드의 사진을 보여 주었다. 염소 떼가 정부 청사 바깥의 쓰레기 더미를 뒤지는 사진이었다. 염소들이 무얼 하느냐는 질문에 외교관이 내게 들려준 답은 충격적이었다. 외교관은 염소 떼가 리야드의 주요 쓰레기 처리 시스템이라고 답했다.

"사우디 사람들은 자존심이 강해서 쓰레기를 직접 치우지 않습니다. 그런 일은 동물들에게나 맡기는 겁니다."

염소라니! 세계 최대 산유국의 수도에서 염소가 쓰레기를 치우다니 믿을 수 없는 일이었다.

당시 나는 여러 컨설턴트와 함께 석유 파동 문제를 어떻게 해결할지 방안을 모색하고 있었다. 염소를 보는 순간 어떻게 해결책을 찾아야 할지 어렴풋이 답이 보이는 듯했다. 특히 사우디아라비아가 지난 300여 년 동안 발전해 온 과정을 이해한다면 해결 방안을 찾기가 그리 어렵지 않을 것 같았다.

 18세기, 사우디아라비아의 지역 군벌 모하메드 이븐사우드는 극우 세력인 와하비파 근본주의자들과 연합을 형성했다. 두 세력은 상당한 영향력을 갖게 되었고 이후 200여 년 동안 사우드 가문과 와하비파 연합은 메카와 메디나를 포함한 아라비아반도 대부분을 장악했다.

 사우디 사회에는 나라를 처음 세운 선조들이 주장한 엄격한 이상주의가 여전히 남아 있었으며 지도층은 국민들에게 코란의 가르침을 그대로 따르도록 강요했다. 종교 경찰은 하루에 다섯 번씩 기도하도록 강제했고 여성들은 머리부터 발끝까지 완전히 가려야만 했다. 범죄자에 대한 처벌은 가혹했다. 공개 처형이나 돌을 던져서 죽이는 일은 흔했다. 리야드를 처음 방문했을 때 운전사는 시장 옆에 차를 세운 다음 문도 잠그지 않은 채 내리면서 내게 카메라든 서류 가방이든 심지어 지갑마저도 차 안에 그냥 두고 내려도 괜찮다고 말했다. 운전사의 말에 나는 깜짝 놀랐다.

 "사우디아라비아에서는 아무도 남의 물건을 훔칠 생각 같은 걸 하지 않아요. 도둑질을 하면 손이 잘리거든요."

 그날 오후, 운전사는 보통 '처형 광장'이라고 불리는 곳으로 가서 참수 장면을 보겠느냐고 물었다. 와하브주의자들은 극단적인 금욕주의를 강조해야만 범죄를 막을 수 있다고 맹신하며 법을 어긴 자에게는 가혹한 신체형을 내려야 한다고 주장했다. 나는 처형 광장에 가지 않겠다고 답했다.

 서방 세계를 뒤흔든 석유 수출 금지 조처가 내려진 것도 사우디아라비아 정부가 종교를 정치와 경제를 구성하는 하나의 중요한 요소로 바라보기 때문이다. 1973년, 유대교 휴일 가운데 가장 신성하게 여겨지는 10월 6일 '속죄의 날'에 이집트와 시리아는 이스라엘을 동시 공격했다. 흔히 10월 전쟁이라고 불리는 이 전쟁은, 아랍과 이스라엘 간의 네 번째 전쟁이자 가장 참혹했던 전쟁이며 전 세계에 가장 큰 충격을 안긴 전쟁이었다. 이집트의 사다트 대통령은 이스라엘과 공모하는 미국에 보복하도록 사우디아라비아의 파이살 국왕에게 압력을 가했다. 당시 사다트는 복수극을 위해 석유를 무기로 활용하는 방안을 제안했다. 그해 10월 16일에 사우디아라비아를 포함한 페르시아만의 다섯 나라와 이란은 석유 가격을 70퍼센트 인상한다고 공식 발표했다.

아랍 각국의 석유 담당 장관들은 쿠웨이트시티에서 회담을 열어 향후 어떤 방안을 채택할지 고심했다. 이라크 대표는 미국을 표적으로 삼아야 한다는 강경론을 펼쳤다. 이라크 석유부 장관은 회의에 참석한 다른 장관들에게 아랍권 내에 있는 모든 미국 기업을 국유화하고, 미국을 비롯해 이스라엘에 우호적인 모든 나라에 석유 수출을 전면 중단하며, 모든 미국계 은행에서 아랍권의 자금을 빼낼 것을 요구했다. 이라크 석유부 장관은 미국 은행에서 아랍 자금이 차지하는 비중이 상당하므로 모든 자금을 인출하면 1929년의 대공황과 맞먹는 혼란이 생긴다고 주장했다.

다른 나라의 장관들은 이런 급진적인 계획에 선뜻 동의하지 못했다. 그러나 10월 17일에 제한적인 석유 수출 중단에 합의했다. 먼저 생산량을 5퍼센트 줄인 후 정치적 목적을 달성할 때까지 매달 5퍼센트씩 줄여 나가겠다는 것이 합의안의 골자였다. 장관들은 그동안 이스라엘에 우호적인 태도를 보여 온 미국을 반드시 처벌해야 하며 석유 수출 중단 정책을 통해 미국이 가장 큰 피해를 입어야 한다는 데 의견을 모았다. 회의에 참석한 나라 중 일부는 5퍼센트 대신 10퍼센트 감산을 택하기로 했다.

10월 19일, 닉슨 대통령은 이스라엘에 대한 22억 달러에 이르는 차관을 원조할 것을 의회에 요구했다. 다음 날, 사우디아라비아를 비롯한 아랍 산유국들은 미국에 대한 전면적인 석유 수출 중단 조치를 감행했다.[1]

석유 수출 중단 조치는 1974년 3월 18일에 철회되었다. 석유 수출이 중단된 기간은 짧았지만 그 영향은 실로 막대했다. 1970년 1월 1일에 배럴당 1달러 39센트였던 사우디아라비아의 석유 판매가는 1974년 1월 1일에 무려 8달러 32센트를 기록했다.[2] 정치인과 대권을 꿈꾸는 사람들은 1970년대 초중반에 얻은 교훈을 결코 잊지 못했다. 장기적인 관점에서 이 몇 달간의 충격은 기업 정치를 더욱 공고하게 만들었다. 다시 말해서, 기업 정치를 구성하는 세 축인 대기업, 국제 은행들, 그리고 정부가 그 어느 때보다 강하게 결속하기 시작했다. 이들의 결속은 이후 오랫동안 지속될 것이었다.

아랍이 석유 수출 중단 조치를 단행하자 미국의 태도와 정책에 중대한 변화가 나타났다. 미국 정부와 재계는 아랍의 이런 조치를 더 이상 용납해서는 안 된다고 확신했다. 미국은 항상 원활한 석유 공급원 확보를 무엇보다 중요하게 여겼지만, 1973년 이후에는 안정적인 석유 확보에 더욱 집착했다. 석유 수출 중단 조치는 세계 정치 무대에서 사우디아라비아의 위상을 높였고 미국은 사우디아라비아가 미국 경제에 끼치는 전략적 중요성을 무시할 수 없게 됐다. 사상 초유의 석유 파동 이후 미국 기업 정치에 앞장섰던 사람들은 오일머니를 미국으로 도로 가져올 방법을 찾기 위해 고심했고, 사우디아라비아 정부는 넘쳐나는 돈을 제대로 관리할 행정·제도적 장치가 부족하다는 사실을 깨달았다.

사우디아라비아의 입장에서 보면, 석유 가격을 인상해 벌어들인 추가 수입은 축복인 동시에 재앙이었다. 국고에 수십억 달러가 쌓이긴 했지만 와하브주의의 엄격한 교리에는 맞지 않았다. 재산이 불어난 사우디아라비아인들은 해외여행의 재미를 깨달았고 유럽과 미국으로 유학을 떠났다. 멋진 차를 구입하고 서양식 가구로 집을 채웠다. 보수적인 신앙이 새로운 형태의 물질만능주의로 바뀌었고, 물질만능주의의 확산은 또다시 석유 파동이 일어날 거라는 두려움에서 벗어나는 해결책이 되었다.

석유 수출 중단 조치가 철회되자마자 미국 정부는 사우디아라비아와 협상을 시작했다. 미국 정부는 기술 지원, 군사 시설, 군사 훈련, 현대적인 비즈니스 경영 및 투자 접근 방법 등을 알려 주는 대신 오일머니를 되찾을 방법을 제안했다. 그러나 다시는 석유 수출을 중단하지 않겠다는 약속을 받아 내는 것이 더 중요했다. 협상 결과로 미국-사우디아라비아 합동경제위원회가 생겨났다. 대개 약자로 'JECOR'라고 불리는 이 조직은 전통적인 대외 원조 프로그램과는 정반대되는 혁신적인 방법을 도출했다. 사우디아라비아의 돈으로 미국 기업을 고용해 사우디아라비아를 현대화하는 방법을 생각해 낸 것이다.

전반적인 운영권과 재정 결정권은 미국 재무부가 위임받았지만, 미국-사우디아라비아 합동경제위원회는 극단적일 정도의 독립성을 보장받았다. 사실상 의회의 감시 없이 25년이 넘는 기간 동안 수십억 달러에 달하는 돈을 지출할 수 있게 된 것이다. 미 재무부가 운영을 담당하긴 하지만 미국의 자본이 전혀 들어가지 않았기 때문에 의회는 어떠한 권리도 갖지 못했다. 합동경제위원회에 대해 심도 있는 조사를 진행한 데이비드 홀든과 리처드 존스는 "미국과 개발도상국이 맺은 그 어떤 조약보다도 광범위한 영향을 미치는 조약이다. 사우디아라비아 내에서 미국의 입지를 공고히 하고 상호 의존의 개념을 더욱 강화하는 계기가 될 것이다."라고 결론지었다.³

미 재무부는 조언을 구하기 위해 일찍부터 메인을 끌어들였다. 나도 중요한 역할을 맡았다. 새롭게 맡은 업무의 내용과 그 일을 하면서 알게 된 정보는 절대로 발설해서는 안 되는 것들이었다. 은밀한 작전 같았다. 나는 분위기상 메인이 여러 컨설팅 업체 가운데 가장 중요한 역할을 한다고 믿었지만, 추후에 메인 또한 재무부가 필요로 하는 전문성을 지닌 여러 업체 중 하나에 불과하다는 사실을 깨달았다.

모든 일이 은밀히 진행되었기 때문에 재무부 건과 관련해 다른 컨설턴트들과 대화를 나눌 수 없었다. 따라서 중요한 선례를 남기게 될 이 일에서 내 역할이 어느 정도인지 가늠할 수 없었다. 하지만 이 프로젝트가 경제 저격수의 새로운 기준을 정립했을 뿐 아니라 제국의 이익을 추구하는 전통적인 방법을 대체할 혁신적인 대안을 제시했다는 사실을 잘 알고 있다. 게다가 내가 고안한 시나리오가 거의 대부분 채택되었으며, 이로써 메인은 막대한 수익을 안겨 줄 사우디아라비아 개발 계약을 최초로 체결한 주요 업체 중 하나가 되었고, 나 역시도 엄청난 금액의 상여금을 받았다는 사실 또한 인지하고 있다.

내 역할은 사우디아라비아의 인프라에 엄청난 돈을 쏟아부으면 어떤 효과가 나타날지 예측하고, 어떻게 돈을 쓸지 계획을 세우는 것이었다. 한마디로 말해서 미국의 토목 회사나 건설 회사가 사우디아라비아 개발 계획에 참여한다는 전제하에 사우디아라비아 경제에 수억 달러의 돈을 투입할 정당한 이유를 만들어 내야 했다. 상부에서는 다른 직원들의 도움 없이 모든 업무를 혼자 처리하라는 지시를 내렸다. 그런 탓에 내가 근무하던 팀의 사무실보다 몇 층 높은 곳에 사무실을 따로 마련해서 일했다. 내가 하는 일이 미국의 안보뿐 아니라 메인의 이익에도 상당히 큰 영향을 미치는 일이라는 말을 들었다.

물론 일의 주된 목적은 평소와 달랐다. 이전에는 표적이 된 나라가 갚을 수 없을 정도의 부채를 얻도록 설득하는 것을 목표로 삼았지만, 사우디아라비아는 돈이 많고 정치적으로 막강한 힘을 지니고 있어 대출이 필요하지 않았다. 이번 프로젝트의 목표는 사우디아라비아가 벌어들인 상당 금액의 오일머니를 되찾을 방법을 모색하는 것이었다. 이 과정에서 사우디아라비아 경제는 어려워질 수도 있고, 미국 경제와의 관계가 더욱 복잡해지며 미국 경제에 대한 의존도가 높아지게 될 것이다. 또한 점점 서구화되어 미국 경제와 비슷해지고 결국 미국 시스템에 동화될 것이었다.

작업에 착수한 나는 리야드의 거리를 배회하던 염소가 상징적인 존재임을 깨달았다. 쓰레기를 치우는 염소가 바로 전 세계를 휘젓고 다니는 사우디아라비아인들이 가장 감추고 싶어 하는 모습이었다. 근대화된 사회로 변모하고 싶어 하는 이 사막 왕국에는 염소 대신 좀 더 적절한 쓰레기 처리 시설을 들여놓아야 했다. 그 무렵 OPEC의 경제 전문가들은 석유가 넘쳐나는 산유국들에 석유를 이용해 좀 더 부가가치가 높은 제품을 만들어 내야 한다고 강조했다. 그들은 산유국들이 단순히 원유를 수출하기보다, 자체적인 산업을 개발하여 석유를 바탕으로 하는 다른 제품을 생산해 세계 시장에서 원유보다 비싼 값에 팔 것을 촉구했다.

이와 같은 두 가지 깨달음을 바탕으로 모두에게 틀림없이 도움이 될 만한 새로운 전략이 떠올랐다. 물론 염소는 단순한 시작에 불과했다.

석유를 팔아 번 돈으로 미국 회사를 고용해 세계에서 가장 현대적인 쓰레기 처리 시설을 세우도록 사우디아라비아를 설득한 다음, 사우디아라비아 사람들에게 최첨단 기술에 대한 자부심을 심어 주는 것이 내 시나리오의 뼈대였다.

방정식의 한쪽에 염소를 둔 다음 사우디아라비아 경제의 여러 분야에 적용하면 사우디아라비아 왕가, 미국 재무부, 메인의 상사들까지 모두를 만족시킬 만한 성공 공식을 고안할 수 있을 거라는 생각이 들었다. 이 공식을 적용하면 책정된 예산을 활용해 원유를 새로운 수출용 상품으로 변모시키는 산업을 일으킬 수 있을 듯했다. 황량한 사막에는 대규모 석유 화학 단지가 생겨나고 그 주변에 산업 공단이 형성될 터였다. 당연한 말이지만 이런 계획을 현실로 만들려면 수천 메가와트의 전력이 필요했고, 송전망, 고속도로, 송유관, 통신 시설, 신공항과 성능이 뛰어난 항구 같은 교통 시스템, 다양한 서비스 산업, 이 모든 것들이 제대로 돌아가게 만드는 인프라 등을 건설해야 했다.

이 계획을 토대로 새로운 모델을 구축하면 얼마든지 전 세계에 적용할 수 있을 것이라는 커다란 기대가 생겼다. 종횡무진 해외를 누비는 사우디아라비아인들은 곳곳에서 우리의 쾌거를 칭찬할 테고, 사우디아라비아로 초청받아 온 세계 각국 지도자는 어떤 기적이 일어났는지 직접 두 눈으로 보게 될 터였다. 그러면 지도자들은 다시 우리를 불러 자국에 적용할 비슷한 계획을 짜 달라고 부탁할 테고, OPEC 회원국을 제외한 나머지 나라들은 자금을 조달하기 위해 세계은행의 문을 두드릴 것이 분명했다. 세계 제국은 결국 더욱 번창할 수밖에 없었다.

이런 생각을 하던 중 염소가 떠올랐고 운전사가 했던 말이 귓전을 맴돌았다. "사우디 사람들은 자존심이 강해서 쓰레기를 직접 치우지 않습니다." 다양한 상황에서 비슷한 말을 수도 없이 들었다. 사우디아라비아는 산업 시설에서 노동하는 방식이든 다른 프로젝트에서 실제로 건설 활동에 참여하는 방식이든, 사우디 국민이 그런 '천한' 일을 직접 하도록 내버려 두지 않을 것이 분명해 보였다. 일단 노동력을 제공할 인력 자체가 절대적으로 부족했다. 또한 사우디 왕가는 국민에게 그런 노동과 어울리지 않을 정도로 높은 수준의 삶과 교육을 제공하겠다고 공언한 바 있었다. 사우디 사람들이 다른 사람을 부릴 수는 있을지도 모른다. 하지만 직접 공장이나 건설 현장에서 노동자로 일하려는 욕구도 없었고 그런 일을 할 만한 동기도 없었다. 결국은 임금이 저렴하고 일자리가 부족한 나라에서 노동력을 수입해야만 했다. 가능하다면 이집트, 팔레스타인, 파키스탄, 예멘 등 다른 중동 국가나 이슬람 국가에서 노동력을 공수하는 편이 좋을 것 같았다.

여기까지 생각이 미치자 한층 원대한 개발 전략이 떠올랐다. 외국에서 데려온 노동자를 위한 대규모 주택 단지와 쇼핑몰, 병원, 소방서, 경찰서, 식수 및 오수 처리 시설, 전력망, 교통망 등을 모두 구축하면, 한때 모래뿐이었던 사막에 현대적인 도시가 들어설 수 있게 된다. 또한 담수화 공장, 극초단파 시스템, 의료 단지, 컴퓨터 기술 등 새롭게 떠오르는 여러 기술을 시험해 볼 기회도 생길 것만 같았다.

사우디아라비아는 계획을 세운 사람의 꿈이 현실로 바뀌는 곳이자, 토목 건설 업계에 종사하는 사람들이 환상을 실현할 수 있는 모험의 땅이었다. 역사상 그 어떤 프로젝트와도 비교할 수 없을 정도로 커다란 경제적 기회를 붙들 수 있는 곳이었다. 사실상 무한한 금융 자원과 아주 빠른 속도와 거대한 규모로 현대적인 국가로 탈바꿈하려는 욕망을 모두 가진 나라가 바로 사우디아라비아였다.

나는 내 일이 무척 마음에 들었다. 사우디아라비아뿐 아니라 보스턴 공공 도서관, 혹은 그 외 어떤 곳에도 이런 상황에서 계량경제 모델을 활용하는 방안을 정당화할 데이터가 없었다. 사실 한 나라를 통째로 전례 없는 규모로 순식간에 변화시키는 프로젝트였던 만큼 선례가 있다고 한들 도움이 되지는 않을 터였다.

거기에다 이런 식의 양적 분석을 기대하는 사람도 없었다. 적어도 그 단계에서는. 나는 그저 상상력을 발휘해 사우디아라비아에 영광스러운 미래를 가져다줄 보고서를 작성했다. 전기 1메가와트를 생산하는 데 드는 비용과 도로 1마일을 건설하는 데 드는 비용, 노동자 1인당 식수를 생산하고 하수를 처리하고 주택을 건설하고 공공 서비스를 제공하는 데 드는 비용을 어림짐작으로 계산했다. 이런 추정치를 정확하게 다듬거나 결론을 내리는 일은 내 몫이 아니었다. 실현될 수 있을 만한 계획(좀 더 정확하게 말하면 '비전')을 제시하고 그 비전을 달성하는 데 대략 돈이 얼마나 드는지 계산하는 일이 내 임무였다.

나는 진정한 목적이 무엇인지 잊지 않았다. 내가 보고서를 작성하는 진짜 목적은 크게 두 가지였다. 첫 번째는 미국 회사에 가능한 한 많은 돈이 돌아가게 만드는 것이었고, 두 번째는 사우디아라비아의 대미(對美) 의존도를 높이는 것이었다. 머지않아 두 목적이 긴밀하게 얽혀 있다는 사실을 깨달았다. 신규 개발 프로젝트가 끝나도 지속적인 개선과 서비스가 필요할 게 뻔했다. 유지 보수를 위해서는 개발할 때와 마찬가지로 고도의 기술이 필요하기 때문이다. 결국 원래 개발을 담당했던 회사에 관련 업무를 맡길 수밖에 없었다. 실제로 보고서를 작성하면서 내가 구상한 프로젝트마다 두 개의 목록을 작성했다. 첫 번째는 설계 및 건설 계약을 수주할 업체 목록이고, 나머지 하나는 장기적인 서비스 및 관리 계약을 체결한 업체 목록이었다. 메인, 벡텔, 브라운앤드루트, 할리버턴, 스톤앤드웹스터 등 무수히 많은 미국 기업들이 수십 년 동안 엄청난 이윤을 얻게 될 터였다.

단순히 경제적인 차원을 넘어서 사우디아라비아가 미국에 의존하도록 만드는 또 다른 방법이 있었다. 물론 지금까지 설명한 것과는 전혀 다른 방식이긴 했다. 석유가 넘쳐나는 이 왕국이 현대화되면 뜻밖의 반작용이 나타날 가능성이 컸다. 예를 들어 보수적인 이슬람교도들이 분노할 수밖에 없을 터였고, 이스라엘을 비롯한 이웃 국가들은 위협을 느낄 게 틀림없었다. 사우디아라비아의 경제가 발달하면 아라비아반도 보호를 위해 애쓰는 또 다른 산업이 성장할 가능성도 있었다. 이런 활동에 주력하는 민간 기업과 미군, 미국의 방위 산업 등은 다양한 계약을 체결할 기회를 얻게 된다. 물론 장기적인 서비스 및 관리 계약이 뒤따르는 것 또한 당연한 순서다. 이 무렵이 되면 공항, 미사일 기지, 인력 기지, 이러한 시설과 관련된 모든 부대 시설 등을 구축하기 위한 새로운 단계의 토목 및 건설 프로젝트가 진행된다.

나는 보고서를 밀봉한 다음 사내 우편을 통해 '미 재무부 프로젝트 담당자'에게 제출했다. 메인의 부사장단을 비롯한 상사들과 이따금 회의도 했다. 당시 우리가 진행하던 프로젝트의 공식 명칭은 정해져 있지 않았다. 메인의 프로젝트는 여전히 연구 개발 단계였고 미국-사우디아라비아 합동경제위원회가 정식으로 채택하기 전이었기 때문이다. 그런 탓에 우리는 목소리를 낮춰 '사마 프로젝트'라고만 불렀다. 사우디아라비아 돈세탁 프로젝트(Saudi Arabian Money-Laundering Affair)의 머리글자를 따 사마(SAMA)라고 부른 것이었지만 일종의 말장난이기도 했다. 사우디아라비아 중앙은행이 사우디아라비아 통화위원회(Saudi Arabian

Monetary Agency), 혹은 줄여서 사마(SAMA)라고 불렸기 때문이다.

미 재무부에서 나온 사람이 회의에 참석할 때도 있었다. 그럴 때면 나는 거의 질문을 하지 않았다. 나는 주로 설명하거나, 그들의 대답을 듣고 의견을 이야기하거나, 나에게 주어진 일은 무엇이든 하겠다고 대답했다. 메인의 부사장단과 재무부 대표들은 장기 서비스 및 관리 계약을 체결하는 방안을 높이 평가했다. 부사장 중 한 명은 내 계획을 듣고 나서 사우디아라비아를 "우리 모두가 은퇴하는 그 날까지 젖을 짜낼 수 있는 젖소"라고 표현했고, 우리는 그 후로 그 표현을 종종 사용하곤 했다. 그 말을 들으면서 나는 젖소가 아니라 리야드 거리의 염소를 떠올렸다.

이런 회의를 하던 중 메인의 여러 경쟁사 또한 비슷한 일을 하고 있으며, 열심히 노력한 만큼 모두 짭짤한 계약을 맺을 수 있을 거라는 깨달음이 찾아왔다. 나는 메인과 다른 회사들이 큰 판에서 한몫 잡기 위해 예비 작업에 들어가는 비용을 직접 부담하는 방식으로 위험을 감수하는 거라고 생각했다. 개인 업무 일지에 적어 둔 업무 시간이 '일반 및 관리 간접비'로 표시되는 것을 보고 이런 믿음이 더욱 확고해졌다. 연구 개발 업무를 진행하거나 대다수 프로젝트를 준비하고 제안하는 단계를 거칠 때 이런 접근 방법이 흔히 사용되긴 했다. 하지만, 당시에는 초기 투자가 평균치를 훨씬 웃돌았고, 부사장단은 훨씬 더 많은 돈을 회수할 수 있을 거라고 믿는 눈치였다.

여러 경쟁 업체 역시 프로젝트를 준비하고 있었지만, 모두에게 돌아가고도 남을 만큼 일이 충분해 보였다. 이미 그런 일을 한참 해 온 터라 그동안 우리가 해 온 일을 재무부가 얼마나 인정하는가에 따라 우리에게 돌아올 이익이 달라진다는 사실을 잘 알았다. 물론 최종적으로 선택된 접근 방법을 제안한 컨설턴트가 가장 훌륭한 계약을 따내게 된다는 사실도 잘 알고 있었다. 나는 메인이 진행한 프로젝트를 설계 및 시공 단계로 연결하는 시나리오를 만드는 것을 개인적인 도전 과제로 삼았다. 메인에서 내 주가는 이미 가파르게 상승 중이었다. 사마 프로젝트에서 중요한 역할을 하고 메인이 성공적인 결과를 만들어 내기만 하면 입지가 더욱 공고해질 터였다.

회의를 할 때면 사마 프로젝트와 미국-사우디아라비아 합동경제위원회가 어떤 선례를 만들게 될지 솔직한 의견을 주고받았다. 국제 은행들로부터 돈을 빌릴 필요가 없는 나라에서 수익성 높은 일을 만들어 내는 혁신적인 접근 방법이었다. 사우디아라비아에서 성공하면 곧장 이란과 이라크에 같은 방법을 적용할 수 있을 거라는 생각이 들었다. 게다가 인간의 본성이라는 측면에서 생각하면, 굳이 부추기지 않더라도 이란과 이라크 같은 나라의 지도자들은 사우디아라비아를 따라 하기 위해 애쓸 터였다. 맨 처음에는 미국에 부정적인 영향을 끼치는 것처럼 보였던 1973년의 석유 수출 금지 조치가 결국 미국의 토목 및 건설 업체에 상상하지도 못했던 이익을 안겨 주고 나아가 세계 제국을 건설하는 발판이 될 거라는 데 의심의 여지가 없었다.

약 8개월에 걸쳐 비전을 제시하는 보고서를 작성했다. 물론 단 하루도 쉬지 않고 일을 한 것은 아니다. 보스턴 공원이 내려다보이는 아파트나 개인 회의실에 틀어박혀 며칠간 집중해서 계획서를 작성한 후에 다음 며칠간 휴식을 취하는 방식으로 일을 했다. 팀원들을 주기적으로 살피긴 했지만 팀원들은 모두 저마다 맡은 바 임무를 완수하기 위해 최선을 다했다. 우리가 하는 업무에 관한 비밀을 유지해야 할 필요성도 점점 줄어들었다. 사우디아라비아와 관련해 엄청난 일이 벌어지고 있음을 눈치채는 직원이 점점 늘어났다. 흥분감이 차올랐고 소문도 걷잡을 수 없이 퍼져 나갔다. 부사장단과 재무부 대표들도 점점 프로젝트에 대해 공개적으로 이야기하기 시작했다. 이 기발한 계획에 관한 세부적인 정보가 점점 수면 위로 떠올라 그들이 좀 더 많은 정보를 알게 된 것도 하나의 이유였던 듯하다.

미국 정부는 사우디아라비아가 약간의 변동성이 있더라도 미국과 동맹국이 용인할 수 있는 수준에서 안정적으로 석유를 공급해 줄 것을 원했다. 이란이나 이라크, 인도네시아, 베네수엘라 같은 나라들이 석유를 수출하지 않겠다고 으름장을 놓으면 방대한 석유 매장량을 자랑하는 사우디아라비아가 부족분을 메워 주기를 바란 것이다. 장기적으로 보면, 사우디아라비아가 언제라도 미국과 동맹국들에게 안정적으로 석유를 공급해 줄 것이라는 사실을 알고 있으면 다른 산유국들이 석유 수출을 중단하겠다는 협박 카드를 애초에 꺼내지조차 않을 가능성이 컸다. 그 대가로 미국 정부는 사우디 왕가에 놀랄 만큼 구미가 당기는 제안을 내놓았다. 언제라도 정치적 지원을 아끼지 않고 필요할 경우 군사적 지원까지 제공해 사우디 왕가의 안위를 보장하기로 약속한 것이다.

지리적 위치나 군사적 약세, 그리고 이란, 시리아, 이라크, 이스라엘 등 주변 국가로부터 받는 위협 등을 고려하면 사우디 왕가로서는 거절하기 힘든 제안이었다. 당연한 일이지만 미국 정부는 그 기회를 이용해 또 다른 조건을 내걸었다. 당시 미국이 내건 조건은 세계 무대에서 경제 저격수의 역할을 재정의했다. 뿐만 아니라, 이 조건으로 인해 이후에 이라크를 비롯한 여러 나라에 적용하게 될 새로운 모델이 탄생했다. 지금에 와서 생각해 보면 사우디아라비아가 왜 그런 조건을 받아들였는지 도무지 이해할 수가 없다. 미국 정부가 내건 조건의 실체와 사우디 왕가가 미국 정부의 요구 사항에 굴복한 방식이 알려졌을 때 나머지 아랍 국가들과 OPEC, 그리고 그 밖의 이슬람 국가들은 모두 경악하고 말았다.

그 조건이란 바로 사우디아라비아가 석유를 수출해 벌어들인 달러로 미국 정부가 발행하는 채권을 구입해야 한다는 것이었다. 대신에 미 재무부는 채권을 팔아서 번 돈으로 사우디아라비아가 구시대적인 사회의 모습을 벗어던지고 근대화된 산업 사회로 거듭날 수 있도록 도와주겠다고 약속했다. 다시 말해, 사우디아라비아는 석유를 팔아서 수십억 달러를 벌어들인 다음 그 돈에 이자가 붙으면, 나와 다른 컨설팅 회사들이 제시한 비전에 걸맞게 사우디아라비아를 발전시킨다는 명목으로 미국 회사들에 그 돈을 고스란히 돌려주는 것이다. 미 재무부는 아라비아반도 전역에 인프라를 구축하고 심지어 아예 도시 몇 개를 새로 건설하기 위해 메인 같은 회사들을 고용할 게 뻔했다. 비용은 당연하게도 사우디아라비아의 몫이었다.

물론 이런 프로젝트의 본질을 고려하면 사우디아라비아는 기본적으로 필요한 자본을 대는 것뿐이었다. 하지만 실상은 비상한 외국인들에게, 심지어 이슬람교도의 시각으로 본다면 불경하기 짝이 없는 자들의 손에 아라비아반도의 미래와 경제를 맡기는 일이었다. 게다가 보수적인 와하브주의 원칙에 따라 건국되어 수 세기 동안 그 원칙을 고수해 온 왕국에서 이런 일이 벌어지려 했다. 사우디아라비아가 미국이 내뱉는 달콤한 말을 무턱대고 맹신하는 것처럼 보이기도 했다. 그러나 미국 정부가 군사 및 정치의 측면에서 다각적으로 압력을 가한 탓에 사우디 왕가로서는 별다른 대안이 없다고 느꼈을지도 모른다.

미국 입장에서는 엄청난 돈을 벌 수 있는 무한대의 기회가 찾아온 셈이었다. 깜짝 놀랄 만한 선례를 세울 수 있는 훌륭한 거래였다. 이 거래의 매력을 한층 드높인 것은 의회의 승인이 필요 없다는 점이었다. 사실 의회의 승인을 받는 일은 기업, 그중에서도 특히 장부를 공개하거나 기밀을 알리고 싶어 하지 않는 벡텔이나 메인 같은 비공개 기업들이 가장 싫어하는 일이었다. 중동 재단 소속 학자이자 전직 기자인 토머스 W. 리프먼은 이 거래의 특이 사항을 다음과 같이 기록했다.

> 돈이 넘쳐나는 사우디아라비아는 미 재무부에 수억 달러를 갖다 바칠 것이다. 그러면 재무부는 그 돈을 쥐고 있다가 때가 되면 계약 업체나 그 직원들에게 나눠 줄 것이다. 결국 이런 방식으로 사우디의 돈이 미국 경제로 되돌아온다. …… 또한 이러한 구조 덕분에 위원회 담당자들과 사우디 왕가는 의회의 허락 없이 어떤 프로젝트라도 시행할 수 있다.[4]

이 역사적인 프로젝트에 영향을 미칠 만한 변수를 모두 파악하는 데 생각보다 훨씬 적은 시간이 걸렸다. 하지만 변수를 파악한 다음에는 실행 방법을 찾아야 했다. 미국 정부는 계획이 제대로 실행되도록 극비 임무를 띤 정부 최고위급 인사를 사우디아라비아에 파견했다. 확실치는 않지만 특사로 파견된 인물은 헨리 키신저였던 것 같다.

특사 역할을 한 인물이 실제로 누구였든 첫 번째 임무는 이웃 국가인 이란에서 모사데크 총리가 브리티시 페트롤리움을 몰아내려고 했을 때 어떤 일이 생겼는지 사우디 왕가에게 상기시키는 것이었다. 다음 임무는 사우디 왕가가 거절하기 힘들 만큼 구미가 당기는 계획을 제시하고는 사실상 별다른 선택의 여지가 없다는 사실을 넌지시 알려 주는 것이었다. 사우디 왕가는 결국 미국의 제안을 받아들여 미국의 보호 아래 권력을 지켜 나가든지, 아니면 미국의 제안을 거절하고 모사데크와 같은 길을 가든지 둘 중 하나를 선택할 수밖에 없다는 인상을 받았을 게 틀림없었다. 미국으로 돌아온 특사는 사우디아라비아가 미국의 제안을 따를 것으로 보인다는 의견을 전했다.

다만 사소한 걸림돌이 하나 있었다. 사우디 정부 내의 중요 인사들을 설득해야만 했다. 사우디 왕가에는 일종의 가족 문제 같은 것이 있다고 했다. 사우디아라비아는 민주주의 국가가 아니었지만 프로젝트를 진행하려면 왕가 일원의 동의가 필요했다.

1975년, 나는 사우디 왕가의 주요 인사 중 한 명을 설득하는 임무를 맡았다. 내가 설득해야 할 대상은 W 왕자였다. 그가 실제 왕세자인지 알아낼 길은 없었지만 어쨌든 나는 그를 W 왕자라고 여겼다. 그를 설득해 사마 프로젝트가 W 왕자뿐 아니라 사우디아라비아에도 도움이 된다고 믿게 만드는 것이 내 역할이었다.

생각처럼 쉬운 일은 아니었다. W 왕자는 자신을 와하브주의를 신봉하는 사람으로 소개하면서 조국이 서방의 상업주의에 물드는 꼴을 보고 싶지는 않다고 했다. 게다가 우리가 제안하는 프로젝트의 교활한 본질을 이미 알고 있다고 주장했다. 그는 미국이 1000년 전에 아랍 세계를 기독교화하려고 했던 십자군과 다를 바가 없다고 여겼다. 어느 정도 일리가 있는 말이었다. 십자군과 우리 프로젝트에는 그저 정도의 차이가 있을 뿐이었다. 중세 유럽 교회는 이슬람교도를 지옥에서 구해 내는 것을 목표로 삼았고, 우리의 목표는 사우디아라비아를 현대화시키는 것이었다. 사실 십자군 역시 미국 기업 정치를 주도하는 세력들과 마찬가지로 자신들의 제국을 더욱 확장하는 것이 주목적이었을 것이다.

그러나 종교적인 신념과는 무관하게 W 왕자에게는 한 가지 약점이 있었다. 그는 금발 머리카락을 나부끼며 다니는 미인만 보면 정신을 차리지 못했다. 이제는 부적절하게 여겨지는 고정관념을 언급하는 게 우습기는 하지만 W 왕자는 내가 만났던 사우디아라비아 사람 중에서 금발 미녀를 좋아하는 유일한 사람이었다. 혹은 그런 성향을 내게 솔직하게 보여 준 유일한 사람일지도 모르겠다. 그의 이런 성향은 역사적인 거래를 성사시키는 데 중요한 역할을 했고, 내가 임무를 완수하기 위해 무슨 짓까지 할 수 있는지 깨닫는 계기를 만들어 주었다.

18장
왕자, 뚜쟁이, 그리고 오사마 빈라덴

W 왕자는 맨 처음부터 자기가 원하는 바를 분명하게 밝혔다. 나를 만나러 보스턴에 올 때마다 금발 미녀와 즐거운 시간을 보내고 싶다고, 그리고 그 여성이 단순히 사교 모임에 동반하는 것 이상의 역할을 해 주기를 바란다고 말했다. 그러나 왕자는 길거리나 파티장에서 흔히 마주칠 수 있을 듯한 매춘부는 싫어했다. W 왕자와의 만남 자체가 은밀하게 이뤄졌기 때문에 나는 그의 부탁을 들어 주기가 한결 수월했다.

'샐리'는 보스턴에 사는 여성이었다. 나는 왕자가 샐리의 푸른 눈과 금발 머리에 매력을 느끼리라는 것을 알았다. 유나이티드항공 조종사였던 샐리의 남편은 업무뿐 아니라 업무 이외의 일로도 자주 집을 비웠고, 바람을 피우고 있다는 사실을 숨기려는 노력조차 하지 않았다. 샐리도 남편의 그런 행동을 개의치 않는 눈치였다. 남편의 월급과 보스턴의 호화로운 콘도, 그 무렵 조종사의 아내가 누리곤 했던 다양한 혜택을 즐기며 살아갈 뿐이었다. 샐리는 W 왕자와 만나기 전에 한 가지 조건을 걸었다. 왕자가 자신에게 어떤 행동과 태도를 보이는가에 따라 둘의 관계가 결정된다는 조건이었다.

나로서는 다행스럽게도 양측의 조건이 맞아떨어졌다.

사마 프로젝트의 일환으로 W 왕자와 샐리의 만남을 주선했지만 그것만으로도 사실 여러 가지 문제가 생길 소지가 다분했다. 메인은 직원의 범법 행위를 엄격하게 금했다. 내가 샐리와 왕자를 엮어 준 것은 일종의 매춘 알선 행위로 매사추세츠주에서 법적으로 금지된 일이었다. 문제를 해결하기 위해 샐리에게 합법적으로 돈을 지불할 방법을 생각해 내야 했다. 다행히도 메인의 회계 부서는 비용을 재량껏 사용해도 개의치 않았다. 나는 식당에서 밥을 먹고 항상 넉넉한 팁을 내놓는 쪽이었고, 보스턴에 있는 여러 고급 레스토랑 웨이터들에게 팁을 후하게 주고는 백지 영수증을 얻을 수 있었다. 그때만 해도 컴퓨터가 아니라 사람이 직접 영수증에 금액을 적어 넣던 시절이었다.

시간이 흐를수록 왕자는 더욱 대담해졌다. 결국 왕자는 샐리를 사우디아라비아로 불러 자신의 개인 별장에 머무르게 해 달라고 부탁했다. 당시로서 그리 드문 요구는 아니었다. 그 무렵 유럽과 중동의 몇몇 나라에서 젊은 여성을 사고파는 거래가 활발하게 이뤄지고 있었다. 이 여성들은 일정 기간 계약을 맺고 중동으로 갔다가 계약이 끝나면 많은 돈을 받고 고향으로 돌아갔다. 20년 동안 CIA 작전실에서 근무한 사건 담당관이자 중동 전문가인 로버트 베어는 이런 말을 남겼다. "석유 달러가 넘쳐나기 시작한 1970년대 초, 사업 수완이 좋은 레바논 사람들이 사우디아라비아 왕자들을 위해 매춘부들을 몰래 들여왔습니다. …… 사우디 왕가에는 회계를 할 줄 아는 사람이 없었기 때문에 레바논인들이 엄청난 돈을 벌어들였습니다."[1]

나는 이런 상황을 잘 알고 있었고, 누가 이런 계약을 주선하는지도 잘 알고 있었다. 하지만 세 가지 중요한 문제가 있었다. 첫 번째는 샐리, 두 번째는 비용 지불 문제, 세 번째는 내가 불법적이고 도덕적으로 비난받아 마땅한 일을 하고 있다는 사실이었다. 샐리가 보스턴을 떠나 중동에 있는 외딴 별장으로 갈 것 같지는 않았다. 또한 레스토랑에서 백지 영수증을 아무리 많이 얻어 오더라도 필요한 금액을 다 메울 수는 없었다.

왕자는 여자를 데려오기만 하면 비용은 직접 지불하겠다는 말로 돈에 대한 걱정을 덜어 주었다. 한술 더 떠서 그는 사우디아라비아에서 함께 지낼 "샐리"가 미국에서 만났던 그 "샐리"가 아니어도 된다는 말로 나를 한층 안심시켰다. 왕자의 요구 사항을 확인한 후 런던과 암스테르담에 거주하는 레바논 사람들을 아는 몇몇 친구에게 전화를 걸었다. 2~3주 만에 새로운 샐리가 등장해 계약서에 서명했다. 영국과 네덜란드에 있는 사람들을 통해 거래를 성사시킨 덕에 법적인 문제에 관한 우려도 벗어던질 수 있었다. 나는 이 일에 연루된 사람들은 모두 스스로 결정을 내릴 줄 아는 성인이라고 되뇌며 죄책감을 덜어 내려 애썼다. 내가 감히 누구를 판단할 수 있었겠는가? 하지만 나는 인생에서 선택지가 거의 없는 여성들을 착취하는 시스템의 일부가 됐다는 사실 때문에 양심의 가책을 느꼈다.

W 왕자는 복잡한 사람이었다. 샐리는 왕자의 육체적인 욕구를 충족시켜 주었고 그 덕에 나는 왕자의 신뢰를 얻었다. 그렇지만 사마 프로젝트가 사우디아라비아에 도움이 된다고 왕자를 설득하기는 쉽지 않았다. 왕자를 설득하기 위해 각고의 노력을 기울여야만 했다. 몇 시간에 걸쳐 왕자에게 통계 자료를 보여 준 적도 있고, 메인이 그동안 다른

나라에서 진행한 각종 연구 자료를 분석해 왕자의 눈앞에 갖다 놓기도 했다. 인도네시아로 떠나기 전 몇 달 동안 클로딘한테 훈련을 받으며 내가 직접 개발했던 쿠웨이트 관련 계량경제 모델도 왕자에게 보여 주었다. 결국 왕자는 흔들렸다.

메인에서 일하는 다른 경제 저격수들과 사우디 핵심 인사들 사이에서 어떤 일이 일어났는지 나는 자세히 알지 못했다. 내가 아는 사실은 사우디 왕가 전체가 모든 조건을 받아들였다는 것뿐이다. 메인은 미 재무부가 가장 먼저 체결한 수익성 높은 계약 일부를 따냈다. 우리는 낡고 무질서한 사우디아라비아의 전력 공급 시스템을 철저하게 분석해 미국과 비슷한 수준의 새로운 시스템을 설계하라는 지시를 받았다.

항상 그랬듯 사전 조사 팀을 파견해 사우디아라비아 각 지역의 전력 수요량 및 경제 성장률을 예측하는 일이 내게 주어졌다. 국제 프로젝트 진행 경험이 있는 세 명의 부하 직원이 리야드로 떠날 채비를 하고 있을 무렵, 법무 팀에서 사우디아라비아와의 계약 조건을 상기시켜 줬다. 몇 주 내로 모든 것이 완벽하게 갖춰진 사무실을 리야드에 열어서 실질적인 업무에 돌입하는 것이 계약 조건이라고 했다. 메인의 모든 관계자가 한 달이 넘도록 이 조항을 발견하지 못하고 있던 것이었다. 뿐만 아니라, 재무부와 맺은 계약서에는 프로젝트와 관련된 모든 장비가 미국이나 사우디아라비아에서 제조된 것이어야 한다고 명시되어 있었다. 그러나 사우디아라비아에는 그런 물건을 생산할 만한 공장이 없어서 결국 장비들을 미국에서 공수해야 했다. 골치 아프게도 아라비아반도 근처에는 항구로 들어가려는 유조선이 너무도 많았기에, 미국에서 싣고 온 물건들을 사우디아라비아까지 들여가려면 여러 달이 걸릴 것 같았다.

메인은 사무실 집기를 제때 마련하지 못해서 기껏 잡은 소중한 기회를 놓칠 회사가 아니었다. 프로젝트와 관련된 모든 파트너가 모여 몇 시간에 걸쳐 아이디어를 짜냈다. 우리는 보스턴에서 구매한 물품을 보잉 747 전세기에 가득 실어 사우디아라비아로 보내는 방법을 고안했다. 유나이티드항공 소유의 비행기를 전세 내고, 사우디 왕가의 동의를 얻어 내는 데 결정적인 역할을 했던 샐리의 남편이 그 전세기를 조종하게 만들면 적당하겠다고 생각했던 기억이 난다.(물론 나중에는 이 모든 과정에서 내가 했던 비도덕적인 역할을 후회했지만, 당시에는 어떤 식으로든 정당화하기 바빴다.)

미국과 사우디 왕가의 거래 덕분에 사우디아라비아는 말 그대로 하룻밤 새 다시 태어났다. 사우디아라비아는 웨이스트매니지먼트(Waste Management)와 체결한 2억 달러 규모의 계약에 따라 밝은 노란빛으로 칠해진 미국산 쓰레기 처리 차량 200대를 구매했다. 사우디아라비아의 거리에 새롭게 등장한 쓰레기 처리 차량들은 염소를 대신하게 되었다.[2] 마찬가지로 농업, 에너지, 교육, 통신 등 사우디 경제의 모든 분야가 현대화되었다. 2003년에 토머스 리프먼은 다음과 같은 글을 적었다.

> 미국인들은 유목민의 천막과 농부의 움막이 줄지어 늘어선 광활하고 황량한 땅을 새롭게 바꿔 놓았다. 거리 곳곳에 스타벅스가 생겨났고 새로 지어진 공공건물에는 휠체어 전용 경사로가 설치됐다. 이제 사우디아라비아는 고속도로가 국토 곳곳을 가로지르고, 컴퓨터가 널려 있고, 화려한 상점이 들어선 시원한 쇼핑몰이 미국의 부유한 교외 지역을 연상케 하고, 고급 호텔과 패스트푸드 식당, 위성 TV, 최신 설비를 갖춘 병원, 사무용 고층 건물이 즐비하고, 놀이동산에서는 놀이 기구가 빙글빙글 돌아가는 그런 나라가 되었다.[3]

1974년에 우리가 생각해 낸 계획은 이후 산유국과 진행한 협상의 기준이 되었다. 커밋 루스벨트가 이란에서 최초로 선례를 세웠고, 우리는 사우디아라비아에서 진행한 프로젝트로 두 번째 발판을 마련한 셈이었다. 이 프로젝트가 세계 제국 건설에 뛰어든 새로운 부류의 병사들이 사용할 정치·경제 무기를 혁신적일 정도로 정교하게 발전시켰다고 해도 과언이 아니었다.

사마 프로젝트와 합동경제위원회는 국제법 체계와 관련해서도 새로운 선례를 만들었다. 이디 아민 사례를 보면 명확하게 이해할 수 있다. 우간다의 악명 높은 독재자였던 이디 아민은 1979년 조국에서 쫓겨나 사우디아라비아로 망명했다. 그는 10만 명에서 30만 명에 이르는 우간다 국민의 목숨을 앗아간 잔인한 독재자였지만, 망명을 떠난 사우디아라비아에서 왕가가 제공하는 자동차를 타고 하인을 부리며 호화로운 삶을 누렸다. 미국은 조용히 반대했지만 사우디 왕가와의 합의가 깨질지도 모른다는 우려 때문에 이 문제를 더 이상 거론하지 않았다. 아민은 낚시를 즐기고 사우디 해변을 거닐며 평화로운 말년을 보내다가 여든 살이 된 2003년에 홍해 연안에 있는 도시 제다에서 신장 질환으로 사망했다.[4]

사우디아라비아는 국제 테러 조직에 돈을 대는 역할도 맡았는데, 이는 더욱 민감하고 훨씬 치명적인 결과로 이어졌다. 1980년대에 아프가니스탄 전쟁이 일어나자 미국은 오사마 빈라덴이 소련에 대항해 싸울 수 있도록 사우디 왕가가 재정을 지원하기를 바랐다. 사우디 왕가와 미국 정부는 무자헤딘에 약 35억 달러를 제공한 것으로 추정된다.[5] 그러나 미국과 사우디의 개입은 여기서 끝나지 않았다.

2003년 말, 《유에스 뉴스 앤드 월드 리포트》는 "사우디와의 결탁"이라는 제목의 심층 보도 기사를 내놓았다. 잡지는 수천 페이지나 되는 법정 기록뿐 아니라 미국과 해외 정보기관의 보고서, 그 외 각종 문서를 검토했고, 수십 명에 달하는 정부 관료, 테러 전문가, 중동 전문가들과 인터뷰를 진행했다. 그 결과는 다음과 같았다.

증거는 명백했다. 도대체 어떻게 된 영문인지는 알 수 없으나, 미국의 오랜 동맹국이자 세계 최대 산유국인 사우디아라비아는 미 재무부 고위급 관계자의 말처럼 테러 자금 지원의 "근원지"가 되어 버렸다. ……
이란 혁명과 소련의 아프가니스탄 침공이라는 두 가지 충격적인 사건이 일어난 이후, 1980년대 말부터 사우디아라비아에서 생겨난 준공공 자선 단체들은 빠른 속도로 확대되는 자하드 운동의 주요 자금원이 되었다. 사우디아라비아가 내놓은 돈은 20여 개국에서 준군사 시설을 운영하고 무기를 사들이고 신병을 모집하는 데 사용됐다. ……
CIA 관계자들은 사우디아라비아의 엄청난 재력 때문에 미국 측 관계자들이 이런 사실을 알면서도 모르는 척했다고 증언했다. 수십억 달러에 달하는 돈이 계약, 보조금, 월급 등의 형태로 미국 대사, CIA 국장, 장관 등 사우디아라비아와 관련된 일을 하는 온갖 전직 미국 관료들에게로 흘러 들어갔다. ……
또한 도청으로 얻은 정보에 의하면 사우디 왕가가 알카에다뿐 아니라 다른 테러 조직에도 자금을 지원한 것으로 보인다.[6]

2001년 9월 11일, 세계 무역 센터와 펜타곤이 테러 공격을 당한 후 미국 정부와 사우디 왕가의 은밀한 관계를 밝히는 증거들이 속속 드러나기 시작했다. 2003년 10월, 미국의 연예 정보지《배너티 페어》는 "사우디아라비아 구하기"라는 제목의 심층 기사를 통해 이전까지 알려지지 않았던 정보를 공개했다. 나는 부시 일가와 사우디 왕가, 빈라덴 일가의 관계를 폭로한 그 기사를 보고도 전혀 놀라지 않았다. 이들의 유착 관계는 사마 프로젝트가 시작되었던 1974년, 조지 H. W. 부시가 미국 유엔 대사(1971년~1973년) 및 CIA 국장으로 재직했던 기간(1976년~1977년)으로 거슬러 올라간다. 나는 그 사실 자체보다 그 사실이 마침내 폭로되었다는 점이 놀라웠다. 《배너티 페어》는 다음과 같은 결론을 내렸다.

세계에서 가장 영향력 있는 두 가문, 즉 부시 일가와 사우디 왕가는 20년 넘게 사적·사업적·정치적으로 긴밀한 관계를 유지해 왔다. ······

민간 분야를 살펴보면, 조지 W. 부시가 투자한 석유 회사 하켄에너지(Harken Energy)가 난관에 봉착했을 때 구원의 손길을 내민 것이 사우디아라비아였다. 가장 최근의 일을 보면, 조지 H. W. 부시 전 대통령과 그의 오랜 조력자인 제임스 A. 베이커 3세 전 국무부 장관은 세계에서 가장 규모가 큰 개인 자산 회사로 알려진 칼라일그룹(Carlyle Group)의 모금 행사에 나란히 참석했다. 현재 칼라일그룹의 투자자 중에는 테러 지원 단체와 연계됐다는 혐의를 받는 사우디 인사도 있다. 그럼에도 불구하고 부시 전 대통령은 여전히 이 회사의 선임 고문으로 활동하고 있다. ······

9·11 테러 사건이 발생하고 며칠이 지난 후, 빈라덴 일가를 비롯한 부유한 사우디아라비아인들이 전용 비행기를 타고 재빨리 미국을 떠났다. 앞으로도 비행기 이륙을 허가했다고 자백하는 사람은 등장하지 않을 게 뻔하다. 탑승객들은 어떤 문제도 없이 비행기를 타고 미국을 벗어났다. 부시 일가와 사우디 왕가의 오랜 유착 관계 때문에 이런 일이 가능했던 것일까?[7]

4부

1975~1981년

19장

파나마 운하 협상

나는 사우디아라비아에서 많은 경력을 쌓았다. 이미 탄탄대로를 걷고 있었지만 사우디아라비아에서의 성공으로 경력이 더욱 화려해졌다. 1977년이 되자 나만의 작은 제국이 생겨났다. 보스턴에 있는 메인 본사에 근무하는 스무 명 남짓한 전문가 직원들, 메인의 다른 부서와 세계 각지에서 일하는 여러 컨설턴트들이 내가 지어 올린 제국에서 일했다. 나는 100년에 달하는 역사를 지닌 메인의 최연소 파트너로 등극했고, 수석 경제 전문가라는 직함 외에 경제·지역 개발 계획 팀장이라는 직함을 추가로 얻었다. 하버드를 비롯한 여러 단체에서 강의 요청을 받았으며 각종 언론 역시 시사에 관한 글을 기고해 달라고 요청했다.[1] 그 무렵에는 요트도 한 대 구매해 독립 전쟁 직후 북아프리카 해적 떼를 무찌른 것으로 잘 알려져 있으며 '낡은 철갑선(Old Ironsides)'이라고도 불리는 역사적인 함선 옆에 세워 두었다. 거액의 월급을 받았고 메인의 지분을 잘 갖고만 있으면 마흔이 채 되기도 전에 백만장자 대열에 들어설 수 있을 것 같았다. 결혼 생활은 파탄에 이르고 말았지만 여러 대륙에서 많은 여자와 시간을 보냈다.

이런 장점과 부잣집 아이들이 다니는 기숙 학교에서 일하는 교사의 아들로 성장했던 어린 시절에 대한 기억, 이성한테 인기가 없었던 젊은 시절의 기억 등이 더해져 나는 경제 저격수 일에 매료되었다. 내가 그동안 피부색, 성별, 국적 때문에 극소수를 제외한 대다수의 사람이 갖지 못하는 많은 기회를 누려 왔다는 사실을 이제는 잘 안다. 하지만 그때의 나는 지나치게 나 자신에게만 몰두했다. 나와 같은 배경을 지닌 사람들이 과분할 정도의 특혜를 거저 누린다는 사실을 생각조차 하지 못했다. 아주 오랫동안 그런 특권을 너무도 당연하게 여겼다.

나는 머지않아 새로운 기회를 얻었다. 당시 상사였던 브루노는 좀 더 혁신적인 예측 기법을 제안했다. 그 기법이란 바로 19세기에서 20세기로 넘어갈 무렵 러시아의 어느 수학자가 발표한 논문을 바탕으로 만든 계량경제 모델이었다. 이 기법을 채택하면 경제를 구성하는 특정한 분야가 얼마나 성장할지 예측할 때 주관적인 확률을 얼마든지 적용할 수 있었다. 많은 금액의 차관을 얻도록 부추기기 위해 성장률을 부풀릴 때 사용하면 딱 좋을 만한 도구였다. 브루노는 이런 모델을 어떻게 활용할 수 있겠느냐고 물었다.

MIT에서 수학을 공부한 젊은 수학자 나디푸람 프라사드 박사를 고용해 일을 맡겼다. 나디푸람은 연구에 돌입한 지 여섯 달 만에 마르코프의 연구 내용을 계량경제 모델에 적용할 방법을 찾아냈다. 나디푸람과 나는 인프라 투자가 경제 발전에 미치는 영향을 예측하는 획기적인 수단이 마르코프 모델임을 증명하는 세부 보고서를 작성했다.

마르코프 모델이야말로 우리가 원하는 것이었다. 즉 다른 나라에 갚지도 못할 만큼 빚을 떠안기면서 우리가 그 나라에 얼마나 도움이 되는지 과학적으로 '증명해' 보일 도구였다. 뿐만 아니라 마르코프 모델은 너무도 복잡해서 계량경제에 대해 매우 해박한 지식이 있으면서도 돈과 시간이 넘쳐나는 전문가 외에는 그 누구도 그 내용을 제대로 이해하거나 결론에 의문을 제기할 수 없을 게 뻔했다. 권위 있는 여러 기관에서 우리가 작성한 보고서를 공개했고, 우리는 여러 나라에서 열리는 콘퍼런스와 세계 각지의 대학에서 연구 내용을 공식적으로 소개했다. 보고서가 업계에서 점차 유명해지면서 우리도 덩달아 유명세를 얻었다.[2]

그러는 동안에도 나는 오마르 토리호스와 계속 인연을 이어 가며 우리끼리 했던 은밀한 약속을 지켰다. 파나마의 빈곤층에게 도움이 될 만한 정직한 보고서를 작성했다. 상부에서는 평소와 달리 전망을 부풀리지 않는다고 볼멘소리를 했고 사회주의 냄새가 난다고 지적하는 사람도 있었다. 그래도 메인은 토리호스 정부로부터 계속 계약을 따냈다. 파나마 정부와의 계약에는 전례 없는 부분이 있었다. 혁신적인 종합 계획에 전통적인 인프라 외에 농업이 포함되어 있다는 것이 다른 프로젝트와의 차이점이었다. 또한 그 무렵 토리호스와 지미 카터 대통령은 메인이 진행하는 프로젝트와는 별도로 운하 조약 재협상에 돌입했다.

파나마 운하를 둘러싼 재협상에 전 세계의 이목이 집중되었다. 과연 미국이 세계인 대다수가 옳다고 생각하는 대로 파나마에 운하 통제권을 넘겨줄 것인지, 아니면 베트남에서의 대패로 위태로워진 명백한 운명을 세계 무대에서 다시 재현하려 들 것인지 모두가 지켜보았다. 당시 합리적이고 인정 많은 대통령이 적시에 당선되었다고 생각하는 사람들이 많았지만, 워싱턴 정가의 보수 세력과 우파 종교 단체 성직자들은 분노 섞인 반대로 맞섰다. 미국 국방의 보루이자 미국의 독창성을 상징하는 존재이며 남미의 돈이 미국으로 흘러가도록 만드는 길목인 파나마 운하를 미국인들이 어떻게 포기할 수 있겠는가?

1975년, 오마르 토리호스는 천장에 달린 실링팬이 윙윙 돌아가는 고풍스러운 클럽에 영향력 있는 파나마 사람들을 모아 놓고 이렇게 예언했다. "포드는 나약한 대통령입니다. 재선은 안 될 겁니다." 그 자리에 초대받은 몇 안 되는 외국인 중 하나가 나였다. "그게 바로 운하 문제 해결을 서두르려는 이유입니다. 지금이야말로 전면적인 정치적 도전을 통해 운하를 되찾아야 할 때입니다."

토리호스의 연설은 내게 영감을 불어넣었다. 나는 호텔로 돌아와 한 통의 편지를 써 일간지 《보스턴 글로브》에 부쳤다. 보스턴으로 돌아오니 《보스턴 글로브》 편집자가 전화를 걸어와 사설란에 글을 기고해 달라고 요청했다. 위험한 일이라는 것쯤은 잘 알고 있었지만 파나마 운하 문제가 너무도 강렬하게 다가왔다. 그런 행동이 나날이 커지는 경제 저격수의 역할에 대한 좌절감을 다스리는 데 도움이 되었던 듯하다. 게다가 토리호스는 그 행동을 높이 평가할 테고, 결국 메인이 파나마에서 좀 더 많은 일을 따내는 데도 도움이 될 거라고 믿었다.

내가 기고한 "1975년 파나마에는 식민주의가 설 자리가 없다"라는 제목의 글이 1975년 9월 19일 자 《보스턴 글로브》 사설란 맞은편 페이지를 거의 절반이나 차지했다. 나는 글에서 미국이 운하를 파나마에 넘겨줘야 하는 세 가지 이유를 제시했다. 첫 번째, "현 상황은 몹시 부당하며, 부당하다는 것은 어떤 결정을 내리기 위한 바람직한 근거가 된다." 두 번째, "기존의 조약을 유지하는 것보다 파나마에 운하 통제권을 좀 더 넘겨주는 편이 미국의 안보에 훨씬 득이 된다." 이 주장을 뒷받침할 만한 근거로 양대양 운하위원회(Interoceanic Canal Commission)가 실시한 연구 결과를 제시했다. 양대양 운하위원회는 "가툰댐★ 쪽에 누군가가 폭탄을 하나만 설치해도 2년간 파나마로 들어가려는 선박의 통행을 막을 수 있다."라는 결론을 내린 바 있었고 토리호스 역시 공개적으로 이런 우려를 강조해 왔다. 그리고 세 번째 이유는 "현 상황으로 인해 이미 문제가 산적해 있는 미국과 중남미의 관계가 더욱 복잡해진다."라는 것이었다. 나는 다음과 같은 말로 글을 끝맺었다.

> 파나마 운하를 계속해서 효율적으로 운영하기 위한 최고의 방법은 파나마인들에게 운하 통제와 관련된 모든 책임과 권리를 넘겨주는 것이다. 그렇게 함으로써 우리는 200여 년 전에 스스로 다짐했던 민족자결이라는 대의명분을 재차 확인하는 데 대한 자부심을 가질 수 있다. ……
> 1775년에 그랬듯 20세기 초에도 식민주의가 유행했다. 미국이 파나마 운하 조약을 조인한 것은 그 시대의 맥락에서는 이해될 수 있을지도 모른다. 그러나 이제는 이런 주장이 정당화될 수 있는 시대가 아니다. 1975년에는 더 이상 식민주의가 설 자리가 없다. 건국 200주년을 맞은 우리 미국인들은 이 같은 사실을 깨닫고 그에 걸맞게 행동해야 한다.[3]

이 글을 쓰는 데에는 상당한 용기가 필요했다. 특히 시기상 메인의 파트너로 승진한 지 얼마 되지 않은 때였던 터라 더욱 큰 모험일 수밖

★ 파나마 차그레스강을 가로지르는 댐

에 없었다. 메인의 방침상 파트너들은 언론과의 접촉을 피해야 했다. 거기에다, 뉴잉글랜드 지역에서 인지도가 가장 높은 언론인《보스턴 글로브》에 정치적인 의견을 피력하는 글을 기고하는 것은 더더군다나 안 될 일이었다. 사내 우편으로 한 무더기의 편지를 전달받았다. 내가 쓴 기사 위에 욕설이 적힌 쪽지를 붙여 놓은 것들이었다. 발신자는 대개 익명이었는데, 그중 익숙한 글씨체 하나가 눈에 들어왔다. 그 쪽지를 쓴 사람은 찰리 일링워스가 틀림없었다. 내가 처음 참여했던 프로젝트 관리자였던 찰리 일링워스는 5년도 채 되지 않아 파트너로 승진한 나와는 달리 메인에서 근무한 지 10년이 됐지만 여전히 파트너로 승진하지 못하고 있었다. 무섭게 생긴 해골 밑에 뼈를 교차해 경고 표시를 그려 넣은 그의 쪽지에 담긴 내용은 단순했다. "너 같은 빨갱이 자식이 진짜 우리 회사의 파트너인 거냐?"

브루노의 호출을 받고 사무실로 올라갔다. "이 글 때문에 골치깨나 아플 걸세. 메인은 아주 보수적인 조직이지. 하지만 나는 자네가 똑똑한 사람이라고 생각해. 그건 알아 두길 바라네. 토리호스는 무척 만족할 거야. 토리호스한테도 이 글이 실린 신문을 한 부 보내 주게. 잘했어. 뭐, 파나마에서 계속 일이 들어오는 한은 토리호스가 사회주의자라고 생각하는 놈들이나 입방아 찧기 좋아하는 놈들도 군말하지 않을 걸세."

항상 그랬듯 브루노의 말이 옳았다. 1977년이 되어 카터가 백악관에 입성한 후에도 운하 협상이 진지하게 진행됐다. 메인의 주요 경쟁사 중 상당수는 잘못된 노선을 취하는 바람에 파나마 정부로부터 계약을 따내지 못했고 그 덕에 메인의 일이 늘어났다.

하지만 이런 상황을 지켜보며, 토리호스와 마주 앉아 대화를 나누었던 1972년 어느 날과 관련해 또 다른 의문이 생겼다. 당시 나는 토리호스가 외국에서 돈을 빌리면 자신은 부유해지지만, 조국은 빚더미에 올라앉게 된다는 사실을 알고 있다고 믿었다. 뿐만 아니라 토리호스는 이 모든 과정이 권력을 가진 자가 쉽게 부패한다는 가정을 전제로 한다는 사실도 잘 알고 있었다. 개인의 사리사욕을 뒤로 하고 외채를 이용해 국민을 진정으로 돕겠다는 그의 결정이, 미국의 눈에는 시스템 전체를 와해시킬 만한 위협으로 보일 수도 있다는 사실을 그도 잘 알고 있을 것이라고 확신했다. 전 세계가 토리호스를 지켜보고 있었다. 그의 행동은 파나마를 넘어 전 세계에 엄청난 파급 효과를 안길 터였다. 그러니 그의 사소한 행동도 가볍게 넘길 수 없었다.

파나마가 빌린 외채가 갚을 수 없는 돈으로 변질되어 유용되지 않고 가난한 사람들을 돕는 데 쓰인다면 미국의 기업 정치를 지탱하는 사람들이 어떤 반응을 보일지 궁금했다. 곧이어 토리호스가 그날 우리가 했던 거래를 후회하는지 궁금해졌다. 내가 그 거래를 어떻게 생각하는지도 확실치 않았다. 파나마 건을 진행할 때 나는 경제 저격수의 역할에서 한발 물러서 있었다. 스스로 게임을 주도하는 대신 토리호스의 게임에 참여하면서 메인이 더 많은 계약을 따내는 조건으로 토리호스가 원하는 정직한 보고서를 작성했다. 오로지 경제적 가치로만 따진다면 메인에게는 훌륭한 사업 기회였다. 그럼에도 불구하고 클로딘이 내게 가르쳐 준 원칙과는 맞지 않았다. 세계 제국을 넓히는 데 도움이 되지 않았기 때문이다. 자칼이 행동을 개시할 때가 되었던 걸까?

그날 토리호스의 별장을 떠나면서 중남미 역사에는 죽어 나간 영웅이 수두룩하다는 이야기를 나눴던 기억이 떠올랐다. 고위 관계자들을 부패하게 만들어야만 시스템이 작동하는데, 부패한 지도자가 되기를 거부하면 미국이 곱게 봐 줄 리 없었다.
　결국 토리호스는 1977년에 카터 대통령과 성공리에 새로운 협정을 체결해 운하 구역과 운하를 되찾았다. 백악관은 미 의회의 비준을 요청했다. 길고 지루한 싸움이 이어졌다. 결국 마지막에 가서 한 표 차이로 의회의 승인을 얻었다. 보수주의자들은 복수의 칼날을 갈았다.

20장
이란의 왕중왕

1975년부터 1978년 사이에 이란을 자주 방문했다. 중남미와 인도네시아, 혹은 테헤란을 오간 적도 몇 번 있었다. '왕중왕(Shah of Shahs)'이라고 불리는 이란 국왕이 설명하는 이란의 상황은 그동안 우리가 일해왔던 나라들과는 완전히 달랐다.

이란은 사우디아라비아와 마찬가지로 석유가 넘쳐나는 나라였기 때문에 야심 찬 프로젝트들을 실행하기 위해서 외채를 빌릴 필요가 없었다. 그러나 이란은 많은 인구 중 대다수가 중동인이자 이슬람교도이기는 했지만 아랍인은 아니라는 점에서 사우디아라비아와 크게 달랐다. 국민 대부분이 수니파가 아닌 시아파였고, 이란 여성은 베일을 쓰지 않는다는 차이도 있었다. 게다가 이란의 역사는 나라 안팎에서 벌어진 정치적 혼란으로 점철되어 있었다. 따라서 여느 때와 다른 접근 방법이 필요했다. 미국 정부와 재계는 이란 국왕을 진보를 상징하는 존재로 변모시키기로 마음먹었다.

우리는 미국의 정치·경제적 이익을 수호하는 동시에 민주적이고 강인한 면모를 지닌 지도자가 얼마나 많은 것을 이뤄 낼 수 있는지 세상에 널리 알릴 계획을 세웠다. '왕중왕'이라는 칭호 자체가 이미 비민주적이라는 딜레마는 전혀 문제 되지 않았다. CIA가 당시 국왕을 왕좌에 앉히기 위해 민주적으로 선출된 총리를 몰아내고 쿠데타를 일으켰다는 사실 역시 문제가 되지 않았다. 미국과 유럽 동맹국들은 강한 반미 기류가 나타나고 있는 한국, 중국, 리비아, 이라크 같은 나라에 이란이 어떻게 변해 가는지 보여 주기로 했다.

이란 국왕은 겉으로는 소외 계층을 지지하는 진보주의자처럼 보였다. 1963년, 이란 국왕은 '백색 혁명'★이라고 불리는 광범위한 사회·경제 개혁을 단행했다. 그와 동시에 이란은 중동에 있는 이슬람 국가 중 가장 강력한 군사력을 보유한 나라 중 하나가 되었다.[1]

메인은 북쪽에 있는 카스피해 연안 관광지부터 남쪽 호르무즈 해협 주위 군사 기밀 시설에 이르기까지 이란 전역에서 진행되는 많은 프로젝트를 담당하고 있었다. 우리가 맡은 핵심 업무는 메인과 다른 미국 기업들이 큰돈을 벌게 만드는 동시에 군사·산업·상업 측면에서의 성장에 박차를 가할 전력 공급 시스템을 설계하는 것이었다.

이란은 마치 기독교와 이슬람교의 협력을 상징하는 훌륭한 표본처럼 보였다. 하지만 머지않아 고요한 겉모습 이면에 깊은 분노가 감춰져 있을지도 모른다는 것을 깨닫게 되었다.

1977년 어느 날 밤, 호텔방으로 돌아와 보니 방문 아래에 쪽지가 한 장 끼워져 있었다. 쪽지에 적힌 야민이라는 이름을 보고 깜짝 놀랐다.

★ 토지 분배, 여성 참정권 확대, 문맹 퇴치 등을 포함한 근대화 개혁 운동

야민을 직접 만난 적은 없었지만, 정부 간담회에서 그가 체제 전복을 꿈꾸는 급진주의자라는 이야기를 들은 적이 있었다. 쪽지에는 어떤 레스토랑으로 야민을 만나러 오라는 제안이 적혀 있었다. 그러나 경고도 함께 들어 있었다. 나 같은 '지위'에 있는 사람들은 결코 알지 못할 이란의 또 다른 면을 보겠다는 각오가 되어 있을 때만 찾아오라는 경고였다.

높은 담벼락에 붙어 있는 작은 문 앞에 택시가 멈춰 섰다. 담이 너무 높아서 그 너머에 어떤 건물이 있는지 보이지도 않을 지경이었다. 한 이란인을 따라 안으로 들어가니 낮은 천장에 화려한 석유램프가 매달린 복도가 나타났다. 벽은 온통 보석류와 자개로 장식되어 있었다. 정교한 조각이 새겨진 청동 샹들리에에 꽂힌 키 큰 하얀 양초의 불빛이 레스토랑을 훤히 밝히고 있었다.

머리를 길게 기른 짙은 남색 정장 차림의 키 큰 남자가 다가와 악수를 청했다. 남자는 자신을 야민이라고 소개했다. 억양으로 보아 영국식 학교에서 공부한 듯했다. 겉으로는 전혀 과격한 급진주의자처럼 보이지 않았다. 나는 커플들이 둘씩 앉아 조용히 식사하는 테이블을 몇 개 지나 매우 조용한 공간으로 안내되었다. 그는 우리가 나누는 대화는 완벽하게 비밀에 부쳐질 거라고 나를 안심시켰다. 은밀한 만남을 위해 만들어진 장소임이 분명했다. 아마도 그날 밤 그 식당에서 은밀한 만남을 가진 사람 중 연인이 아닌 이는 우리 둘뿐이었을 것이다.

대화를 나누다 보니 야민은 나를 그저 경제 컨설턴트로 여길 뿐 또 다른 목적이 있다는 사실을 전혀 눈치채지 못한다는 생각이 들었다. 내가 평화봉사단에서 일한 적이 있고 이란을 이해하고 사람들과 어울리기 위해 노력한다는 이야기를 들었다며, 그게 나를 택한 이유라고 설명했다.

"당신은 비슷한 일을 하는 사람들에 비해 참 젊군요. 이란의 역사와 현 상황에 진심 어린 관심을 보이시니 참 좋습니다. 당신 같은 사람이야말로 우리의 희망입니다."

야민은 내게 '푸른 사막 프로젝트'를 알고 있는지 물었다.[2] "국왕은 이란에 있는 사막도 한때는 비옥한 평야와 울창한 숲이었다고 믿고 있습니다. 진짜 그렇게 믿는지는 모르지만 어쨌든 그렇게 주장합니다. 이 이론에 의하면, 알렉산더 대왕 시절 엄청난 숫자의 군대가 수백만 마리의 염소와 양을 끌고 이 땅을 휩쓸고 간 겁니다. 그때 염소와 양이 풀이란 풀은 모조리 뜯어 먹어 버린 거죠. 풀이 사라져 버리자 가뭄이 찾아왔고 결국 이 지역 전체가 사막으로 변한 겁니다. 그래서 왕은 우리가 수백만 그루의 나무를 심어야 한다고 이야기합니다. 나무를 심으면 다시 비가 내릴 거고 사막에 다시 꽃이 피겠죠." 야민은 거들먹거리듯 미소를 지었다. "당신네 같은 회사들이 엄청난 이득을 보게 될 테고요."

"당신은 그 말을 믿지 않는 것 같은데요."

"사막은 그저 상징일 뿐입니다. 사막을 숲으로 바꾸는 건 땅을 갈아 농사를 짓는 것보다 훨씬 힘든 일입니다."

웨이터 여럿이 아름답게 장식된 이란 요리가 담긴 접시들을 우리 앞에 내려놓았다.

"퍼킨스 씨, 좀 건방지게 들릴지도 모르지만 한 가지 여쭤볼 게 있습니다. 도대체 무엇이 북미 원주민의 문화를 파괴한 걸까요?"

나는 탐욕과 더 뛰어난 무기 등 다양한 원인이 있을 거라고 답했다.

"그래요. 맞습니다. 그러나 무엇보다도 환경 파괴가 가장 큰 이유 아닐까요?" 야민은 버팔로를 비롯한 갖은 동물과 숲이 사라지고 원주민들이 보호 구역으로 옮겨 간 후 그들 문화의 근간이 어떻게 무너졌는지 설명했다.

야민이 말을 이어 나갔다. "여기도 마찬가지입니다. 푸른 사막 프로젝트는 다름 아니라 우리의 삶 자체를 위협하는 겁니다. 어떻게 그렇게 되도록 내버려 두겠습니까?"

나는 야민에게 이 프로젝트가 이란 국민의 염원에서 시작된 게 아니냐고 반문했다. 그는 냉소적인 웃음을 띤 채 그 계획을 국왕의 머리에 집어넣은 것이 바로 미국 정부이며 이란 국왕은 미국의 꼭두각시일 뿐이라고 이야기했다.

"진정한 이란 사람이라면 그런 일이 일어나도록 그냥 두고 보지 않을 겁니다." 그런 다음, 야민은 자신이 속한 베두인족과 사막의 관계에 대해 길게 설명했다. 야민은 도시에서 생활하는 이란 사람 중 상당수가 사막에서 휴가를 보낸다고 강조했다. 가족 전체가 함께 들어갈 정도로 커다란 천막이 이란 사람들의 휴식처가 되었다.

"우리 이란 사람들과 사막은 떼려야 뗄 수 없는 관계입니다. 국왕이 마음대로 지배하려고 하는 이란 국민들은 단순히 *사막의 일부*가 아닙니다. 우리가 곧 *사막 그 자체*입니다."

야민은 사막에서 어떤 경험을 했는지 들려주었고, 대화를 끝낸 다음 밖에서 기다리고 있는 택시까지 데려다줬다. 그는 다시 한번 나의 젊음과 열린 태도를 언급한 다음 내가 그런 위치에 있다는 사실이 얼마나 큰 희망인지 모른다고 했다.

"당신 같은 사람과 얘기를 나눌 수 있어서 무척 기뻤습니다." 야민은 계속해서 내 손을 붙들고 있었다. "하나 더 부탁해도 될까요? 그냥 가볍게 드리는 말씀은 아닙니다. 오늘 저녁 시간을 함께 보내고 나니 당신에게도 의미 있는 일이 될 거라는 생각이 들어서 부탁드리는 겁니다. 당신도 많은 걸 얻을 수 있을 겁니다. 제 절친한 친구를 소개해 드리고 싶습니다. 이란 국왕에 대해 잘 알고 있는 사람이지요. 그 사람을 만나고 나면 충격을 받으실 수도 있겠지만 시간을 내서 만나 볼 가치가 있을 겁니다."

21장

고문당한 남자의 고백

며칠 후, 야민은 나를 태우고 테헤란을 벗어났다. 우리가 탄 차는 지저분하고 가난한 변두리를 지나 오래 전에 만들어진 낙타가 다니는 길을 따라 달렸다. 도시 너머로 태양이 내려앉기 시작할 무렵 사막이 끝나는 곳에 도착했다. 야민이 차를 세운 곳에는 흙으로 지어진 허름한 집들 주위로 야자수가 늘어서 있었다.

"아주 오래된 오아시스죠." 야민이 설명하며 낡은 오두막으로 나를 안내했다.

"안에 있는 분은 미국 명문대에서 박사 학위를 받았습니다. 금방 이유를 알게 되겠지만 이름은 밝힐 수 없기 때문에 그냥 박사라고 부르시면 됩니다."

야민이 나무로 만들어진 문을 두드리자 코 막힌 듯 답답한 목소리로 누군가 대답했다. 야민이 문을 열고 안으로 안내했다. 집 안으로 들어가니 창문이 없는 작은 방이 나타났다. 조명이라고는 한쪽 구석에 있는 낮은 탁자 위의 석유램프가 전부였다. 한 남자의 희미한 윤곽이 눈에 들어왔다. 남자는 램프 앞쪽에 앉아 있어서 모습이 뚜렷하게 보이지 않았다. 식별할 수 있는 거라고는 그가 담요로 몸을 둘러싸고 머리에 무언가를 쓰고 있다는 것뿐이었다. 남자는 휠체어에 앉아 있었다. 그 방에는 램프가 놓여 있는 작은 테이블과 휠체어 외에 달리 가구라고 할 만한 것이 없었다. 야민은 바닥에 깔린 카펫 위에 앉으라고 내게 손짓을 하고는 자리에서 일어나 남자를 끌어안고 그의 귀에 대고 몇 마디를 속삭였다. 그러고는 다시 내 옆에 자리를 잡고 앉았다.

"선생님, 전에 말씀드린 퍼킨스 씨입니다. 이렇게 찾아뵙게 되어 영광입니다."

"퍼킨스 씨. 환영합니다." 특별한 억양이 없는, 낮고 쉰 듯한 목소리였다. "당신은 지금 망가진 사람의 모습을 보고 있습니다. 항상 이런 모습이었던 건 아닙니다. 한때는 당신처럼 건강했지요. 이란 국왕의 측근이자 신뢰받는 조언자였습니다." 남자가 말을 이어 가는 동안 나도 모르게 몸을 앞으로 기울였다. 남자는 한참 동안 말을 멈췄다가 다시 입을 열었다. "왕중왕이라." 분노보다는 슬픔이 묻어나는 목소리 같았다.

"난 세계의 수많은 지도자들과 개인적인 친분이 있습니다. 아이젠하워, 닉슨, 드골과도 아는 사이지요. 그들은 이란을 자본주의 국가로 발전시키는 데 제가 중요한 역할을 할 거라고 믿었습니다. 이란의 국왕도 날 신뢰했고 나 또한 국왕을 신뢰했습니다. 나는 이란이 이슬람 세계를 새로운 전성기로 이끌 거라고 확신했습니다."

휠체어가 조금 움직였다. 남자의 얼굴이 서서히 보이기 시작했다. 그의 덥수룩한 수염을 보다가 납작한 얼굴에 눈길이 멈췄다. 남자의 얼굴에는 코가 없었다. 온몸이 오싹해지면서 숨이 막혔다.

"보기 좋은 모습은 아니죠, 퍼킨스 씨? 환한 곳에서 이 얼굴을 제대로 보여 주지 못해서 유감이군요. 제대로 보면 정말 기괴하답니다. 그러나 아시다시피 저는 이름을 밝힐 수 없습니다. 물론 마음만 먹으면 내가 누군지 알아낼 수 있겠지요. 아마 나는 이미 죽은 사람으로 기록되어 있을 겁니다. 공식적으로는 더 이상 존재하지 않는 사람이거든요. 하지만 당신이 그런 어리석은 짓은 하지 않을 거라고 생각합니다. 당신도, 당신 가족도 모르는 편이 낫습니다. 이란 국왕과 비밀경찰 사바크는 아주 멀리까지 손을 뻗칩니다."

휠체어가 원래 있던 자리로 되돌아갔다. 그 얼굴을 보지 않으면 폭력의 흔적이 사라지기라도 하는 것처럼 안도감이 밀려왔다. 그때만 해도 나는 이슬람 문화권에서 오랫동안 용인됐던 이런 관습에 대해 아는 바가 없었다. 이슬람 국가에서는 사회나 지도자의 명예를 실추시키면 벌로 코를 베어 버리는 관습이 있었다. 남자의 얼굴을 통해서 분명히 알 수 있듯 평생 죄인이라는 낙인을 달고 살아야만 하는 것이다.[1]

"퍼킨스 씨, 우리가 왜 당신을 이곳으로 데려왔는지 궁금하죠?" 휠체어에 앉은 남자는 대답할 겨를도 없이 말을 이어 나갔다. "스스로 왕중왕이라고 부르는 이란의 국왕은 정말 악마 같은 사람입니다. 국왕의 아버지는 CIA가 몰아냈습니다. 인정하고 싶지 않지만 저도 그 공작에 참여했지요. 당시 전 국왕이 나치 협력자라는 말이 돌았기 때문입니다. 그런 다음 모사데크가 등장했다 사라졌습니다. 이란의 현 국왕은 히틀러를 능가할 정도로 악마적인 짓을 벌이고 있어요. 당신네 미국 정부는 이 모든 사실을 알고 있을 뿐 아니라 국왕을 돕고 있습니다."

"어떻게 그럴 수 있죠?"

"아주 간단합니다. 중동에 있는 나라 중 미국의 진정한 동맹국이라 할 만한 나라는 이란뿐입니다. 서방 산업 세계는 중동의 석유를 중심으로 돌아갑니다. 물론 이스라엘도 있죠. 하지만 이스라엘은 따지고 보면 미국에 도움이 되기보다 오히려 해가 될 뿐더러 석유도 없죠. 미국 정치인들은 유대인의 표를 필요로 하고 선거 유세를 할 때도 유대인의 돈을 끌어다 씁니다. 그렇기 때문에 미국이 이스라엘을 버리지 못하는 겁니다. 저는 두렵습니다. 하지만 미국한테 진짜 중요한 나라는 이란이거든요. 당신네 석유 회사들은 우리를 필요로 해요. 그래서 미국한테 이란 국왕이 필요합니다. 아니면 그렇다고 믿는 건지도 모르고요. 어쨌든 당신네 나라가 월남의 부패한 지도자들을 필요로 했던 것과 같은 겁니다."

"이란이 베트남과 비슷한가요?"[2]

"훨씬 더 심각합니다. 국왕은 그리 오래 버티지 못할 겁니다. 이슬람 세계 전체가 이란 국왕을 싫어합니다. 아랍인들뿐 아니라 인도네시아와 미국을 비롯한 전 세계의 모든 이슬람교도, 심지어 이란 사람들까지도 국왕을 싫어합니다." 둔탁한 소리가 들려왔다. 휠체어에 앉아 있던 남자가 의자 한쪽을 내리치는 소리였다. "국왕은 악마입니다. 우리 이란 사람들 모두 국왕을 싫어해요." 다시 침묵이 흘렀다. 분노를 표출하고 나니 힘이 빠지는지 힘겨운 숨소리만 들려왔다.

야민이 낮고 조용한 목소리로 내게 말했다. "박사는 율법학자들과 매우 친합니다. 이란의 종교계 내에서 거대한 움직임이 일어나고 있습니다. 국왕이 추구하는 자본주의 덕에 엄청난 이익을 벌어들이는 소수의 재계 인사들을 제외한 거의 모든 국민들 사이에서 이 같은 움직임이 확산되고 있습니다."

"야민 씨, 물론 당신이 하는 말을 의심하는 건 아닙니다. 하지만 지금까지 이란을 네 번이나 방문했지만 그런 낌새는 느끼지 못했습니다. 제가 만나 본 사람들은 한결같이 국왕을 사랑하고 그의 경제 정책을 높이 평가하는 것처럼 보였습니다."

"퍼킨스 씨는 페르시아어를 못 하잖아요. 지금까지 당신이 만났던 사람들은 모두 국왕의 정책을 통해 가장 큰 이익을 얻은 사람들입니다. 영국이나 미국에서 교육을 받은 사람들은 결국 국왕을 위해서 일합니다. 여기 박사님은 이제 예외죠."

야민이 잠깐 말을 멈췄다. 다음 말을 고르는 눈치였다. "미국 언론도 마찬가지입니다. 모두 국왕의 친척이나 국왕과 가까운 사람들의 이야기만 듣습니다. 물론 미국 언론들은 대개 석유 자본으로부터 영향을 많이 받습니다. 그래서 듣고 싶은 것만 듣고 광고주들이 읽고 싶어 할 만한 기삿거리만 쓰죠."

"퍼킨스 씨, 우리가 왜 당신한테 이런 이야기를 하는 것 같나요?" 박사는 아까보다 더 쉰 목소리를 냈다. "당신이 이곳에서 나간 다음 당신네 회사가 이 나라에서 손을 떼도록 설득하기를 바라기 때문입니다. 이 나라에서 엄청난 돈을 벌어들일 수 있을 것처럼 보이겠지만 그게 모두 환상이라고 경고하고 싶습니다. 현 정부는 오래 가지 못할 겁니다. 현 정부가 무너지고 새 정부가 들어서면 당신이나 당신네 회사 따위는 가차 없이 버려질 겁니다."

"돈을 받지 못할 거라는 말씀입니까?"

박사는 발작하듯 기침을 했다. 기침이 끝나자 야민한테 페르시아어로 몇 마디 말을 했다.

"이제 이야기를 끝내야 할 것 같습니다. 질문에 답하자면, 맞습니다.

돈을 못 받을 겁니다. 열심히 일하더라도 돈을 받을 때가 되면 국왕이 사라지고 없을 테니까요."

돌아오는 차 안에서 나는 야민에게 그와 박사가 머지않아 이란에 폭풍이 닥칠 거라고 예상하면서도 메인을 구해 주려는 이유가 무엇인지 물었다.

"물론 당신네 회사가 망하는 걸 보면 좋겠지요. 하지만 그보다는 당신네 회사가 이란을 떠나는 게 저희로서 더 좋습니다. 메인 같은 회사가 이 나라를 떠나기 시작하면 다른 회사들도 비슷한 길을 걷게 될 테니까요. 그걸 바라는 겁니다. 이곳이 피바다가 되기를 바라지는 않습니다. 하지만 국왕은 물러나야하고, 그를 좀 더 쉽게 몰아내는 데 도움이 되는 일이라면 뭐든지 할 겁니다. 그래서 우리는 아직 시간이 있을 때 당신이 상사인 잠보티 씨를 설득해서 이 나라에서 철수하기를 알라께 기도합니다."

22장
왕중왕의 몰락

    1978년 어느 저녁, 테헤란에 있는 인터콘티넨털 호텔 로비의 고급스러운 바에 앉아서 시간을 보내고 있는데 누군가 다가와 어깨를 두드렸다. 고개를 돌리니 정장을 입은 건장한 이란 남자가 서 있었다.
    "존 퍼킨스! 나 기억해?"
    미들베리대학을 같이 다녔던 파라드였다. 축구 선수 생활을 했던 파라드는 예전보다 체중이 많이 늘어 보였지만 목소리는 그대로였다. 10여 년 만의 만남이었다. 우리는 서로 포옹한 후 자리에 앉았다. 내가 어떤 일을 하는지 파라드가 훤히 알고 있다는 사실이 금세 분명해졌다. 동시에 자신이 어떤 일을 하는지는 그다지 알려 주고 싶어 하지 않는 것도 분명히 느껴졌다. 파라드는 무언가 '위험한' 일이 벌어지려 하고 있으며 내가 이란을 떠나도록 만드는 게 자신의 임무라고 이야기했다. 그 이야기를 듣고 파라드가 CIA나 다른 미국 기관에서 일한다는 사실을 눈치챘다.

"단도직입적으로 이야기할게." 파라드가 입을 열었다. "나는 내일 비행기를 타고 로마로 갈 거야. 부모님이 거기 계시거든. 네 탑승권도 준비해 뒀어." 그는 내게 비행기 탑승권을 건넸다. 나는 파라드의 말을 전혀 의심하지 않았다. 완수해야 할 임무가 있기는 했지만 그러기 위해서는 먼저 골치 아픈 상황에서 벗어나야 했다. 물론 살아서 벗어나는 것이 중요했다.

로마에 도착한 우리는 파라드의 부모님과 식사를 했다. 이란의 퇴역 장군인 파라드의 아버지는 암살자가 쏜 것으로 추정되는 총탄이 날아들자 국왕의 목숨을 구하기 위해 자기 몸을 던진 적이 있는 사람이었다. 그랬던 그가 국왕을 향한 환멸감을 드러내 보였다. 파라드의 아버지는 이란 국왕이 지난 몇 년 동안 본성과 오만함, 탐욕을 있는 그대로 드러냈다며, 중동에서 증오가 퍼진 것은 모두 미국의 정책 탓이라고 했다. 특히 이스라엘과 부패한 지도자, 독재 정권을 지지하는 미국의 정책이 문제를 초래했다고 목소리를 높였다. 그는 국왕이 몇 달 내로 물러나게 될 거라고 장담했다.

"알잖소. 1950년대에 미국이 모사데크를 몰아내면서 이 폭동의 씨앗을 뿌린 거요. 당시 미국은 매우 훌륭하게 일을 처리했다고 믿었겠죠. 그러나 이제 그 모든 것이 결국 미국에, 그리고 우리 모두에게로 되돌아오고 있소."[1]

그의 말을 듣고 나는 아연실색했다. 야민과 박사 역시 비슷한 이야기를 하긴 했지만 파라드의 아버지로부터 그런 이야기를 들으니 이전과는 비교할 수 없을 정도의 충격에 사로잡혔다. 그 무렵 이슬람 근본주의 세력이 생겨나고 있다는 건 누구나 알고 있는 사실이었다. 그러나 국왕이 이란 국민으로부터 미움을 받고 있을 뿐 아니라 정치적인 위기에 처했다는 사실은 전혀 알려진 바 없었다. 그러나 장군은 단호하게 말을 이어 갔다.

"내 말을 기억해야 해요. 국왕의 몰락은 시작에 불과하오. 이슬람 세계가 어떻게 움직일지 알려 주는 서막에 불과하단 말입니다. 이란 사람들의 분노가 너무 오랫동안 사막에 묻혀 있었소. 이제 곧 폭발할 거요." 파라드의 아버지가 침통하게 말했다.

저녁 식사를 하면서 아야톨라 루홀라 호메이니에 관한 이야기를 많이 들었다. 파라드와 그의 아버지는 광적으로 시아파 교리를 따르는 호메이니식 접근 방법을 지지하지 않는다는 사실을 명확하게 밝히면서도 호메이니가 그동안 국왕에 대항해 온 과정은 높이 평가했다. 호메이니는 1902년에 테헤란 근처에 있는 한 마을의 독실한 시아파 가정에서 태어났으며 그의 이름에는 '신의 영감'이라는 뜻이 담겨 있다고 했다.

호메이니는 1950년대 초까지만 하더라도 국왕과 모사데크의 권력 다툼에 개입하지 않겠다는 뜻을 밝혔다. 그러나 1960년대가 되자 적극적인 방법으로 국왕에게 저항하기 시작했다. 국왕을 신랄하게 비난했다는 이유로 튀르키예로 추방당한 호메이니는 다시 이라크에 있는 시아파 본거지인 나자프로 가서 국왕에게 저항하는 세력을 이끌었다. 그는 이란 국민들에게 분연히 떨치고 일어서서 국왕을 몰아내고 종교 국가를 건설하자는 내용을 담은 편지를 보내고, 기사를 기고하고, 테이프에 녹음한 메시지를 퍼뜨렸다.

파라드의 가족과 식사한 지 이틀 후, 이란에서 폭파 사건과 폭동이 일어났다는 비보를 접했다. 호메이니와 다른 율법학자들은 공세를 취하며 주도권을 잡았다. 상황이 급변했다. 파라드의 아버지가 설명했던 분노가 마침내 폭력적인 이슬람 봉기의 형태로 폭발해 버렸다. 이란 국왕은 1979년 1월에 고국을 버리고 이집트로 달아났다가, 암 선고를 받은 후 뉴욕에 있는 병원으로 날아갔다.

호메이니의 추종자들은 국왕의 본국 송환을 요구했다. 1979년 11월, 과격 이슬람 폭동 세력이 테헤란의 미 대사관을 점령해 이후 444일 동안 미국인 52명을 인질로 삼았다.[2] 카터 대통령은 인질 석방을 위해 협상을 시도했다. 협상에 실패하자 카터 대통령은 1980년 4월에 군대를 동원해 구출 작전을 벌였다. 그러나 그 작전은 엄청난 재앙으로 이어져, 결국 재선을 향한 카터의 꿈은 산산이 조각나고 말았다.

암 투병 중이던 이란 국왕은 정재계의 엄청난 압력 탓에 미국 밖으로 추방되었다. 이란 국왕은 테헤란으로부터 도망친 이후 줄곧 쉴 곳을 찾지 못해 전전긍긍했다. 한때는 가까이 지냈던 모든 이들이 그를 거부했다. 그러나 토리호스 장군은 개인적으로 국왕의 정치 방식을 싫어했음에도 의례적인 온정을 표하며 파나마에서 머무를 것을 제안했다. 국왕은 토리호스의 제안을 받아들여 파나마 운하 조약 재협상이 이뤄진 바로 그 휴양지에서 머물렀다.

이란의 율법학자들은 국왕을 이란으로 돌려보내면 미국 대사관의 인질을 석방하겠다고 주장했다. 운하 협정에 반대했던 미국 정치인들은 토리호스가 부패했으며 이란 국왕과 결탁했을 뿐 아니라 미국인의 안전을 위험 속으로 몰아넣고 있다고 비난하기 시작했다. 또한 이들은 호메이니한테 국왕을 넘겨줄 것을 요구했다. 아이러니하게도, 몇 주 전만 하더라도 이들은 대부분 이란 국왕의 가장 든든한 후원자들이었다. 위풍당당했던 왕중왕은 결국 이집트로 돌아가 암으로 사망했다.

익명의 박사가 예언했던 일이 모두 현실이 되고 말았다. 메인은 이란에서 수백만 달러의 손해를 보았다. 경쟁사들도 마찬가지였다. 카터는 재선에 실패했다. 대신 레이건과 그의 러닝메이트 부시가 인질을 구출하고 율법학자들을 타도해 이란에 민주주의를 세우고 파나마 상황을 바로잡겠다는 약속을 앞세워 백악관에 입성했다.

  나는 반박할 수 없는 교훈을 얻었다. 이란 사건을 통해 미국이 세계 무대에서 어떤 역할을 하고 있는지, 또 그 진실을 부정하기 위해 얼마나 애쓰고 있는지 여실히 드러났다. 비단 국왕뿐 아니라 나날이 커지는 국왕에 대한 증오심에 대해서도 어떻게 그토록 엉뚱한 판단을 할 수 있는 건지 이해하기 힘들었다. 그 나라에 사무실을 세우고 인력을 파견한 메인에서 일하는 우리조차 진실을 전혀 알지 못했다. 내가 토리호스를 처음 만났던 1972년, 토리호스는 상황이 어떻게 진행되고 있는지 잘 알았다. NSA와 CIA도 그랬을 거라는 생각이 들었다. 다만 미국의 정보기관들은 의도적으로 우리 모두가 진실을 외면하게 만들었다.

23장

콜롬비아: 남미의 쐐기돌

　사우디아라비아와 이란, 그리고 파나마는 모두 힘든 과제였다. 게다가 세 나라에 모두 예외적인 방식을 적용해야 했다. 세 나라가 예외가 된 건 사우디아라비아와 이란에는 엄청난 양의 석유가, 파나마에는 운하가 있었던 탓이다. 반면 콜롬비아에는 그동안 메인이 사용해 오던 전형적인 방법을 적용할 수 있었다. 콜롬비아에서 거대한 수력 발전 프로젝트를 설계하고 공사를 지휘하는 역할은 모두 메인에게 돌아왔다.

　콜롬비아의 어느 대학 교수는 시어도어 루스벨트가 콜롬비아를 "아치 모양으로 생긴 남미의 쐐기돌"로 묘사한 적이 있다는 이야기를 들려주었다. 지도를 보면 콜롬비아가 남미 최북단에서 남미 대륙을 지탱하는 역할을 하는 것처럼 보인다. 미국은 거의 200년 동안 콜롬비아를 남반구에 진출하기 위한 정치·경제적 관문으로 여겨왔다.

　콜롬비아는 천혜의 아름다움을 지닌 나라다. 야자수가 늘어선 해변이 즐비하고 아름다운 산과 북미 대륙 중서부의 대평원에 견줄 만한 초원이 펼쳐져 있으며, 광활한 우림 지역에는 다양한 생물들이 서식한다. 콜롬비아는 남미의 역사와 문화에서 중요한 역할을 해 왔다. 식민지 시절 페루 북쪽에서 코스타리카 남쪽에 이르는 영토를 지배했던 총독도 콜롬비아에 머물렀다. 갈레온 함대는 해안 도시 카르타헤나에서 스페인으로 황금을 실어 날랐다. 남미에서 벌어진 독립 전쟁에서 결정적인 역할을 한 전투들 역시 콜롬비아에서 시작됐다.

현대로 접어든 후, 콜롬비아는 비교적 민주적인 정부가 책임감 있게 재정을 운영하는 나라로 평가받았을 뿐 아니라 중남미에서 가장 뛰어난 작가와 화가, 철학자 등을 배출한 나라로 알려졌다. 또한 막강한 힘을 지닌 브라질이나 아르헨티나 같은 나라들과 달리 콜롬비아는 마약 범죄의 온상이기는 해도 신뢰할 만한 미국의 동맹으로 남았다.[1]

그러나 영광스러운 콜롬비아의 역사에는 그에 못지않은 증오와 폭력의 흔적도 있다. 콜롬비아에 머물렀던 에스파냐 총독의 자리는 심판관의 자리이기도 했다. 원주민과 흑인 노예들은 웅장한 요새와 거대한 농장, 도시를 건설하는 데 동원되었다. 정복자들이 휘두른 칼과 그들이 옮긴 질병 때문에 토착 문화는 파괴되었다. 좀 더 최근의 일을 살펴보면, 혁명가, 마약 밀매업자, 환경 운동 및 토착 문화 수호 운동에 반대하는 준군사 조직, 심각한 양극화로 인해 많은 사람이 고통받거나 목숨을 잃고 있다.

이런 문제에도 불구하고 미국의 정재계는 콜롬비아가 미국 경제에 있어 매우 중요하다고 생각한다. 커피, 바나나, 직물, 에메랄드, 꽃, 석유, 코카인 등 미국이 필요로 하는 제품을 생산하는 나라이자 미국의 제품과 서비스를 판매할 시장이기 때문이다.

20세기 말에 미국이 콜롬비아에 팔았던 가장 중요한 서비스 중 하나가 토목이나 건축과 관련된 전문 지식이었다. 콜롬비아는 그동안 내가 일했던 여러 장소 중에서도 특히 전형적인 모습을 하고 있었다. 따라서 엄청난 금액의 차관을 얻은 다음, 여러 프로젝트를 진행하고 천연 자원을 판매해서 번 돈으로 그 빚을 갚아 나갈 방법을 제안하는 일이 상대적으로 수월했다. 더불어 송전망, 고속도로, 통신망에 많은 돈을 투자하면 가스와 석유를 캐내고 여전히 미개발 상태인 아마존을 개발해 빚과 이자를 갚는 데 필요한 돈을 충분히 마련할 수 있을 터였다.

이런 논리는 말 그대로 이론일 뿐이었다. 사실 우리가 원한 건 다른 나라에서와 마찬가지로 보고타를 정복해 세계 제국을 확장해 나가는 것이었다. 언제나 그랬듯 내가 맡은 일은 막대한 규모의 차관을 정당화할 근거를 만들어 내는 것이었다.

내가 하는 일에 대한 죄책감이 몰려올 때도 있었지만 콜롬비아는 내게 안식처 같은 곳이었다. 1970년대 초에 앤과 함께 콜롬비아에 몇 달을 머물며 카리브해안 산악 지대에 있는 작은 커피 농장을 사려고 계약금을 치른 적도 있었다. 그러나 내가 일찍이 앤한테 주었던 상처가 너무도 깊었다. 우리 사이는 점점 멀어졌고 콜롬비아를 제대로 알아가는 동안 우리 결혼 생활은 끝장나고 말았다.

나는 바랑키야라는 해안 도시에서 사무실을 열었고, 1977년에 내 삶을 바꿔 놓은 콜롬비아 여인에게 순식간에 매료되었다.

파울라는 긴 금발에 아름답게 반짝이는 녹색 눈동자를 가진 정치 활동가였다. 전형적인 콜롬비아 사람의 외모는 아니었다. 파울라의 부모님은 이탈리아 북부 지방에서 콜롬비아로 이주한 이민자였고 파울라는 물려받은 유산을 잘 살려 패션 디자이너로 일했다. 그러나 파울라는 디자인을 하는 데 그치지 않고 작은 공장을 지어 직접 디자인한 옷을 콜롬비아, 파나마, 베네수엘라 등에 있는 고급 부티크에 납품했다. 파경으로 인한 힘든 시간을 잘 견뎌 낼 수 있도록 도와준 매우 따뜻한 사람이기도 했다. 더 나아가 파울라는 그동안 내가 해 왔던 일이 어떤 결과를 초래할지 제대로 알려 줬다.

앞서 말했듯이 우리 삶은 통제할 수 없는 우연이 모여 완성된다. 내 경우에는 뉴햄프셔주 시골에 있는 남자 기숙 학교 교사였던 아버지를 둔 일, 앤과 프랭크 아저씨와의 인연, 베트남 전쟁, 에이너 그레브와의 만남 등이 그 우연에 해당한다고 볼 수 있다. 그러나 일단 이런 우연들이 눈앞에 나타나면 선택을 해야 한다. 내가 어떻게 반응하는가, 즉 우연과 맞닥뜨렸을 때 어떤 행동을 취하는가에 따라 결과가 완전히 달라진다. 예를 들면, 학교에서 우수한 성적을 내겠다는 다짐, 앤과의 결혼, 평화봉사단 활동, 경제 저격수가 되겠다는 선택 같은 결정들이 모여 지금의 자리에 서게 된 셈이다.

파울라를 만난 건 또 다른 우연이었고, 그녀의 영향으로 내 삶의 방향이 완전히 바뀌었다. 파울라를 만나기 전에도 내가 무슨 짓을 하고 있는 건지 의문이 들 때가 많았고 이따금 죄책감을 느끼기도 했다. 하지만 늘 시스템에 적응한 채로 살아가는 삶을 합리화시킬 방법을 잘 찾아냈다. 어쩌면 파울라가 가장 적당한 때에 내 삶에 등장한 것 같기도 하다. 물론 사우디아라비아, 이란, 파나마에서의 경험 때문에 꼭 파울라를 만나지 않았더라도 삶의 경로를 수정했을 수도 있다. 하지만 내가 경제 저격수가 되는 데 클로딘이 결정적인 역할을 했듯 그 무렵의 내게 파울라가 필요했다고 확신한다. 파울라는 내가 스스로를 깊이 들여다보고 경제 저격수 일을 계속하는 한 절대로 행복해질 수 없다는 사실을 깨닫게 해 주었다.

24장
공화국 대 세계 제국

어느 날, 바랑키야에 있는 카페에 앉아 이야기를 나누던 중 파울라가 말했다. "존, 솔직하게 말할게요. 당신네 회사가 댐을 지으려는 강 주위에 사는 원주민과 농부들은 당신들을 싫어해요. 직접적인 영향을 받지 않는 도시 사람들조차 당신네 건설 본부를 공격하는 게릴라들에 동조하고 있어요. 미국 정부는 이런 사람들을 공산주의자, 테러리스트, 마약 밀매업자라고 불러요. 하지만 이들은 그저 당신 회사가 망가뜨리고 있는 그 땅에서 가족과 함께 살아가려는 평범한 사람들일 뿐이에요."

이런 대화를 하기 전에 파울라에게 마누엘 토레스에 관한 이야기를 들려준 적이 있었다. 메인이 고용한 엔지니어인 마누엘은 얼마 전 수력 발전용 댐 건설 현장에서 게릴라의 공격을 받았다. 콜롬비아 사람인 마누엘이 일자리를 얻을 수 있었던 것은 미 국무부가 미국 시민을 고용하지 못하도록 막았기 때문이다. 우리는 국무부의 이런 조항을 콜롬비아인을 소모품쯤으로 여기는 정책이라고 얘기하곤 했다. 사실 이 정책은 외국인을 혐오하고 미국인에게는 특권이 있다고 여기는 태도에서 비롯된 것이었다. 그래서인지 날이 갈수록 이런 정책에 반감이 들었고, 반감이 커질수록 일하기가 힘들어졌다.

"마누엘은 게릴라들이 AK-47 소총을 들고 와서 허공에 갈긴 다음, 나중에는 자기 발 앞에 쏘았다고 얘기했어요. 나한테 얘기할 때는 좀 진정되어 보였지만 당시엔 거의 이성을 잃었던 것 같아요. 게릴라들은 아무도 쏘지 않았답니다. 그냥 편지만 한 통 건넨 다음 배에 실어서 하류로 보내 버렸다더군요. 그 사람들이 콜롬비아 무장 혁명군(FARC)과 4월 19일 운동단(M-19) 중 어느 쪽처럼 보였는지 물어보았어요."(콜롬비아 무장 혁명군과 4월 19일 운동단은 콜롬비아에서 가장 악명 높은 게릴라 단체다.)

"그랬더니 뭐라고 하던가요?"

"둘 다 아니라면서도 편지에 쓰인 내용은 다 믿는대요."

파울라는 내가 가져온 신문에 실린 편지 내용을 큰 소리로 읽었다.

"매일 살아남기 위해 일하는 우리들은 조상의 피를 걸고 강을 가로지르는 댐이 건설되지 않도록 저지할 것을 맹세한다. 우리는 순수 원주민과 메스티소*로서 우리 땅이 물에 잠기는 걸 보느니 차라리 죽음을 택할 것이다. 콜롬비아의 모든 동포에게 경고한다. 더 이상 건설 회사를 위해 일하지 마라." 파울라는 신문을 내려놓고 물었다. "그래서 마누엘에게 뭐라고 했어요?"

"나는 회사 방침에 따를 수밖에 없었죠. 농부가 쓴 편지 같냐고 물었어요."

★ 유럽인(주로 스페인인)과 아메리카 원주민의 혼혈

파울라는 가만히 앉아서 나를 지켜봤다.

"그랬더니 어깨를 으쓱하더군요." 이내 파울라와 눈이 마주쳤다. "아, 파울라. 나도 이런 일을 하는 나 자신이 너무 싫어요."

"그러고 나서 어떻게 했어요?" 파울라가 몰아붙였다.

"주먹으로 책상을 내리쳤죠. 겁을 줄 작정이었어요. AK-47 소총을 농부가 갖고 있다는 게 말이 된다고 생각하느냐고 다그쳤어요. 그런 다음 그 총을 발명한 사람이 누군지 아냐고 물었어요."

"알고 있던가요?"

"그랬어요. 하지만 거의 들리지 않을 정도로 작게 '러시아 사람'이라고 속삭이더군요. 그 대답이 옳다고 안심시킨 다음, AK-47 소총을 개발한 사람이 칼라시니코프라는 공산주의자이고 적군*에서 훈장도 받았다고 얘기해 줬어요. 그러고는 그 편지를 쓴 놈들도 공산주의자라고 말해 버렸어요."

"정말 그렇게 생각해요?"

더 이상 말을 이어 갈 수가 없었다. 솔직히 말해서, 어떤 대답을 할 수 있었겠는가? 문득 이란에서의 기억이 떠올랐다. 야민은 내가 두 세계의 중간에 서 있는 사람이라고 했었다. 게릴라들이 건설 현장을 덮쳤을 때 내가 그 자리에 있었거나, 차라리 내가 게릴라였으면 좋겠다는 생각이 들었다. 이상한 기분이 들었다. 야민과 익명의 박사, 콜롬비아 반군을 향한 야릇한 질투 같은 감정이 나를 덮쳤다. 모두 신념을 가진 사람들이었다. 그들은 모두 주위에 아무도 없이 홀로 서 있는 중간 지대가 아니라 자신이 속한 현실 세계를 택했다.

★ 옛 소련군의 공식 명칭

"파울라, 나한테는 해야 할 일이 있잖아요." 내가 할 수 있는 말은 그것뿐이었다.

파울라가 부드럽게 미소를 지었다.

"나도 이 일이 싫어요." 나는 말을 이어 나갔다. 토머스 페인을 비롯한 독립 전쟁의 영웅들, 약탈자, 개척민 등 최근 몇 년 동안 자주 떠올렸던 사람들을 생각했다. 그들은 애매모호한 중간 지대가 아니라 뚜렷한 경계선에 서 있었고, 명확한 태도를 취했다. 이따금 잔혹하고 이기적이기도 했지만 그 결과를 받아들였다. "갈수록 점점 싫어지는군요."

파울라가 내 손을 잡으며 말했다. "지금 하는 일이요?"

우리 두 사람의 눈이 다시 마주쳤다. 파울라가 그런 질문을 하는 숨은 뜻을 알아차렸다. "아니, 나 자신 말이오."

파울라가 내 손을 꼭 쥐면서 천천히 고개를 끄덕였다. 마음이 한결 가벼워진 나는 솔직하게 인정했다.

"존, 어떻게 할 거예요?"

쉽게 대답이 나오지 않았다. 안도감은 어느새 방어 태세로 바뀌어 있었다. 늘 해 온 대로 더듬거리며 답을 내놓았다. "잘하려고 노력하고 있다"거나 "내부에서부터 시스템을 바꿔 나갈 방법을 찾는 중"이라거나 "내가 관두면 더 나쁜 사람이 그 자리를 메울 것"이라는 뻔한 변명을 늘어놓는 식이었다. 그러나 파울라의 눈빛을 보니 내 말을 믿지 않는 눈치였다. 그보다 더 큰 문제는 나 자신마저 내가 하는 말을 믿지 않는다는 것이었다. 파울라는 비난받아야 할 대상은 내가 아니라 내가 하는 일이라는 사실을 인정하도록 나를 몰아세웠다.

"당신은요?" 이번에는 내가 물었다. "당신은 어떻게 생각해요?"

파울라는 한숨을 쉬며 꼭 쥐고 있던 내 손을 내려놓고는 다시 물었다. "화제를 돌리려는 거군요?"

나는 고개를 끄덕였다.

"좋아요." 파울라는 찻숟가락을 집어 들고 자세히 살피는 모양새를 취했다. "러시아나 중국에서 훈련받은 게릴라가 있다는 건 나도 알아요." 파울라는 *카페 콘 레체*★에 찻숟가락을 집어넣고 휘저은 다음 천천히 핥았다. "그것 말고 그 사람들이 달리 뭘 할 수 있을까요? 게릴라들은 현대식 무기 사용법도 배워야 하고 당신네 군사학교를 졸업한 사람들을 상대로 어떻게 싸울지도 익혀야 해요. 무기를 살 돈을 마련하기 위해 코카인을 팔기도 하죠. 아니면 어떻게 총을 구하겠어요? 그들은 끔찍한 일에 대항해 싸우는 거예요. 세계은행은 그들이 스스로를 보호할 수 있도록 도와주지 않아요. 실은 세계은행이 그들을 이 지경으로 몰아넣은 거죠." 파울라는 커피를 한 모금 마셨다. "그들이 내세우는 대의가 정당하다고 생각해요. 전기는 소수의 부유한 콜롬비아 사람들에게 도움이 될 뿐이고, 강에 댐을 만들면 물과 거기에서 사는 물고기가 오염되어 수천 명이 목숨을 잃을 거예요."

파울라가 우리, 아니 내게 반대하는 사람들에 대해 동정하듯 쏟아 내는 이야기를 들으며 온몸이 오싹해졌다. 나도 모르게 내 팔뚝을 움켜쥐고 말았다.

"게릴라에 관해서 어떻게 그렇게 잘 아는 거죠?" 질문을 던지면서도 가슴이 철렁하는 기분이 들었다. 대답을 들으면 후회할 것 같다는 예감이 스쳤다.

"게릴라들과 함께 학교를 다녔어요." 파울라는 잠시 망설이더니 컵

★ 카페라테에 가까운 스페인식 커피

을 옆으로 밀어 놓고 다시 입을 열었다. "우리 오빠도 게릴라 활동에 합류했어요."

예감이 적중했다. 기분이 끝없이 가라앉았다. 그전까지 나는 파울라를 잘 알고 있다고 생각했지만 잘못된 생각이었다. 마치 집으로 돌아갔을 때 아내가 웬 낯선 남자와 침대에 함께 있는 현장을 목격이라도 한 듯한 기분이었다.

"왜 지금까지 얘기 안 했어요?"

"별 상관없을 거 같아서요. 얘기했어야 하나요? 자랑할 만한 일도 아니잖아요."

파울라는 잠깐 말을 멈추었다. "오빠를 못 본 지 벌써 2년이 됐어요. 항상 조심해야 하니까요."

"살아 있다는 건 어떻게 알죠?"

"저도 잘은 몰라요. 그냥 얼마 전에 오빠가 수배자 명단에 올라 있는 걸 봤어요. 좋은 징조죠."

터무니없는 질투심이 차올랐다. "오빠는 어쩌다가 게릴라가 된 거예요?"

다행히도 파울라는 여전히 커피잔만 뚫어져라 쳐다보고 있었다. "석유 회사 건물 밖에서 시위를 했어요. 옥시덴털이라는 회사였던 거 같아요. 오빠랑 친구들 20~30명이 모여서 멸종 위기에 처한 부족이 사는 숲과 훼손되지 않은 땅을 파헤치는 걸 반대하는 시위를 벌였어요. 그런데 군이 출동해서 시위대를 두드려 팬 다음 감옥에 집어넣어 버렸어요. 불법이랄 것도 없는 일이었는데 말이죠. 오빠랑 친구들은 그냥 건물 밖에 서서 현수막을 흔들고 노래를 부른 것뿐이거든요." 파울라는 곁에 있는 창문 너머를 바라봤다. "오빠는 6개월이나 감옥에 갇혀 있었어요. 감옥에서 무슨 일이 있었는지 도통 얘기하지 않았지만, 출옥했을 때는 전혀 다른 사람이 되어 있었어요."

파울라와 그런 식의 대화를 나눈 건 그때가 처음이었다. 그 후로도 우리는 그런 대화를 종종 나눴고 돌이켜 보면 그 대화들로 인해 내 인생에 변화가 생겼다. 내 영혼은 이미 조각나 있었다. 그러나 10여 년 전인 1968년에 NSA에서 면접을 보다가 들켜 버렸던 내 유약한 성격과 메인이 건네는 두둑한 월급이 여전히 나를 지배하고 있었다. 파울라는 이 같은 현실을 깨닫고 내가 약탈자와 반군들에게 매력을 느끼는 좀 더 근원적인 이유를 직시하게 만들었다. 파울라의 이런 역할 덕에 나는 구원의 길에 접어들 수 있었다.

콜롬비아에 머무는 동안 개인적인 딜레마를 극복하기 위해 안간힘을 썼을 뿐 아니라 오랫동안 유지되어 온 '미국 공화국'을 뒷받침하는 이상과 미국이 건설하고자 하는 '세계 제국'의 이상이 어떻게 다른지 이해했다.

공화국의 근간이 되는 이상은 전 세계에 희망을 주었다. 미국이라는 국가는 물질이 아닌 도덕·철학적 기반 위에 세워졌고 만인의 평등과 정의를 근간으로 삼는다고 공언했다. 그러나 그 공화국에도 어두운 면이 존재했다. 100년이 넘도록 지주가 아닌 사람, 여성, 소수 인종의 투표권을 보장하지 않았으며 인종 차별적인 폭력, 편견 가득한 정치, 경찰의 폭력이 지금까지도 계속되고 있다. 미국이 오래전에 건설한 공화국은 억압받는 사람들을 두 팔 벌려 끌어안은 다음 그 자녀들을 공장으로 밀어 넣어 노예 같은 환경에서 일하도록 만들었고, 그런 노동 환경을 해외 공장으로 수출했다. 평화를 위한 영감을 불어넣는 동시에 군사력을 행사했다. 필요한 경우 제2차 세계대전 때 그랬던 것처럼 직접 행동에 돌입할 수도 있다. 이런 희망 중 상당 부분은 공화국의 이상을 위협하는 기관, 즉 대기업, 은행, 정부 관료 조직 등에서 찾을 수 있다. 물론 이런 조직들 역시 근본적인 변화를 만들어 내고, 공화국을 최상의 상태로 만드는 데 동원될 수 있다. 적어도 이론적으로는, 그 기관들에는 질병과 기아를 없애고 전쟁을 끝내기 위한 통신망과 운송망이 있다. 그저 그런 길로 가도록 설득할 수만 있다면 얼마든지 모든 문제를 해결할 수 있다.

반면 세계 제국은 공화국이 공언하는 이상을 부인한다. 세계 제국은 자기 잇속만 생각하고, 탐욕적이며, 물질주의적이고, 중상주의를 바탕으로 움직인다. 과거의 다른 제국들과 마찬가지로 미국이 건설한 세계 제국은 자원을 축적하고 눈에 보이는 모든 것을 움켜쥐고 채워지지 않는 식욕을 충족시키기 위해서만 양팔을 넓게 벌린다. 세계 제국은 지배자가 좀 더 많은 권력과 부를 얻을 수 있도록 돕기 위해서라면 무엇이든 한다.

나는 이 차이를 배워 나가면서 내가 어떤 역할을 하고 있는지 한층 명확하게 이해했다. 클로딘은 이미 경고했다. 맨 처음부터 메인의 제안을 수락하면 어떤 일을 해야 하는지 솔직하게 모두 알려 줬다. 그러나 인도네시아, 파나마, 이란, 콜롬비아 등 여러 나라에서 직접 경험한 다음에야 클로딘의 말을 제대로 이해할 수 있었다. 거기에다 파울라 같은 사람의 인내와 사랑, 개인적인 사연이 있었기에 나는 새롭게 눈을 뜰 수 있었다.

나는 미국이 세운 공화국의 이상에 충실했다. 그러나 새롭고 좀 더 교묘한 제국주의를 앞세워 우리가 한 짓은 베트남에서 군사를 동원해 벌였던 짓과 다를 바가 없었다. 다만 다른 나라에서는 경제를 짓밟았고 베트남에서는 군사를 동원했다는 차이가 있었을 뿐이다. 베트남에서의 실패를 통해 미국은 군사적인 방법에는 한계가 있다는 사실을 깨달았다. 결국 경제 전문가들은 좀 더 나은 계획을 고안했고, 해외 원조 기관과 이들을 위해 일하는 민간 계약 업체들은(실제로는 해외 원조 기관이 이들 민간 계약 업체를 위해 일한다고 봐야 좀 더 옳을지도 모른다.) 점점 능숙하게 이런 계획을 실행했다.

    클로딘은 보스턴에서 경제 저격수 전략은 공포, 부채, 부족할지도 모른다는 불안, 분열과 정복이라는 네 개의 전술을 바탕으로 한다고 설명했었다. 그 이야기를 들었던 날이 자주 떠올랐다.

    여러 대륙에 있는 많은 나라를 돌아다니면서 미국 회사를 위해 일하는 수많은 사람이 공식적으로는 경제 저격수가 아닌데도 음모 이론에서 주장하는 것보다 훨씬 치명적인 일에 연루되는 모습을 지켜봤다. 이들은 우리 경제 저격수들이 옹호하는 시스템을 영속시키기 위해 필요하다고 생각되거나 상부에서 지시받은 일은 무엇이든 했다. 메인에서 일하는 엔지니어들처럼, 이런 노동자들 역시 자기 행동이 어떤 결과로 이어질지 전혀 알지 못한다. 미국 기업을 위해 신발과 자동차 부품을 만드는 영세한 공장 주인들은 자신의 행동이 가난한 사람을 빈곤에서 벗어나게 하는 데 도움이 된다고 믿는다. 중세 유럽의 장원이나 미국 남부의 농장에서 일하던 흑인 노예 같은 삶 속으로 노동자들을 더욱 깊이 밀어 넣고 있다는 사실은 꿈에도 깨닫지 못한다.[1] 오래전에 착취당했던 사람들과 마찬가지로, 현대판 노예들은 유럽의 가난한 뒷골목, 아프리카 정글, 미국의 변경 지역에서 근근이 하루하루를 살아가는 사람들보다 자신들의 처지가 훨씬 낫다고 믿는다.

    메인에서 계속 일해야 할지 회사를 관둬야 할지 고민에 빠졌다. 내 양심은 회사를 관둬야 한다고 속삭였지만 경영학을 배우던 시절의 내 자아는 어떤 행보를 취하는 것이 옳은지 명확한 답을 주지 않았다. 내가 세운 제국이 점점 커지고 있었다. 나를 위해 일하는 직원, 내가 개발을 주도한 나라의 숫자가 늘어났고, 돈과 함께 자부심도 커졌다. 큰돈과 풍족한 생활, 권력의 유혹, 그리고 한 번 들어오면 절대로 나갈 수 없다던 클로딘의 경고도 자주 생각났다.

클로딘의 말이 여러모로 옳았다고 이야기했더니 파울라는 금세 답했다.

"그건 오래전이잖아요. 삶은 변해요. 어쨌든, 그게 뭐가 중요한가요? 지금 당신은 자기 모습에 만족하지 못하잖아요. 다른 누군가가 당신의 삶을 그보다 더 나쁘게 만들 수 있을까요?"

파울라가 항상 반복하던 말이었다. 나는 결국 파울라의 의견에 동의했다. 돈이나 모험, 매력 등을 앞세워 혼란과 죄책감, 스트레스를 정당화하기가 더욱 힘들어진다는 사실을 파울라에게, 그리고 스스로 인정했다. 메인의 파트너로 일하며 점점 부유해졌고 조금만 더 오래 머무르면 영원히 벗어나지 못하게 될 거라는 사실을 깨달았다.

수많은 해적의 침입을 막아낸 카르타헤나의 오래된 스페인 요새를 따라 거닐던 어느 날, 파울라는 내가 미처 생각지 못했던 방법을 떠올렸다. "존, 당신이 알고 있는 걸 아무한테도 절대로 발설하지 않으면 어때요?"

"그러니까, 그냥 입을 다물고 있으라는 건가요? 내가 알고 있는 사실을 아무한테도 알리지 말라는 겁니까?"

"바로 그거예요. 당신을 뒤쫓을 여지를 주면 안 돼요. 일을 복잡하게 만들지 말고 그들이 당신을 그냥 내버려 두게 해야죠."

파울리의 제안은 그럴듯했다. 왜 미처 그 생각을 못 했는지 궁금했다. 그냥 내가 알게 된 진실을 외부로 알릴 만한 책을 쓰는 것 같은 행위를 하지 않으면 그만이었다. 십자군이 될 필요도 없었다. 그냥 인생을 즐기고 여행을 하고 다시 결혼도 하고 가족을 꾸려 나가면 될 듯했다. 나는 충분히 할 만큼 했다. 그냥 메인에서 나가고 싶었다.

"존, 당신이 배운 건 모두 거짓이에요. 당신의 삶은 온통 거짓투성이예요." 파울라가 말했다. "최근에 당신 이력서 본 적 있어요?"

나는 없다고 답했다.

"한번 찾아봐요. 며칠 전에 스페인어로 쓰인 당신 이력서를 봤어요. 영어 이력서도 똑같다면 무척 재미있을 거예요."

25장
조작된 이력서

콜롬비아에 머무는 동안 제이크 도버가 메인의 사장직에서 물러났다는 소식을 들었다. 예상했던 대로 메인의 회장이자 CEO인 맥 홀은 브루노를 사장 자리에 앉혔다. 보스턴과 바랑키야를 잇는 전화 회선은 불이 날 지경이었다. 모두가 나도 곧 승진할 거라고 떠들어 댔다. 실제로 나는 브루노가 가장 신뢰하는 직원 중 하나였다.

이런 변화와 소문들 때문에 내 위치를 다시 돌아보게 되었다. 콜롬비아에 있는 동안 파울라의 조언에 따라 스페인어로 쓰인 내 이력서를 읽어 봤다. 충격적이었다. 보스턴으로 돌아가서 영어로 작성된 이력서 원본과 메인의 사내 잡지 《메인라인》 1978년 11월 호를 읽었다. 잡지에 있는 한 기사는 "메인의 고객에게 새로운 서비스를 제공하는 전문가(Specialists Offer MAIN's Clients New Services)"라는 제목 아래 나를 소개하고 있었다.(243~244쪽에서 관련 내용을 확인할 수 있다.)

내 이력서와 기사를 보며 자부심을 느낀 적도 있었다. 하지만 이제는 피올리기 그랬던 것처럼 화가 나고 좌절감이 들었다. 거기 적힌 내용이 완전한 거짓은 아니었다. 그러나 일부러 그럴듯하게 포장한 것들이었다. 기본적인 사실 자체는 옳았지만 그 사실 너머에 감춰져 있는 중요한 이야기는 모두 생략되어 있었다. 또한 거기에는 시대 상황을 반영하는 심오한 진실과 거대한 세계 제국 건설이라는 목표를 향해 꾸준히 나아가려는 미국의 의도가 숨겨져 있었다. 다시 말해서 그럴듯하게 껍데기를 포장하여 그 속에 들어 있는 진실을 숨기기 위한 전략의 결정체였다. 어찌 보면 진실을 감추기 위해 번듯이 포장한 내 삶이 그대로 담겨 있는 듯도 했다.

물론 이력서에 들어 있는 내용에 대한 책임이 상당 부분 내게 있다고 생각하면 마음이 편치 않았다. 그동안 메인의 내규에 따라 변동 사항이 있을 때마다 계속해서 이력서를 고쳐 쓰고 각 고객 및 관련 업무에 관한 자료를 수정했다. 마케팅 담당자나 프로젝트 담당자가 제안서에 내 이름을 넣거나 다른 방식으로 내 이력을 사용하고자 할 때는 목적에 걸맞게 내용을 수정할 수도 있었다.

예를 들어 담당자들은 중동에서의 경험이나 세계은행 및 기타 다국적 포럼을 상대로 프레젠테이션을 한 경험 등을 부각하는 식으로 수정을 했다. 원칙적으로는 이런 식으로 이력서를 수정할 때마다 당사자의 허락을 받아야 했다. 그러나 메인의 다른 직원과 마찬가지로 나 역시 출장을 자주 다녔기 때문에 내 허락 없이 이력서를 수정하는 경우가 많았다. 게다가 파울라가 한번 보라고 충고한 스페인어 이력서와 영어 이력서의 정보는 내 파일에서 나온 것이긴 했지만 처음 보는 내용처럼 느껴졌다.

얼핏 보기에 내 이력서에는 전혀 문제가 없었다. '경력' 항목에는 그

존 M. 퍼킨스

경력

존 M. 퍼킨스는 전력 및 환경 시스템 부문 경제부 관리자다. 퍼킨스는 메인에 입사한 이후 줄곧 미국, 아시아, 중남미, 중동에서 주요 프로젝트를 진행해 왔다. 담당한 프로젝트로는 개발 계획 수립, 경제 예측, 에너지 수요 예측, 마케팅 연구, 입지 선정, 연료 할당 분석, 경제성 타당성 연구, 환경 및 경제에 미치는 효과 연구, 투자 계획 및 경영 컨설팅 등이 있다. 뿐만 아니라, 부하 직원들과 함께 개발한 기법들을 잘 활용할 수 있도록 고객들을 훈련하는 프로젝트도 다수 진행했다.

퍼킨스가 최근에 진행한 프로젝트들은 다음과 같은 목표를 갖고 있었다.

- 첫째, 에너지 수요를 예측하고 경제 개발과 에너지 생산의 관계를 수량화한다.
- 둘째, 프로젝트가 환경과 사회경제 전반에 미치는 영향을 평가한다.
- 셋째, 마르코프 모델과 경제 모델을 전국 및 지역 단위의 경제 계획 수립에 활용할 수 있도록 지원하는 컴퓨터 프로그램을 설계한다.

퍼킨스는 메인에 입사하기 전에 에콰도르에서 3년간 마케팅 연구를 진행하고 건설 자재 회사를 조직하고 관리했다. 또한 에콰도르 전역에 신용협동조합과 저축협동조합을 설립하는 방안이 얼마나 타당한지 연구를 진행했다.

학력

경영학 학사
보스턴대학
졸업 후 연구 분야: 모델 구축, 공학경제학, 계량경제학, 확률 방법론

언어

영어, 스페인어

소속 단체

미국경제학회
국제개발협회

발표 논문

"전력 수요 예측에 마르코프 과정을 적용하는 방법"
"에너지 예측에 관한 마르코프식 접근 방법"
"경제와 환경 간의 직간접적인 관계에 관한 모델"
"상호 연결된 시스템을 통해 확보한 전기 에너지"
"개발 계획에 적용한 마르코프 기법"

전문 분야

예측 연구
마케팅 연구
타당성 연구
부지 선정 연구
경제적 영향 연구
투자 계획
연료 공급 연구
경제 개발 계획 수립
훈련 프로그램
프로젝트 관리
할당 계획
경영 컨설팅

고객

아람코(아라비안-아메리칸 오일 컴퍼니), 사우디아라비아
아시아개발은행
보이스캐스케이드
시티 서비스 코퍼레이션
데이턴 파워 앤드 라이트 컴퍼니
제너럴일렉트릭
쿠웨이트 정부
수자원 및 전력 연구소, 파나마
미주개발은행
국제부흥개발은행
에너지부, 이란
뉴욕 타임스
뉴욕전력청
국영전기공사, 인도네시아
사우스캐롤라이나 전기 가스 회사
펄프 제지 산업 기술 협회
유니언 캠프 코퍼레이션
미 재무부, 사우디아라비아

주: 국제부흥개발은행은 세계은행이라고도 불린다.

메인의 고객에게 새로운 서비스를 제공하는 전문가

폴린 우엘렛

책상에 앉아 있는 사람들의 면면을 살피면, 경제·지역 개발 계획 팀이 메인에서 가장 최근에 만들어졌으며 가장 빠르게 성장하는 팀이라는 사실을 금방 알 수 있다. 이 팀에는 7년에 걸쳐 한자리에 모인 약 스무 명의 전문가가 있다. 경제학자뿐 아니라 도시 계획 전문가, 인구 통계 전문가, 시장 전문가, 메인 최초의 사회학자가 모두 이 팀에 포함되어 있다.
이 경제 전문 팀을 꾸리는 데 많은 사람이 기여했다. 그러나, 현재 이 팀을 이끄는 존 퍼킨스가 팀 출범의 일등공신이었다.
존 퍼킨스는 1971년 1월 전력 예측 전문가를 돕기 위해 메인에 입사했다. 당시 존은 메인의 몇 안 되는 경제 전문가 중 하나였다. 그가 처음으로 맡은 임무는 열한 명으로 이뤄진 팀의 일원으로서 인도네시아에서 전력 수요를 예측하는 것이었다.
존은 당시를 회상하며 "제가 그곳에서 3개월 동안 살아남을 수 있을지 보고 싶어 했죠." 라고 말했다. 하지만 존은 메인 입사 전에 쌓아 둔 배경 덕에 "살아남는" 데 아무런 문제가 없었다. 존은 3년간 에콰도르의 건설자재협동조합에서 활동하며 잉카제국의 후예인 케추아족을 도왔다. 존의 설명에 의하면, 벽돌 만드는 일을 도맡았던 케추아족 노동자들이 제대로 된 처우를 받지 못했으며 에콰도르의 어느 단체가 협동조합 설립을 도와달라고 요청했다. 존은 트럭을 빌려 케추아족 노동자들이 소비자에게 직접 벽돌을 판매할 수 있도록 지원했다. 그 덕에 이윤이 무려 60퍼센트나 증가했다. 벽돌을 팔아 번 돈은 협동조합 소속 조합원들이 나눠 가졌고, 설립 2년 6개월 만에 조합원 수가 총 200가구로 늘어났다.
존은 에콰도르에서 메인의 전 직원 에이너 그레브를 만났다. 당시 그레브는 에콰도르에 있는 파우테라는 마을에서 메인이 진행하던 수력 발전 프로젝트 책임자를 맡고 있었다. 둘은 금세 친해졌고 지속적으로 연락을 하며 지내던 중 존은 메인 입사 제의를 받았다.
약 1년 후, 존은 전력 수요 예측 전문가가 되었고 세계은행 같은 고객과 기관의 수요가 증가하자 메인에 더 많은 경제 전문가가 필요하다는 걸 깨달았다. 존은 "메인은 토목 회사지만 고객들은 그 이상을 원했습니다."라고 이야기했다. 존은 고객의 요구를 충족시키기 위해 1973년에 좀 더 많은 경제학자를 고용했고, 그 결과 메인 내에서 새로운 부서를 만들어 수석 경제 전문가라는 직함을 갖게 되었다.
존이 가장 최근에 진행한 프로젝트는 파나마에서 진행한 농업 개발 프로젝트다. 존은 한 달간 파나마에서 지낸 후 최근 미국으로 돌아왔다. 메인이 처음으로 고용한 사회학자 마사 헤이스의 주도로 첫 번째 사회학 연구를 진행한 곳도 파나마였다. 마사는 파나마에서 한 달 반을 보내며 이 프로젝트가 사람들의 삶과 문화에 미치는 영향을 파악했다. 이 연구를 진행하는 동시에 농업 및 기타 관련 분야의 전문가들도 고용했다.
경제·지역 개발 계획 팀은 놀라운 속도로 성장하고 있다. 하지만 존은 새로 고용된 모든 팀원이 열심히 노력하는 전문가라는 사실을 언급하며 운이 좋았다고 설명했다. 책상에 마주 앉아 대화를 나누는 동안 직원들에게 진정 어린 관심을 갖고 아낌없이 지원하는 존의 태도가 존경할 만하다는 생각이 들었다.

프랭크 풀러턴, MIT 경영진 교육 프로그램 참가

전력시스템사업부 부문장 겸 부사장 프랭크 M. 풀러턴은 MIT 슬론 경영대학원 고위 경영자 과정을 밟고 있다.

이 프로그램의 목표는 고위 경영진이 기업의 미래에 영향을 미칠 핵심 요인을 폭넓게 이해할 수 있도록 돕는 것이다. 정책 수립, 경영 정보 및 의사결정 시스템, 조직 행동, 사업 환경 등 다양한 연구 분야가 프로그램에 포함되어 있다. 또한 마케팅, 재무, 인적자원 관리, 시스템 다이내믹스, 기업 전략에 관한 특별 세미나도 진행된다.

전 세계에서 선발된 28명의 경쟁자가 이 프로그램에 참여한다. 참가자들은 매사추세츠주 데덤에 있는 MIT 엔디콧하우스에 머물고 있다. 주말을 낀 나흘간의 방학이 한 차례 있지만, 나머지 기간에는 지정된 숙소에서 생활해야 한다.

풀러턴 부사장이 프로그램을 이수하는 9주(9월 17일~11월 17일) 동안 제지사업부 구조설계 팀 수석 엔지니어인 에드워드 J. 피츠시먼스가 전력시스템사업부 부문장 대행을 맡는다.

메인라인 1978년 11월

동안 내가 미국, 아시아, 중남미, 중동 등에서 굵직굵직한 프로젝트를 담당해 왔으며 개발 계획 수립, 경제 예측, 에너지 수요 예측 등의 업무를 담당했다고 기록되어 있었다. 경력란 마지막에는 평화봉사단에 지원해 에콰도르에서 했던 업무에 관한 내용이 있었다. 그러나 평화봉사단의 이름 자체는 언급되어 있지 않았다. 그런 탓에 안데스산맥에 자리 잡은 외딴 마을에서 벽돌을 만들며 살아가는 소규모 협동조합을 위해 자원봉사한 것이 아니라, 마치 건축 자재 회사의 관리자로 일한 것처럼 보였다.

두 문서에 적힌 내용 중 노골적인 거짓말은 없었지만, 좀 더 그럴듯해 보이도록 수정되어 있었다. 게다가 공식적인 서류를 숭배하는 미국 특유의 문화를 고려하면 이들이 저지른 짓은 더욱더 악의적이다. 노골적인 거짓말은 얼마든지 반박할 수 있다. 그러나 이런 문서들은 희미한 진실을 기반으로 삼고 있는 데다 다른 기업, 국제 은행, 정부의 신뢰를 얻은 기업이 만들어 낸 것이기 때문에 반박할 수가 없다.

이력서에 기록된 마지막 고객의 이름을 계속 되뇌어 봤다. 도대체 미 재무부와 사우디아라비아 사이에 무슨 관계가 있는지 고개를 갸우뚱하는 독자가 많을 것이다. 내가 그동안 활동했던 무대는 힘 있는 사람들이 온 세상을 손아귀에 쥐고 주무르던 세계였다. 마지막 한 줄은 그런 세상에 속한 핵심 인사들에게 내가 세계 역사의 흐름을 바꿔 놓았지만 신문에는 절대로 실리지 않는 거래를 성사시킨 팀의 일원이었다는 사실을 알리기 위해 적어 넣은 것이었다. 그 거래란, 미국이 지속적으로 석유를 확보하고, 달러가 세계 기축 통화의 자격을 유지하고, 사우디 왕가가 사우디아라비아를 계속해서 통치하고, 미국 기업이 많은 돈을 벌고, 오사마 빈라덴에게 계속 자금이 흘러갈 수 있도록 도운 협약을 말한다. 일반인들은 결코 눈치챌 수 없는 은밀한 표현으로, 그 한 줄에는 메인의 수석 경제 전문가가 바로 그런 일을 해낼 수 있는 사람이라는 의미가 담겨 있었다.

나는 이력서와 기사를 책상 맨 위 서랍에 넣어 두고 자주 들여다봤다. 그 후에는 때때로 개인 사무실 밖으로 나가 다른 직원들이 일하고 있는 책상 사이를 배회하며 나와 팀원들 때문에 빈부 격차가 더 커졌다는 사실에 죄책감을 느꼈다. 우리가 일류 호텔에서 잠을 자고, 최고급 레스토랑에서 밥을 먹고, 재산을 불려 가는 동안 매일같이 기아에 허덕였을 사람들이 떠올랐다.

그동안 내가 훈련시킨 직원들이 새롭게 경제 저격수의 자리에 올라서고 있다는 사실을 인정할 수밖에 없었다. 그러나 내가 처음 경제 저격수 일에 발을 들여놓았을 때와는 달랐다. 세상이 변했고 기업 정치도 더욱 발전했다. 경제 저격수의 기술은 나날이 발전했고 점점 사악해졌다. 나를 위해서 일하는 사람들은 나와는 다른 부류였다. NSA에서 거짓말 탐지기를 동원한 면접을 받지도 않았고 클로딘 같은 사람한테 교육을 받지도 않았다. 세계 제국을 더욱 발전시키기 위해 어떤 일을 해야 하는지 이들에게 정확하게 이야기해 주는 사람이 아무도 없었다. 심지어 경제 저격수라는 단어를 들어 본 적도 없었다. 그저 나를 보면서 어떤 일을 해야 하는지, 업무 결과에 따라 어떤 보상과 벌이 따르는지 배웠을 뿐이다. 이들은 내가 원하는 유형의 연구와 결과를 내놓아야 한다는 사실을 잘 알고 있었다. 나를 만족시켜야만 월급을 받고 크리스마스 보너스를 받았고, 심지어 나를 얼마나 만족시키느냐에 따라 일을 계속할 수 있을지가 결정됐다.

물론 나는 직원들을 현혹하기 위해 가능한 한 모든 수법을 동원했다. 논문을 쓰고 강의를 했을 뿐 아니라 긍정적인 예상치를 내놓고, 차관 규모를 늘리고, 자금을 대거 투입해 부자들을 더 부유하게 만들고 국민총생산 성장에 박차를 가하는 것이 얼마나 중요한지 설득하기 위해 부단히 애썼다. 이제 내가 가르친 직원들이 창밖으로 보스턴 백베이가 내려다보이는 사무실에 앉아 제국의 명분을 알리기 위해 세계로 나아가고 있다. 하지만 나와는 달리 그들은 진실을 알지 못했다.

이런 생각들로 괴로워하며 숱한 밤을 지새웠다. 이력서를 보라는 파울라의 한마디 때문에 굳게 닫혀 있던 판도라의 상자를 열어 버렸다. 아무것도 모르는 직원들이 부럽다는 마음이 들곤 했다. 사실 난 직원들이 양심의 가책을 느끼지 않도록 일부러 오랫동안 진실을 숨겨 왔다. 직원들마저 오랫동안 나를 괴롭혔던 도덕적인 문제들로 고통받을 필요는 없었다.

어떻게 해야 정직하고 당당하게 일할 수 있는지 수없이 고민하고, 겉으로 드러나는 모습과 진실에 대해서도 많은 생각을 했다. 나는 미국이 새로운 기만의 단계에 다다랐다고 생각했다. 공포, 부채, 부족할지도 모른다는 불안, 분열과 정복으로 이뤄진 네 개의 전술을 통해 빈부 격차를 더욱 확대하는 부패한 시스템을 퍼뜨리기 위해 무슨 짓이든 해야 한다고 우리 스스로를 설득하는 새로운 단계에 도달한 것이다. 이 네 가지 요소는 경제 저격수 전략을 지탱하는 근간이었고, 서둘러 중대한 변화를 만들어 내지 않으면 미국이 자멸할 수밖에 없을 터였다. 도덕적으로 붕괴할 뿐 아니라 그동안 미국이 쌓아 온 문화의 형체가 사라질 수도 있을 것만 같았다.

나는 이 모든 것이 미묘한 형태의 제국주의를 널리 퍼뜨리기 위한 시스템의 일부이며 세계 유수의 기업들은 하나같이 자체적으로 경제 저격수의 역할을 하는 사람들을 거느리고 있다는 사실을 깨달았다. 뉴욕, 샌프란시스코, 런던, 베이징, 도쿄 등지에 있는 기업 본사에서 세계 각지로 파견된 사람들은 부패한 정치인들을 구워삶는다. 그들의 농간에 놀아난 정치인들은 세계적인 기업망이 그들의 조국을 통째로 삼키고 가난하고 힘없는 사람들이 영세한 공장이나 조립 공장의 노예 신세가 되는 꼴을 두고만 본다.

내 이력서와 《메인라인》 기사 이면에, 도덕적으로 불쾌하고 결국 자기 파괴적인 시스템에서 벗어나지 못하도록 우리 모두를 옭아매는 교묘한 거짓의 세계가 숨겨져 있다는 사실을 깨닫자 마음이 매우 불편했다. 파울라는 내가 미묘하게 감춰진 의미를 찾아내 궁극적으로 인생을 변화시키는 방향으로 한 걸음 더 나아가도록 이끌어 주었다.

26장
석유를 위해 싸우는 에콰도르 대통령

콜롬비아와 파나마에서 일하는 동안 제2의 고향인 에콰도르에도 계속해서 관심을 두고 자주 방문했다. 에콰도르는 그동안 미국의 정치·경제적 이익을 위해 일하는 우파 성향의 집권 세력과 수많은 독재자들로 인해 오랫동안 고통받았다. 어찌 보면 에콰도르는 전형적인 '바나나 공화국', 즉 미국에 과일을 수출하여 경제를 유지하는 중남미 국가였던 탓에 돌푸드컴퍼니(Dole Food Company) 같은 대형 기업들이 깊숙이 파고들 수 있었다.

1960년대 말부터 에콰도르 정부는 아마존 지역에서 본격적으로 석유를 채굴하기 시작했다. 그 결과 에콰도르를 지배하던 소수의 가문이 세계적인 은행들의 손아귀에서 놀아나게 되었다. 그 가문들은 석유를 팔아 번 돈을 받는 대가로 에콰도르에 엄청난 빚을 떠안겼다.[1] 에콰도르 전역에 도로와 산업 공단, 수력 발전 댐, 송전 시스템 및 기타 전력 시설이 생겨났다. 외국의 토목 및 건설 회사들은 다시 한번 엄청난 부를 거머쥘 수 있게 됐다.

그러나 안데스산맥에 자리 잡은 이 나라에서 새로이 주목받은 인물은 부패한 정치나 미국의 기업 정치와는 담을 쌓은 하이메 롤도스였다. 롤도스가 30대 후반이었을 때 나는 그를 여러 번 만났는데, 당시 변호사와 교수로 활동했던 그는 카리스마 넘치고 매력적인 사람이었다. 한번은 부탁하기만 하면 언제든 키토로 날아가 무료로 컨설팅을 해 주겠다고 충동적인 제안을 건네 버린 적도 있었다. 다소 농담조로 꺼낸 얘기였지만 휴가에 맞춰 에콰도르에 가고 싶은 마음이 들었던 것도 사실이다. 롤도스가 마음에 들기도 했고, 롤도스에게 무료 컨설팅을 제안한 후 방금 얘기했던 것처럼 에콰도르를 방문할 구실을 찾던 중이기도 했다. 그는 웃으며 비슷한 제안을 했다. 기름값 협상을 할 일이 있으면 언제든 연락하라고 했다.

대중의 뜻을 중요하게 여겼던 롤도스는 가난한 사람들의 권리를 매우 중시하고 정치인에게는 국가의 자원을 신중하게 사용할 책임이 있다고 믿었다. 1978년에 하이메 롤도스가 대선에 출마하자 에콰도르 국민뿐 아니라 외국 자본에 석유를 빼앗긴 나라나 막강한 힘을 가진 외세의 지배를 받는 나라에 살던 많은 사람이 지대한 관심을 기울였다. 롤도스는 현대 정치인으로는 드물게도 변화를 두려워하지 않았다. 롤도스는 석유 기업들과 대놓고 그들을 도와주는 시스템을 무너뜨리려고 애썼다.

일례로 롤도스는 미국의 복음 선교 단체인 서머언어학연구소(Summer Institute of Linguistics, SIL)가 석유 회사와 유착 관계를 맺고 있다고 비난했다. 나는 평화봉사단 활동을 하던 시절부터 서머언어학연구소에 대해 잘 알았다. 그 단체는 다른 나라에서 그랬던 것처럼 토착 언어를 연구하고 기록하고 번역한다는 목표를 앞세워 에콰도르에 들어갔다.

서머언어학연구소는 석유 채굴이 시작될 무렵부터 아마존 지역에서 와오라니족과 긴밀하게 협력했는데, 이때부터 그들의 패턴이 나타났다. 물론 정확한 연결고리가 밝혀진 것도 아니고 우연의 일치에 불과할 수도 있지만, 지진학자들이 특정 지역에 석유가 매장되어 있을 가능성이 높다는 연구 결과를 내놓기만 하면 서머연구소가 끼어들었다. 연구소에 소속된 인물들은 그 지역 토착민들에게 원래 살던 곳을 떠나 선교회 측에서 제공하는 숙소로 옮기도록 부추겼다. 그 숙소에 가기면 하면 무료로 음식과 숙소, 옷, 의료 혜택을 제공할 뿐 아니라 선교 방식의 교육도 받을 수 있다고 등을 떠밀었다. 대신에 이런 혜택을 누리려면 땅을 석유 회사에 넘겨야만 했다.

서머언어학연구소 선교사들이 은밀한 방법을 동원해 고향을 등지고 선교원으로 옮기도록 아마존 지역 부족들을 설득한다는 소문이 무성했다. 항간에 떠도는 소문 중에는 설사제를 잔뜩 탄 음식을 기부한 다음, 설사를 치료하는 약을 준다는 이야기도 있었다. 음식물을 담은 통에 이중 바닥을 만들어 조그만 전파 송신 장치를 넣은 후 와오라니 족이 사는 지역에 공중 투하했고, 에콰도르 셀에 있는 육군 기지 내 최첨단 통신 기지에 설치된 수신기가 그 지역에서 나오는 전파를 잡는다는 소문도 있었다. 부족 사람들 중 누군가가 독이 있는 뱀에 물리거나 중병에 걸리면 서머언어학연구소 사람이 해독제나 필요한 약을 들고 나타났다. 그들은 석유 회사의 헬리콥터를 타고 나타나기도 했다. 결코 입증된 적이 없는 소문이긴 했지만 서머언어학연구소가 다른 이야기를 퍼뜨리기도 했다.

그중 하나는 외국 자본이 에콰도르의 석유를 착취하기 시작했을 무렵 서머언어학연구소 선교사 다섯 명이 와오라니족의 창에 찔려 숨진 채 발견되었다는 것이었다. 에콰도르 시민들은 이 사건을 선교사들이 발을 들이지 못하게 해야 한다는 메시지로 받아들였다. 하지만 사건은 정반대의 효과로 이어졌다. 살해된 사람 중 한 명의 여동생인 레이철 세인트가 미국 전역을 순회하며 전국 방송에 등장해 서머언어학연구소를 위해 기금을 조성하자고 호소했다. 레이철 세인트는 "야만인"들을 "교육"해 "교양 있는" 사람으로 만들어야 한다고 주장했다.

몇몇 소식통에 따르면, 서머언어학연구소는 록펠러 재단으로부터 자금을 받았다. 사실, 록펠러 가문의 후손인 존 D. 록펠러가 바로 스탠더드오일의 창립자였고, 스탠더드오일은 이후 셰브론(Chevron), 엑손(Exxon), 모빌(Mobil) 등 여러 대형 석유 회사로 쪼개졌다.[2]

롤도스는 토리호스를 보고 감명받아 같은 길을 택한 것처럼 보였다. 두 사람 모두 세상에서 가장 강력한 힘을 가진 세력에 맞섰다. 먼저 토리호스는 파나마 운하를 되찾고 싶어 했다. 그런가 하면, 롤도스는 석유에 관해서 확고한 민족주의적 성향을 갖고 있었던 탓에 막강한 힘을 가진 기업들이 위협을 느꼈다. 토리호스와 마찬가지로 롤도스 역시 공산주의자는 아니었다. 그러나 롤도스는 에콰도르의 운명을 스스로 결정할 권리는 에콰도르에 있다고 주장했다. 전문가들은 롤도스에 대해서도 토리호스 때와 비슷한 예언을 내놓았다. 미국의 정재계가 롤도스의 대통령 당선을 수수방관하지 않을 것이며, 만일 그가 당선되더라도 과테말라의 아르벤스나 칠레의 아옌데와 비슷한 운명에 처할 수 있다고 내다봤다.

이 두 사람이 중남미 정치를 변화시키는 데 앞장서고 있으며 이런 노력이 근본적인 변화로 이어져 결국 지구상의 모든 나라가 영향을 받게 될 수도 있다는 생각이 들었다. 이들은 카스트로 같은 공산주의자나 카다피 같은 독재자가 아니었다. 두 사람은 러시아나 중국과도 관련이 없었고, 아옌데와 달리 국제 사회주의 운동과도 무관했다. 토리호스와 롤도스는 인기가 많고, 똑똑하고, 카리스마 넘치는 지도자였으며, 독단적으로 굴지 않았고 실용주의 노선을 택했다. 민족주의적인 성향을 띠었을 뿐 반미 정서를 갖고 있지도 않았다. 기업 정치를 이루는 세 개의 중요한 축은 대기업, 세계적인 은행, 이와 결탁하는 정부였다. 그러나 롤도스와 토리호스가 이끄는 정부는 이런 세력과 결탁할 가능성이 없었다.

롤도스가 추구하는 중요한 정책 중 하나는 탄화수소 정책이었다. 이 정책은 에콰도르에서 가장 잠재력이 큰 자원은 석유이며 반드시 대다수 에콰도르 국민이 가장 큰 이득을 볼 수 있는 방식으로 석유를 활용해야 한다는 전제를 바탕으로 했다. 롤도스는 가난하고 소외당하는 사람을 도울 의무가 국가에 있다고 굳게 믿었다. 그는 탄화수소 정책을 잘 활용하면 진정한 사회 개혁이 이뤄질 거라는 희망을 갖고 있었다. 그러나 롤도스는 위험한 줄타기를 해야만 했다. 다른 나라와 마찬가지로 에콰도르에서도 역시 가장 영향력 있는 몇몇 가문의 도움 없이는 절대로 당선될 수 없었다. 만에 하나 그들의 도움 없이 당선되더라도 혼자만의 힘으로는 원하는 계획을 실행하지 못할 게 뻔했다.

개인적으로 나는 당시 백악관에 앉아 있는 사람이 카터여서 다행이라고 여겼다. 텍사코를 비롯한 다른 석유 회사들의 외압이 거셌지만 미 행정부는 개입하지 않고 버텼다. 민주당이든 공화당이든 카터가 아닌 다른 대통령이었다면 대개 그 압력에 굴복하고 말았을 것이다.

하이메 롤도스는 오랫동안 독재에 시달린 에콰도르 국민이 민주적인 방법으로 직접 선출한 첫 번째 대통령이 되었다. 에콰도르 국민들이 롤도스를 키토에 있는 대통령궁에 앉힌 것은 다른 무엇보다 탄화수소 정책 때문이었을 거라고 생각한다. 1979년 8월 10일, 롤도스는 취임 연설에서 자신이 추구하는 기본 정책을 다음과 같이 요약해서 이야기했다.

> 우리는 조국의 에너지 자원을 수호하기 위해 효과적인 방법을 활용해야 합니다. 수출 품목을 다양화하는 동시에 경제적 독립을 잃어서는 안 됩니다. …… 어떤 결정을 내리든 국익을 최우선으로 여기고 주권을 지켜 내기 위해 끊임없이 노력할 것입니다.[3]

대통령에 취임한 롤도스는 당시 석유 업계에서 가장 막강한 힘을 자랑했던 텍사코에 집중할 수밖에 없었다. 너무나 위험한 관계였다. 대형 석유 기업인 텍사코는 롤도스를 믿지 않았으며 새로운 선례를 세우게 될 탄화수소 정책에 휘말리기를 원치 않았다. 텍사코는 에콰도르의 정책이 다른 나라에도 영향을 줄 가능성이 있다는 사실을 잘 알고 있었다.

하이메 롤도스의 핵심 고문이었던 호세 카르바할이 발표한 연설문에 에콰도르에 들어선 새 행정부의 입장이 잘 정리되어 있었다.

> 우리의 파트너인 텍사코가 위험을 감수하려 들지 않거나, 석유 채굴에 돈을 투자하지 않거나, 석유 채굴권이 있는 지역에서 채굴에 나서지 않는다면, 다른 파트너에게 투자 권리를 비롯한 제반 권리를 넘기게 될 겁니다. ……

에콰도르와 외국 회사와의 관계가 공정해야 한다고 믿습니다. 우리는 강인한 태도로 투쟁하고 모든 종류의 압력에 대비해야 합니다. 그러나 외세와 협상할 때 두려움이나 열등감을 드러내서는 안 됩니다.[4]

1980년 1월 1일, 나는 마침내 결심했다. 새로운 10년이 시작된 날이었으며 내 나이 서른다섯을 불과 28일 앞둔 날이기도 했다. 한 해 동안 내 삶을 대거 변화시키고 앞으로 하이메 롤도스와 오마르 토리호스를 본받도록 노력하겠다고 다짐했다.

사실, 몇 달 앞서 충격적인 일이 벌어졌다. 수익성만 따지고 본다면 메인 역사상 가장 훌륭한 사장이었던 브루노를, 맥 홀이 아무런 낌새도 없이 갑자기 해고해 버렸다.

27장
마침내 던진 사표

맥 홀이 브루노를 해고했다는 소식은 메인에 엄청난 파장을 일으켰다. 전 직원이 동요했고 직원들 사이에 묘한 불화의 조짐이 나타났다. 물론 브루노는 회사 내에 적이 제법 있었지만, 브루노를 싫어하던 사람들조차도 놀라움을 감추지 못했다. 맥 홀이 질투심에 불타 브루노를 해고했다고 생각하는 사람이 많았다. 점심을 먹거나 커피를 마시면서 사람들은 맥 홀이 자기보다 열다섯 살이나 어린데도 엄청난 수익을 올린 브루노 때문에 위협을 느꼈다는 주장을 펼치곤 했다.

어느 직원은 "홀은 브루노가 그렇게 대단해 보이는 걸 참을 수 없던 겁니다."라고 말했다.

"브루노가 모든 것을 차지하고 자신을 밀어내는 건 시간 문제라고 생각했던 거죠."

사람들의 생각이 옳다는 걸 증명이라도 하듯, 홀은 폴 프리디를 신임 사장으로 임명했다. 오랫동안 메인의 부사장을 지냈던 폴은 성격이

상냥하고 쭉 실무를 담당해 온 엔지니어 출신이었다. 그리 특출한 인재가 아니었으므로 앞으로도 맥 홀의 비위를 얼마든지 맞출 뿐 눈부신 성과를 거두어 최고의 자리를 탐내는 일 같은 것도 없을 듯했다. 메인의 많은 직원들이 나와 비슷한 생각을 갖고 있었다.

브루노가 회사를 떠난다는 사실은 내게도 매우 충격적이었다. 브루노는 내 멘토였을 뿐 아니라 메인이 진행하는 국제 업무에서 매우 중요한 역할을 했다. 반면 폴 프리디는 국내 업무를 중시하는 사람으로 해외 업무 담당자들이 실제로 어떤 일을 하는지 거의 아는 바가 없었다. 앞으로 회사가 어떻게 될지 의문이 들었다. 브루노의 집으로 전화를 걸었더니 그는 달관한 듯 이야기했다.

"이봐, 존. 맥 홀 회장도 나를 해고할 이유가 없다는 걸 잘 알아." 브루노가 맥 홀 이야기를 꺼냈다. "그래서 퇴직금을 아주 넉넉하게 달라고 요구했고, 그만큼 받았어. 맥 홀은 의결권이 있는 주주들을 대부분 쥐락펴락하잖아. 어차피 맥 홀이 마음을 정한 이상 내가 할 수 있는 게 아무것도 없거든." 브루노는 메인의 고객이었던 몇몇 다국적 은행들로부터 고위직으로 오라는 요청을 받았다는 사실을 넌지시 언급했다.

그에게 내가 어떻게 하는 게 좋을지 물었다.

"시야를 넓게 가져야 할 거야. 맥 홀은 현실 감각을 잃었어. 하지만 아무도 그런 이야기를 하려고 들지 않아. 지금은 특히 더 그렇겠지. 나한테 한 짓을 봤는데 누가 감히 나서겠나?"

1980년 3월 말, 브루노가 해고당한 사건으로 인한 충격에서 여전히 벗어나지 못한 채 카리브해의 버진아일랜드로 요트 여행을 떠났다. 여행지를 선택할 때는 몰랐지만 그곳의 역사는 새해 결심을 지키기 위한 첫발을 내딛기로 결단하는 데 커다란 영향을 미쳤다.

바람을 가르며 프랜시스드레이크 해협을 항해하던 중 무지개색 깃발을 단 나무배 한 척이 돛을 양옆으로 활짝 펴고 해협을 가로질러 내가 탄 요트를 향해 다가왔다. 밝은색의 사롱을 입은 젊은 히피 대여섯이 소리를 지르며 손을 흔들었다. 배에서 생활하는 사람들이 틀림없었다. 자신들만의 공동 사회를 구성해 자유롭고 거침없이 살아가는 현대판 해적 같은 사람들 말이다.

갑작스레 질투심이 밀려들었다. 나도 그런 자유를 누리고 싶었다. 갑자기 모든 것이 이해됐다. 나의 분개나 분노는 부모님 탓이 아니었다. 고등학교에서 느꼈던 상대적인 박탈감 탓도 아니었다. 바로 그 순간 내 삶은 내가 그토록 경멸했던 부모님으로 받은 선물이라는 사실을 깨달았다. 부모님은 나의 길을 걸어갈 수 있도록 그저 준비시키고 북돋워 준 것뿐이었다. 그때까지 내가 저지른 실수는 오로지 나의 몫이었다. 부모님을 비난하는 건 어리석고 부당한 행동이었으며, 그런 태도는 오히려 자멸을 초래할 뿐이었다.

나는 곧 레인스터 만으로 요트를 몰았다. 레인스터 만은 세인트존 섬 기슭에 자리 잡은 작은 만으로 한때 해적선이 금은보화를 잔뜩 싣고 가는 함선을 기다리던 곳이기도 했다. 요트 바깥쪽으로 닻을 던지자 사슬이 요란한 소리를 내며 수정처럼 맑은 물속으로 들어갔고 곧이어 요트가 멈춰 섰다.

요트에 딸린 작은 배를 해변으로 저어 폐허가 된 사탕수수 농장 아래에 멈췄다. 오랫동안 해변에 앉아서 아무 생각도 하지 않고 마음속에 있는 감정들을 비워 내려고 애썼지만 소용이 없었다.

늦은 오후, 나는 가파른 언덕을 힘겹게 올랐다. 오래된 농장의 허물어진 벽에 올라서서 닻을 내린 채 서 있는 요트를 바라봤다. 카리브해 너머로 해가 저물고 있었다. 겉모습만 보면 참으로 아름다운 풍경이지만, 주변 농장에는 비극이 숨겨져 있다는 사실을 잘 알았다. 수백 명의 흑인 노예들이 총부리를 겨눈 사람들의 위협에 못 이겨 으리으리한 저택을 짓고, 사탕수수를 심고 수확하고, 원당을 럼주의 원료로 바꾸는 기계를 가동하다가 결국에는 목숨을 잃었을 것이다. 한없이 평화로운 풍경 뒤에 잔혹한 역사가 감춰져 있었다.

산으로 둘러싸인 섬 너머로 해가 졌다. 광활하게 펼쳐진 하늘은 온통 짙은 분홍빛으로 물들었다. 바다가 어두워지기 시작하자 나 자신도 노예나 다름없다는 충격적인 사실이 떠올랐다. 메인에서 내가 해 온 일은 빚을 떠안겨 가난한 나라들을 세계 제국으로 끌어들이는 것뿐이 아니었다. 내가 부풀린 예상치들은 단지 내 조국이 석유를 필요로 할 때를 대비하는 수단이 아니었으며, 메인의 파트너는 회사의 수익성만 신경 쓰면 그만인 자리가 아니었다. 내가 해 온 일은 많은 사람, 그리고 그들의 가족에게 영향을 미치는 일이었고, 내가 앉아 있는 농장의 벽을 쌓기 위해 죽어 간 사람들, 즉 내가 착취해 온 그 모든 사람과 관련된 일이었다.

지난 10년 동안 나는 노예 상인의 후예 같은 짓을 하며 살았다. 내가 일하는 방식은 좀 더 현대적이고 미묘해서 사람들이 죽어 가는 모습을 지켜보거나, 살이 썩는 냄새를 맡거나, 비탄에 빠진 사람들이 질러 대는 비명을 들을 필요는 없었다. 그러나 나 역시도 죄를 저질렀다. 그런 끔찍한 일로부터 스스로를 분리할 수 있었기 때문에, 즉 인간의 고통받는 육신과 썩어 가는 살, 비명을 직접 견딜 필요가 없었기 때문에 훨씬 더 사악하게 굴 수 있었던 건지도 모른다.

바다와 만, 짙은 분홍빛으로 물든 하늘에서 눈을 뗐다. 아프리카의 고향에서 끌려온 노예들이 쌓아 놓은 거대한 벽을 보지 않으려고 애썼다. 어떤 것도 보지 않으려고 안간힘을 썼다. 마침내 눈을 뜨자 야구 방망이만큼 굵직하고 보통의 야구 방망이보다 두 배쯤 기다란 구부러진 막대기가 눈에 들어왔다. 자리에서 벌떡 일어서서 막대를 손에 쥐고는 돌로 쌓은 벽을 세게 내리쳤다. 지쳐 쓰러질 때까지 벽을 내리쳤다. 그러고는 풀밭에 드러누워 흘러가는 구름을 멍하니 쳐다봤다.

 나는 다시 작은 배를 세워 놓은 곳으로 돌아갔다. 해변에 서서 푸른 바다에 닻을 내리고 있는 요트를 쳐다봤다. 이제 무엇을 해야 할지 분명해졌다. 책임을 져야만 했다. 만일 이전의 삶으로 돌아가 아무 일도 없는 듯 메인에 출근하고 지금껏 해 온 일을 되풀이한다면 영원히 벗어날 수 없다는 사실을 깨달았다. 연봉 인상, 연금, 보험, 각종 특전, 지분······. 오래 머무를수록 벗어나기가 힘들어진다. 돌담을 후려치듯 계속해서 거칠게 나 자신을 몰아치며 자책하거나 벗어나거나, 둘 중 하나를 택해야 했다.

 그로부터 이틀 후에 나는 보스턴으로 돌아갔다. 1980년 4월 1일, 폴 프리디의 사무실로 찾아가 사표를 던졌다.

| 5부 |

1981~2004년

28장

에콰도르 대통령의 죽음

    메인에서 나오는 건 그리 간단하지 않았다. 폴 프리디는 내 말을 믿지도 않았다. 하필 그날이 만우절이었던 터라 "만우절이라고 농담하는 거지?"라며 윙크를 했다.

    진심이라고 거듭 설명했다. 다른 사람들의 반감을 사거나 경제 저격수로서 했던 일을 폭로할 거라는 의심을 사서는 안 된다는 파울라의 충고를 되새기며, 그동안 메인에 내게 베풀어 준 모든 것에 매우 감사한 마음을 갖고 있지만 떠날 때가 된 것 같다고 이야기했다. 메인을 통해 알게 된 사람들에 관해 글을 쓰고 싶다는 마음을 항상 갖고 있었지만 정치적인 내용은 아니라는 설명도 덧붙였다. 《내셔널 지오그래픽》 같은 잡지에 글을 쓰는 프리랜서로 일하며 계속 여행을 하고 싶다고도 했다. 메인을 얼마나 좋아하는지 누누이 강조하며 기회가 닿을 때마다 메인을 칭찬하는 일을 마다하지 않겠다고 맹세했다. 그때는 모든 말이 진심이었다. 그저 회사를 나오고 싶을 뿐이었다. 더는 노예로 살고 싶지 않았다. 마침내 폴이 나를 놓아주었다.

그 후, 사람들은 나만 보면 퇴직에 관한 이야기를 꺼냈다. 사람들은 그동안 내가 얼마나 훌륭했는지 이야기를 하곤 했고, 제정신이냐고 묻기도 했다. 내가 자발적으로 회사를 나가려 한다는 사실을 아무도 믿고 싶어 하지 않는 눈치였다. 아마도 그 사실을 인정하면 자신을 되돌아볼 수밖에 없었던 탓이 아니었을까. 내가 멀쩡한 정신으로 메인을 떠나는 거라고 생각하면, 나머지 사람들 역시 메인에 남는 것이 옳은 일인지 의문을 가질 수밖에 없었다. 그들로서는 내게 무언가 문제가 있다고 믿는 편이 좀 더 쉬웠을 것이다.

함께 일하던 직원들의 반응 때문에 마음이 특히 무거웠다. 직원들은 나한테 버림받는 듯한 기분에 사로잡혔고 메인에는 마땅히 내 뒤를 이을 사람도 없었다. 그러나 나는 이미 마음을 굳힌 상태였다. 오랫동안 흔들린 끝에 그제야 모든 것을 깔끔하게 끝내기로 결심했다.

안타깝게도 마음먹은 대로 일이 흘러가지는 않았다. 더 이상 일자리가 없었던 데다 스톡옵션을 완전히 실행할 권리가 있는 파트너와는 거리가 멀었기 때문에 지분을 현금화해도 은퇴 자금으로는 턱없이 부족했다. 메인에서 몇 년만 더 일했다면 오랫동안 꿈꿨던 마흔 살의 백만장자가 됐을 수도 있다. 그러나 당시 서른다섯이었던 내가 그 목표를 이루려면 너무 오래 기다려야 했다. 보스턴의 4월은 춥고 음산했다.

그러던 어느 날, 폴 프리디가 전화를 걸어 사무실로 와 달라고 부탁했다. "고객사 중 한 곳에서 거래를 끊겠다고 협박하고 있네. 자네를 전문가 증인으로 세우려고 우리와 계약했거든."

폴 프리디의 제안을 받고 많은 고민을 했다. 결단을 내린 후 폴과 마주 앉아 내가 원하는 금액을 제시했다. 메인에서 월급으로 받던 돈보다 세 배나 많은 금액이었다. 놀랍게도 폴 프리디는 제안을 받아들였고 나는 새로운 일을 시작하게 됐다.

이후 몇 년 동안 나는 고액 연봉을 받는 전문가 증인으로 일했다. 주로 공공서비스위원회의 승인을 받아 새로운 발전소를 세우려는 미국 전력 회사들이 고객이었다. 그중 하나가 뉴햄프셔 공공서비스회사(Public Service Company of New Hampshire)였다. 내가 맡은 일은 법정에서 당시 많은 논란을 불러일으키고 있던 시브룩 원자력 발전소의 경제적 타당성을 증언하는 것이었다. 처음에는 그렇게 믿었다.

나는 중남미와 관련된 일을 직접 맡지는 않았지만 그곳에서 일어나는 일에 계속 관심을 두고 있었다. 전문가 증인으로 일하다 보니 법정에 출두하지 않을 때 남는 시간이 많았다. 파울라와도 계속 연락하고 있었고 평화봉사단 시절 에콰도르에서 알고 지내던 사람들과도 이따금 연락을 했다. 그 무렵 에콰도르는 순식간에 세계 석유 정치의 중심에 올라섰다.

하이메 롤도스는 한 걸음 더 나아가고 있었다. 대선 때 내세웠던 공약을 지키려고 애쓰며 석유 회사에 전면 공격을 가했다. 그는 파나마 운하 양쪽에 있는 많은 사람이 잊어버렸거나 외면하는 문제를 분명하게 이해하는 듯했다. 롤도스는 많은 사람이 눈치채지 못하는 근본적인 풍조, 즉 전 세계를 세계 제국으로 변모시키고 에콰도르 국민을 거의 노예에 가까운 신세로 전락시키겠다고 위협하는 풍조를 알아차렸다. 롤도스에 관한 신문 기사를 읽을 때마다 약속을 지키려 고군분투하는 모습뿐 아니라 겉으로 드러나지 않는 심층적인 문제를 제대로 이해하는 그의 능력에 놀라움을 금치 못했다. 그 심층적인 문제란 바로 전 세계가 새로운 정치의 시대에 접어들고 있다는 사실이었다.

1980년 11월, 카터가 재선에 실패하고 로널드 레이건이 미국 대통령에 당선되었다. 토리호스와의 파나마 운하 협약, 이란의 복잡한 상황, 그중에서도 미국 대사관에 인질들이 잡혀 있고 그들을 구출하려는 시도가 실패로 돌아갔다는 사실 등이 재선 실패의 주요 원인이었다. 그러나 단순히 대통령이 바뀐 게 전부가 아니었다. 세계 평화를 최우선으로 하고 미국의 석유 의존도를 줄이려고 노력하던 대통령이 밀려나고, 정반대의 성향을 가진 사람이 그 자리를 차지한 것이 문제였다. 레이건은 미국은 의당 군사력을 앞세워 피라미드의 꼭대기에 앉아야 하며 그곳이 어디든 유전을 손아귀에 넣는 것이 미국에게 주어진 '명백한 운명'의 일부라고 믿는 인물이었다. 백악관 지붕에 태양광 집열판을 설치했던 대통령 대신, 집무실에 들어서자마자 집열판을 뜯어 버린 대통령이 백악관의 주인이 되었다.

카터가 훌륭한 정치인이 아니었을 수도 있다. 그러나 그는 미국 독립선언서에 적힌 이상을 미 대륙 전역에 똑같이 적용하겠다는 비전을 갖고 있었다. 지금 와서 보면 카터는 순진하리만큼 구식이었던 듯하다. 카터는 미국이라는 나라를 건국하고 우리의 선조들을 미 대륙으로 끌어당긴 바로 그 이상을 꿈꾸는 사람이었다. 카터 직전과 직후의 다른 대통령들과 비교해 보면 그는 예외적인 인물이었다. 카터의 세계관은 경제 저격수의 세계관과는 달랐다.

반대로 레이건은 세계 제국 건설에 앞장서는 인물이자 기업 정치의 하수인이었다. 레이건이 대통령에 당선되었을 때 나는 그가 거물의 지시를 따르고 그들의 심기를 거스르지 않도록 처신하는 법을 잘 아는 할리우드 배우답다고 생각했다. 레이건은 기업 경영진, 은행 이사회, 정부 고위 관직을 오가는 사람들과 잘 어울릴 법한 그런 사람이었다.

레이건은 부통령인 조지 H. W. 부시, 국무부 장관 조지 슐츠, 국방부 장관 캐스퍼 와인버거를 비롯해 리처드 체니, 리처드 헬름스, 로버트 맥나마라 등 겉보기에는 대통령을 위해 일하는 것처럼 보이지만 실제로는 미국 정부를 손아귀에 쥐고 있는 사람들을 위해 일했다. 그들이 원하는 걸 얻을 수 있도록 노력할 사람이었다. 전 세계와 그 자원을 지배하는 미국, 미국의 명령에 따르는 세계, 미국이 정한 규칙대로 움직이는 미군, 미국을 세계 제국의 CEO로 받들어 모시는 세계 무역 체제와 은행 시스템, 이것이 바로 그들이 원하는 것이었다.

앞날을 생각하니 점점 경제 저격수가 활동하기에 편한 세상이 되어 갈 거라는 생각이 들었다. 경제 저격수를 그만두기로 마음먹었을 때 이런 상황이 펼쳐지는 것은 또 다른 운명의 장난이었다. 그러나 생각할수록 그만두는 편이 낫다는 확신이 생겼다. 그만두기에 적절한 시점이었다.

미래를 알려 주는 수정 구슬 같은 건 없으니 장기적으로 어떤 일이 벌어질지 정확하게 알 수는 없었다. 그러나 역사를 돌아보면 제국은 결코 영원하지 않고 추는 언제나 양방향으로 움직인다. 롤도스 같은 사람들은 희망을 줬다. 에콰도르의 새 대통령 하이메 롤도스는 이런 미묘한 시류를 대부분 이해하고 있을 거라는 생각이 들었다. 롤도스는 토리호스를 존경했고 파나마 운하 문제에 대처하는 카터의 용기 있는 행동을 칭송했다. 롤도스는 절대로 흔들리지 않을 거라는 확신이 들었다. 여러 나라의 지도자들이 롤도스나 토리호스 같은 사람들이 줄 수 있는 그런 영감을 필요로 하는 시대였다. 롤도스가 보여 준 불굴의 의지가 그들에게 희망의 불꽃을 비춰 주기만을 바랐다.

1981년 초, 롤도스 행정부는 에콰도르 의회에 새로운 탄화수소법안을 제출했다. 법안이 통과되면 석유 회사와 에콰도르의 관계가 대대적인 변화를 맞이할 것이 분명했다. 롤도스 행정부의 결정은 여러모로 가히 혁명적이었으며 심지어 급진적이었다. 탄화수소법안의 목적은 재계의 사업 방식을 바꾸는 것이 틀림없었고, 법안이 통과되기만 하면 에콰도르를 넘어 중남미 각국과 전 세계에 영향을 미칠 가능성이 컸다.[1]

석유 회사들은 예상대로 석유 생산을 전면 중단해 버렸다. 석유 회사의 홍보 담당자들은 하이메 롤도스를 비방하는 작업에 돌입했고, 로비스트들은 협박과 돈으로 가득한 서류 가방을 들고 키토와 워싱턴을 오갔다. 이들은 에콰도르 근대 역사에서 민주적인 방법으로 선출된 최초의 대통령을 카스트로와 다름없는 공산주의자로 만들기 위해 각고의 노력을 기울였다. 하지만 롤도스는 협박에 굴하지 않았다. 롤도스는 오히려 정치와 석유, 그리고 종교의 결탁을 비난했다. 구체적인 근거를 내놓지는 못했지만 서머언어학연구소가 석유 회사와 결탁했다고 공개적으로 비난했다. 롤도스는 한 걸음 더 나아가 서머언어학연구소의 철수를 명령하는 극단적일 정도로 대담한 행보를 택했다.[2]

법안을 의회에 상정한 지 몇 주가 흐른 후, 그리고 서머언어학연구소 소속 선교사들을 내쫓은 지 며칠 만에, 롤도스는 석유 회사를 비롯한 모든 외국 기업과 관계자들에게 에콰도르 국민에게 도움이 되는 계획안을 수립하지 않으면 모두 추방당할 것이라고 경고했다. 롤도스는 키토에 있는 아타왈파 올림픽 경기장에서 중요한 연설을 끝낸 후 에콰도르 남부의 작은 마을로 날아갔다.

1981년 5월 24일, 롤도스가 끔찍한 비행기 사고로 사망했다.[3]

전 세계가 충격에 빠졌다. 중남미 사람들은 분노로 몸을 떨었다. 중남미 언론들은 일제히 "CIA의 암살 공작!"이라는 기사를 쏟아 냈다.

미 정계와 석유 회사들이 롤도스를 싫어했다는 사실 외에도 이런 주장을 뒷받침할 근거가 많았고 더 많은 사실이 알려질수록 의심은 커져만 갔다. 증명된 것은 없었지만, 롤도스가 암살 가능성에 대한 사전 경고를 듣고 이동 시 두 대의 비행기를 이용하는 등 항상 주의를 기울였다고 여러 사람이 증언했다. 그런데 마지막으로 비행기에 탑승하기 직전, 보안 책임자 중 한 명이 위장용으로 사용할 예정이었던 비행기에 탑승하도록 유도한 것으로 알려졌다. 바로 그 비행기가 폭발했다.

전 세계의 비난에도 불구하고 미국에서는 이 소식이 거의 기사화되지 않았다.

오스발도 우르타도가 하이메 롤도스의 뒤를 이어 에콰도르의 대통령이 됐다. 우르타도 행정부는 서머언어학연구소를 에콰도르로 다시 불러들이고 관계자들에게 특별 비자도 발급해 주었다. 1981년 말, 우르타도는 텍사코를 비롯한 해외 기업들이 과야킬 만과 아마존 지역에서 좀 더 많은 석유를 시추할 수 있도록 야심 찬 계획을 채택했다.[4]

오마르 토리호스는 롤도스를 칭송하며 "형제"라고 부르곤 했다. 그리고 자기가 암살당하는 악몽을 꾼다고 고백한 적이 있다. 꿈속에서 그는 커다란 불덩이에 휩싸인 채 하늘에서 떨어졌다고 했다. 그의 꿈은 결국 현실이 되고 말았다.

29장
이번에는 파나마, 또 다른 대통령의 죽음

롤도스의 사망 소식을 듣고 경악을 금치 못했다. 그러나 어쩌면 그러지 말았어야 할지도 모르겠다. 내가 너무 순진했다. 나는 아르벤스, 모사데크, 아옌데가 어떤 운명을 맞이했는지 잘 알고 있었다. 거기에다 신문이나 역사책에 이름조차 난 적 없는 수많은 사람이 미국의 기업정치에 맞서 싸웠다는 이유만으로 목숨을 잃거나 처절하게 파멸당하는 모습을 수없이 봐 왔다. 그럼에도 롤도스의 소식은 너무나 충격적이었다. 레이건이 미국 대통령에 취임한 지 불과 넉 달 만에 이런 일이 벌어지다니 너무 노골적이라는 생각이 들었다.

우리 경제 저격수들이 사우디아라비아에서 경이로운 성공을 거뒀으니 기업 정치에 참여하는 세력들이 방자할 정도로 뻔뻔한 행동을 더 이상 저지르지 않을 거라고 믿었다. 자칼은 모두 동물원에 갇힌 신세가 됐다고 여겼다. 그러나 내 생각은 틀렸다. 롤도스가 우연한 사고로 사망한 것이 아님은 너무나 자명했다. CIA에서 암살을 주도했다는 증거 또한 곳곳에서 드러났다. 강력한 메시지를 전할 작정으로 그토록 노골적인 짓을 벌인 게 틀림없었다. 잽싸게 총을 뽑아 드는 할리우드 영화 속 카우보이 같은 이미지를 갖고 있는 레이건 행정부는 이런 메시지를 전달하기에 이상적이었다. 오마르 토리호스든 누구든 미국의 기업 정치에 반기를 드는 모든 사람에게 자칼이 돌아왔다는 메시지를 전할 작정이었다.

그러나 토리호스는 굴하지 않았다. 롤도스가 그랬듯 어떤 협박에도 흔들리지 않았다. 토리호스 역시 서머언어학연구소를 몰아냈고 레이건 행정부의 운하 조약 재협상 요구를 단호하게 거절했다.

롤도스가 사망한 지 두 달 만에 오마르 토리호스의 악몽이 현실이 됐다. 1981년 7월 31일, 토리호스마저 비행기 사고로 목숨을 잃었다.

중남미와 전 세계가 충격에 휩싸였다. 토리호스는 세계적으로 잘 알려진 인물이었다. 미국이 파나마 운하에 대한 권리를 적법한 주인에게 돌려주게 만들고 로널드 레이건에게도 맞서 싸웠다는 이유로 많은 존경을 받았다. 오마르 토리호스는 인권의 수호자였으며 이란 국왕을 비롯해 정치 성향을 막론하고 모든 난민에게 두 팔을 벌린 파나마 지도자였다. 많은 사람이 카리스마 넘치는 목소리로 사회 정의를 외친 토리호스가 노벨 평화상 후보로 지명될 거라고 믿었다. 그랬던 토리호스가 죽었다. "CIA의 암살 공작!"이라는 제목의 기사와 사설이 또다시 쏟아졌다.

미국 정부에는 CIA의 공작 활동을 조사하라는 요청이 빗발쳤다. 하지만 그런 일이 일어날 리가 없었다. 미국에는 토리호스를 싫어하는 사람들이 많았고 그중에는 엄청난 권력을 쥔 사람들도 많았다. 영향력 있는 기업의 CEO들은 말할 것도 없고, 레이건 대통령, 부시 부통령, 와인버거 국방부 장관, 합참 의장 등 많은 사람이 토리호스 생전에 드러내 놓고 그를 미워했다.

미국 정부와 유착 관계를 맺은 대표적인 민간 기업으로 벡텔이 있었다. 나는 벡텔에 대해 잘 알았다. 메인에서 일할 때 벡텔과 긴밀하게 협력한 적이 많았고 벡텔의 수석 설계자와도 친분이 있었다. 벡텔은 미국에서 가장 영향력 있는 토목 건설 기업이었다. 조지 슐츠, 캐스퍼 와인버거 등 벡텔 사장과 고위 경영진은 파나마 운하를 좀 더 새롭고 효율적인 것으로 바꾸기 위해 대담하게도 일본 업체를 끌어들였다는 이유로 토리호스를 매우 싫어했다.[1] 실제로 일본 기업이 파나마 운하 프로젝트를 맡게 되면 운하의 소유권이 미국에서 파나마로 넘어가는 데서 끝나지 않을 게 뻔했다. 그렇게 되면 20세기를 통틀어 가장 흥미진진하고 수입이 짭짤한 토목 프로젝트에서 벡텔이 제외될 수밖에 없었다.

토리호스는 이들에게 맞섰다. 그런 그가 이제 세상을 떠났고 토리호스와는 달리 재치나 카리스마, 지혜가 부족한 마누엘 노리에가가 대통령이 됐다. 파나마의 새 대통령이 세계 곳곳에 숨어 있는 레이건, 부시가, 벡텔 같은 존재들에 맞서 싸울 거라고 믿는 사람은 많지 않았.

토리호스가 살아 있었다면 중남미와 카리브해 연안에 있는 많은 나라를 괴롭히는 폭력을 누그러뜨릴 방법을 틀림없이 찾아냈을 것이다. 과거의 행적에 미뤄 볼 때, 토리호스는 외국 석유 회사들이 에콰도르, 브라질, 콜롬비아, 페루에 걸친 아마존 지역을 파괴하지 못하도록 저지하는 협상을 끌어내려고 애썼을 것이다. 토리호스가 이런 성과를 거뒀더라면 미국 정계가 테러리스트와의 전쟁, 혹은 마약과의 전쟁이라고 부르는 끔찍한 갈등이 대거 줄어들었을 것이다. 토리호스는 이를 미국을 비롯한 여러 나라의 부패한 정치인과 사법 관계자들, 그리고 절박함과 분노에 휩싸인 사람들 때문에 생겨난다고 여겼을 것이다. 무엇보다 중요한 것은 만약 토리호스가 암살당하지 않았더라면 미 대륙, 아프리카, 아시아의 젊은 지도자들에게 훌륭한 롤모델이 되었을 거라는 사실이었다. 그것이 바로 CIA와 NSA, 경제 저격수들이 도저히 토리호스를 내버려 둘 수 없었던 이유이기도 했다.

30장

나의 에너지 회사와 조지 W. 부시

　토리호스가 세상을 떠난 건 파울라와 헤어진 지 몇 달쯤 되었을 무렵이었다. 당시 나는 메인의 환경 계획가였던 위니프리드 그랜트를 비롯한 여러 여자와 데이트를 하고 있었다. 위니프리드의 아버지는 벡텔의 수석 설계자였다. 파울라는 콜롬비아인 기자와 사귀고 있었고 우리는 친구로 남았다.

　전문가 증인의 역할을 잘 해내려고 애썼다. 특히 시브룩 원전 건설 계획을 정당화하기 위해 고군분투했다. 돈을 위해 영혼을 팔던 시절로 되돌아간 듯한 기분이 종종 들기도 했다. 이 기간에 위니프리드가 내게 큰 도움이 되었다. 그녀는 자타가 공인하는 환경 보호론자였지만 전력 수요가 점점 늘어나는 현실을 이해했다. 샌프란시스코 이스트베이의 버클리 지역에서 성장한 위니프리드는 UC버클리를 졸업했으며, 청교도적인 성향의 나의 부모님이나 앤과는 전혀 다른 인생관을 갖고 있었다.

우리 둘의 관계는 나날이 발전했다. 메인을 휴직한 위니프리드와 함께 요트를 타고 대서양 해안을 따라 플로리다로 내려갔다. 우리는 많은 시간을 함께 보냈다. 요트를 항구에 세워 둔 채 전문가 증인 노릇을 하기 위해 비행기를 타고 다른 도시로 날아가기도 했다. 항해 끝에 플로리다의 웨스트팜비치에 도착한 우리는 아파트를 빌렸다. 결혼식을 올렸고, 1982년 5월에는 딸 제시카가 태어났다. 앤과 나 사이에는 자녀가 없었다. 당시 서른여섯이었던 나는 임산부를 위한 라마즈 호흡법 강좌를 듣는 사람들 중에 가장 나이가 많았다.

시브룩 원전과 관련해 내가 맡은 업무에는 뉴햄프셔 공공서비스위원회를 상대로 가장 적절하고 경제적인 전력 생산 방법이 원자력 발전이라고 설득하는 것이 포함되어 있었다. 그러나 시브룩 원전 건설 계획을 파고들수록 의구심은 커져만 갔다. 그 무렵 새로운 연구 결과가 계속 쏟아져 나왔다. 원자력 에너지보다 기술적으로 뛰어나고 경제적이며 훨씬 안전한 대체 에너지가 많다는 증거가 속속 드러났다.

그러던 어느 날, 뉴햄프셔 공공서비스회사 관계자들에게 더는 그들을 위해 증언할 수 없다고 통보했다. 결국 나는 엄청난 부를 안겨 줄 전문가 증인 일을 포기하고 개발 단계에 있는 신기술을 실제로 활용하는 회사를 세우기로 결심을 굳혔다.

제시카가 태어나고 몇 달이 지난 후에 '인디펜던트파워시스템스(Independent Power Systems, IPS)'라는 회사를 세웠다. 환경에 도움이 되는 발전소를 개발해 다른 기업들이 뒤따를 만한 선례를 세우는 것이 회사의 목표였다. 위험 부담이 큰 사업이었고 경쟁 기업들도 대개 실패했다. 그러나 뜻밖의 우연이 찾아왔다. 사실 누군가가 도움의 손길을 내밀 때마다 과거에 내가 경제 저격수로서 공을 세우고 이와 관련해 입을 열지 않은 덕분에 보상이 주어지는 거라고 확신했다.

브루노 잠보티는 메인에서 해고당한 후 미주개발은행에서 고위직을 맡고 있었다. 내 회사의 이사직을 수락한 브루노는 신생 회사였던 인디펜던트파워시스템스의 자금 조달을 돕기로 했다. 우리는 뱅커스 트러스트(Bankers Trust), ESI에너지, 프루덴셜 보험사(Prudential Insurance Company), 채드본앤드파크(Chadbourne & Parke, 월 스트리트의 주요 로펌 중 하나로, 미국의 상원의원을 지냈으며 대선 출마 경험이 있고 국무부 장관을 역임한 에드 머스키가 파트너로 일했다.), 라일리 스토커(Riley Stoker Corporation, 애슐랜드오일이 소유한 기업으로 최첨단 기술을 활용해 혁신적인 발전소용 보일러를 설계하고 건설하는 일을 한다.) 등으로부터 자금을 지원받았다. 이와 더불어 미 의회도 도움을 주었다. 의회가 특정한 세금을 면제받을 수 있도록 도와준 덕에 나는 경쟁 업체들보다 유리한 위치에 서게 되었다.

1986년, 인디펜던트파워시스템스와 벡텔은 거의 같은 시기에 폐탄을 이용하지만 산성비를 유발하지 않는 혁신적인 최첨단 기술을 이용해 발전소를 짓기 시작했다. 그 무렵에 사람들은 탄소 배출보다는 산성비(이산화황, 질소산화물, 미세먼지)를 훨씬 걱정했다. 1980년대 말경, 인디펜던트파워시스템스와 벡텔이 설립한 두 발전소는 전력 업계에 일대 혁신을 몰고 왔다. 두 발전소로 인해 폐기물로도 얼마든지 전기를 생산할 수 있으며, 산성비를 유발하는 성분을 배출하지 않고도 석탄을 태울 수 있다는 것이 증명됐다. 또한 오랫동안 에너지 기업들이 고수해 온 주장이 모두 틀렸다는 것이 입증됐다. 그 덕에 오염 방지법이 새롭게 도입되었다. 뿐만 아니라 인디펜던트파워시스템스가 지은 발전소는 규모가 작은 독립 기업도 월 스트리트와 다른 전통적인 수단을 활용하면 얼마든지 검증되지 않은 최첨단 기술을 상용화하는 데 필요한 돈을 조달할 수 있다는 사실을 증명해 보였다.[1] 여기에 더해 우리 회사의 발전소는 전기를 만들 때 생겨난 열을 식히기 위해 냉각 연못이나 냉각탑을 사용하지 않았다. 대신 약 4,300평의 수경 재배 온실에 그 열을 공급했다.

인디펜던트파워시스템스 사장으로 일하다 보니 에너지 산업에 대한 안목이 생겼다. 나는 회사를 운영하면서 변호사, 로비스트, 투자 은행가, 대기업의 고위급 간부 등 가장 영향력 있는 사람들을 상대하게 되었다. 벡텔에서 30년이 넘게 일한 끝에 수석 설계자가 된 장인어른도 큰 도움이 됐다. 당시 장인어른은 사우디아라비아의 도시 건설을 책임지고 있었다. 사실상 사우디아라비아 도시 건설 사업 자체가 1970년대 초에 내가 진행한 사마 프로젝트의 직접적인 결과로 생겨난 것이었다.

에너지 업계에는 대대적인 변화의 바람이 불고 있었다. 대형 토목 기업들은 특정 지역을 독점하는 전력 업체들을 인수하기 위해 열을 올렸고, 전력 기업들과 경쟁하려 드는 경우도 있었다. 사방에서 규제 완화에 관한 이야기가 들려왔고 하룻밤 새 규정이 바뀌기도 했다. 법원과 의회가 당혹스러워하는 상황을 잘 이용하려는 야심 가득한 사람들에게 많은 기회가 주어졌다. 에너지 업계 전문가들은 그런 분위기를 두고 "에너지 업계의 서부 시대"라고 묘사했다.

이런 혼란에 희생된 회사 중 하나가 메인이었다. 브루노가 예측한 대로 맥 홀은 현실을 직시하지 못했고 그에게 진실을 말해 주는 사람은 없었다. 폴 프리디는 힘이 없었다. 메인의 경영진은 에너지 업계의 넘쳐나는 기회를 잘 활용하지 못했을 뿐 아니라 치명적인 실수를 연발했다. 브루노가 기록적인 수익을 창출한 지 몇 년이 채 되지 않아 메인은 더 이상 경제 저격수를 배출하지 못했고 결국 재정난을 겪게 되었다.

메인의 지분을 가지고 있던 파트너들은 시류를 잘 타고 있는 한 토목 건설 업체에 회사를 팔아넘겼다.

메인을 떠났던 1980년에 나는 한 주당 거의 30달러를 받고 메인 주식을 처분했다. 그러나 나머지 파트너들은 4년 후에 그 절반도 채 받지 못했다. 100여 년에 빛나는 '자랑스러운' 역사가 치욕스럽게 막을 내렸다. 끝까지 남아 있던 동료들을 생각하니 마음이 아팠지만 그래도 떠나기를 잘했다는 생각이 들었다. 새로운 경영진이 한동안 메인이라는 이름을 고수했지만 결국 그 이름마저 사라졌다. 한때 전 세계를 주름잡았던 메인의 로고는 기억 속으로 사라졌다.

석유와 국제 정세에 관심이 많은 사람들의 입에 자주 오르내리던 또 하나의 관심거리가 있었다. 바로 부통령의 아들인 조지 W. 부시였다. 아들 부시가 세운 첫 석유 회사 아르부스토(부시의 이름과 철자가 같은 영어 단어 bush는 '덤불'을 뜻하며, 회사의 이름인 Arbusto는 스페인어로 '덤불'을 뜻한다.)는 완전한 실패작이었다. 그러나 1984년에 스펙트럼세븐(Spectrum 7)과 합병하여 간신히 명맥을 유지했다. 그 후 스펙트럼세븐 역시 파산 위기를 맞이했고 결국 1986년에 하켄에너지에 매각되었다. 아들 부시는 하켄에너지의 이사 겸 고문으로 재직하며 12만 달러의 연봉을 받았다.(2022년의 가치로 환산하면 약 31만 5000달러에 달하는 금액이다!)[2]

아들 부시는 석유 회사 임원으로서 그럴듯한 성과를 내지 못했다. 그런 탓에 우리는 부통령인 아버지 덕에 아들 부시가 그 자리를 차지한 거라고 생각했다. 하켄에너지가 창립 후 처음으로 세계 무대에 진출하고 중동 지역 석유에 투자할 기회를 적극적으로 찾아 나서게 된 것도 결코 우연이 아닌 듯했다. 미국의 패션지 《배너티 페어》는 "부시가 이사가 되자 하켄에 놀라운 일이 생기기 시작했다. 새로운 투자처를 찾아내고, 예기치 못한 곳에서 자금을 조달하고, 기대하지 않았던 석유 채굴권을 따냈다."라는 기사를 내놓았다.[3]

미국 석유 회사 아모코(Amoco)가 해양 석유 채굴권을 따내기 위해 바레인 정부와 협상 중이었던 1989년, 부통령이었던 아버지 부시가 대통령에 당선되었다. 부시가 대통령에 당선된 직후, 국무부 고문이었던 마이클 아민은 바레인 주재 미국 대사로 임명된 찰스 호슬러에게 브리핑하는 역할을 맡게 됐다. 아민은 바레인 정부와 하켄에너지 간의 회담을 주선했다. 갑자기 아모코가 밀려나고 하켄이 그 자리를 꿰찼다. 하켄은 그전까지 미국 동남부 이외 지역에서 석유를 채굴한 적이 없었으며 해양 석유 채굴 경험 또한 전무했다. 그런데도 하켄은 바레인에서 석유를 채굴할 수 있는 독점권을 따냈다. 아랍권에서 유례없는 일이었다. 몇 주 만에 하켄에너지의 주가는 주당 4달러 50센터에서 5달러 50센트로 20퍼센트가 뛰었다.[4]

에너지 업계에 오래 몸담고 있던 사람들도 바레인에서 일어난 일을 보며 큰 충격을 받았다. 에너지 업계 전문 변호사이며 공화당을 열렬하게 후원하는 한 친구는 말했다. "아들 부시가 아버지가 대가를 치러야 할 만한 짓을 하지 않으면 좋겠어." 그때 우리는 세계무역센터 꼭대기에 있는 바에서 칵테일을 마시며 이런 대화를 나눴다. 친구는 충격을 받아 실망한 말투로 "정말 그럴 만한 가치가 있는 일인지 궁금해."라고 말하더니 슬픈 듯 고개를 저었다. "아들의 경력이라는 게 대통령 자리를 걸 만큼 중요한 걸까?"

나는 친구들만큼 놀라지는 않았는데, 아마 내가 좀 남다른 관점을 갖고 상황을 지켜봤기 때문일 것이다. 나는 쿠웨이트, 사우디아라비아, 이집트, 이란 등 여러 정부를 위해 일한 경험이 있었다. 그 덕에 중동의 정치 생리에 익숙했다. 부시 역시 나와 다른 경제 저격수들이 만들어 놓은 네트워크의 일부임을 알았으며, 그들은 봉건 시대의 영주나 농장 주와 다를 바가 없었다.[5]

31장

뇌물

 이 무렵, 세계 경제가 새로운 시대에 접어들고 있다는 깨달음이 밀려왔다. 한때는 내 우상이었던 로버트 맥나마라가 국방부 장관과 세계은행 총재로 군림하는 동안 내가 가장 두려워했던 것보다 더한 일들이 벌어졌다. 맥나마라가 지지하는 케인스식 경제 접근 방법과 리더십 전략이 널리 퍼졌다. 제2차 세계대전 이후 생겨난 최초의 경제 저격수 물결이 다양한 분야의 기업 경영진에게까지 퍼져 나갔다. NSA에서 이들을 고용하거나 별도로 관리하지는 않았다. 그러나 이들이 하는 일은 나와 동료들이 하는 일과 비슷했다.

 유일한 차이점은 기업 임원들은 국제 은행들로부터 자본을 조달하는 일까지 직접 할 필요가 없다는 것뿐이었다. 경제 저격수들이 계속해서 활발하게 움직였지만 기업 임원들은 기존의 경제 저격수들보다 훨씬 사악했다. 1980년대에는 젊은이들이 수익성 개선이라는 목적을 위해서는 수단과 방법을 가릴 필요가 없다고 믿으며 중간 관리직에 올랐다. 세계 제국은 그저 더 많은 돈을 벌기 위한 수단일 뿐이었다. 제2의 경제 저격수 물결이 점점 거세졌다.

내가 활동했던 에너지 업계에서 이런 움직임이 두드러졌다. 1978년에 의회에서 통과된 공익사업규제정책법안(Public Utility Regulatory Policy Act, PURPA)은 여러 가지 법적 방해물을 넘어 1982년에 마침내 시행됐다. 의회가 이 법안을 구상한 애초의 목적은 인디펜던트파워시스템스 같은 소규모 독립 기업들이 대체 에너지를 개발하거나 그 외의 혁신적인 전력 생산 접근 방법을 생각해 낼 수 있도록 독려하는 것이었다. 이 법은 대규모 전기 회사들이 중소기업이 생산한 에너지를 합리적이고 정당한 값('회피 비용')에 구매하도록 규정했다. 이런 정책이 시행된 것은 수입 석유든 미국 내에서 채굴한 석유든 종류를 막론한 모든 석유에 대한 미국의 의존도를 줄이겠다는 카터 대통령의 의지 때문이었다. 미국의 기업가 정신을 이어받은 독립 기업들의 성장을 돕고 대체 에너지원 개발을 장려하는 것이 바로 이 법의 명확한 의도였다. 그러나 현실은 매우 달랐다.

1980년대를 거쳐 1990년대에 접어들자 정부는 기업가 정신보다 규제 완화에 초점을 맞췄다. 시카고학파의 선봉에 선 밀턴 프리드먼은 사회나 환경의 측면에서 얼마나 많은 비용이 발생하든 기업의 유일한 목적은 이윤을 극대화하는 것이며 정부의 규제는 대체로 불필요하고 비생산적이라는 주장을 앞세워 노벨 경제학상을 받았다. 공격적인 리더십을 강조하는 맥나마라의 접근 방법과 시카고학파의 주장을 신봉하는 CEO들은 오로지 수익성을 높이는 데 몰두했다. 에너지 업계에서 가장 돈이 많은 기업들 역시 이런 변화를 시장 지배력과 점유율, 수익성을 높이기 위해서는 무슨 짓이든 해도 좋다는 허가증쯤으로 여겼다. 기업들은 공익사업규제정책법안이 혁신적인 접근 방법을 개발하고 새로운 에너지원을 찾도록 장려하기 위해 탄생했다는 애초의 목적 따위는 간단하게 외면했다.

덩치가 큰 토목 건설 기업과 전력 회사들이 대부분의 소규모 독립 기업들을 집어삼키는 모습을 나는 두려움에 떨며 지켜봤다. 전력 회사들은 규제의 허점을 파고들어 지주 회사를 설립했다. 지주 회사를 세우면 규제 대상인 전력 기업과 규제 대상이 아닌 독립 에너지 생산 기업을 모두 소유할 수 있었기 때문이다. 소규모 독립 기업을 파산으로 내몬 다음 매수할 기회를 노릴 작정으로 공격적인 프로젝트를 진행하는 곳이 많았다. 반대로 아예 새로운 독립 에너지 기업을 설립하는 곳도 있었다.

석유 의존도를 낮추려는 정책은 좌절되고 말았다. 레이건은 애초에 석유 회사 덕에 대통령이 된 인물이었고, 조지 H. W. 부시 역시 석유로 떼돈을 번 사람이었다. 뿐만 아니라 레이건 행정부와 부시 행정부의 주요 인사 및 내각 각료들은 둘 중 하나였다. 석유 산업과 직접적인 관련이 있는 부류거나, 석유 산업과 밀접한 관련이 있는 토목 건설 업체와 엮인 부류였다. 게다가 석유와 건설은 정당을 가리지 않았다. 민주당 의원들 역시 상당수가 이런 산업을 통해 많은 돈을 벌어들이거나 관련 업계로부터 도움을 받은 사람들이었다.

인디펜던트파워시스템스는 환경친화적인 에너지를 만들겠다는 비전을 고수했다. 우리는 공익사업규제정책법안의 취지에 맞게 행동하면서 제법 그럴듯하게 자리를 지켜 나갔다. 사실 단순히 살아남는 데 그치지 않고 계속 번성하던 몇 안 되는 독립 업체 중 하나였다. 기업 정치가 발전할 수 있도록 힘을 보탰기 때문에 그랬던 게 틀림없다.

에너지 업계에서 일어나는 일을 보면 어떤 추세가 전 세계에 영향을 미치는지 알 수 있었다. 세계 각국의 정부와 재계 지도자들은 '이윤 극대화'를 강조하는 밀턴 프리드먼의 논리를 알리는 데 앞장섰다. 사회복지, 환경, 삶의 질과 관련된 문제들은 모두 사라지고 탐욕만이 대두됐다. 그 과정에서 민간사업 활성화가 과도할 정도로 중요하게 여겨졌다. 처음에는 민간사업의 활성화를 정당화하기 위해 여러 이론적인 근거가 따라붙었다. 자본주의가 공산주의보다 우월하며, 자본주의가 발전해야 공산주의를 무너뜨릴 수 있다는 논리도 그중 하나였다. 시간이 흐르자 이런 노력도 불필요해졌다. 정부가 주도하는 것보다 부유한 투자자가 진행하는 프로젝트가 훨씬 더 나을 때가 있다는 주장이 당연하게 받아들여졌다. 세계은행 같은 국제기구들도 이런 개념을 수용하게 되면서 수자원 관리, 오수 처리, 통신망, 전력망 등 그동안 정부가 담당했던 분야의 규제를 완화하고 민영화해야 한다고 주장하기에 이르렀다.

그 결과 경제 저격수의 개념을 좀 더 손쉽게 많은 사람에게 퍼뜨릴 수 있게 되었다. 이전에는 나와 몇몇 동료들이 은밀하게 진행했던 일을 다양한 업계에서 일하는 임원들과 함께 진행하게 된 셈이었다. 이들은 세계 전역으로 퍼져 나갔고, 가장 저렴한 노동력과 가장 쉽게 손에 넣을 수 있는 자원, 가장 커다란 시장을 찾아냈다. 이들의 접근 방식은 무자비했다. 인도네시아, 파나마, 콜롬비아 등지에서 나 같은 경제 저격수들이 그랬던 것처럼 자신들의 나쁜 행동을 합리화시킬 방법을 찾아냈다. 그리고 우리가 그랬던 것처럼 지역 사회와 나라 전체를 혼란에 빠뜨렸다. 부를 안겨 주겠다고 약속하며 민간 기업들이 외국 자본을 빌리도록 부추기고, 학교와 고속도로를 짓고 전화, TV, 무상 의료 서비스를 제공했다. 그러다가 좀 더 저렴한 노동력과 좀 더 손쉽게 얻을 수 있는 자원을 발견하면 곧장 떠나 버렸다. 희망을 한껏 부풀려 놓고 그냥 떠나 버린 탓에 치명적인 결과가 나타날 때도 있었지만, 이들은 단 한 순간도 주저하거나 고민하지 않고 뒤돌아섰다. 새로운 경제 저격수들이 만들어 낸 잔물결이 모여 제2의 거대한 물결이 생겨났다.

그러나 나는 이들이 어떤 생각을 하는지 궁금했다. 내가 그랬듯이 이들도 자신이 무슨 짓을 하는 것인지 의심할까? 악취가 풍기는 운하 옆에 서서, 젊은 여자가 몸을 씻고 있는데 상류에서는 늙은 남자가 배설하는 모습을 지켜본 적이 있을까? 하워드 파커처럼 대답하기 어려운 질문을 던지는 사람이 더 이상 없는 걸까?

사업은 번창했고 가정생활도 행복했지만 심각할 정도의 환멸감이 밀려들곤 했다. 나는 한 소녀의 아빠가 되었고, 그 아이가 마주하게 될 미래가 두려웠다. 내가 했던 일로 인한 죄책감에 짓눌렸다.

지난날을 돌아보면 매우 충격적인 역사적 추세가 훤히 보였다. 현대식 세계 금융 체제가 생겨난 것은 제2차 세계대전이 끝날 무렵이었다. 당시 많은 나라의 지도자들이 내 고향인 뉴햄프셔주의 브레턴우즈에 모여 새로운 금융 체제에 대해 논의했다. 논의 끝에 폐허가 된 유럽을 재건할 작정으로 세계은행과 IMF를 발족했고, 그 결과는 대성공이었다. 새로운 금융 체제는 빠르게 성장했다. 미국의 주요 동맹국들은 이 금융 체제가 압제를 막기 위한 만병통치약이라도 되는 양 기뻐했다. 이 금융 체제가 공산주의의 사악한 손길로부터 우리 모두를 구해 줄 것이라고 믿었던 것이다.

그러나 이 모든 것이 우리를 어디로 이끌지 궁금해하지 않을 수 없었다. 1980년대 말, 소련 붕괴가 코앞으로 다가오고 공산주의 운동의 열기가 시들해지자 새로운 금융 체제의 목적이 공산주의 억제가 아니없음이 분명해졌다. 자본주의에 뿌리를 둔 세계 제국이 전 세계를 마음껏 주무르게 되었다는 사실 또한 자명해졌다.

이런 문제에 대한 고민에 빠졌던 1987년에 '경제 저격수의 양심(Conscience of an Economic Hit Man)'★이라는 제목으로 모든 진실을 밝히는 책을 쓰기로 마음먹었다. 그러나 비밀을 지키기 위한 노력은 하지 않았다. 나는 남몰래 글을 쓰기보다는 오히려 주변 사람들과 활발하게 소통해야 글이 잘 써지는 부류였다. 다른 사람들을 통해 영감을 얻기도 하고 전화 통화를 하며 과거의 기억을 떠올리거나 지난 시간을 좀 더 객관적으로 바라볼 수 있었다. 다른 경제 저격수와 자칼들의 이야기도 책에 집어넣고 싶었던 탓에 옛날에 알고 지냈던 사람들에게도 연락을 했다.

그 무렵, 나와 아직 어린 딸 제시카의 목숨을 위협하는 익명의 전화 한 통이 걸려 왔다. 그 후에 또다시 한 통의 전화를 받았다. 더럭 겁이 났다. 자칼이 어떤 짓까지 할 수 있는지 나는 잘 알고 있었다. 그러나 어떻게 해야 할지 갈피를 잡을 수 없었다. 한 번 들어오면 절대로 나갈 수 없다는 클로딘의 경고가 머릿속에 울려 퍼졌다. 내가 어떤 방법을 선택할 수 있었을까?

두 번째 전화를 받은 다음 날, 메인의 파트너였던 인물이 내게 전화를 걸어 왔다. 스톤앤드웹스터와 파격적인 조건으로 계약을 하고 컨설팅을 맡으라는 제안이었다. 스톤앤드웹스터는 세계 최고의 토목 건설 기업 중 한 곳으로, 에너지 업계를 둘러싼 환경이 급변하는 틈을 타 그 분야로 진출하려고 궁리 중이었다. 내게 전화를 걸어 온 메인의 전직

★ 저자가 『경제 저격수의 고백』이라는 제목으로 책을 출간하기 전에 집필하던 원고의 가제를 가리키는 듯하다.

파트너는 스톤앤드웹스터가 새 자회사를 만들었으며, 일종의 독립적인 에너지 개발 부서의 역할을 하는 이 자회사에 컨설팅 서비스를 제공하면 된다고 설명했다. 내가 설립한 인디펜던트파워시스템 같은 회사를 본떠서 만든 회사라는 설명도 덧붙였다. 옛날처럼 국제 무대에서 활동하거나 경제 저격수 노릇을 하라는 것이 아니어서 마음이 한결 가벼웠다.

사실 내가 할 일이 그리 많은 건 아니라고 했다. 나는 독립 에너지 기업을 설립해 잘 꾸려 나간 몇 안 되는 사람 중 하나였고 에너지 업계에서 평판이 훌륭했다. 스톤앤드웹스터가 원하는 것은 내 이력을 활용해 자문 위원 명단에 내 이름을 올리는 것이었다. 불법적인 일이 아니었을 뿐더러 통상적인 업계 관행이기도 했다. 여러 가지 이유로 회사 매각을 고민하던 중이었기 때문에 특히 매력적인 제안이었다. 스톤앤드웹스터에서 일하면 안정성도 보장받고 거액의 돈도 벌 수 있다는 사실이 무척 만족스러웠다.

계약을 체결하던 날, 스톤앤드웹스터의 CEO가 단둘이 점심을 먹자고 연락해 왔다. 격의 없이 대화를 나누다가 문득 내 마음 한구석에 다시 컨설팅 일을 하고 싶은 욕망이 넘치고 있다는 사실을 깨달았다. 복잡한 에너지 회사를 운영하고, 발전소 건설을 추진하며 100명이 넘는 사람들의 생계를 책임지고, 발전소를 짓고 운영하는 일련의 업무에서 오는 무거운 책임감을 짊어지고 사는 삶에서 멀어지고 싶었다. 스톤앤드웹스터가 곧 제안할 거액의 돈을 어디에 쓸지 이미 생각해 둔 상태였다. 돈을 쓸 곳은 많았지만 무엇보다 비영리 조직을 만들고 싶었다.

디저트를 먹던 중에 스톤앤드웹스터 CEO가 얼마 전에 출간된 내 책 『스트레스에서 벗어나는 습관(The Stress-Free Habit)』에 관한 이야기를 꺼냈다. 그 책에 대한 좋은 평을 많이 들었다며 칭찬을 아끼지 않았다. 그러더니 그는 내 눈을 똑바로 바라보며 물었다. "퍼킨스 씨, 앞으로도 책을 쓸 생각인가요?"

긴장감이 몰려들었다. 그런 이야기를 꺼내는 이유를 금세 눈치챌 수 있었다. 연거푸 걸려 온 협박 전화를 떠올린 나는 주저 없이 대답했다. "아니요. 지금으로서는 다른 책을 쓸 생각은 없습니다."

"잘됐군요. 우리 회사는 비밀 유지를 중요하게 생각하거든요. 메인과 마찬가지로 말입니다."

"네. 잘 알겠습니다."

그는 뒤로 기대앉으며 편안한 얼굴로 미소를 지었다. "물론, 지난번처럼 스트레스에 대처하는 방법 같은 이야기를 쓰는 건 얼마든지 괜찮습니다. 그런 책들이 경력을 발전시키는 데 도움이 될 수도 있고요. 스톤앤드웹스터의 컨설턴트로 일하는 동안에라도 그런 책은 얼마든지 쓰셔도 좋습니다." 대답을 기다리는 표정으로 나를 응시했다.

"그렇군요. 다행입니다."

"네. 그런 책은 아무런 문제도 없지요. 다만, 어떤 책을 쓰든 우리 회사 이름을 거론해서는 안 됩니다. 스톤앤드웹스터나 메인에서 했던 일의 본질을 언급하는 건 어떤 것도 안 됩니다. 정치적인 문제나 국제 은행, 개발 프로젝트 같은 것들과 관련된 글을 쓰면 안 된다는 뜻입니다." CEO가 물끄러미 나를 쳐다봤다. "그저 비밀 유지 차원에서 말씀드리는 겁니다."

나는 "당연한 말씀입니다."라는 말로 그를 안심시켰다. 한순간 심장 박동이 멈춘 듯했다. 인도네시아에서 하워드 파커와 함께 있었던 순간, 파나마시티에서 피델과 함께 차를 타고 이동하던 순간, 콜롬비아 카페에서 파울라와 함께 있었던 순간에 느꼈던 묵은 감정들이 되살아났다. 나는 다시 영혼을 팔고 있었다. 법적인 측면만 따져 본다면 내가 받은 돈이 뇌물은 아니었다. 스톤앤드웹스터 직원 명부에 내 이름을 올려 두고 가끔 회의에 참석해 컨설팅을 제공한 후 그 대가로 돈을 받는 것은 전혀 불법이 아니었다. 그러나 그들이 나를 고용하려는 진짜 이유가 무엇인지 깨달았다.

스톤앤드웹스터 CEO는 기업을 운영하는 최고위급 경영자의 급여로 어울릴 만큼 많은 돈을 제시했다.

그날 오후 나는 공항에 앉아 망연자실한 마음으로 플로리다행 비행기를 기다렸다. 매춘부가 된 기분이었다. 그보다 더 심각하게도 내 가족, 내 딸, 내 조국을 배신한 기분이 들었다. 그러면서도 내게는 선택의 여지가 없다고 중얼거렸다. 그 뇌물을 받지 않으면 자칼이 순식간에 내 딸과 나를 죽이려 들 게 뻔했다. 경제 저격수를 동원하는 시스템에 관한 공식적인 '사실' 이면에 숨어 있는 진짜 이야기를 폭로하려는 사람이라면 누구든 해치워 버렸을 게 틀림없다. 경제 저격수로 일하는 동안 내가 몇몇 국가 원수나 다른 인사들에게 적용했던 것과 매우 유사한 방식으로 나는 '저격'당하고 말았다.

32장
미국의 파나마 침공

 토리호스는 세상을 떠났지만 파나마는 여전히 내 마음속에 특별하게 남아 있었다. 당시 나는 플로리다 남쪽에 살았기 때문에 중미에서 어떤 일이 벌어지고 있는지 많은 소식을 전해 들었다. 토리호스가 남긴 유산이 계속 이어지기는 했지만, 그의 뒤를 이은 사람들은 토리호스만큼 인정이 많고 성품이 강인하지 않았다. 토리호스가 사망한 후에도 파나마는 계속해서 미국에 운하 협약 조건을 충실하게 따를 것을 요구했고, 결국 의견 차는 좁혀지지 않았다.
 토리호스의 뒤를 이은 인물은 마누엘 노리에가였다. 처음에는 토리호스의 발자취를 잘 따르는 듯했다. 노리에가를 직접 만난 적은 없지만 소문에 의하면 취임 초기에는 중남미의 가난하고 소외된 사람들을 돕기 위해 노력했던 듯했다. 노리에가가 추진한 가장 중요한 프로젝트 중 하나는 일본의 건축 기술과 자본을 이용해 새로운 운하를 짓는 방안을 계속해서 타진하는 것이었다. 예상대로 미국 정재계의 저항이 거셨다. 노리에가는 당시의 상황에 대해 다음과 같이 기록했다.

> 조지 슐츠 국방부 장관은 다국적 건설 회사 벡텔의 임원 출신이고, 캐스퍼 와인버거 국방부 장관은 벡텔의 부회장을 지냈다. 운하 건설로 수십억 달러를 벌어들일 수 있다면 벡텔에게 그보다 더 좋은 일은 없을 것이다. …… 레이건 행정부와 부시 행정부는 일본이 새 운하 건설 프로젝트를 따낼까 봐 두려워하고 있다. 안보에 대해 터무니없는 우려를 하고 있을 뿐 아니라 상업적 이익에 대해서도 걱정하는 것이다. 미국 건설 업체들은 수십억 달러를 잃을 처지가 됐다.[1]

그러나 노리에가는 토리호스가 아니었다. 그는 토리호스와 달리 카리스마나 청렴한 성품을 가지고 있지 않았다. 시간이 지나자 노리에가는 점차 마약 거래와 부패라는 불미스러운 수식어를 얻게 되었다. 심지어 토리호스를 암살할 수 있도록 CIA에 협조하고 정계 라이벌이었던 우고 스파다포라 암살을 기획했다는 의혹을 받았다.

노리에가는 파나마 방위군 G2 부대를 이끄는 대령으로 유명세를 떨쳤다. 방위군 G2 부대는 CIA와 정보를 교류하는 파나마의 군 정보 사령부였다. 노리에가는 G2 부대를 지휘하며 CIA 국장 윌리엄 J. 케이시와 돈독한 친분을 다졌다. CIA는 카리브 연안 지역과 중남미를 입맛대로 주무르기 위해 이런 관계를 이용했다. 예를 들어, 1983년에 미국이 카리브해에 위치한 작은 나라 그레나다를 침공하는 사건이 벌어졌다. 당시 미국은 카스트로에게 사전 경고를 하기 위해 노리에가를 이용했다. 케이시가 노리에가에게 메신저 역할을 부탁했던 것이다. 뿐만 아니라 노리에가는 CIA가 콜롬비아와 다른 나라의 마약 카르텔에 침투

할 수 있도록 협조했다.

1984년, 노리에가는 장군이 되어 파나마 방위군 총사령관으로 승진했다. 같은 해, 파나마시티로 날아간 케이시가 공항으로 마중 나온 CIA 책임자에게 "내 친구는 어디 있어? 노리에가는 어디 있지?"라고 물었다는 이야기가 전해진다. 마찬가지로 노리에가가 워싱턴을 방문할 때면 두 사람은 케이시의 집에서 은밀한 만남을 갖기도 했다. 몇 년 후에 노리에가는 케이시와의 돈독한 관계 덕에 천하무적이 된 것 같다고 털어놓았다. 노리에가는 파나마의 G2 부대가 그렇듯 CIA가 미국 정부에서 가장 힘이 센 기관이라고 생각했다. 그런 탓에 그는 파나마 운하 조약과 운하 지역에 있는 미군 기지와 관련해 미국의 심기를 자극하는 입장에 있으면서도 케이시가 자신을 보호해 줄 것이라고 믿었다.[2]

그러나 전 세계에서 정의와 평등을 상징하는 존재로 널리 존경받았던 토리호스와 달리 노리에가는 부패와 타락을 상징하는 인물이었다. 1986년 6월 12일,《뉴욕 타임스》가 1면에 "파나마 독재자, 마약과 불법 자금 거래"라는 머리기사를 게재하면서 그의 악명이 더욱 높아졌다. 퓰리처상을 받은 기자가 쓴 이 기사는 노리에가 장군이 중남미의 여러 사업에 은밀하고 불법적인 방식으로 관여하고 있다고 폭로했다. 또한 노리에가가 미국과 쿠바 양쪽을 위해 움직이는 이중 스파이며, 그의 명령을 받는 G2 부대가 우고 스파다포라를 암살했고, 노리에가가 "파나마에서 가장 막강한 세력을 자랑하는 마약 조직"을 직접 지휘했다는 내용도 담겨 있었다. 기사에는 노리에가의 모습을 있는 그대로 보여 주는 사진이 함께 게재되었고 다음 날 공개된 후속 기사에는 좀 더 자세한 내용이 실렸다.[3]

노리에가가 연루된 여러 문제 중에는 조지 H. W. 부시 미국 대통령과 얽힌 것도 있었다. 당시 부시 대통령은 '겁쟁이' 이미지 때문에 골머리를 앓고 있었다.[4] 운하 구역에 있는 미 육군 아메리카군사학교의 운영 기간을 15년 더 연장해 달라는 미국의 요청을 노리에가가 단호하게 거절하자 부시의 겁쟁이 이미지가 더 두드러졌다. 노리에가의 회고록에는 다음과 같은 흥미로운 대목이 있다.

> 우리는 투지와 자긍심을 갖고 토리호스의 유산을 지켜 왔지만 미국은 이런 일이 벌어지기를 바라지 않았다. 미국은 미 육군 아메리카군사학교 철수 기간을 늦추거나 아예 재협상할 것을 요구했다. 미국은 중미에서 나날이 커지는 전쟁의 위협에 제대로 대비하려면 여전히 군사학교가 필요하다고 강조했다. 그러나 미 육군 아메리카군사학교는 몹시 치욕스럽게 느껴진다. 암살단과 억압적인 우파 군대를 양성하는 시설을 우리 영토에 둘 수는 없다.[5]

아마 전 세계가 예감하고 있었을 테지만, 미국이 1989년 12월 20일에 제2차 세계대전 이후 최대 규모라 할 만한 공수 작전을 앞세워 파나마를 공격하자 세계는 충격에 휩싸였다.[6] 민간인에 대한 명분 없는 공격이었다. 파나마 정부와 국민들은 미국을 비롯한 그 어떤 나라에도 위협을 가하지 않았다. 전 세계의 정치인, 정부, 언론은 미국의 독단적인 군사 행동이 명백한 국제법 위반이라고 규탄했다.

만일 미국이 독재자 피노체트가 권력을 쥐고 있는 칠레, 스트로에스네르가 장기 집권 중인 파라과이, 소모사가 독재 정치를 벌이는 니카라과, 도뷔송이 권력을 틀어쥔 엘살바도르, 사담 후세인의 이라크 등 대량 살상을 비롯한 반인륜적 범죄가 벌어지는 나라를 공격했다면 다른 나라들도 이해했을 것이다. 그러나 파나마는 이런 부류에 속하는 나라가 아니었다. 그저 미국의 영향력 있는 정치인과 기업 경영자들의 뜻에 따르지 않았던 것뿐이다. 파나마는 그동안 운하 협약을 존중해야 한다는 주장을 고수하며 사회 개혁가들과 토론을 벌이고 일본의 자본과 건설 회사를 이용해 새로운 운하를 건설할 가능성을 타진해 왔다. 그 결과 미국의 대대적인 공격을 받게 되었다. 노리에가는 아래와 같이 기록했다.

> 나는 이 점을 분명하게 짚고 넘어가고 싶다. 미국이 1986년에 파나마 사회를 뒤흔들기 시작해 1989년에 결국 파나마를 침공한 것은, 파나마 운하 통제권이 주권을 가진 독립 국가인 파나마의 손으로 넘어가고 파나마가 미국이 아닌 일본의 도움을 받게 될 수도 있다는 사실을 미국이 인정하지 않았기 때문이다. …… 한편 슐츠와 와인버거는 국민을 위해 일하는 체하며 자신들이 누리는 막대한 경제적 이익을 대중들이 전혀 눈치채지 못하는 상황을 한껏 즐긴다. 이들은 나를 없앨 작정으로 선전 공작을 벌이고 있다.[7]

미국 정부가 파나마 공격을 정당화하기 위해 내세운 명분은 단 한 사람을 겨냥한 것이었다. 미국 젊은이들이 목숨을 걸고 양심을 버린 채 파나마로 날아가 수많은 아동을 비롯해 무고한 파나마 시민들의 목숨을 빼앗고, 파나마시티의 상당 부분을 불바다로 만들도록 부추기기 위해 미국 정부가 앞세운 유일한 이유는 바로 노리에가였다. 노리에가는 악마이자 파나마 국민의 적이며 마약을 밀매하는 괴물로 묘사되었다. 미국 정부는 파나마가 인구가 200만에 불과한 소국이지만 노리에가가 너무도 나쁜 사람이어서 대대적인 공격을 감행할 수밖에 없다고 주장했다. 때마침 그 나라에 세계에서 가장 가치 있는 부동산 중 하나가 있는 것뿐이라는 게 미국 정부의 논리였다.

미국이 파나마를 침공했다는 소식을 들은 나는 침울한 기분에 빠져들었다. 물론 노리에가한테도 경호원이 있었다. 그러나 롤도스와 토리호스 사건 때와 마찬가지로 자칼들이 노리에가를 제거하는 데 경호원의 존재는 전혀 문제가 되지 않았을 거라는 생각이 들었다. 어차피 노리에가의 경호원은 대부분 미군으로부터 훈련받은 사람들이었다. 이들을 돈으로 매수해 자칼의 암살 시도를 외면하거나 직접 암살을 감행하도록 만들기는 그리 어렵지 않을 터였다.

파나마 침공에 대해 생각하고 관련 기사를 읽을수록 미국이 다시 구태의연한 제국 건설 방식으로 회귀했다는 생각이 들었다. 즉 부시 행정부가 레이건 행정부보다 뛰어난 성과를 올리기로 결의하고 목적을 위해서는 군사 행동도 불사하겠다는 의지를 전 세계에 알리기로 결정한 게 틀림없었다. 뿐만 아니라 미국은 파나마를 침공하면 토리호스의 유산을 말살하고 미국에 우호적인 괴뢰 정부를 세울 수 있을 뿐 아니라 이라크 같은 나라를 굴복시킬 수 있다고 믿는 듯했다.

《뉴욕 타임스 매거진》에 사설을 기고하고 책도 여러 권 쓴 데이비드 해리스는 흥미로운 글을 발표했다. 해리스는 2001년에 출간한 『달을 쏘다(Shooting the Moon)』라는 저서에서 다음과 같이 기술했다.

세계 곳곳에서 미국이 상대해 온 통치자, 세도가, 독재자, 군사 정부, 군 지도자는 수천이 넘는다. 그중 미국이 이런 식으로 뒤쫓은 사람은 마누엘 안토니오 노리에가가 유일하다. 미국은 하나의 국가로서 존재한 지 225년 만에 처음으로 다른 나라를 공격하고 그 지도자를 미국으로 붙잡아 왔다. 그러고는 그 국가의 영토에서 벌어진 일이 미국의 법에 어긋난다는 이유로 그를 미국 법정에 세워 처벌했다.[8]

파나마 침공 후 미국은 갑자기 불편한 상황에 놓였다. 한동안은 모든 일이 역효과로 이어질 듯한 분위기였다. 파나마를 침공한 덕에 부시가 겁쟁이라는 소문이 사라졌을 수는 있다. 그러나 합법성 문제가 등장했다. 부시 행정부는 테러를 저지르다 딱 걸린 악당 같은 꼴이 되었다. 폭격 직후 사흘 동안 미군이 심한 폭격을 당한 지역의 출입을 통제했다는 사실도 폭로되었다. 언론, 적십자, 그 밖의 외부 관계자 모두가 출입을 통제당한 가운데 군인들은 시체를 불태우고 파묻었다. 언론은 범죄 행위 및 부적절한 행위가 이뤄졌다는 증거가 얼마나 많이 훼손되었는지, 제때 치료를 받지 못해서 죽어 간 사람이 얼마나 되는지 질문을 던졌지만 어떤 대답도 돌아오지 않았다.

미국의 파나마 침공을 둘러싼 실상이 어땠는지 우리는 결코 그 진실을 제대로 파악하지 못할 것이다. 마찬가지로 얼마나 많은 사람이 목숨을 잃었는지도 제대로 알 수 없을 것이다. 리처드 체니 미 국방부 장관은 사망자 수가 500~600명 정도 된다고 발표했지만, 독립 인권 단체들은 사망자 수가 3,000~5,000명에 달하며 그 외에 2만 5000명이 집을 잃은 것으로 추산했다.[9] 결국 체포된 노리에가는 마이애미로 압송되어 45년 형을 선고받았다. 당시 노리에가는 미국이 유일하게 전범으로 공식 분류한 인물이었다.[10]

국제법을 어기고 지구상에서 가장 강력한 군대의 힘을 동원해 무방비 상태인 사람들을 이유도 없이 살해한 미국의 행동에 전 세계가 분개했다. 그러나 미국 내에서는 정부가 어떤 잔혹한 범죄를 저질렀고 그런 탓에 전 세계가 얼마나 분노하고 있는지 거의 알려지지 않았다. 진실을 감추려는 정부 정책, 신문 발행인과 방송국 임원을 압박하는 백악관의 전화, 감히 반기를 들지 못하는 의회 의원들(겁쟁이 이미지가 자신에게 덮어 씌워질 수도 있으니까), 대중에게 필요한 것은 객관적인 정보가 아니라 영웅이라고 믿는 언론인 등 다양한 요인이 더해져 이런 결과가 나왔다.

그러나 피터 아이스너는 예외였다. 일간지《뉴스데이》의 편집장이자 AP 기자였던 아이스너는 미국의 파나마 침공을 취재하고 이후 몇 년 동안 사건을 분석했다. 그는 1997년에 출간한『미국의 죄수: 마누엘 노리에가의 비망록(America's Prisoner: The Memoirs of Manuel Noriega)』에서 다음과 같이 기록했다.

> 노리에가를 처단한다는 핑계로 저질러진 살해, 파괴, 불법 행위, 그리고 파나마 침공을 둘러싼 숱한 거짓말들은 민주주의라는 미국의 근본 원칙을 위협한다. …… 군인들은 상부의 명령을 받고 파나마에서 살상을 자행했다. 잔혹하고 타락한 독재자의 손아귀에 붙들린 나라를 구해야 한다는 이야기를 듣고 명령을 따른 것이다. 군인들이 행동을 개시하자 이들의 조국인 미국의 국민들은 맹목적으로 그들 뒤에서 함께 진격했다.[11]

아이스너는 마이애미 감옥에 수감된 노리에가를 찾아가 인터뷰를 하는 등 오랜 기간에 걸쳐 연구한 끝에 다음과 같이 서술했다.

지금까지 나온 증거로는 노리에가의 유죄를 입증할 수 없다는 것이 무엇보다 중요하다. 한 주권 국가의 통수권자이자 수반으로서 노리에가가 한 행동이 미국의 파나마 침공을 정당화한다고 생각하지 않으며, 노리에가가 미국의 국가 안보를 위협했다고도 생각하지 않는다.[12]

아이스너는 다음과 같이 결론 내렸다.

미국의 파나마 침공 전후를 기점으로 파나마의 정치 상황을 분석하고 내가 직접 작성한 기사를 다시 살펴본 결과, 파나마 침공은 끔찍한 권력 남용이라고 결론 지을 수 있다. 과도한 유혈 사태를 일으킨 끝에 미국의 오만한 정치인들, 그리고 이들과 뜻을 함께하는 일부 파나마인들만이 원하는 것을 손에 넣었다.[13]

파나마가 콜롬비아에서 떨어져 나온 이후 토리호스가 정권을 잡을 때까지 미국의 꼭두각시 노릇을 하며 파나마를 쥐락펴락했던 여러 세력과 아리아스 가문이 돌아왔다. 운하 조약이 당장에 새로 체결되지는 않았다. 그러나 공식적인 문서와 상관없이 미국이 사실상 파나마 운하를 다시 장악했다.

이런 사건들과 메인에서 일하는 동안 직접 경험한 일들을 되돌아보며 계속 같은 질문을 되뇌었다. 수백만 명에게 여파가 미치는 역사적 결정을 포함한 수많은 결정 중에, 개인적인 욕심이 아니라 옳은 일을 하고자 하는 열망에 따라 내려진 결정이 얼마나 될까? 미국 정부의 고위 인사 중 국가에 대한 충성심이 아니라 자신의 욕심을 위해 일하는 사람이 얼마나 많을까? 겁쟁이로 보이기 싫은 대통령의 욕심 때문에 벌어진 전쟁이 얼마나 많을까?

스톤앤드웹스터 CEO에게 이미 책을 쓰지 않겠다고 약속하긴 했지만, 미국의 파나마 침공을 지켜보며 좌절감과 무기력감에 사로잡힌 나는 다시 책을 쓰기 시작했다. 이번에는 토리호스와 관련된 내용에 집중했다. 토리호스 이야기를 폭로하면 이 세상을 더럽히는 수많은 부당행위를 폭로하고 나를 휘감는 죄책감도 덜어 낼 수 있을 것 같았다. 다만 이번에는 친구나 동료들에게 조언을 구하지 않고 혼자서 조용히 작업하는 쪽을 택했다.

책을 쓰다 보니 우리 경제 저격수들이 너무도 많은 장소에서 너무도 엄청난 일을 꾸며 왔다는 사실에 새삼 말문이 막혔다. 특히 두드러지는 몇몇 나라에 대해서 자세히 글을 쓰려 했지만 경제 저격수의 손길이 미친 후 상황이 나빠진 나라가 너무 많아서 또다시 충격에 빠졌다. 또한 그동안 나 자신이 얼마나 부패해 있었는지를 깨닫고 소름이 끼쳤다. 자아 성찰을 위해 많은 노력을 기울이긴 했음에도 매일 내가 했던 활동 같은 사소한 부분에 너무 집중한 나머지 전체 그림을 보지 못했다는 사실도 깨달았다. 가령 인도네시아에 머물 때는 하워드 파커와의 대화나 라시의 친구들이 하는 이야기를 듣고 고민에 빠졌다. 파나마에서 일할 때는 피델과 함께 빈민가, 운하 구역, 클럽 등을 돌아보며 내 눈 앞에 펼쳐진 모습의 의미에 관해 고뇌했다. 이란에서는 야민, 그리고 익명의 박사와 대화를 나누며 극도로 괴로웠다. 그런 세월을 지나 책을 쓰기 시작하니 비로소 큰 그림이 눈에 들어왔다. 큰 그림을 보지 못하고 내 행동이 실제로 어떤 의미를 갖는지 파악하지 못한 채 어떻게 그렇게 쉽게 지나칠 수 있었는지 그제야 이해하게 되었다.

간단하고 자명한 이야기 같지만 막상 그런 행동을 하는 동안에는 자신도 모르는 사이에 점점 변해 가는 모습을 알아차리기가 어렵다. 그런 생각을 하니 군인의 이미지가 떠올랐다. 군인들도 처음에는 순진하다. 다른 사람을 죽이는 일이 도덕적으로 옳은지 질문도 던지겠지만 결국 자신이 느끼는 두려움을 이겨 내는 데 급급해 그저 살아남으려고 애쓰게 된다. 맨 처음 적군을 죽이면 감정이 복받쳐 오른다. 자기가 죽인 사람의 가족을 떠올리며 양심의 가책을 느낄지도 모른다. 그러나 시간이 지나고 점점 더 많은 전투에 참가해 더 많은 사람을 죽이면 단련이 된다. 결국에는 프로다운 모습을 지닌 군인이 된다.

나 역시도 어떤 면에서는 프로 군인이 된 셈이었다. 이 같은 사실을 인정하고 나니 내가 어떤 범죄를 저질렀고 어떻게 제국이 건설되었는지 훨씬 잘 이해할 수 있었다. 그토록 많은 사람이 어떻게 그렇게 잔혹한 일을 저지를 수 있었던 건지 그제야 이해가 됐다. 가족을 사랑하는 선량한 이란 사람들이 어떻게 국왕을 따르는 잔인한 비밀경찰이 될 수 있었는지, 마찬가지로 선량한 독일 사람들이 어떻게 히틀러의 명령을 따를 수 있었는지, 선량한 미국 사람들이 어떻게 파나마시티에 폭탄을 투하할 수 있었는지 그제야 이해됐다.

경제 저격수로 일하는 동안 NSA를 비롯한 정부 기관에서는 단 한 푼의 돈도 받지 않았다. 내 월급을 주는 곳은 메인이었다. 나는 민간 기업을 위해 일하는 평범한 시민이었다. 이 사실을 깨닫자 기업 임원들이 어떤 방식으로 경제 저격수의 역할을 하는 것인지 좀 더 명확해졌다. 세계 무대에서 새로운 병사 계급이 등장하고 있었고, 이들은 자신의 행동에 점점 무감각해져 갔다. 다음은 내가 쓴 글의 일부다.

절실하게 일거리를 필요로 하는 사람들을 찾아서 태국, 필리핀, 보츠

와나, 볼리비아 등 세계 각국으로 떠나는 미국인들이 있다. 이들은 현지인을 착취하겠다는 분명한 목적을 가지고 이런 곳으로 떠난다. 이들은 심각한 영양 부족에 시달리거나 심지어 굶어 죽어 가는 자녀를 둔 사람, 가난한 빈민가에 살며 더 나은 삶에 대한 희망조차 잃어버린 사람, 하루라도 더 목숨을 연명하겠다는 꿈조차 잃어버린 사람 등을 착취한다. 이런 노동자를 찾아 나선 미국인들은 맨해튼, 샌프란시스코, 시카고 등지에 있는 화려한 사무실에서 나와 고급스러운 제트 여객기를 타고 최고급 호텔에 투숙하며 그 나라에서 가장 좋은 레스토랑에서 밥을 먹는다. 그런 다음 절망에 빠진 사람들을 찾아 나선다.

오늘날의 노예 상인들은 더 이상 아프리카의 숲속으로 들어가 총과 사슬, 노예선에 설치된 끔찍한 감옥을 동원해 찰스턴, 카르타헤나, 아바나 등지의 경매 시장에서 최고가로 팔릴 노예를 찾지 않는다. 대신 일자리가 절실한 사람들을 착취하고 재킷, 청바지, 테니스화, 자동차 부품, 컴퓨터 부품, 그 외의 수많은 물건을 생산할 공장을 지어 원하는 시장에서 판매한다. 직접 공장을 짓지 않는 쪽을 택하기도 한다. 대신 다른 나라에 사는 사업가를 고용해 골치 아픈 일을 모두 떠맡긴다.

이들은 스스로를 올바른 사람이라고 생각한다. 이국적인 장소와 고대 유적을 카메라에 담아 집으로 돌아가 자녀들에게 보여 준다. 또한 서로 격려를 주고받으며 먼 나라의 이상한 관습에 어떻게 대처해야 할지 정보를 교환하는 세미나에 참석한다. 이들이 일하는 기업의 우두머리들은 변호사를 고용하고, 변호사들은 이들이 하는 일이 완벽하게 합법적이라는 확신을 심어 준다. 뿐만 아니라, 심리 치료사와 그 외의 인사 전문가들 역시 이들이 절실한 사람들을 돕고 있다고 믿게 해 준다.

옛날 노예 상인들은 자신이 사고파는 대상은 완전한 인간이 아니므로 오히려 본인들이 기독교를 받아들여 영원한 구원을 얻을 수 있도록 기회를 주는 것이라고 생각했다. 또한 이들은 사회를 유지하고 경제를 발전시키려면 노예가 필요하다고 믿었다. 현대판 노예 상인들은 가난한 사람들이 돈을 한 푼도 못 버는 것보다는 하루에 1~2달러라도 버는 편이 나으며 이들이 좀 더 넓은 세상 속에 동화될 수 있도록 돕는다고 믿는다. 이런 노예들이 회사의 존립에 무엇보다 중요하며 노예 상인 본인의 안락한 삶을 위해서도 이들이 필요하다고 여긴다. 현대판 노예 상인들은 좀 더 넓게 봤을 때 이런 현상에 어떤 의미가 있는지, 이런 과정을 떠받치는 경제 시스템이 어떻게 작동하는지, 이런 삶의 방식이 전 세계 어린이들이 마주할 미래에 어떤 영향을 미칠지 생각조차 하지 않는다. 그리고 나는 내가 이런 현대판 노예 상인 중 하나였다는 사실을 인정하기가 매우 고통스러웠다.

33장

이라크에서 실패한 경제 저격수

1980년대에 인디펜던트파워시스템스를 운영하고 1980년대 말부터 1990년대까지 스톤앤드웹스터 컨설턴트로 일한 덕에 나는 대다수의 사람이 알지 못하는 이라크에 관한 정보를 얻을 수 있었다. 사실 1980년대에는 대부분의 미국인이 이라크에 대해 거의 아는 바가 없었다. 한마디로 이라크는 그들의 관심 밖이었다. 그러나 나는 이라크에서 일어나는 일에 관심이 많았다.

세계은행, 국제개발처, IMF 같은 다양한 국제 금융 기관뿐 아니라 벡텔, 할리버턴 등 주요 토목 건설 업체에서 일하는 사람들과 연락하며 지냈다. 물론 장인어른과도 자주 연락을 주고받았다. 우리 회사의 하청 업체나 다른 전력 회사에서 일하는 엔지니어 중 상당수가 중동에서 진행되는 프로젝트에도 참여했다. 이런 상황 덕에 나는 경제 저격수 전략이 이라크에 적용되고 있다는 사실을 잘 알고 있었다.

레이건 행정부와 부시 행정부는 이라크를 또 다른 사우디아라비아로 변모시키려고 했다. 사담 후세인이 사우디 왕가의 선례를 따를 만한 이유는 많았다. 사우디 왕가가 사마 프로젝트를 통해서 얼마나 많은 돈을 벌어들이는지 지켜보는 것만으로도 충분했다. 사우디아라비아가 미국 기업들과 계약을 체결한 후 사막에서 현대적인 도시들이 솟아났고, 리야드 거리에서 쓰레기를 치우던 염소들이 사라지고 세련된 청소차가 나타났으며, 사우디 사람들은 최첨단 담수화 플랜트, 쓰레기 처리 시스템, 통신망, 전력망 등 세계 최첨단 기술의 혜택을 누리게 되었다.

사우디 사람들이 국제법과 관련해서도 특별한 대우를 받는다는 사실을 사담 후세인이 몰랐을 리 없다. 그들이 거의 테러 집단에 가까울 정도로 급진적이고 광적인 단체들에 돈을 대 주고 도망자들을 숨겨 주어도 미국 정치인들은 눈감아 주었다. 사실 미국은 아프가니스탄이 소련에 맞서 전쟁을 벌일 때도 오사마 빈라덴을 도와줄 것을 사우디아라비아에 적극적으로 요구했다. 레이건 행정부와 부시 행정부는 사우디 왕가의 재정 지원을 부추겼을 뿐 아니라 마찬가지로 자금을 지원하거나 모르는 척하도록 다른 여러 나라에도 압력을 행사했다.

1980년대에는 경제 저격수들이 바그다드에서 눈부시게 활약했다. 경제 저격수들은 후세인이 결국 미국의 뜻을 따를 거라고 생각했고 나도 그렇게 믿었다. 이라크가 사우디아라비아와 비슷한 조건으로 미국 정부와의 합의에 도달하면 사담 후세인은 이라크를 통치할 권리를 보장받을 수 있을 뿐 아니라 세계적으로 자신의 영향력을 더욱 키울 수 있을 터였다.

사담 후세인이 정신적으로 불안정한 폭군이었고, 대량 학살을 저질렀으며, 히틀러와 같은 잔혹성을 보였음에도 불구하고, 이는 별다른 문제가 되지 않았다. 미국은 전에도 이런 사람들을 잘 견뎌 왔고 심지어 도와주기도 했다. 미국 정부는 몇 가지 약속을 받아 낼 수만 있다면 사담 후세인에게 기꺼이 미국 정부 채권을 건넬 생각이었다. 가령 미국에 안정적으로 석유를 공급해 주기로 약속하고, 미국 정부 채권에서 발생한 이자로 미국 기업들을 고용해 이라크 전역의 인프라를 개선하고, 새로운 도시를 건설하고, 사막을 오아시스로 바꾸는 일을 맡기겠다고 약속한다면 기꺼이 사담 후세인과도 손을 잡을 요량이었다. 뿐만 아니라, 미국 정부는 다른 나라에서 그랬던 것처럼 사담 후세인에게도 기꺼이 탱크와 전투기를 팔고 화학 발전소와 핵 발전소를 지어 주려고 했다. 이런 기술이 이라크의 손에 들어가면 언젠가 강력한 무기가 될 수 있다는 사실을 잘 알면서도 아랑곳하지 않았다.

이라크는 미국에게 너무도 중요한 나라였다. 겉으로 드러나는 것보다 훨씬 더 중요했다. 사람들이 생각하는 것과 달리, 석유가 전부가 아니었다. 이라크는 수자원 확보 및 지정학의 측면에서도 중요한 나라였다. 티그리스강과 유프라테스강이 모두 관통하는 이라크는 중동 지역에서 나날이 중요성이 커지는 수자원의 상당 부분을 통제하는 나라였다. 1980년대에는 경제적으로나 정치적으로 에너지와 기술 분야에서 수자원의 중요성이 점차 커졌다. 민영화의 물결이 거세지는 가운데, 소규모 독립 전력 회사들을 삼키려고 호시탐탐 기회를 노리던 대기업들은 아프리카, 중남미, 중동의 수자원 운영 시스템이 민영화되기만을 기다리고 있었다.

석유와 수자원도 중요했지만 이라크는 전략적으로 매우 중요한 위치에 자리 잡고 있었다. 이라크는 이란, 쿠웨이트, 사우디아라비아, 요르단, 시리아, 튀르키예와 국경을 마주했으며 페르시아만과도 맞닿아 있었다. 뿐만 아니라 이스라엘과 러시아가 발사하는 미사일의 사정거리 안에 있었다. 군사 전략 전문가들은 현대 이라크가 프렌치-인디언 전쟁*과 미국 독립 전쟁 당시 허드슨강이 했던 것과 비슷한 역할을 한다고 강조했다. 18세기에 프랑스인, 영국인, 미국인 들은 허드슨강을 먼저 차지하는 쪽이 미 대륙을 지배하게 되리란 사실을 잘 알았다. 누구든 이라크를 손에 쥔 사람이 중동을 지배하게 되는 것도 당연한 일이었다.

무엇보다 이라크는 미국의 기술과 토목과 관련된 전문 지식을 팔아먹기에 훌륭한 시장이었다. 세계에서 가장 광활한 유전 위에 자리했으며, 일각에서는 이라크의 석유 매장량이 사우디아라비아보다 많다고 추정할 정도다. 그런 만큼 이라크에는 엄청난 돈이 들어가는 인프라에 자금을 쏟아붓고 산업화를 위해 돈을 투자할 능력이 충분했다. 토목 건설 기업, 컴퓨터 시스템 공급 업체, 비행기나 미사일, 탱크 등을 만드는 제조 업체, 제약 업체, 화학 업체 등 모든 대기업이 이라크에 눈독을 들였다.

그러나 1980년대 말이 되자 사담 후세인이 경제 저격수가 제안하는 시나리오를 받아들이지 않으리라는 사실이 분명해졌다. 부시 행정부로서는 몹시 좌절스럽고 매우 당황스러운 일이었다. 파나마가 그랬듯 이라크 사태가 불거지자 부시 대통령의 겁쟁이 이미지가 다시 대두되었다. 부시 대통령이 이미지를 바꿀 방법을 찾아 고심하던 중 사담 후세인은 제멋대로 굴기 시작했다. 1990년 8월, 이라크는 석유가 넘쳐나는 쿠웨이트를 침공했다. 부시는 사담 후세인의 쿠웨이트 침공이 국제

★ 1700년대 중반에 프랑스와 영국이 각각 원주민 부족과 동맹을 결성해 북미 대륙의 원주민 영토를 둘러싸고 벌인 전쟁

법 위반이라고 공공연하게 비난했다. 본인이 불법적이고 독단적인 파나마 침공을 감행한 지 1년도 채 지나지 않았다는 사실은 새까맣게 잊은 듯했다.

부시 대통령이 전면적인 이라크 공격을 명령한 것은 전혀 놀라운 일이 아니었다. 50만 명에 달하는 미군이 다국적군의 일원으로 이라크에 파견됐다. 1991년 초, 다국적군은 이라크의 군 병력과 민간인에게 공중 폭격을 가했다. 그리고 군사력이 한참 약하고 다국적군과 맞서기에는 턱없이 부족했던 이라크군을 100여 시간 동안 공격한 끝에 대승을 거두었다. 진짜 폭군이었던 사담 후세인은 결국 쫓겨났다. 물론 그를 법의 심판대 앞에 세우지는 못했다. 미국에서 부시의 지지도는 90퍼센트까지 올라갔다.

미국이 이라크를 침공했을 당시 나는 보스턴에서 회의에 참석 중이었다. 스톤앤드웹스터와 계약한 후 회의 참석 요구를 받은 적이 별로 없었는데, 그날은 회의에 참석한 몇 안 되는 날 중에 하루였다. 사람들이 부시의 결정에 환호하던 모습이 생생하게 기억난다. 스톤앤드웹스터에서 일하던 사람들이 기뻐하는 것은 당연한 일이었다. 잔혹한 폭군에 맞선다는 사실도 사람들을 흥분케 했지만 미국이 승리하면 엄청난 돈과 승진, 연봉 인상 같은 것들을 누릴 가능성이 커진다는 사실 또한 사람들을 들뜨게 했다. 엔지니어, 무기 제조 업체, 그 외 전쟁 관련 업계는 베트남전이 끝난 이후 뒷전으로 밀려났던 군사 전략으로 회귀할 기회가 왔다는 사실에 매우 기뻐했다. 이런 산업을 뒷받침하던 월 스트리트와 보험 회사들 역시 새롭게 찾아온 기회에 환호했다.

전쟁을 통해 직접적인 이득을 보는 사람들만 환호한 것은 아니었다. 모든 미국인은 군사적으로 맹위를 떨치는 조국의 모습을 간절히 바랐던 것처럼 굴었다. 미국인들의 태도가 이렇게 바뀐 데는 여러 가지 이유가 있었을 것이다. 그러나 레이건이 카터를 꺾고 대통령이 되고, 이란의 미국 대사관에 붙잡혀 있었던 인질이 석방되고, 레이건이 파나마 운하 조약을 재협상하겠다고 발표했을 때 미국인들이 의식이 변한 것도 한 가지 원인이었다. 부시의 파나마 침공이 이미 미국인의 가슴속에 들끓고 있던 불씨에 불을 지핀 셈이었다.

그러나 애국주의를 앞세운 수사적인 표현과 행동을 촉구하는 외침이 전부는 아니었다. 그 이면을 들여다보면, 미국의 재계, 그리고 미국 회사를 위해서 일하는 대부분의 사람의 세상을 바라보는 관점이 훨씬 더 미묘하게 바뀌고 있었다. 세계 제국을 만들기 위한 행군이 돌이킬 수 없는 현실이 되어 버렸고, 수많은 미국인이 그 대열에 뛰어들었다. 세계화와 민영화라는 두 개념이 미국인의 의식 속에 깊숙이 자리 잡았다.

비단 미국에 국한된 이야기가 아니었다. 세계 제국은 전 세계로 퍼져 나갔다. 한때 미국 기업이라고 여겨졌던 기업들은 이제 명실상부한 국제 기업으로 거듭났고, 법률적인 관점에서 보아도 세계적 기업이라 부르는 데 전혀 손색이 없었다. 그들은 많은 나라에 진출했고 어떤 규칙과 규제를 따를 것인지 직접 고를 수 있게 되었다. 세계화를 위한 여러 조약과 기구들이 있었기에 그들이 원하는 방식으로 일을 해 나가기가 한결 수월해졌다. 민주주의니 *사회주의*니 *자본주의*니 하는 말은 거의 사라져 버렸다. 오직 기업 정치만이 유일한 사실이 되고 전 세계 경제와 정치에 영향을 미치는 하나의 거대한 세력이 되어 버렸다. 기업 정치의 일원이 된 사람들은 이 세계 제국의 힘을 더욱 공고하게 다지기 위해 무엇이든 할 태세를 갖췄다.

여러 가지 예기치 못한 주변 상황 때문에 나도 결국 기업 정치에 굴복했다. 1990년 11월에 인디펜던트파워시스템스를 매각하고 말았던 것이다. 함께 일했던 파트너들과 나는 많은 돈을 받았다. 그러나 매각을 결정한 것은 대개 애슐랜드오일의 엄청난 압력 때문이었다. 그동안의 경험을 통해 회사를 매각하면 돈이라도 벌 수 있지만 그들에게 저항하면 엄청난 대가를 치러야 한다는 걸 잘 알고 있었다. 그러나 내가 설립한 대체 에너지 기업이 석유 회사의 손에 들어간다는 사실이 아이러니하게 느껴졌다. 또다시 반역자가 된 듯한 기분에 사로잡혔다.

스톤앤드웹스터를 위해 일하는 시간은 얼마 되지 않았다. 가끔 보스턴으로 날아가 회의에 참석하거나 제안서를 작성할 수 있도록 도왔다. 리우데자네이루 같은 곳으로 가서 거물들과 이야기를 나누었으며 전용기를 타고 과테말라로 간 적도 있었다. 프로젝트 담당자에게 자주 전화를 걸어 내가 스톤앤드웹스터의 월급을 받고 있으며 언제든지 도울 의향이 있다는 사실을 상기시켰다. 일은 거의 하지 않는데 많은 돈을 받자니 양심에 걸렸다. 나는 그 업계에 잘 알고 있으니 무언가 도움을 주고 싶었다. 그러나 그런 일은 일어나지 않았다.

중간 지대에 서 있는 한 남자의 이미지가 자꾸 떠올랐다. 내 존재를 정당화하고 내가 과거에 저질렀던 모든 잘못을 옳은 일로 바꿀 수 있을 만한 일을 직접 하고 싶었다. 나는 계속 남의 눈을 피해 틈이 날 때마다 '경제 저격수의 양심'을 집필했다. 그러나 그 원고가 실제로 출판될 수 있을 거라고 믿지는 않았다.

1991년, "당신의 인생과 세상은 당신이 꿈꾸는 대로 된다." "무엇을 할 수 있다고 믿든 실제로 그 일을 할 수 있게 된다."라는 슈아르족의 철학을 바탕으로 나는 드림체인지(Dream Change)라는 비영리 조직을 설립했다.[1] 소규모의 사람들을 아마존으로 데리고 가 슈아르족과 함께 시간을 보내며 그들의 지혜를 배웠다. 슈아르족은 환경을 지키기 위한 지혜와 예로부터 전해져 내려오는 치료 기법을 다른 사람들과 기꺼이 나누고 싶어 했다. 이후 몇 년 동안 이런 여행을 원하는 사람들이 급증하면서 드림체인지의 규모도 커졌다. 드림체인지는 산업화된 국가에서 살아가는 사람들이 지구를 바라보는 관점을 바꾸도록 유도하고 인간과 지구의 관계를 변화시키는 것을 목표로 삼았다. 세계 곳곳에서 드림체인지를 따르는 사람들이 생겨났고 많은 나라에서 비슷한 활동을 하는 단체가 생겨났다.

1990년대에 접어들어 나는 비영리 단체에 점차 많은 관심을 기울이게 되었다. 다른 조직들의 설립을 돕고 다른 단체의 이사회에서도 활동했다. 비슷한 목표를 추구하는 다른 단체 중 상당수는 드림체인지에서 매우 활발하게 활동하던 사람들이 만든 것이었다. 단체들은 아마존의 슈아르족과 아추아르족, 안데스산맥의 케추아족, 과테말라의 마야족 등 중남미의 토착 주민들과 적극적으로 교류하고 미국인과 유럽인들에게 중남미 토착 주민들의 문화를 알리기 위해 노력했다. 대니얼 쿠퍼만의 구상을 바탕으로, 나와 빌 트위스트, 린 트위스트가 공동 설립한 파차마마 얼라이언스(Pachamama Alliance)는 활동에 필요한 기금을 성공적으로 조성했다. 이 기금은 석유 회사들이 토착 주민들이 거주하는 땅을 노리지 못하도록 저지하고 산업화의 물결로부터 우림을 보호하는 데 커다란 도움이 됐다. 더불어, 파차마마 얼라이언스는 세계 각지에서 이런 활동의 중요성에 대한 인식을 높일 목적으로 관련 프로그램도 개발했다.

스톤앤드웹스터는 이와 같은 인도적 활동에 찬성했다. 이런 활동 자체는 자선 단체 네트워크인 유나이티드웨이(United Way) 활동에 참여하는 스톤앤드웹스터의 정책과 다르지 않았다. 나는 책을 몇 권 더 썼지만, 중남미 토착 문화를 알리는 데 집중했을 뿐 경제 저격수 활동과 관련된 내용은 피했다. 이런 활동들은 지루함을 달래는 것 외에도 내게는 매우 중요한 의미가 있는 곳인 중남미와 그곳의 정치 문제에 계속해서 관심을 유지하는 데 도움이 됐다.

비영리 활동에 참여하고 글을 쓰면 나름대로 균형을 찾고 과거에 내가 저지른 잘못을 어느 정도 보상할 수 있다고 굳게 믿으려 했다. 하지만 점차 그러기가 힘들어졌다. 내 책임을 딸 제시카에게 떠넘기고 있다는 것을 알고 있었다. 수백만 명의 아이들이 평생 절대로 갚지 못할 빚을 떠안고 태어나는 세상을 제시카에게 물려주고 있었던 셈이다. 그 책임을 짊어져야 할 사람은 다름아닌 나였다.

내 책은 많은 인기를 얻었다. 『세상은 당신이 꿈꾸는 대로(*The World Is As You Dream It*)』라는 제목의 책이 특히 큰 사랑을 받았다. 책이 성공하자 여러 곳에서 워크숍이나 강연을 진행해 달라는 요청이 들어왔다. 보스턴, 뉴욕, 밀라노 등지에서 청중 앞에서 강연을 하다가 아이러니한 상황에 놀랄 때도 있었다. 정말 세상이 꿈꾸는 대로 된다면 나는 왜 이런 세상을 꿈꾼 걸까? 이런 악몽을 현실로 만들기 위해 나는 왜 그토록 적극적인 역할을 했던 것일까?

1997년, 카리브해에 있는 오메가 연구소에서 열린 워크숍에 일주일 동안 참석하면서 세인트존 섬에 있는 한 리조트에 묵었다. 밤이 늦었을 때 리조트에 도착했다. 아침에 눈을 떠 자그마한 발코니로 나가서 창밖을 내다보니 17년 전에 메인을 떠나야겠다고 결심했던 바로 그 장소가 눈에 들어왔다. 북받쳐 오르는 감정을 주체하지 못한 채 의자에

털썩 주저앉았다.

일주일 내내 시간이 날 때마다 발코니에 서서 레인스터 만을 바라보며 내가 느끼는 기분의 정체가 도대체 무엇인지 이해하려고 애썼다. 결국 메인을 관두긴 했지만 다음 단계로 나아가지 못했고 여전히 모호한 중간 지대에 서 있는 탓에 그 대가를 치르고 있다는 사실을 깨달았다. 한 주가 끝날 무렵, 나를 둘러싼 세상은 내가 원했던 모습이 아니며 내가 진정으로 원하는 삶을 만들려면 나도 꿈을 바꾸기 위해 어떤 식으로든 노력해야 한다는 결론을 내렸다.

집으로 돌아온 후 컨설팅을 관뒀다. 나를 고용했던 스톤앤드웹스터 CEO는 이미 은퇴한 후였다. 새 회장은 나보다 젊은 사람이었고 내가 밖에 나가서 어떤 이야기를 떠들어 댈지 걱정하지 않았다. 그는 비용을 아끼는 데 골몰했기 때문에 더 이상 나한테 많은 돈을 주지 않아도 된다는 사실에 기뻐했다.

마침내 오랫동안 준비해 온 책을 완성하기로 마음먹었다. 그런 결심을 하는 것만으로도 마음이 한결 가벼워졌다. 친한 친구들에게 내 결심을 알렸다. 대개 토착 문화와 우림 지역 보존을 위해 노력하는 비영리 단체에서 활동하는 사람들이었다. 그러나 놀랍게도 이들은 내 말을 듣고 몹시 실망했다. 내가 그동안 해 왔던 일을 세상에 알리면 강연 기회가 줄어들고 내가 후원했던 비영리 단체들이 위험해질지도 모른다며 두려워했다. 당시 우리는 아마존을 끼고 있는 국가들이 석유 회사로부터 땅을 지킬 수 있도록 돕고 있었는데, 만일 솔직하게 진실을 털어놓으면 현지인들이 나를 더 이상 신뢰하지 않게 되고 모든 노력이 물거품이 될 수 있다는 것이었다. 책을 출판하면 더 이상 돕지 않겠다고 협박하는 사람도 있었다.

동시에 1991년의 이라크 침공을 끝으로 미국의 군사 작전은 또다시 축소되었다. 그렇게 머지않아 제2의 경제 저격수 물결로 발전할 다음 단계가 시작됐다. 빌 클린턴 행정부(1993~2001년)는 미국 역사상 가장 오랫동안 평화롭게 경제를 확장하고 미국 기업의 세계화에 박차를 가한 것으로 잘 알려져 있다. 미국의 경제 저격수들은 이 기회를 놓치지 않았다. 목표를 이루기 위해 많은 전술을 활용했고, 특히 '자유'무역협정을 체결하기 위해 로비를 벌였다. 1994년에 발효된 기념비적인 협정인 북미자유무역협정(NAFTA)도 그중 하나였다. 이 협정은 미국 기업들에 커다란 도움이 됐다. 북미자유무역협정이 체결되자 미국 납세자들이 내놓는 세금으로 보조금을 받을 수 있는 미국 기업과 달리 멕시코와 캐나다는 미국산 수입품에 관세를 부과하거나 규제를 가할 수 없게 되었다. 따라서 멕시코와 캐나다의 농부나 기업들은 미국 기업들과 경쟁할 수 없게 되어 버렸다. 경제 저격수들의 활동이 활발해지는 게 뻔히 눈에 보였지만 내 이야기에 특별히 관심을 가지는 사람이 없다고 생각했다.

결국 다시 한번 집필을 중단할 수밖에 없었다. 대신 사람들을 좀 더 깊숙한 아마존으로 데리고 들어가 현대 문명의 손길이 거의 닿지 않은 아름다운 자연과 그 속에서 살아가는 사람들의 존재를 알렸다. 2001년 9월 11일에도 나는 그곳에 있었다.

서둘러 미국으로 돌아간 나는 뉴욕으로 날아가 곧장 그라운드 제로★로 향했다. 많은 사람이 목숨을 잃은 현장을 가만히 바라보다 내가 직접 겪었던 경제 저격수의 삶에 대해 글을 써야만 한다는 생각이 들었

★ 원래 핵폭탄 폭발 지점을 가리키는 군사 용어였으나, 9·11 테러 이후 무너진 세계무역센터의 자리를 지칭하는 용어로 널리 사용되었다.

다. 상황을 파헤칠수록 조지 W. 부시 대통령 시절에 미국 경제 저격수들의 힘이 계속 커졌다는 사실이 더욱 분명해졌다. 2001년 9월 11일 이후, 전쟁 산업의 규모가 더욱 커졌고 북미자유무역협정에서 파생된 중미자유무역협정(CAFTA)이 2005년에 체결됐다.(북미자유무역협정과 중미자유무역협정에 관한 좀 더 자세한 내용은 41장에서 확인할 수 있다.) 변화의 틀은 1980년대와 1990년대에 갖춰지기 시작했다. 그러나 2000년대 초에 들어서 제2의 경제 저격수 물결이 시작되자 이러한 움직임이 절정에 다다랐다. 6부에서 설명할 특정 기업들의 이익을 위해 일했던 사람들도 모두 경제 저격수 활동에 동참한 셈이었다.

  스톤앤드웹스터와의 계약이 끝났기 때문에 더 이상 입을 닫고 있어야 할 의무가 없었다. 그러나 내 목숨과 가족이 위협받을지도 모른다는 두려움이 나를 괴롭혔다. 결국 다른 사람들의 이야기를 전부 포함하기보다 내 이야기에 집중하기로 했다. 다시 말해서 한 개인이 지나온 삶을 고백하는 형태로 책을 쓰기로 했다. 이번에는 다른 누구에게도 이 같은 사실을 알리지 않았다. 모든 내용은 혼자 은밀하게 적었다. 원고를 마무리한 후 저작권 대리인에게 전달하고, 그 원고를 전달받은 대리인이 출판사 측에 전달하기만 하면 일종의 보험 증서 노릇을 할 거라고 생각했다. 나를 죽이려 들던 사람들도 내가 갑자기 세상을 떠나면 책 판매가 오히려 늘어날 것이라는 계산을 할 수밖에 없을 터였다. 그리고 책 판매량 증가는 그들이 절대로 원하지 않는 일이었다.

| 6부 |

2004~2016년

34장

음모: 누가 독을 탔을까?

『경제 저격수의 고백』을 읽고 나면 사람들이 현실을 깨닫고 상황을 바로잡기 위해 노력할 거라고 생각했다. 진실은 분명했다. 나 같은 사람들이 합세해 경제 저격수 시스템을 만들었다. 이 시스템은 기업 정치를 유지하는 데는 도움이 됐지만 그 외의 사람들에게는 오히려 피해만 입혔다. 대부분의 사람들은 경제 저격수 시스템을 열광적으로 받아들였다. 우리는 부역자였다. 물론 미처 깨닫지도 못한 채 부역하는 경우가 많았다. 이제 변해야 할 때였다. 이런 진실을 폭로하고 사람들의 의식을 일깨우면 새로운 운동이 일어나고 궁극적으로 새로운 비전이 등장할 거라고 기대했다.

하지만 내가 예상하지 못한 부분이 있었다. 경제 저격수 시스템이 얼마나 막강하고 죽음의 경제를 지키고 퍼뜨리려는 투지가 얼마나 확고한지 미처 알지 못했다. 뿐만 아니라, 완전히 새로운 부류의 경제 저격수와 자칼의 등장도 전혀 예상하지 못했다.

책은 대성공이었다. 출간되자마자 《뉴욕 타임스》 베스트셀러로 선정되었고 많은 언어로 번역되어 각종 베스트셀러 목록에 올랐다. 나는 경제 저격수 시스템이 세계를 지배하려고 마음먹은 소수의 사람이 고안한 사악하고 불법적이고 은밀한 계획에 따라 움직인다고 생각하지 않았다. 『경제 저격수의 고백』을 통해 이 같은 뜻을 분명하게 밝혔다. 다시 말해서, 하나로 통합된 거대한 음모가 문제라고 생각하지 않았다.

그러다 무언가 이상한 일이 벌어졌다.

책을 출간한 지 다섯 달이 채 되지 않았던 2005년 3월 어느 월요일, 나는 뉴욕으로 날아갔다. 다음 날 유엔에서 연설을 할 예정이었다. 당시 나는 완벽하게 건강한 상태였다. 적어도 내가 알기로는 그랬다. 그즈음 자신을 프리랜서 언론인이라고 밝힌 한 남자가 내 홍보 담당자를 귀찮게 따라다니며 인터뷰를 요청했다. 그가 주장하는 경력에는 다소 미심쩍은 부분이 있었고 이미 언론에서 내게 많은 관심을 보이고 있었기 때문에 홍보 담당자는 그의 요청을 받아들이지 않았다. 하지만 그가 뉴욕 라과디아 공항에서 나를 태워 함께 점심을 먹고 내가 묵을 친구 집까지 데려다주겠다고 제안하자 홍보 담당자는 내게 다시 의견을 물었다. 나는 결국 그의 제안을 받아들였다.

라과디아 공항을 빠져나가자 한 남자가 기다리고 있었다. 그는 나를 작은 카페로 데리고 가 내 책을 얼마나 좋아하는지 이야기를 늘어놓은 다음 경제 저격수로 살아온 내 삶에 대해 흔히들 하는 질문 몇 가지를 던졌다. 그런 다음 차를 몰아 어퍼웨스트사이드에 있는 친구집까지 나를 데려다줬다.

그 후로 그 남자를 다시 본 적은 없다. 몇 시간 후 심각한 내출혈을 겪지만 않았더라도 그런 사람을 만났다는 사실은 기억에서 완전히 지워져 버렸을지도 모른다. 몸에 있는 피가 절반 정도 사라지자 쇼크 상태에 빠져들었고 결국 레녹스힐 병원으로 긴급 후송되었다. 결국 2주간 병원 생활을 하며 대장을 70퍼센트 이상 제거하는 대수술을 받았다.

레녹스힐 병원의 장 전문의는 심각한 장게실증 때문에 합병증이 생겼다고 설명했다. 대장내시경을 한 지 얼마 되지 않았을 때라 나는 큰 충격에 휩싸였다. 암이 생긴 건 아닌지 검진 차원에서 받은 검사였는데, 당시 플로리다에서 대장내시경을 진행한 의사는 암의 흔적이 전혀 없다고 장담했다. 의사는 "대부분의 내 또래와 마찬가지로" 게실이 몇 개 있다며 5년 후에 다시 검진을 받으면 된다고 설명했었다.

유엔 연설은 물론이고 수많은 언론 행사까지 모두 취소되었다. 소식은 금세 퍼져 나갔고 순식간에 이메일이 쇄도했다. 응원의 메시지를 전달하고 건강을 염려하는 이메일이 대부분이었다. 그러나 조국을 배반했다고 비난하는 이메일도 있었다. 독을 먹은 게 틀림없다고 확신하는 내용도 있었다. 나를 진료한 장 전문의에게 물어보자 독을 먹었을 것 같지는 않다고 답하면서도 "절대로 일어날 수 없는 일 같은 건 없다."고 덧붙였다. 나를 식당에 데려간, 베일에 휩싸인 언론인에게 다시 연락하기 위해 갖은 수단을 강구했지만 그에게는 연락이 닿지 않았다. 애초에 서로 이메일로만 연락을 주고받던 사이였던 데다가 그의 이메일 주소는 더 이상 사용할 수 없는 걸로 나왔다. 진실이 무엇인지 밝혀진 것은 없지만 이런 일을 겪고 나니 음모론에 대해 더 많이 생각하고 읽게 되었다.

나는 지금도 엄청난 음모 같은 건 믿지 않는다. 지금까지 내가 경험한 바에 비추어 보면, 함께 머리를 맞대고 불법적으로 세상을 지배할 전략을 짜는 소수의 사람들로 이뤄진 비밀 단체 같은 건 없다. 하지만 경제 저격수 시스템이 가진 강력한 위력 중 하나는 무수히 많은 작은 음모들을 조장한다는 것이다. '작은' 음모라고 표현한 것은 특정한 목표에 주목하기 때문이다. 이런 음모, 즉 불법적인 목표를 달성하기 위한 은밀한 행동들은 내가 갓 학교에 다니기 시작했을 때도 판을 쳤다. 예를 들면, CIA는 1953년에 민주적으로 선출된 이란 총리 모사데크를 몰아내고 그 자리에 이란 국왕을 앉혔다. 내가 고등학교에 다니던 시절에도 그런 음모는 계속되었다. 1963년, 미국은 CIA의 지원하에 쿠바 피그스 만을 공격했다. 하지만 나는 경제 저격수가 된 후 내가 상대했던 두 고객, 즉 에콰도르 대통령 롤도스와 파나마 지도자 토리호스가 1981년에 모두 암살당하고 나서야 이런 사실들을 깨달았다. 2002년에는 베네수엘라 대통령 우고 차베스를 몰아내기 위한 미국의 음모가 있었다. 그 후에는 이라크에 대량 살상 무기가 있다는 거짓을 떠들어 댔다. 안타깝게도 이런 속임수는 뻔히 과학적인 증거가 있는데도 위험하기 짝이 없는 거짓말을 부추기는 결과를 낳는다. 기후 변화가 실제가 아니라는 주장도 마찬가지다.

   내가 경제 저격수로 일하는 동안 우리가 사용했던 전술의 목표는 대개 저개발 국가에서 미국이라는 나라와 기업들의 이익을 추구하는 것이었다. 체제 전복이든 지도자 암살이든 미국 기업들이 그 나라의 자원을 잘 이용하도록 만들기 위해서는 무슨 짓이든 마다하지 않았다. 수술 후 집에서 다양한 보고서를 읽다 보니 내가 에콰도르, 인도네시아, 파나마, 이집트, 이란, 콜롬비아, 사우디아라비아 등 세계 각지에서 사용했던 도구가 이제 유럽과 미국에서도 똑같이 활용되고 있는 게 틀림없다는 생각이 들었다.

9·11 테러가 벌어진 이후 소위 글로벌 테러라고 불리는 움직임 때문에 이런 음모가 한층 강화되었고, 이런 음모로 인해 글로벌 기업을 손아귀에 쥔 슈퍼 리치들이 과도한 권력을 가지게 됐다. 가장 눈에 띄는 성과 중 몇 가지를 살펴보자. 먼저, 부자들이 세금을 내지 않고, 언론을 통제하며, 그 영향력을 바탕으로 정치에 개입할 수 있도록 허용하는 법안들이 통과됐다. 둘째, 공포감을 조성해 끝없이 전쟁을 부추기는 홍보 캠페인이 판을 쳤다. 셋째, 기업들이 외국 정부를 마음대로 조종할 수 있도록 돕는 이른바 '자유'무역협정들이 체결됐다. 대표적으로 북미자유무역협정이나 중미자유무역협정 등이 있다.

이를 비롯한 다양한 전술 때문에 경제 저격수 시스템은 1970년대보다 훨씬 발전했다. 경제 저격수 시스템에 대해 많은 이야기를 하긴 했지만 사실 나조차도 표면 아래에서는 어떤 일이 벌어지고 있는지 제대로 알지 못하는 것이 많다. 오랫동안 사용되어 온 도구들이 한층 더 날카롭게 벼려졌고 새로운 도구까지 등장했다. 시스템의 핵심은 지금도 똑같다. 결국 공포, 부채, 불안, 분열과 정복이라는 네 개의 전술을 바탕으로 하는 경제·정치 이념이 경제 저격수 시스템의 핵심이다. 그중에서도 빚을 통해 노예처럼 부리는 기법과 공포를 이용해 사람들을 마비시키는 기법이 특히 많이 사용된다. 옛날에는 미국인을 비롯해 전 세계의 많은 사람들이 체제 전복을 시도하는 공산주의의 손아귀로부터 인류를 구원할 수만 있다면 모든 행동이 정당화된다고 믿었다. 지금은 사람들을 두려움에 떨게 하는 '악당'이 테러를 저지르는 이슬람교도, 이민자, 기업 활동을 방해하는 그 모든 사람으로 바뀐 것뿐이다. 기본이 되는 생각은 비슷하다. 다만 영향력은 훨씬 커졌다.

수술을 끝내고 회복기를 거치며 끝을 알 수 없는 죄책감에 빠져들었다. 한밤중에 잠에서 깨어나 내가 매수하고 위협했던 세계 각국의 지도자들을 떠올리며 몸서리를 쳤다. 그때까지도 경제 저격수 노릇을 했던 내 과거를 제대로 받아들이지 못했다.

도대체 왜 경제 저격수 일을 10년이나 한 건지 나 자신에게 물었다. 그러고는 벗어나기가 얼마나 힘들었는지 기억해 냈다. 돈, 비행기 일등석, 최고급 호텔 같은 물질적인 유혹이 전부가 아니었다. 그저 메인의 상사와 동료 직원들의 압박 때문에 벗어나지 못했던 것도 아니었다. 경제 저격수라는 직업이 가진 특별한 매력, 미국이라는 나라의 문화 자체가 문제였다. 나는 학교에서 배운 일을 했다. 옳다고 배웠던 일을 한 것뿐이었다. 나는 미국인으로 자라며, 공산주의 정권이 미국을 파괴하려 한다고 확신하며 다른 모든 사람을 설득하고 미국의 가치를 널리 알리는 것이 옳다고 교육받았다.

소련이 최초의 인공위성 스푸트니크를 발사하자 미국인들은 머지않아 핵탄두가 날아올 것이라고 믿었다. 소련이 쏜 상상 속의 미사일로부터 몸을 숨기기 위해 매주 훈련을 진행했고 학생들은 으스스한 사이렌 소리가 울리면 책상 밑으로 숨었다. 미국 내 공산주의 조직에 침투한 미 연방수사국 요원의 회고록을 바탕으로 제작된 흥미진진한 TV 드라마 「세 개의 삶(I Led 3 Lives)」 같은 작품들이 쏟아져 나왔다. 이런 작품들은 하나같이 경계를 늦춰서는 안 된다고 경고했다. 포스터에 나와 있는 사악한 볼셰비키 같은 빨갱이 공작원들은 언제든 달려들 준비를 한 채 우리 주변에 도사리고 있었다.

내가 경제 저격수가 되었을 무렵, 중국과 소련의 꼭두각시로 여겨졌던 베트남과의 전쟁에서 미국이 질 것이 확실시되고 있었다. '도미노 효과'가 나타나 인도네시아, 태국, 한국, 필리핀이 차례로 공산국가가 될 것이라는 소문이 떠돌았다. 붉은 물결이 머지않아 유럽을 휩쓸고 곧이어 미국을 삼킬 거라고들 했다. 공산주의의 맹습을 저지하지 못하면 민주주의와 자본주의는 끝장날 수밖에 없었다. 이를 막으려면 공산주의에 맞서는 수호자라고 주장하는 기업들에 더 많은 힘을 실어 주기 위해 무슨 짓이든 할 수밖에 없었다.

죄책감의 근원을 파고들어 보니 그동안 내가 얼마나 쉽게 나 자신을 속여 왔는지 알 수 있었고, 나 같은 위치에 있는 수많은 사람을 이해할 수 있게 되었다. 그들은 더는 공산주의를 두려워해야 한다고 배우지는 않지만, 다른 누군가가 위험하다고 정의한 국가와 문화에서 온 사람들을 계속해서 두려워한다.[1] 그들은 외국으로 출장을 떠나거나 회사가 한 일의 결과를 정면으로 마주할 필요가 없을 수도 있다. 아마존에서 석유가 유출된 현장을 직접 방문하거나 열악한 환경에서 일하는 공장 노동자들이 생활하는 판잣집을 직접 볼 일이 없을지도 모른다. 대신 이들은 TV를 보며 감각을 무디게 단련한다. 학교나 은행, 인사 전문가, 정부 관료들이 알려 주는 대로 자신들이 발전에 이바지하고 있다고 믿어 버린다. 하지만 마음속으로는 그렇지 않다는 사실을 잘 알고 있다. 마음 깊은 곳에서는 그들도, 그리고 나도 이런 이야기들이 현실과 다르다는 사실을 잘 알고 있다. 이제 우리가 모두 공모자라는 사실을 인정해야 할 때가 왔다.

수술을 끝내고 지난 시간을 돌아보며, 『경제 저격수의 고백』을 출판한 후 내가 얻은 가장 중요한 교훈이 무엇인지 깨달았다. 경제 저격수 시스템이 먹히는 유일한 이유는 바로 나머지 사람들이 그 시스템이 작동하도록 내버려 두기 때문이라는 교훈이었다. 남들이 하는 거짓말을 그대로 믿어 버리거나 거짓인 걸 뻔히 알면서도 모르는 체한다. 혹은 그 거짓말을 돕기도 한다. 나 역시 진실을 외면했을 뿐 아니라 그 시스템을 적극적으로 지지하도록 많은 사람을 설득했다는 사실 때문에 너무도 힘들었다. 나는 좀 더 열심히 일하고 내 주변의 지역 사회, 내 조국인 미국, 그리고 이 세상에서 어떤 일이 벌어지고 있는지 좀 더 주의 깊게 살피겠다고 다짐했다.

35장

이스탄불: 생명의 경제와 죽음의 경제

수술 후 몸이 낫자마자 나는 세계 곳곳을 돌아다녔다. 『경제 저격수의 고백』에 대해 이야기하고 질문을 받는 데 집중했다. 다른 사람들의 이야기를 더 깊이 파고들 필요가 있어 보였다. 1970년대에는 경제 저격수들이 몇몇 다국적 기업과 컨설팅 기업에서 경영자나 컨설턴트로 일했지만 이제 그 시절의 경제 저격수와는 다른 새로운 부류가 등장했다는 사실을 깨달았다. 오늘날에는 수천 개에 달하는 다국적 기업, 컨설팅 기업, 투자 펀드, 산업 단체, 협회에서 일하는 경영자와 컨설턴트, 그리고 이들을 위해서 일하는 로비스트들이 모두 경제 저격수 역할을 한다. 이들은 많은 경제학자들이 죽음의 경제(Death Economy)라고 부르는 시스템을 만들어 냈다.

2000년대에 들어선 지 얼마 되지 않았을 무렵, 경제 저격수들은 매우 활발하게 움직였다. 이라크전, 아프가니스탄전, 2008년의 대불황, 감세를 비롯한 신자유주의 정책, 나날이 거세지는 다국적 기업의 세계화 현상 역시 경제 저격수들이 활개를 치는 원인이 되었다. 2013년, 이스탄불의 호텔 창가에 서서 수 세기 동안 제국의 앞잡이 노릇과 피해자 역할을 반복했던 도시의 오래된 건물과 첨탑들을 응시했다. 가만히 창밖을 바라보며 퇴행적이고 파괴적인 경제 시스템과 과거와 현재의 경제 저격수들이 어떻게 다르고 또 어떻게 비슷한지 생각했다. 『경제 저격수의 고백』을 출판한 이후 여러 차례 이스탄불로 날아가 기업 경영진이 참석하는 콘퍼런스에서 연설을 했다. 나는 이제 국제 콘퍼런스의 중심지가 된 이 역사적인 도시에서 또 한번 발표할 준비를 하고 있었다.

내가 한창 활동하던 시절에 우리 경제 저격수들이 어떤 핵심 도구를 사용했는지 곰곰이 생각해 봤다. 먼저, 왜곡된 금융 분석 데이터, 부풀린 예상치, 조작된 회계 장부, 비밀 유지, 기만, 위협, 뇌물, 갈취 같은 엉터리 경제 지표가 동원됐다. 그 외에 애당초 지킬 생각도 없는 가짜 약속, 부채, 두려움을 이용한 노예화 정책을 사용하기도 했다. 오늘날에도 이와 똑같은 도구들이 사용되고 있다. 여전히 '저격'이 일어날 때마다 과거에 사용되었던 상당수의 도구가 똑같이 사용되지만, 이는 아마도 이면에 감춰진 진짜 이야기를 파헤칠 의지가 있는 사람들 눈에만 보일 것이다. 그때 그랬듯이 지금도 이 모든 것을 하나로 묶는 것은 원하는 목표를 얻기 위해서는 어떤 수단이든 정당화된다는 믿음이다. 뒤에서 관련 내용을 좀 더 자세히 설명하겠지만, 2009년에 중국에서 진행했던 MBA 수업과 경제 저격수 전략에 대해 알고 싶어 했던 중국 학생들의 열정도 자연스레 떠올랐다.

과거와 현재의 커다란 차이점 중 하나는 이제 미국을 비롯한 여러 고소득 국가뿐 아니라 중국, 그리고 세계 각지에서 경제 저격수 시스템이 작동한다는 것이다. 게다가 각 도구가 매우 다양한 방식으로 활용된다. 수십만 명이 넘는 경제 저격수가 세계 곳곳에 흩어져 있다. 이들은 진정한 세계 제국과 우리가 알고 있는 삶의 방식을 위협하는 경제 시스템을 만들어 냈다. 경제 저격수들은 공공연하게 정체를 드러내기도 하고 은밀하게 숨어서 활동하기도 한다. 이 시스템이 너무도 넓고 깊게 뿌리를 내려, 이제 정상적인 비즈니스 방법으로 여겨지는 지경에 이르렀다. 그런 탓에 대부분의 사람은 이런 방식에 전혀 경각심을 느끼지 않는다.

이와 같은 새로운 부류의 경제 저격수들은 정부 관계자들을 설득해 조세와 규제의 측면에서 특혜를 얻어 낸다. 여러 나라가 자사의 시설을 유치하기 위해 서로 경쟁을 벌이게 만든다. 한 나라에 생산 설비를 짓고, 다른 나라에서 세금 없이 돈을 넣어 두고, 또 다른 나라에 콜센터를 짓고, 또 다른 어떤 나라에 본사를 두면 어마어마한 영향력을 갖게 된다. 많은 정부들은 환경과 사회의 측면에서 가장 느슨한 규제와 가장 낮은 임금과 조세를 제공하기 위해 경쟁한다. 해외 기업에 보조금을 제공하기 위한 재원을 마련하느라 빚에 허덕이는 정부도 많다. 이런 방식이 오랫동안 적용되어 온 중동, 아프리카, 아시아, 중남미를 넘어서, 좀 더 최근에는 아이슬란드, 스페인, 아일랜드, 그리스 같은 나라에서도 같은 일이 벌어졌다. 정부 관계자들은 교묘한 접근법이 실패로 돌아가면 불미스러운 결과가 뒤따른다는 사실을 잘 알고 있었다. 예를 들어, 감추고 싶은 부끄러운 사생활이 폭로되거나 사실과는 다른 가짜 스캔들이 조작되기도 했다.

미국에서 온 경제 저격수들이 전술을 정당화하기 위해 사용하는 방법도 달라졌다. 예전에는 공산주의와 베트콩, 그 외에 혁명을 부르짖는 세력, 풍요로운 미국식 생활방식을 가로막는 위협으로부터 세상을 보호해야 한다고 주장했다. 하지만 지금은 테러리스트와 이민자를 막고, 이슬람 극단주의자와 맞서 싸우고, 경제 성장에 박차를 가하고, 풍요로운 미국식 생활방식을 구원해야 한다고 강조한다.

이런 것들에 대해 생각할수록 내 글과 강연에서 관련 내용을 좀 더 강력하게 다뤄야겠다는 결심이 확고해졌다. 그리고는 컴퓨터 앞에 앉아 발표용 파워포인트 자료를 정리했다.

1번 슬라이드

죽음의 경제: 노벨상 수상자(1976년) 밀턴 프리드먼이 주장한 다음의 아이디어로 인해 탄생했다.

기업의 유일한 책임은 사회적 비용이나 환경 비용과 관계없이 단기적인 이윤을 극대화하는 것이며, "누군가가 이기려면 누군가는 잃을 수밖에 없다."

2번 슬라이드

네 개의 전술을 바탕으로 하는 경제 저격수 전략
▶ 공포
▶ 부채
▶ 부족할지도 모른다는 불안
▶ 분열과 정복

3번 슬라이드

기업 임원들은 이윤 극대화를 위해 무엇이든 해야 한다.
예: 선거 자금과 퇴직 후 일자리를 제공하겠다는 약속을 앞세워 정부 관계

자를 '매수'하는 것, 노동자 착취, 자원 고갈

4번 슬라이드

죽음의 경제에서 관찰되는 핵심적인 특징

▶ 비생산적인 업무에 보상 제공(주가 조작, 금융화)

▶ 외부 효과 무시(환경 비용, 사회 비용)

▶ 세금이 사회 복지, 인프라 등에 대한 투자라는 사실을 인식하지 못함

▶ 독점 장려

▶ 자연을 고갈시켜도 무방한 자원으로 분류

▶ 수십억 명의 사람을 빈곤층으로 만듦

▶ 지구 온난화, 멸종 등 다양한 위기 초래

5번 슬라이드

생명의 경제는 다음 목표에 의해 추진된다.

인간과 자연에 돌아가는 장기적인 이익을 극대화하고 모두에게 이익이 되는 상황을 만들어 내는 것.

6번 슬라이드

생명의 경제에서 관찰되는 핵심적인 특징

▶ 생산적인 업무에 보상 제공(교육, 의료, 예술 등)

▶ 금융 지표 및 경제 지표를 만들 때 외부 효과 고려

▶ 세금이 의료, 교육, 지속 가능한 인프라에 대한 투자라는 사실을 인지

▶ 지역 중심의 직원 소유 기업(예: 협동조합, 사회와 환경에 긍정적인 영향을 미치는 기업)

▶ 오염 물질을 제거하고, 재활용하고, 친환경 기술을 개발하고, 환경을 살

리는 비용을 지불
- ▶ 전 세계 사람들에게 경제적 기회를 제공
- ▶ 지구 온난화를 비롯한 각종 위기를 되돌리고 멸종 위기종을 보호

(자본주의, 생명의 경제, 죽음의 경제에 관한 좀 더 자세한 내용은 부록에서 확인할 수 있다.)

이스탄불의 아름다운 거리를 거닐고, 다양한 나라에서 각자 다른 삶을 즐기다 이스탄불로 온 사람들과 대화를 나누고, 기업 임원과 튀르키예 정부 관계자들을 만나고, 유럽과 아시아를 가르는 보스포루스 해협을 오가는 유람선을 탔다. 그러면서, 세계 지배를 꿈꾸며 제국 건설에 혈안이 된 사람들의 욕망은 어떻게 수천 년이 지나도 그대로인지 곰곰이 생각했다. 변한 것이라면 세상을 바라보는 우리의 인식뿐이었다. 이제 사람들이 생각하는 세상이 지구 전체를 아우를 만큼 넓어졌다. 그와 동시에 사람들은 점차 효율성이 뛰어난 도구를 사용하게 되었고 그 결과 자멸적인 시스템이 탄생했다.

어느 늦은 오후, 보스포루스 해협이 갈라놓은 양쪽 육지 중 유럽 쪽에 서서 해협 건너 아시아를 바라보며 경제 저격수로 일하던 시절을 떠올렸다. 처음에는 그때의 기억을 정당화하려고 애썼다. 내가 아메리칸드림을 이루려면 나 같은 사람이 되어야 한다고 가르쳤던 교육 시스템의 희생자일 뿐이라고 혼자 되뇌기도 했다. 유럽인, 아시아인, 기독교인, 이슬람교도, 그 외에 무수히 많은 사람이 바로 이 도시에서 착취적이고 식민주의적인 행동을 저지르고는 그런 행위를 정당화하려고 애썼다. 그러나 아무리 포장해도 결국 그들은 권력과 부를 얻기 위해 그런 짓을 한 것일 뿐이다. 나는 또다시 죽음의 경제를 널리 퍼뜨리는 데 내가 어떤 역할을 한 건지 냉혹한 현실을 마주해야만 했다.

다음 날, 이스탄불을 떠나 미국으로 돌아가는 비행기에서 대서양을 내려다봤다. 죄책감이 들었을 뿐 아니라 분노가 치밀어 올랐다. 미국의 정재계 지도자들은 내가 한창 경제 저격수로 활동했던 시절이나, 소위 암흑기라고 불리던 봉건 시대의 황제들이 비행기 아래로 보이는 영토를 지배하던 시절에 감히 상상조차 하지 못했을 정도로 엄청난 규모로 경제 저격수 시스템을 발전시키고 있었다.

미래의 역사학자들이 9·11 테러 이후의 시기를 암흑기보다 더 어두운 시기로 기억할 것 같다는 생각을 떨칠 수 없었다.

우리 미국인들이 부족함을 두려워하고, 더 많이 소비하고, 더 열심히 일하고, 끝없이 축적하고, 더 많은 빚을 얻어야 한다는 소리를 주야장천 들으며 살아왔다는 사실을 깨닫자 분노가 극에 달했다. 이런 사고방식은 개인적인 차원을 넘어서서 애국주의의 한 형태가 되어 버렸다. 다시 말해서, 우리의 조국 미국이 전 세계의 자원 중 점점 더 많은 부분을 차지해야 한다고 믿게 되었다.[1] 군대를 양성하기 위해 빚을 내는 것은 우리한테도 반드시 필요한 일이라고 믿었다. 봉건 시대의 황제들 역시 같은 주장을 펼쳤다.

특히 화가 나는 부분은 바로 이것이다. 군비 지출 때문에 국민에게 돌아가는 혜택이 줄어든다는 점을 지적하면 얼토당토않은 대답이 돌아온다. 사회 복지 프로그램은 사람들을 더욱 나태하게 만드는 반면, 군을 유지하고, 기업의 돈벌이를 위해 보조금을 제공하고, 돈이 넘쳐나는 기업들이 세금을 이용해 투자할 수 있도록 지원하는 프로그램은 경제를 성장시킨다는 것이 그들의 논리다. 이미 수십 년 동안 그렇지 않다는 사실이 밝혀졌음에도 낙수 효과를 기대해야 한다고 주장한다.

한때 숙적이었던 개신교 국가 영국과 가톨릭 국가 프랑스를 가르는 분계선 역할을 했던 영국 해협을 내려다보며, 내가 경제 저격수로 활동하던 시절 이후 이 시스템이 더욱 공고해졌다는 사실에 놀라고 말았다. 9·11 테러 이후 경제 저격수 시스템이 다시금 활력을 되찾았다는 사실을 깨닫자 망연자실해졌다. 미국 정부는 다양한 방법을 동원해 미국 정부의 정책에 반대하는 사람들을 소외시켰다. 부채와 공포를 이용하는 전략, 애국법, 경찰의 군대화, 방대한 양의 새로운 감시 기술, 월스트리트 점령 운동 같은 사회 운동에 잠입하거나 방해하는 전술, 민영화된 영리 감옥의 급격한 확산 등의 기법이 동원되었다.

거대 기업의 자금으로 운영되는 정치활동위원회(PAC)와 코크 형제 같은 억만장자들은 언론을 선전으로 도배해 민주적 절차를 뒤엎고 선거에서의 승리를 이끌었다. 기업의 정치 활동을 부추기는 법원의 판결도 이런 변화에 일조했다. 가령, 보수 성향 시민단체 시티즌스 유나이티드(Citizens United) 사건에서 미 대법원은 '기업의 선거 캠페인 자금 조달을 제한하는 것은 언론의 자유를 보장하는 수정 헌법 제1조에 어긋난다.'고 판결했고, 유사한 판결이 뒤따랐다. 또한 석유 재벌인 코크 형제를 비롯한 미국의 억만장자들은 미국입법교류협의회(American Legislative Exchange Council, ALEC) 같은 단체를 통해 기업에 유리한 법안을 로비한다. 미국의 거대 기업들은 변호사, 로비스트, 전략가 등을 대거 고용해 시정부, 주정부, 연방정부 등 모든 정부에 영향력을 행사하고 부정부패를 합법화하려고 애쓴다.

미국에 도착한 나는 내 분노를 정당화할 만한 새로운 사건이 벌어지고 있다는 사실을 깨달았다.

36장

경제 저격수가 개입된
또 다른 은행 스캔들

    2014년, 또 다른 대형 스캔들이 금융계를 뒤흔들었다. 이전에 리보 (LIBOR) 금리★ 조작 스캔들에 연루된 적이 있는 몇몇 은행과 새로운 은행들이 개입된 스캔들이었다. 시티그룹과 JP모건체이스, 바클레이스, 스코틀랜드 왕립은행은 외환 가격 조작을 인정하고 50억 달러가 넘는 벌금을 냈다. 그로부터 1년이 채 되지 않아 네 은행에 더해 또 다른 은행 UBS가 16억 달러의 벌금을 추가로 부과받았고 바클레이스는 관련 소송을 해결하기 위해 13억 달러를 추가로 내야 했다.

    사건에 연루된 은행들은 2007년부터 일부 구성원들이 '카르텔'이라고 부르는 조직을 운영해 왔다. 관계자들끼리 주고받은 이메일이나 채팅창에서 '도적 떼', '마피아' 등 자신들을 부르는 이름이 발견되기도 했다.[1]

★ 런던의 우량 은행끼리 단기 자금을 거래할 때 적용하는 금리

미 법무부 장관 로레타 린치는 이 외환 조작 사건을 "은행들의 결탁과 외환 시장 조작을 뻔뻔하게 드러내 보인 사건"이라고 묘사했으며, "깜짝 놀랄 만한 음모"라고도 표현했다.[2] 미 법무부 장관이 언급한 '결탁'과 '음모'라는 단어는 특히 시사하는 바가 컸다. 오랫동안 세상에서 가장 신뢰받는 곳으로 여겨져 온 은행들의 은밀한 협력을 표현하기 위해 사용되었기 때문이다. 은행들의 행동은 막대한 이익을 얻기만 하면 기업 정치 논리에 따라 음모, 결탁, 사기, 불공정 관행 등 무엇이든 정당화된다는 것을 보여 줬다.

리보 금리 조작 스캔들에 관한 기사를 읽는데 죄책감이 다시 밀려들었다. 40년 전에 내가 했던 짓들이 이런 끝없는 부패의 물결이 휘몰아치도록 수문을 열어젖히는 데 도움을 줬을지도 모른다는 의심을 떨쳐낼 수 없었다. 그러나 계속 관련 기사를 읽다 보니 죄책감에 머물러 있던 감정은 분노로 바뀌었다.

물론 내가 한 짓들이 발판을 마련했다는 사실은 인정한다. 하지만 내가 활동했던 시절의 방식과 요즘 은행가들이 사용하는 무자비한 전술 사이의 엄청난 차이를 깨닫고는 너무도 놀랐다. 내가 경제 저격수로 일했던 시절, 우리는 부채를 정당화하려고 무척 애를 썼다. 돈을 빌리면 우리가 목표로 삼은 나라에서 경제 성장을 이룰 수 있다는 사실을 증명해 보이기 위해 그럴듯한 계량경제 모델을 만들어 냈다. 그 나라 국민을 설득해야 했을 뿐 아니라 스스로를 설득해야만 했다. 반면 새로운 경제 저격수들은 자신들의 행동을 정당화해야 한다는 생각조차 하지 않았다. 심히 노골적이고 거만했으며 그 어떤 자비심도 없었다. 남의 돈을 빼앗는 강도나 마피아 역할에 빠져들어 카르텔의 일원이라는 사실을 자랑스레 떠벌렸다. 타인을 착취한다는 사실에 자부심을 느끼는 그 꼴을 보고 있으려니 걷잡을 수 없는 분노와 충격이 밀려들었다.

그러다 서서히 내가 분노를 느끼는 대상이 은행가뿐만은 아니라는 깨달음이 찾아왔다. 규제 기관들 역시 예외가 아니었다. 은행들은 무려 5년 이상 아무런 처벌도 받지 않고 음모를 유지해 왔다. 도대체 누가 은행들을 감시했던 걸까? 제대로 감시·감독이 이뤄지지 않았던 것은 "나쁜 것은 듣지도, 보지도, 말하지도 말라."는 태도가 정부 조직 내에 널리 퍼져 있었기 때문이다. 제2의 경제 저격수 물결의 또 다른 측면 때문에 이런 일이 벌어진 것이기도 하다. 책임자들은 사회나 환경에 어떤 영향이 있건 은행과 기업이 이윤을 극대화하도록 돕기 위해서라면 무슨 짓이든 해도 된다고 믿었다.

처벌의 강도만 봐도 정경유착이 얼마나 심각한지 알 수 있다. 물론 리보 금리 조작 스캔들과 외환 가격 조작 음모에 연루된 은행들에 부과된 벌금 총액은 100억 달러에 달한다. 숫자로만 보면 그 금액이 매우 큰 것처럼 느껴지지만, 좀 더 자세히 파고들어 보니 이 은행들의 자산 규모에 비하면 벌금은 상대적으로 푼돈일 뿐이었다. 게다가 은행가 중에 범죄 혐의로 기소된 사람은 없었다. 단 한 명도.

미국인들이 착취당하는 데 무관심하고 심드렁해졌다는 사실이 무척 놀라웠다. 기꺼이 진실을 외면하는 미국인들의 태도는 1970년대에 내가 착취했던 나라에서 흔히 봐 온 것이었다. 은행들의 상대적으로 은밀한 계략 외에도, 미국인들은 당연하게 받아들여 온 공공연한 방식으로 착취를 당했다. 주정부와 연방정부가 공교육 예산을 줄인 탓에 날이 갈수록 치솟는 학자금 대출, 부족한 의료 재정과 민영 의료 보험으로 인해 끝없이 올라가는 의료 비용, 터무니없이 높은 금리가 적용되는 무담보 소액 대출, 다수를 희생시켜 가장 부유한 소수를 배 불리는 세법, 해외로 빠져나가는 일자리 등이 모두 여기에 포함된다. "어떤 대가가 따르든 우리는 무엇이든 한다."라는 만트라가 은행 이사회실에서 의회에 이르는 모든 곳에서 울려 퍼졌다.

2015년, 국제축구연맹(FIFA) 스캔들*이 터지자 이 같은 사실이 더욱 명확해졌다. 제2의 경제 저격수 물결은 너무도 널리 퍼져 있어서 사회의 모든 영역에 영향을 미치고 있었고, 스포츠도 예외가 아니었다. 미 법무부가 FIFA 지도자들에게 적용한 혐의를 보면, 이들이 내가 오랫동안 사용했던 다양한 방법을 동원한 것을 알 수 있다. 뇌물, 사기, 돈세탁 등은 말할 것도 없고 대형 은행과도 손을 잡았다. 거의 20년 동안 그 누구도 FIFA의 부패를 문제 삼지 않았다. 몇 안 되는 부자들은 많은 돈을 벌었지만 많은 나라의 지역 사회와 납세자들은 큰 비용을 치러야만 했다.[3]

사건이 터진 직후에는 법무부가 행동을 취했다는 사실에 안도감을 느꼈다. 올바른 방향으로 한 걸음 나아가는 기분이 들었다. 규제 담당자들이 마침내 제대로 된 규제에 돌입한 듯했다. 그러다 조금 다른 측면이 눈에 들어왔다.

FIFA 스캔들은 교묘하게 진실을 은폐해 사람들의 시선을 돌리려는 수작에 불과했다. 진짜 범죄자들이 세계 경제를 훔치려 드는데 언론은 삶의 본질적 측면에서 벗어나 있는 스포츠 이야기만 떠들어 댔다. FIFA 관계자들은 수갑이 채워진 채 붙잡혀 갔지만 은행 임원들은 수백만 달러의 보너스 잔치를 했다. 은행 관계자들은 이미 범죄를 인정했고 그들이 인정한 범죄는 우리 모두의 삶에 영향을 미친다. 그런데

★ 월드컵 개최지 선정 과정에서의 뇌물 수수 등 FIFA 고위 간부들의 부패가 폭로된 대규모 스캔들

도 그들 중 그 누구도 기소당하지 않은 이유는 무엇일까?

정답은 바로 은행가들은 기업 정치의 구성원이지만 FIFA 관계자들은 그렇지 않기 때문이다. 미 법무부가 FIFA 내에서 일어난 수많은 잘못을 찾아내 공격적으로 기소했다는 소식이 연일 보도되자 사람들은 좀 더 중요한 이야기에 관심을 기울이지 못했다. 은행 업계 로비 세력이 법무부를 꽉 틀어쥐고 있었다. 은행은 선출직 공무원, 자신들을 '규제하는' 규제 기관, 대중에게 정보를 제공해야 할 언론을 모두 매수할 수 있을 만큼 돈이 많고 막강한 권한을 쥐고 있다.

다시 하워드 진 교수님을 떠올렸다. 교수님과 나날이 커지는 로비스트 세력에 관해 대화를 나누었을 때, 그는 이렇게 이야기했다. "우리는 투표를 하지. 그러나 우리가 뽑은 사람들은 우리가 하는 말에 더는 귀를 기울이지 않는다네. 선거에 돈을 대는 사람들, 그러니까 기업 로비스트들의 지시에 따를 뿐이지." 그러고는 내가 하는 일도 비슷하다고 지적했다. "자네 역시 세계은행의 지시를 따르는 것 아닌가." 잠시 후 교수님은 이런 말을 덧붙였다. "정말로 세계은행이 전 세계의 빈곤을 없애고 싶어 한다고 생각하는 건가?"

★ ★ ★

경영학과에 재학 중이었던 1967년, 세계은행에 처음 방문해 입구에 적힌 '빈곤 없는 세계를 위해 일하는 세계은행'이라는 모토를 바라보던 내 모습이 떠올랐다. 나는 그 말을 믿었다. 하지만 몇 년 지나지 않아 그 모토가 세계은행이 하는 일을 묘사하는 속임수에 불과하다는 사실을 깨달았다.

『경제 저격수의 고백』을 처음 출간한 2004년부터 『경제 저격수의 새로운 고백』을 출판한 2016년 사이에 두 번째 경제 저격수의 물결이 전 세계로 퍼져 나갔다. 이 시기에 다양한 합의체와 토론회 활동을 하며 세계은행을 옹호하려 애쓰는 개발 전문가들을 숱하게 만났다. 그들은 내가 했던 일과 세계은행이 했던 활동이 빈곤을 없애는 데 커다란 도움이 됐다고 주장했다. 하지만 실상은 전혀 다르다.[4]

국제 구호 개발 기구 옥스팜이 공개한 보고서에 의하면 전 세계 인구 중 겨우 1퍼센트가 전 세계 부의 절반가량을 움켜쥐고 있으며, 세계 인구 열에 일곱은 지난 30년 동안 경제적 불평등이 더욱 심각해진 나라에서 살고 있다.[5] 인도네시아, 콜롬비아, 아르헨티나, 이집트 등 내가 직접 세계은행이 추진하는 프로젝트를 떠안기기 위해 노력했던 나라의 빈민가에서 살아가는 사람들도 어쩌면 휴대전화를 갖고 있을지도 모른다. 하지만 휴대전화가 있다고 해서 가난에서 벗어난 것은 결코 아니다. 상대적인 관점에서 본다면 오히려 내가 경제 저격수 활동을 했을 때보다 그들의 삶은 더욱 궁핍해졌다. 세계은행이 제공한 통계 자료에 의하면 2011년을 기준으로 하루 2달러도 벌지 못한 채 빈곤선에도 못 미치는 삶을 살아가는 사람이 무려 22억 명에 달한다. "전 세계를 가난에서 벗어나게 만들겠다."는 목표를 위해 글로벌 기업에 지원하는 돈이 수십억 달러에 달한다는 현실을 생각할 때, 22억 명이라는 숫자는 터무니없을 정도로 많다.[6] 세계은행과 그 외의 다른 개발 정책을 둘러싼 속임수를 폭로하는 통계 자료는 무수히 많다.

60개에 달하는 최빈국들은 지난 30년 동안 5400억 달러를 빌린 다음 대출 원금과 이자로 5500억 달러를 갚았다. 그러나 똑같은 대출 때문에 여전히 5230억 달러를 더 갚아야 한다. 이 부채를 갚는 데 드는 비용은 이들 국가가 의료나 교육에 지출하는 비용보다 많고, 매년 해외 원조로 받는 금액의 스무 배에 달한다.[7] 뿐만 아니라 세계은행이 진행한 프로젝트들은 세계에서 가장 가난한 사람들에게 말할 수 없는 고통을 안겼다. 겨우 10년 만에 340만 명의 사람들이 거리로 나앉았고 이들 국가의 정부들은 세계은행 프로젝트에 반대하는 사람들을 구타하고, 고문하고, 살해했다.[8]

나와 동료들은 기업의 자본주의 제국을 확대하는 데 필요한 일이라면 무엇이든 했다. 그것이 진짜 목표였다. 세계은행의 모토는 속임수일 뿐이었다. 우리가 빌려주는 돈으로 미국인을 고용해 현지 군대를 양성하고 인프라를 구축하지 않으면, 결국 잔혹하기 짝이 없는 스탈린 같은 독재자가 그 나라를 지배하게 될 거라고 정부 지도자들을 설득했다. 기업 자본주의가 그들을 봉건주의의 암흑기에서 벗어나 미국이 주도하는 번영의 시대로 나아가게 만들 것이라고 말했다.

『경제 저격수의 고백』을 출판한 후 이런 시스템이 사방으로 퍼져 나갔다. 2016년이 되자 세계은행뿐 아니라 민간 은행, 자신이 지휘했던 기업에서 범죄 행위를 저질렀다고 시인했음에도 감옥에 갇히는 대신 수백만 달러의 보너스를 받았던 기업 경영자들까지 이런 시스템을 더욱 널리 퍼뜨리는 데 열을 올렸다. 재계 인사들은 전 세계 사람들에게 이 세상에 얼마나 큰 기여를 하는지보다 개인 자산이 얼마인가에 따라 성공이 결정된다고 소리 높여 주장했다. 또한 민영화와 규제 완화가 국민을 보호하며, 정부가 도움이 필요한 사람을 원조하는 것은 낭비고 비생산적이며, 각 개인이 빚을 얻는 쪽이 정부가 사회 복지에 투자하는 것보다 낫고, 대저택에 살며 전세기와 호화 요트를 타고 여행하는 사람을 숭배해야 한다고 사람들을 설득했다.

하워드 교수님은 사람들이 이런 진부한 이야기를 곧이곧대로 믿는 이유가 무엇인지 잘 알고 있었다. 교수님의 말에 의하면, 중산층은 어릴 때부터 물질적인 풍요를 갈망해야 마땅하다고 교육받을 뿐 아니라 이미 손에 쥔 것들을 잃는 위험을 감수하려 들지 않기 때문에 결국 현실에 안주한다. 빈곤한 사람 역시 자기 삶에 만족할 수밖에 없다. 그저 생존하는 데 모든 에너지를 쏟아부어야 하기 때문이다. 그런 탓에 시스템을 바꾸고 싶어 하는 사람은 무기력한 기분에 빠지게 된다.

2000년대에 접어들어, 그리고 9·11 테러 사건이 벌어진 후, 한층 활발해진 자칼들의 활동과 제2의 경제 저격수 물결이 이 모든 변화를 능수능란하게 관리했다.

37장

뉴 밀레니엄 시대의 새로운 경제 저격수

　1970년대에는 저소득 국가들이 부패의 온상으로 여겨졌다. 나 같은 사람들은 은밀하게 거래를 진행했다. 그래도, 대부분의 사람들은 중남미, 아프리카, 아시아의 정부 관계자들이 으레 뇌물을 받아 떵떵거리며 사는 거라고 믿었다. 특혜를 주는 대가로 달러가 가득 담긴 봉투를 받는 '바나나 공화국' 정치인들의 이미지는 언론과 할리우드가 아끼는 단골 소재였다. 반면 미국은 이런 엄청난 부패와는 거리가 먼 나라로 여겨졌다. 물론 실제로도 대개 그랬다.

　『경제 저격수의 새로운 고백』을 집필할 당시, 『경제 저격수의 고백』을 출판한 후 10년 동안 너무 많은 것이 달라져 있어서 경악했다. 변화 자체가 너무도 급격했다. 내가 경제 저격수 노릇을 했던 시절에 비해 미국인들의 태도, 법, 정치가 대거 달라진 탓이었다. 과거에는 비도덕적이고, 용납할 수 없고, 불법적인 것으로 여겨졌던 행동들이 2016년에는 표준 관행이 되어 버렸다. 그럴듯한 말 때문에 드러나지 않았을 수도 있지만, 그 이면을 살펴보면 협박, 뇌물, 허위 보고, 갈취, 섹스, 폭력 등 옛날부터 사용되어 온 오래된 수법이 정재계 고위층에 그대로 적용되고 있었다.

이 시기에 『경제 저격수의 고백』에 관한 연설을 해 달라는 초청을 받고 아시아, 유럽, 중동, 중남미, 미국 전역의 콘퍼런스와 대학을 찾아다니곤 했다. 사생활의 변화 역시 새로운 통찰력을 얻는 데 도움이 됐다.

그 무렵에 위니프리드와 나는 이혼을 결정했다. 물론 딸인 제시카와 손자인 그랜트가 사는 곳에서 각자 10분 정도 떨어진 거리에서 살며 지금까지도 친한 친구로 지내고 있다. 위니프리드와 헤어진 후 키먼 루카스와 데이트를 시작했다. 루카스는 아프가니스탄, 캄보디아, 라오스, 미얀마, 태국, 베트남의 전쟁 피해자를 돕는 비영리 단체의 CEO이자 미 국무부와도 긴밀하게 협력하는 변호사였다. 루카스와 교제하면서 국내외에서 나날이 발전하고 있는 경제 저격수 전술을 좀 더 잘 이해하게 되었다.

제2의 경제 저격수 물결을 미국 전역에서 쉽게 찾아볼 수 있게 되었다는 사실을 발견했다. 경제 저격수들이 백악관, 미 의회, 월 스트리트, 모든 대기업의 이사회실을 누비고 다녔다. 최고위급 인사들의 부패는 합법화됐다. 기업에 소속된 경제 저격수들이 법안을 만들고, 그 기업의 돈을 받는 정치인들이 그런 법안을 통과시킨 결과였다. 그들은 미국이라는 나라보다 특정한 기업에 좀 더 큰 충성심을 보였다. 2016년에 특히 두드러졌던 새로운 경제 저격수 사례는 다음과 같다.

미 상원의원

마지막으로 하워드 진 교수님을 만났을 때 현대의 경제 저격수에 대해 좀 더 많은 것을 알아보려면 어떤 쪽을 살펴봐야 할지 물었다. 교수님은 "대슐이나 도드 같은 정치인들을 살펴보면 도움이 될 걸세."라고 조언했다.

톰 대슐과 크리스 도드는 공통점이 많았다. 두 사람 모두 오랫동안 미 상원에서 이름을 떨친 민주당 의원이었다. 대슐은 1987년부터 2005년까지, 도드는 1981년부터 2011년까지 상원의원을 지냈고, 두 사람 모두 민주당에서 떠오르는 인사였다. 대슐은 상원 다수당 원내대표였다. 도드는 민주당전국위원회 위원장과 상원은행위원회 위원장을 역임했으며 2008년에는 대통령 후보로 나서기도 했다.

대슐과 도드는 자신들이 워싱턴 정계 내부인이 아닌 '서민을 위한 정치인'이라고 포장했다. 대슐은 정계 진출 초기에 낡아 빠진 폰티악을 몰고 선거 운동하러 다니는 모습을 보여 주었고, 도드는 로비스트들의 탐욕스러운 기회주의에 절대로 굴복하지 않겠다고 약속했다.

그러나 두 사람 모두 자신들이 강조했던 이미지를 배반하고 유권자에게 내걸었던 약속을 외면했다. 이들이 바로 새롭고, 강력하고, 매우 위험한 제2의 경제 저격수 물결을 대표하는 인물들이었다.

대슐은 상원을 떠난 후 로펌에 합류했다. 의료를 비롯한 여러 분야의 기업을 위해 로비 활동을 하며 수백만 달러의 순이익을 벌어들이는 곳이었다. 대슐은 로펌에서 200만 달러가 넘는 연봉을 받고 사모펀드에서 추가로 수백만 달러를 받았다. 대슐은 '정치 고문' 같은 모호한 이름으로 불리며 '로비스트'로 분류되지 않으려고 애썼지만, 그가 실제로 하는 일은 로비스트의 일과 다르지 않았다. 고객에게 도움이 되는 수익성 높은 계약을 성사시키기 위해 로비를 벌이는 것이 바로 그의 일이었다.

2013년, 방글라데시에서 의류 공장이 붕괴해 1,100명 이상이 사망하는 사건이 벌어졌다. 이 사건이 발생한 이후에 어떤 일이 있었는지 살펴보자. 대슐이 직접적으로 연루되었다는 증거는 없다. 그러나 방글라데시 정부가 저소득 근로자 보호를 위해 법적 구속력이 있는 안전 개혁 방안을 추진하려 했을 때, 이에 맞서 싸운 곳이 대슐이 일하던 로펌인 'DLA파이퍼'였다. 대신에 DLA파이퍼는 돈이 넘쳐나는 미국 소매업체들의 책임을 급격하게 제한하는 법안을 통과시키려 애썼다. 정계를 떠난 상원의원 조지 미첼과 전직 상원보좌관 찰리 쉴러까지 로펌에 합류시킨 DLA파이퍼는 방글라데시 국민과 경제를 희생시키면서까지 고객의 탐욕스러운 이익을 보호하려고 했다. 2013년 방글라데시 공장 붕괴 사고에 연루된 기업 중 한 곳인 갭(GAP) 역시 DLA파이퍼가 보호하려고 했던 고객 기업 목록에 포함되어 있었다.[1]

상원의원을 지내던 도드가 대선에 출마했을 때 도드 진영은 금융 서비스 업계의 자금을 받았다. 금융 서비스 업계는 그가 위원장을 맡았던 상원은행위원회가 규제해야 할 대상이었다. 도드는 절대로 로비스트가 되지 않을 것이라고 여러 차례 다짐했지만 2010년에 정계를 은퇴한 후 댄 글리크먼 대신 미국영화협회(MPAA) 회장을 맡아 대표 로비스트로 활동했다.[2]

대슐과 도드는 민주당 의원이었지만, 공화당에도 존 애슈크로프트, 밥 돌, 뉴트 깅리치, 필 그램, 척 헤이글, 트렌트 롯, 워런 루드먼 등 상원을 거쳐 로비스트 대열에 합류한 인물이 많았다. 민주당과 공화당을 막론하고 로비스트가 된 인물을 모두 열거하면 그 끝이 없을 정도다. 그리고 미 하원을 거쳐 경제 저격수가 된 사람은 더 많다.[3]

기업 로비스트

이런 정치인들은 대개, '회전문'을 통과한 수천 명의 다른 사람들이 그렇듯이 자신을 로비스트라고 부르지 않는다. 로펌에서 일을 하며 '카운셀러', '컨설턴트', '정부 업무 고문' 등 하는 일이 분명하게 드러나지 않는 호칭으로 불린다. 나 역시도 공식적으로는 매우 존경받는 컨설팅 회사의 '수석 경제 전문가'였다. 그러나 내가 했던 일이 그랬듯 그들의 진짜 역할은 기업 정치를 떠받치고, 기업 제국을 확장하고, 죽음의 경제에서 뻗어 나오는 촉수를 지구 전역으로 퍼뜨리는 것이었다. 그들은 그림자 속에 숨어 있었다. 그러나 그들의 영향력은 가늠할 수 없을 정도로 엄청났다.

로비스트 업계를 대표하는 단체인 미국로비스트연맹(American League of Lobbyists)이 2013년에 정부관계전문가협회(Association of Government Relations Professionals)로 이름을 바꾼 점도 눈여겨봐야 한다. 바로 그해에 공식적으로 등록된 로비스트의 숫자가 10여 년 만에 최저치로 줄어들긴 했지만, 그럼에도 무려 1만 2281명에 달했다. 상원의원이나 하원의원 1인당 무려 23명의 로비스트가 존재하는 셈이고 내가 활동했던 시절의 경제 저격수 수보다 몇 배로 늘어난 수치였다. 그러나 이토록 충격적인 숫자조차 매우 저평가된 것이었다. 아메리칸대 교수 제임스 서버는 연구를 통해 실제 로비스트의 숫자는 10만 명에 달하며 로비 활동에 투입되는 금액이 연간 90억 달러에 육박한다는 결론을 내렸다.[4]

로비스트를 둘러싼 투명성이 부족한 탓에 이런 활동이 실제로 어떤 영향을 미치는지 정확하게 측정하기란 불가능하다. 그러나 미국에서 비즈니스를 하는 대기업들은 각각 100명이 넘는 로비스트를 두고 있다. 노동자의 권리와 환경, 의료, 교육, 기타 사회 복지를 증진하는 활동에서 '우리 국민'을 대변하는 노동조합과 공익단체가 1달러를 지출할 때마다 이런 기업들과 관련 협회들은 30달러가 넘는 돈을 지출했다.[5]

법을 집행해야 하는 관계자들은 로비스트와 이들이 대변하는 기업들에 맞서기를 두려워한다. 비영리 뉴스 사이트 커먼드림즈(Common Dreams)에 올라와 있는 아래 기사는 무기 산업에 관한 것이지만 실제로는 모든 글로벌 기업에 해당하는 내용이기도 하다.

전 세계에서 가장 규모가 큰 열 개의 무기 생산기업 중 여덟 개가 미국 회사다. 무기 산업은 연방 의회와 주 입법 기관을 대상으로 하는 로비에 수백만 달러를 지출하며 놀라울 정도의 효율성과 활력으로 영역을 지켜 낸다. 물론 전장에 투입되는 미국산 무기들이 항상 그 정도의 효율성과 성능을 자랑하지는 못한다. 예를 들면, 미국 역사상 가장 비싼 무기 시스템인 F-35 전투폭격기는 그 가격이 1조 5000억 달러나 하지만 제대로 작동하지 않는다. 예산을 초과하고 실제로 비행하기에는 위험한 데다가 결함으로 가득하다. 그러나 겉보기에만 멀쩡한 이 무기를 이미 목구멍에 밀어 넣은 막강한 기업들에 감히 도전장을 내미는 국회의원은 드물다.[6]

입지 선정 컨설턴트

무기 제조 업체 보잉은 내가 거주하던 주에서 굉장한 뉴스거리를 만들어 냈다. 8만 명이 넘는 직원을 둔 워싱턴 최대 고용주인 보잉은 세계 3대 방산 기업 중 하나였다.(나머지 두 곳은 미국에 본사를 둔 록히드마틴과 노스롭그루먼이다.)[7] 보잉 로비스트들은 보잉이 막대한 세금을 감면받을 수 있도록 워싱턴주 관계자들을 상대로 밤낮없이 로비했다. 보잉은 세금을 감면해 주지 않으면 777X 비행기 생산 시설을 다른 주로 옮기겠다고 정치인들을 협박했다.

결국 워싱턴주 의원들은 미국 내 그 어떤 주에서도 유례가 없을 정도로 큰 규모의 법인세 감면 정책을 시행했다. 이 세금 감면 혜택을 통해 보잉은 약 87억 달러의 평생 가치를 얻었고,[8] 당시 미국에서 주정부와 지방정부로부터 가장 많은 보조금을 받는 기업이 되었다.[9]

보잉이 워싱턴주정부 관계자들을 압박할 때 사용한 전략은 '입지 선정 컨설턴트'라고 불리는 특수한 부류의 경제 저격수가 흔히 사용하는 기법이다. 이들은 오랫동안 저소득 국가에서 활동해 왔으며, 보잉 사례를 통해 알 수 있듯 이제 이들은 미국에서도 활발하게 활동 중이다.

경영대학이나 도시 건설 계획 전문가들은 공급 업체 및 고객과의 근접성, 노동 시장, 기존 인프라 상황, 교통망, 에너지 가격 같은 객관적인 요인을 합리적으로 분석한 결과를 토대로 일자리를 창출하는 시설의 입지를 정한다고 주장할지도 모른다. 그러나 실제로는 해당 지역 정부와의 거래 성사 여부가 가장 큰 영향을 미칠 때가 많다. 입지 선정 컨설턴트들은 환경과 사회의 측면에서 가장 관대한 규제 방안, 최저 세율, 정책을 통해 수정할 수 있는 다른 우대책을 내놓지 않으면 생산 시설을 유치할 기회가 사라질지도 모른다는 두려움을 잘 이용한다. 정부 관계자들은 대개 이런 거래를 성사시키는 데 혈안이 되어 장기적으로는 학교, 도로, 여가 시설, 천연자원 등이 모두 망가진다는 사실을 간과한다.(역설적이게도, 해당 기업에서 일하는 직원을 비롯한 지역 주민에게 도움이 되는 모든 인프라가 악화된다.)[10]

세금 및 보조금 전략 전문가

보잉이 성사시킨 거래를 보며 인도네시아, 콜롬비아, 아르헨티나, 에콰도르, 이집트, 파나마에서 내가 했던 일이 떠올랐다. 가장 큰 차이는 미국에서 벌어진 제2의 경제 저격수 물결은 세계은행 차관 대신 조세 정책과 보조금을 이용한다는 점이었다.

이러한 술수는 차관보다 더 효과적이었다. 기업들은 받은 돈을 신고하거나 계약서를 작성해 채무자가 실제로 돈을 지불했는지 확인하기 위한 시스템을 마련할 필요가 없었다. 이 미국의 방식하에서는 누구도 돈을 내놓을 필요가 없었다. 대신 세금에서 일부 금액이 갹출되어 보잉으로 흘러갔다. 본질을 따져 보면 결국 미국 납세자들에게서 돈을 훔친 셈이었다. 의료, 교육 등 다양한 사회 복지 비용으로 책정된 자금이 탐욕스러운 기업의 금고로 흘러 들어갔다.

나는 이 문제를 파고들다가 2000년 이후 연방정부가 지출한 보조금과 대출 등이 어떻게 사용됐는지 분석한 정책 연구단체 굿잡스퍼스트(Good Jobs First)의 자료를 발견했다. 굿잡스퍼스트가 공개한 자료에 의하면, 미 연방정부는 15년 동안 많은 기업에 보조금과 특별 세액 공제의 형태로 680억 달러를 지원했다. 이 중 3분의 2는 대기업으로 흘러 들어갔다.

굿잡스퍼스트는 보조금 확보 역량이 가장 뛰어난 로비스트를 둔 대기업 명단을 공개했다. 그 명단에는 포드, 제너럴일렉트릭, 제너럴모터스, JP모건체이스, 다우케미컬(Dow Chemical), 록히드마틴, 유나이티드 테크놀로지스(United Technologies), 골드만삭스 등의 이름이 올라와 있었고, 그 외에도 가장 수익성이 높은 100대 연방 계약 업체 중 거의 절반이 포함되어 있었다. 통틀어서 무려 298개 기업이 각각 6000만 달러 이상의 보조금을 받아 냈다.[11] 항구, 공항, 고속도로, 상수도, 전력망, 학교, 소방서, 그 외의 모든 인프라는 이런 기업들에 커다란 도움이 됐다. 기업들은 수십억 달러의 수익을 내면서도 자신들에게 도움을 주는 기관과 그곳에서 일하는 직원을 위해서는 제 몫을 내지 않는다.

《가디언》이 시행한 조사를 통해, 석탄, 석유, 가스 업계가 무려 5500억 달러에 달하는 보조금을 받았다는 사실이 드러났다. 신재생 에너지 분야로 흘러 들어간 것보다 네 배나 많은 금액이다.[12]

가장 유명한 것은 기업식 농업 분야에서 활동하는 경제 저격수들이었다. 그냥 유명하다기보다 악명이 높다고 표현하는 편이 옳을지도 모른다. 한 가지 예로 2015년 7월에 미 하원이 통과시킨 'DARK법안(Deny Americans the Right to Know, 미국인의 알 권리를 부정하는 법)'을 들 수 있다. 이 법의 목적은 주정부가 GMO(유전자 변형 농수산물) 성분 표기를 의무화하지 못하게 막는 것이었다. 미국 가공식품제조업체협회(Grocery Manufacturers Association)와 세계 최대 종자 기업 몬샌토를 위해 일하는 경제 저격수들은 DARK법안을 통과시키기 위해 수백만 달러를 썼다.

식품안전센터를 이끄는 앤드루 킴브렐은 이렇게 이야기했다. "몬샌토를 비롯해 기업식 농업 분야를 마음대로 주무르는 기업들이, 수천만 명의 미국인이 참여하는 민주적인 의사 결정 과정 자체를 무너뜨리려는 시도를 한 겁니다. 그 결과로 이 법안이 통과된 거지요." 미국의 비영리 환경단체 EWG는, 국민들은 GMO 정보가 반영된 라벨을 사용하는 방안을 폭넓게 지지한다고 설명했다. EWG 정부 관계 부문 수석 부사장 스콧 페이버는 "일부 하원의원이 미국인 열 명 중 아홉 명의 바람을 외면하기로 했다는 사실이 너무도 충격적"이라고 밝혔다.[13]

가난한 사람들이 가진 것을 빼앗아서 부자한테 안겨 주는 술책은 무기, 에너지, 농업 부문에 국한되지 않는다. 모든 경제 분야에 이런 술책이 만연해 있다. 한 가지 예로 월마트가 있다.

미국 조세공정성연합(Americans for Tax Fairness)은 월마트가 미국 납세자들로부터 어떻게 수십억 달러를 갈취하는지 자세히 묘사했다. 월마트가 사용한 다양한 방법 중 하나는 760억 달러가 넘는 자산을 해외의 여러 조세 피난처에 숨겨 두는 것이었다. 월마트는 15개의 해외 조세 피난처에 78개가 넘는 자회사를 차렸다. 이전까지 이 같은 사실은 전혀 공개되지 않았다.[14]

미국 납세자들은 매년 공공 영양 프로그램, 의료 보험, 주택 지원 프로그램 등을 통해 월마트 직원들에게 60억 달러가 넘는 보조금을 지원했다. 엄청난 돈을 벌어들이는 월마트를 소유한 월튼 가문은 세계적인 갑부의 반열에 올라 있다. 다른 갑부들과 마찬가지로 월튼가 사람들 역시 사회 복지 제도를 비난하겠지만, 역사상 사회 복지 제도를 통해 가장 큰 수혜를 받은 것이 바로 그들이다.[15]

벌처 펀드

벌처 펀드(Vulture fund)는 한 국가가 디폴트를 선언한 후 경제적인 혼란에 빠져들면 그 나라의 채무를 헐값에 사들인다. 그러다가 해당 국가의 경제가 회복기에 접어들면 채무에 해당하는 값과 이자를 요구하며, 종종 추가 수수료까지 부과한다. 이런 기법을 한 단계 더 발전시켜 목표 국가와 협력하려는 기업을 고소하기도 한다. 투자 의향이 있는 기업을 협박해 해당 국가를 더욱 나쁜 상황으로 몰아가는 것이다.

가장 규모가 큰 26개의 벌처 펀드가 세상에서 가장 가난한 국가들로부터 10억 달러를 받아 냈고, 추가로 받아 낼 돈이 13억 달러나 남아 있다. 10억 달러는 국제적십자위원회가 2011년에 아프리카 전체에 할당한 예산의 두 배가 넘고, 소말리아의 기근 문제를 해결하기 위해 유엔이 필요로 하는 자금을 모두 충당할 수 있을 정도로 큰 액수다.

2008년에 전 세계가 불황에 빠져들고 그 후 수많은 나라가 위기를 겪었다. 벌처 펀드는 그 기회를 놓치지 않았다. 저소득 국가들[16]과 경제가 충분히 '개발된' 일부 유럽 국가 외에도, 세계은행이 선정한 '악성 채무를 진 빈곤국(Heavily Indebted Poor Countries)' 프로그램에 따라 부채 탕감 자격을 얻은 39개국 중 3분의 1 이상(대부분 아프리카 국가)이 표적이 되었다.[17]

제2의 경제 저격수 물결과 관련된 많은 활동이 그렇듯 벌처 펀드는 목표 국가를 망가뜨렸을 뿐 아니라 세계 경제를 불안정하게 만들었다. 세계은행에서 수석 경제 전문가와 부총재를 역임한 노벨 경제학상 수상자 조지프 스티글리츠는 이렇게 설명한다.

> 아르헨티나에서는 정부 당국이 소수의 '투자자'(소위 말하는 벌처 펀드)와 싸우느라 아르헨티나의 채권자 중 압도적인 다수가 자발적으로 동의한 전반적인 채무 구조 조정이 위태로워졌다. 그리스는 강요에 못 이겨 긴축 정책을 받아들였다. 그 결과 국내총생산이 25퍼센트나 감소했고 그리스 국민의 삶은 더욱 궁핍해졌다. 우크라이나에서는 국가 부채 문제가 정치에 엄청난 악영향을 미칠 것으로 보인다.[18]

이 장에서 설명한 다섯 개의 사례를 보면, 제2의 경제 저격수 물결이 미국과 전 세계의 경제, 정치, 환경, 사회에 어떤 영향을 미쳤는지 잘 알 수 있다. 이와 같은 새로운 부류의 사람들 때문에 단 85명이 전 세

계 인구의 절반보다 더 많은 자원을 보유하는 세상이 되었다.[19]

 그리고 그에 못지않게 소름이 끼치는 일이 자칼들 사이에서도 벌어지고 있었다.

38장
뉴 밀레니엄 시대의 새로운 자칼

아래는 『경제 저격수의 새로운 고백』에서 발췌한 문단이다.

비즈니스 콘퍼런스 연설을 위해 찾은 이스탄불에서 '자파'라는 학생이 이런 말을 했다. "조부모님이 거주하는 파키스탄의 어느 마을에서 길을 따라 걷고 있었어요. 갑자기 내 옆에 있는 건물이 폭발하더군요. 드론에서 미사일이 떨어진 거죠. 사람들이 뛰어나와 소리를 질렀습니다. 아기를 안고 있던 여자의 몸이 불길에 휩싸였어요. 당장 달려가 아기를 받아들고는 바닥에 누워서 구르라고 말했습니다." 학생의 눈에 금세 눈물이 차올랐다. "그 엄마는 살았습니다. 그러나 많은 사람이 죽었어요. 정말 많은 사람이요."

그 드론을 조종한 것은 새로운 부류의 자칼이었다. 직접 목숨을 걸지도 않고, 상처 입고 죽어 가는 사람들의 비명을 듣지도 않고, 무고한 피해자의 고통을 직접 보지도 않는 사람들이었다. 새로운 자칼들은 컴퓨터 화면 앞에 앉아 있을 뿐이다. 영웅적인 구석이라고는 없는 일이다. 국민에게 이런 고통을 안기는 국가에도 영웅적인 면모는 없다.

알카에다를 비롯한 테러 조직 지도자들을 드론으로 암살했다는 소식은 자주 들려온다. 그러나 작전을 수행하는 과정에서 얼마나 많은 실수가 발생했는지에 관한 데이터는 전혀 얻을 수 없다. 미 국방부는 작전 과정에서 무고하게 살해당한 시민들에 대해 '부수적 피해'가 발생했다고 이야기한다. 그러나 얼마나 많은 사람이 목숨을 잃었는지 밝혀진 바가 없다. 최선의 노력이라고 해 봐야 대략 추산하는 것뿐이며, 이 추정치들은 충격적이다.[1]

미군 참전 용사 수십 명이 2015년 6월에 공개한 서신에는 이런 글귀가 적혀 있다. "아프가니스탄, 파키스탄, 예멘, 소말리아, 이라크, 필리핀, 리비아, 시리아에서 자행된 미군의 드론 공격으로 6,000명이 넘는 사람들이 부당하게 목숨을 잃었습니다." 참전 용사들은 이 서신에서 드론을 조종하는 사람들이 '드론 비행 임무'나 어떤 식으로든 이런 활동을 지지하는 행위를 거부해야 한다고 주장했다. 이들은 대부분의 사람이 무고한 시민을 향한 무차별적인 드론 공격을 테러 행위로 간주한다는 사실을 잘 알고 있었다.[2]

드론을 조종하는 사람들과 수많은 현대판 자칼이 저지른 행동이 거대 기업의 주머니를 불리는 결과로 이어진 경우가 수없이 많았다. 이런 기업들은 전쟁, 파괴, 재건, 너무도 많은 분쟁의 원인이 되는 유전과 기타 자원 등을 통해 많은 돈을 벌어들인다. 동시에 이런 행위는 미국의 신뢰성을 훼손하고, 미국 시민의 이익에도 반하며, 공포에 기반한 경제가 지속될 수밖에 없는 상황을 만든다.

오바마 행정부에서 군사 정보 책임자로 일했던 퇴역 미 육군 중장 마이클 플린은 드론 사용은 폭력과 테러리스트를 부추기는 "실패한 전략"이라고 지적하며, "드론에서 폭탄을 투하하면 득보다 실이 많다."고 말했다. 2014년 여름까지 국방부 산하의 국방정보국을 이끌었던 인물이니 그는 당연히 알고 있었을 수밖에 없다.[3]

위키리크스와 에드워드 스노든이 공개한 문서를 보면, CIA의 고문 및 특수 구금 시설, 정부와 글로벌 기업이 고용한 준군사 조직, CIA와 특수부대의 '고가치 표적 암살 프로그램(High Value Assassination Program)' 사용이 놀라울 정도로 증가했다.

과거에 활약했던 비밀 요원들은 개개인의 기지와 압도적인 신체 능력을 활용했지만, 떼를 지어 활동하는 '자칼 무리'는 공습, 인공위성 같은 각종 현대 기술의 지원을 받는다. 미국 국민들은 미군에 속한 특수 훈련 부대들이 어떤 작전을 수행하는지 제대로 알지 못한다. 그중에서도 특히 해군 소속 엘리트 부대 '네이비실'과 특별 테러 타격 부대 '델타포스'가 어떤 작전을 수행하는지 거의 알려져 있지 않다. 그러나 이런 부대들이 실제로 공격을 감행하는 지역에서는 이들이 어떤 존재인지 이미 잘 알려져 있다.

《뉴욕 타임스》는 "실 팀 식스(SEAL Team 6): 은밀한 살해와 희미해진 경계에 관한 비밀스러운 역사"라는 기사에서 비밀의 장막에 둘러싸여 있는 이런 부대의 실체를 언급했다.

이들은 전 세계에서 상업용 선박으로 위장한 첩보 기지를 운영하고,

유령 회사의 민간 직원으로 위장하며, 남녀가 한 쌍을 이뤄 대사관에 위장 잠입해 미국이 죽이거나 생포하려는 자를 추적해 왔다.

이런 작전은 네이비실 팀 식스의 감춰진 역사의 일부다. 네이비실 팀 식스는 미국에서 가장 신격화되고 가장 비밀스러우며 가장 감시를 덜 받는 조직 중 하나다. 한때는 특수하고 희귀한 임무를 수행하는 소규모 부대였던 팀 식스의 가장 유명한 업적은 오사마 빈라덴 사살이었다. 당시 10년이 넘게 전투를 벌이면서 팀 식스는 전 세계를 무대로 활동하는 특수 추적 부대로 거듭났다.

기사는 현재 미국 정부의 정책 중 상당 부분이 은밀하게 추진되는 현실에 대한 비판을 이어 나간다. 《뉴욕 타임스》 탐사 보도 팀은 다음과 같이 결론을 내렸다.

CIA의 드론 공습 작전과 마찬가지로, 특수 작전 임무는 정책 입안가들에게 많은 돈이 드는 점령 전쟁을 대신할 방안을 제시한다. 그러나 팀 식스는 철저한 베일에 싸여 있어서 작전 수행 기록이나 작전 결과를 제대로 평가할 방법이 없다. 가령, 민간인 사상자 수나 작전이 이뤄진 국가 내에서 생겨난 깊은 반감 같은 것들을 파악하는 것이 불가능하다.[6]

내가 경제 저격수로 활동했던 시절에 자칼들은 미국 내에서 반란 진압 활동이나 공산당 조직 침투 임무를 맡는 경우를 제외하면 주로 해외에 배치되었다. 『경제 저격수의 새로운 고백』이 출판될 즈음에는 그마저도 달라졌다. 9·11 테러 사건 이후, 공포에 휩싸인 미국인들은 사생활과 자유를 기꺼이 포기하는 데 동의했고, NSA, CIA, 연방수사국 같은 국가 기관들은 전례 없는 권한을 가지게 되었다. 드론이나 정찰기 등 해외에서 오랫동안 그 성능을 확인한 장치들로 이제 미국 내에서 우리 미국인들을 감시하기 시작했다.

정보공개법 소송 이후 미 연방당국이 공개한 문서에 의하면, 미국에서 발견된 드론을 조종한 것은 미군이었고 드론은 미국 내 군사 시설에서 날아온 것이었다. 사법 기관과 국경 순찰대가 드론을 이용하는 경우도 있었다. 그중 일부는 사람을 죽이도록 설계되어 있었다.[5]

AP 통신은 연방수사국이 "소규모 공군 부대의 지휘 아래 수십 대의 저공비행기를 운영해 미국 전역에서 영상을 촬영하고 휴대전화 감시 기술까지 활용한다."고 지적하며 "이 모든 일이 정부의 존재를 감추는 위장 기업의 이름으로 진행된다."고 설명했다. AP 통신은 해당 기사에서 이런 비행은 대개 판사의 승인 과정 없이 진행되며 "최근 30일 동안 연방수사국이 미국 전역의 11개 주, 30개가 넘는 도시 상공을 저공비행했다."고 밝혔다.[6]

9·11 테러로 공포에 질린 미국 국민들은 자유를 포기했지만, 군사 기지와 CIA 구금 장소에서 이뤄지는 고문, 내부 고발자에 대한 공격, 경찰의 잔혹한 대응, 개인 전화 도청 등에 관한 보도가 잇따라 터져 나오자 여론이 바뀌기 시작했다. 이런 활동이 사생활 보호를 목적으로 하는 법에 어긋난다고 지적하는 언론 보도와 블로그 포스팅이 늘어났다.

2005년 12월에 보도된 뉴스를 통해 NSA가 미국인의 전화 통화와 인터넷 통신을 감시해 왔다는 사실이 처음 드러났다. 이런 뉴스와 《USA 투데이》가 2006년 5월에 보도한 자료, 여러 국회의원의 발표 자료를 종합하면 NSA가 미국인의 전화 기록 및 기타 통신 기록을 광범위하게 수집해 온 것을 알 수 있다. 이와 같은 모든 감시 활동은 의회와 미 헌법이 정한 개인정보 보호 규정에 어긋난다.[7]

자칼들이 사용한 잔혹한 방법들을 폭로하는 이런 문서를 보면 제2의 경제 저격수 물결을 뒷받침하는 데 사용된 도구에 관한 충격적이고, 불안하고, 슬픈 이야기를 확인할 수 있다. 많은 미국인들은 미국 정부가 민주주의를 수호해야 마땅하지만, 정작 그 민주주의를 배반한 것이 다름 아닌 미국 정부이며, '국민의, 국민에 의한, 국민을 위한' 통치라는 미국 민주주의의 근간이 그라운드 제로의 잿더미 아래에 묻혔다는 사실을 깨달았다.

『경제 저격수의 새로운 고백』을 출판했을 무렵, NSA는 매일 약 2억 건의 문자 메시지를 감시하고 있었고, 컴퓨터에 저장된 정보에 접근하기 위해 약 10만 대의 컴퓨터에 소프트웨어를 몰래 심었다. 내 컴퓨터도 그중 한 대가 아니었는지 의심할 수밖에 없었다.[8]

자칼을 양성하는 기관의 비도덕적이고 범죄적인(물론 엄밀히 따지면 합법적이었지만) 활동에도 신물이 났지만, 그보다 나를 더 분노케 하는 소식은 따로 있었다. 나를 채용했던 NSA가 프랑스, 독일, 영국, 브라질, 아르헨티나 등 미국의 여러 동맹국 정부의 고위급 관계자 서른다섯 명의 전화 통화를 도청했다는 사실이 폭로된 것이다.

《가디언》은 이런 보도 자료를 내놓았다. "NSA는 백악관, 국무부, 국방부 등 NSA의 서비스를 필요로 하는 '고객' 부처 고위 관계자들을 설득해 명함집을 받아 냈다. 그렇게 얻은 해외 정치인들의 전화번호를 NSA 감시 시스템에 추가했다."[9]

제2차 경제 저격수 물결이 거셌을 때 활발하게 활동했던 자칼들은 세계 각지에서 돈을 받고 움직이는 용병들로부터 많은 도움을 받았다. 날이 갈수록 용병의 숫자는 늘어났고, 이들은 군인과 같은 규칙과 기준을 따르지는 않았다.

2012년 당시 아프가니스탄에는 거의 11만 명에 달하는 용병이 있었던 반면, 미군 병력의 숫자는 6만 8000명에 불과했다. 좀 더 정확한 비교를 위해 살펴보자면, 베트남에는 7만 명의 용병과 35만 9000명의 군인이 있었다.[10]

미국 납세자의 돈으로 월급을 받는 용병이 얼마나 되는지 정확한 숫자가 밝혀진 바는 없다. 다만 2014년에 발표된 가장 강력한 30대 민간 보안 회사 순위에서 1위를 차지한 것은 G4S였다. G4S에 고용된 직원은 62만 명이 넘었고 2012년 한 해 동안에만 120억 달러가 넘는 돈을 벌어들였다. G4S는 용병 외에도 기업과 정부에 최첨단 감시 장비를 판매했다. 이라크에서 민간인을 학살한 혐의로 대중에게 잘 알려진 블랙워터(회사 이름을 '아카데미'로 변경했다.)가 30위에 올랐다.[11]

용병을 이용한 덕에 미국 정부의 군사 활동과 미군 사망자가 모두 줄어들었다. 게다가 고문을 비롯한 기타 전쟁 범죄에 대한 책임은 정부의 몫이 아니라고 주장할 수 있게 되었다. 베트남 전쟁이 벌어졌을 때만 해도 미국 정부의 징집 활동은 반전 운동으로 이어졌지만, 용병을 적극적으로 활용하자 징집도 불필요해졌다. 용병들은 자칼의 불법적인 활동을 지원했지만, 국방부나 대통령, 의회에 보고할 의무로부터 자유로웠다. 사실 그 누구에 대해서도 책임을 질 필요가 없었다.

『경제 저격수의 새로운 고백』 집필을 위해 조사하는 과정에서 기업 정치의 역량과 의지가 사실상 무한하며 완전히 비민주적이라는 사실을 깨달았다. 그들은 누군가가 탐욕에 기반한 그들의 권력에 해가 되는 행동을 한다고 여기면 곧장 일거수일투족을 감시하고 인신 보호 영장 없는 구속, 암살 등 갖은 대응책을 동원한다. 기업 정치를 위해 일하는 로비스트들은 상당수의 선출직 공무원들에게 막강한 영향력을 행사한다. 특수 작전 팀은 불법적인 암살도 마다하지 않으며, 저공비행 임무를 수행하는 비행기 조종사와 로봇 자칼은 우리의 휴대전화 통화와 인터넷 대화를 모두 엿듣는다. 통제권을 유지하는 데 필요한 일이라면 무엇이든 하겠다는 기업 정치의 확고한 결심 때문에 이 모든 활동이 벌어진다.

『경제 저격수의 새로운 고백』이 출판된 지 얼마 지나지 않아, 미국의 경제 저격수 전략과 미국 정부의 정책이 중국의 경제 저격수들에게 새로운 기회의 문을 활짝 열어 주었다. 그렇게 제3의 경제 저격수 물결이 시작되었다.

7부

중국의 경제 저격수 전략

39장

판도를 뒤흔드는 중국

마오쩌둥이 1976년에 세상을 떠난 후 덩샤오핑이 중국의 새로운 지도자로 등극했다. 그때부터 중국은 세계적인 강국이 되기 위한 여정을 시작했다. 중국의 지도자가 된 덩샤오핑은 수십 년 동안 지속되어 왔으나 약 2000만 명에 달하는 인민이 굶어 죽는 결과로 이어진 개발 전략을 모두 포기했다.[1] 덩샤오핑은 "사회주의의 특징을 그대로 가진 시장 경제"를 장려하는 개혁을 추진했다. 그가 추구하는 시장 경제는 미국의 시장 경제와는 많이 달랐다.

강연을 위해 중국유럽국제경영대학원(CEIBS)을 방문했던 2009년, 덩샤오핑이 개인주의보다 공동체를 강조했으며 그의 사상이 중국의 경제 저격수 전략의 토대가 됐다는 사실을 알게 되었다. 중국유럽국제경영대학원은 《파이낸셜 타임스》가 선정한 세계 10대 MBA 목록에 꾸준히 이름을 올려 왔다. 이 명문대학원에 다니는 학생들은 대개 중국을 이끌어 갈 미래의 지도자로 여겨지는 훌륭한 인재들이다. 그중 상당수는 알든 모르든 결국 경제 저격수가 될 것이 뻔했다. 학생들이 훌륭한 경제 저격수가 되는 비법을 몹시 배우고 싶어 한다는 사실을 깨닫기까지 시간이 좀 걸렸다. 학생들의 열의를 깨달은 후에는 그들의 이러한 열망을 꺾기 위해 충분히 많은 노력을 기울이지 못했다는 사실에 후회가 밀려들었다. 그러나 결국 중국 학생들과 미국인들의 생각에는 근본적인 차이가 있다는 사실 또한 알아챘다.

중국유럽국제경영대학원 MBA 재학생 대표단에서 활동했던 맨디 장은 내게 이렇게 이야기했다. "중국인들은 여전히 위계질서를 강조하는 공자의 철학을 따릅니다. 우리는 가족을 위해 일하는 것이 무엇보다 중요하다는 유교 철학을 배우며 자랍니다. 여기서 말하는 가족은 공동체, 국가, 심지어 전 세계까지 확장됩니다. 덩샤오핑은 이런 맥락에서 이해해야 합니다."

나는 먼저 시장 경제에 관한 덩샤오핑의 철학에 밀턴 프리드먼이 설명한 자본주의 철학이 일부 반영되어 있다고 지적했다. 그런 다음, 얼마나 큰 사회적 비용이나 환경 비용이 발생하든 기업의 단기 이윤 극대화를 목표로 삼는 방식이 곧 프리드먼식 자본주의라고 설명했다. 내 설명을 듣고는 여러 학생이 이의를 제기했다. 학생들은 중국이 '3단계로 진행되는 30개년 개발 전략'을 따르고 있으며, 이 전략을 처음 세운 사람이 덩샤오핑이라고 설명했다. 맨디는 "시장 경제가 반드시 개인주의적인 탐욕이나 단기적인 목표를 기반으로 해야 하는 것은 아니에요. 그런 모델은 미국식일 뿐입니다. 중국 모델은 다릅니다."

학생들의 설명은 단체를 개인보다 중요하게 여기는 문화에 적용되면 시장과 이윤의 개념이 매우 다르게 해석될 수 있다는 사실을 이해하는 데 도움이 됐다. 프리드먼이 주장한 자본주의 이론은 모든 개인에게는 자신의 이익에 부합하는 유형의 자유를 누릴 권리가 있다고 믿는 나라인 미국에서 생겨났다. 이런 문화에서는 법이나 규제에 의해 강제되거나 개인에게도 이익이 되는 경우에만 공익이 고려된다. 반면 유교적 이상을 따르는 문화에서는 공익 그 자체가 목표가 된다. 중국 유럽국제경영대학원에서 만난 많은 학생은 미래 세대가 물려받고 싶어 할 만한 세상을 만들기 위한 전략을 따름으로써 가족을 위해 봉사할 수 있다고 믿었다. 학생들은 경제 저격수 모델을 새롭게 발전시킬 방법을 연구하고 있었지만, 스모그로 가득 찬 도시와 오염된 강을 지켜보며 자랐고 자녀들에게 다른 세상을 물려 주고 싶어 했다. 이런 노력은 단순히 자신의 자녀를 돕는 것이 아니라 모든 어린이를 돕는 것이었다. 적어도 학생들이 전달한 메시지는 그랬다.

덩샤오핑이 추진한 새로운 정책은 갓 시작 단계를 지나고 있었다. 이후 수십 년 동안 중국 경제는 현대 역사상 최고라 할 만한 성장세를 기록했다. 덩샤오핑이 1989년에 공식 직책에서 물러난 후, 그의 후계자들은 중국을 세계적인 강국으로 만들기 위한 야심 찬 계획을 추진했다. 중국의 이런 계획은 후진타오 주석의 2005년 중남미 방문으로 더욱 부각되었다. 당시 후진타오는 아르헨티나, 브라질, 칠레, 쿠바, 멕시코, 페루 등 여러 중남미 국가의 지도자들을 만났다. 후진타오가 새로운 길을 열었고, 중국의 경제 저격수들이 그 길을 뒤따랐다. 곧이어 중국 기업들이 미국 뒷마당에서 수많은 미국 기업을 물리쳤다. 후진타오의 방문은 중국의 다음 지도자 시진핑이 중남미와의 관계를 더욱 발전시키는 기틀을 닦았다. 시진핑은 2015년까지 아프리카, 아시아, 유럽, 중동, 미 대륙에 있는 30개국을 방문했다.[2] 중국은 단순히 세계적인 강국 중 하나로 발돋움하는 데서 그치지 않고 순식간에 세계를 지배하는 최강국으로 거듭나고 있었다. 중국의 경제 저격수들은 자국의 눈부신 경제 성장을 자랑스럽게 떠벌렸다.

2018년에는 미국이 임명한 세계은행 총재마저도 인정했다. "중국의 1인당 국민소득은 스물다섯 배나 늘어났습니다. 그 결과 8억 명이 넘는 중국인이 빈곤에서 벗어났습니다. 전 세계의 빈곤 인구가 70퍼센트 이상 줄어들었습니다."[3] 반면 미국은 정반대로 움직인 것처럼 보였다. 인플레이션을 반영한 미국의 평균 시간당 임금은 1973년 이후 줄곧 같은 수준에 머물렀으며, 중산층은 전체 인구의 60퍼센트에서 50퍼센트로 줄어들었다. 그와 동시에 완전히 새로운 부류의 억만장자들이 기업, 미디어, 인터넷, 심지어 정치까지 장악했다.[4]

미국의 문제는 경제에 국한되지 않았다. 전 세계 사람들은 공포에 떨며 미국이 베트남에서 잔혹한 전쟁을 벌이는 모습을 지켜봤다. 그러다 9·11 테러가 벌어진 이후, 미국은 대다수 동맹국의 반대를 무릅쓰고 9·11 테러와는 아무런 관련이 없는 이라크를 공격했다. 군사력에 집착하는 미국의 태도, 개개인의 탐욕을 우선시하는 사회 시스템, 많은 사람을 희생시켜 가며 극소수가 부를 축적하는 현상 등은 중국이 추구하는 방식과 극명하게 대비된다.

중국 정부는 이런 상황을 이용했다. 중국의 경제 저격수들이 세계 곳곳으로 뻗어 나갔다. 그 결과 "부유한 나라가 되고 싶다면 워싱턴 컨센서스가 빌려주는 돈을 받고, 미국 회사를 고용해 인프라 프로젝트를 맡기고, 신자유주의 정책을 펴라."라고 강요하는 미국 대신 "부유한 나라가 되고 싶다면 귀국 정부가 하는 일에 간섭하지 않을 세계 무역 파트너로 중국을 받아들이고 중국한테 돈을 빌려 인프라 프로젝트를 맡겨라."라고 주장하는 중국의 손을 잡는 나라가 늘어났다. 이것이 바로 제3의 경제 저격수 물결이 시작된 분수령이었다. 중국에서 등장한 새로운 부류의 경제 저격수 중에는 뛰어난 지식인들도 포함되어 있었다. 이들은 뒤이어 설명될 방식으로 경제 저격수 전략을 떠받치는 네 개의 전술을 수정했다. 이들은 대학에서 학생들을 가르치고 중국의 기록을 미국의 신자유주의 기록과 대비해서 보여 주는 책을 집필했다.

이 책의 서두에서 언급했듯이 2017년에 두 콘퍼런스에서 연설을 했다. 그때 중국을 위해 일하는 몇몇 경제 저격수를 만났다. 러시아에서 2017년에 열린 상트페테르부르크 국제경제포럼(SPIEF 17)에는 120개국에서 온 1만 2000명이 넘는 사람들이 참석했다. 블라디미르 푸틴 러시아 대통령, 안토니우 구테흐스 유엔 사무총장, 세계에서 가장 영향력 있는 기업의 CEO 등 연사들의 면면도 다양했다. 카자흐스탄에서 열린 아스타나 경제포럼 고위급 콘퍼런스에는 약 4,000명쯤 되는 사람들이 참석했다. 옛 실크로드가 지나갔던 길목에 위치해 있을 뿐 아니라 지금도 신실크로드 개발을 위해 중국의 경제 저격수들과 긴밀하게 협력하는 나라의 지도자들도 참가자 명단에 포함되어 있었다. 이 두 행사장에서 전·현직 국가수반과 정부 관료, 고문, 노벨상 수상자, 은행가, 그 외의 각종 유력 인사와 어울리며 많은 대화를 나눴다.

상트페테르부르크 국제경제포럼에서 신실크로드의 공식 명칭인 일대일로(Belt and Road Initiative, BRI)의 의미를 제대로 알게 되었다. 먼저, '띠(Belt)'를 뜻하는 '대(帶)'는 중국과 나머지 아시아 국가, 인도, 러시아, 유럽, 아프리카를 연결하기 위해 건설 중인 육상 교통망 및 통신망을 뜻한다. 두 번째로, '길(Road)'을 뜻하는 '로(路)'는 이런 연결망을 중남미, 호주, 뉴질랜드, 그 외의 섬나라들과 잇는 해상 수로, 항구, 인프라를 일컫는다. 다시 말해 신실크로드가 전 세계를 아우른다.

중국이 금융 분야에서 새롭게 동맹 관계를 구축하기 위해 노력 중이라는 사실도 알게 되었다. 이런 금융 기관들이 빠르게 성장해 제2차 세계대전 이후 줄곧 세계를 지배하고 내 삶과 경제 저격수 전략에서 중요한 역할을 했던 워싱턴 컨센서스 기관들과 정면으로 경쟁을 벌이고 있었다.

2014년 7월에 설립된 브릭스개발은행(BRICS NDB) 회원국으로는 브라질, 러시아, 인도, 중국, 남아프리카공화국 등이 있다. 다섯 나라를 모두 더하면 전 세계 인구의 40퍼센트, 전 세계 국내총생산의 약 25퍼센트, 전 세계 육상 영토의 30퍼센트, 전 세계 무역의 20퍼센트를 차지한다. 무엇보다 중요한 사실은, 브릭스개발은행 본사가 상하이에 위치해 있다는 것이다. 이는 곧 중국이 다섯 나라 중 가장 막강한 힘을 갖고 있다는 뜻이다.

2014년 10월에는 베이징에서 중국 주도의 다자 개발은행인 아시아인프라투자은행(Asian Infrastructure Investment Bank, AIIB) 출범 행사가 열렸다. 2015년 초까지 57개 회원국이 모였다. 물론 대부분은 아시아 국가였다. 2017년이 되자 모든 대륙의 많은 나라가 참여의 뜻을 밝혔다. 미국 정부는 아시아인프라투자은행에 가입하지 못하도록 한국과 호주, 영국을 압박했으나, 세 나라 모두 2015년에 가입 의사를 밝혔다. 많은 나라가 아시아인프라투자은행과 브릭스개발은행을 세계은행과 IMF를 비롯해 미국 주도의 금융 기관을 대신할 만한 대안으로 환영했다.

상트페테르부르크 국제경제포럼에서 연설을 하고 많은 사람과 대화를 나누다 보니 브릭스개발은행과 아시아인프라투자은행이 세계 금융 부문에서 새로운 질서를 만들어 내고 있는 것이 분명했다. 워싱턴 컨센서스는 심각한 도전을 받고 있었다. 또한 학교 수업과 클로딘의 훈련 과정에서 배웠던, 그리고 미국 경제 저격수들이 사용하는 방법의 근간이 되는 개발경제학이 거센 경쟁에 직면했다.

아스타나에서 연설을 끝낸 후, 카자흐스탄 총리 바키트잔 사긴타예프가 나를 조용히 집무실로 불렀다. 나와 비슷한 일을 하는 중국인들과도 이러한 자리를 가진 적이 있는지 물었다.

"경제 저격수 말씀이십니까?" 총리가 웃으며 말했다. "물론입니다. 그분들도 퍼킨스 씨처럼 그럴듯한 직함을 갖고 있습니다. 미국인들보다 훨씬 많이 찾아옵니다. 그들은 또 미국인들과는 다릅니다. 그들은 이론과 철학에 관한 이야기를 좋아합니다."

"무역이나 신실크로드에 대한 이야기도 하겠지요?"

"물론입니다. 하지만 주로 카자흐스탄이 기존 실크로드에서 얼마나 중요한 역할을 했는지에 관한 이야기를 합니다. 이제 신실크로드에서도 우리가 같은 역할을 맡아야 할 때라는 겁니다."

자주 들어 본 말이었다. 제3의 경제 저격수 물결을 이끄는 중국인들은 이전과는 다른 계획을 활용해야 한다는 사실을 깨달았다. 나와 제1의 경제 저격수 물결을 이끌었던 동료들, 그리고 제2의 물결을 이끌었던 경제 저격수들은 세상이 우리와 미국 기업, 미국의 군대를 원한다고 지나치게 자신했다는 생각이 들었다. 소련이 해체된 후 우리의 이런 강한 자신감은 오만이 되어 버렸다. 중국의 경제 저격수들은 같은 실수를 저지르지 않으려고 애썼다. 다른 나라의 자존심을 추켜세우고 상호 연결된 무역로를 건설했을 때 어떤 풍요로운 삶이 뒤따를지 널리 알렸다.

카자흐스탄 총리는 우리 모두가 수많은 위기에 직면해 있으며 위기를 완화하려면 협력 강화가 무엇보다 중요하다고 설명했다. "기후 문제를 바로잡기 위해 제조, 운송, 통신 및 각종 기술 분야에서 세계적인 변화가 나타나고 있습니다. 우리는 이런 변화에 적응해야 합니다. 신실크로드는 모든 나라가 자국의 비교 우위를 활용해 다른 나라를 도울 수 있도록 협력을 장려합니다."

그의 재촉에 못 이겨, 나는 세계적인 인식 변화가 필요하다는 개인적인 생각을 구체적으로 전달했다. 단기 이윤 극대화를 강조해 죽음의 경제를 만들어 내는 기존의 인식을 버리고, 대신 장기적인 이익을 강조하고 생명의 경제를 만들어 내는 새로운 인식을 받아들여야 한다고 설명했다.

총리는 두 손을 모아 박수를 치더니 환하게 웃으며 말했다. "전적으로 동의합니다. 그것이 바로 신실크로드의 목표입니다." 그는 중국과 카자흐스탄은 역사적으로 많은 부침을 겪었다고 말했다. "그러나 카자흐스탄이 소련으로부터 독립한 후에 우리는 줄곧 탄탄한 관계를 이어 왔습니다. 우리는 중국 정부에 강력한 영향력을 행사하고 있습니다." 총리는 중국과 러시아의 중간, 그리고 중국과 중동, 유럽의 중간이라는 카자흐스탄의 지리적 위치와 방대한 규모 때문에 카자흐스탄이 중요한 역할을 한다고 말했다. 또한 시진핑 주석이 2013년에 아스타나에 있는 나자르바예프대학에서 연설을 하며 신실크로드 구상을 공식적으로 발표했다는 사실을 일깨워 주었다. "매우 상징적인 순간이었습니다. 시진핑 주석이 지구의 미래에 카자흐스탄이 매우 중요하다는 메시지를 보낸 겁니다."

카자흐스탄에서 만난 세르게이 글라스지예프 박사는 특히 흥미로운 통찰력을 주었다. 푸틴 대통령의 최고 경제 고문 중 한 사람인 세르게이는 『경제 저격수의 고백』을 읽었을 뿐 아니라 나와 함께 패널 활동도

했다. 함께 커피를 마시던 중 그는 러시아 지도자들이 중국의 전략을 이해할 수 있도록 돕는 것도 자신의 업무라고 설명했다. "당신 같은 미국의 경제 저격수와 나 같은 러시아의 경제 저격수가 사용했던 전략을 통해 중국이 교훈을 얻었다는 결론을 내렸습니다." 세르게이는 양국이 시행했던 성공적인 전략과 실패한 전략에 대해 자세히 설명하고, 이런 전략들이 이제 중국 경제 저격수를 위한 학습 도구 역할을 한다고 말했다. 그런 다음, 세르게이는 미국과 러시아가 '원조'를 이용해 다른 나라의 정치를 통제하려 한 탓에 분노가 들끓었다는 이야기를 했다. "신실크로드가 중국의 해답입니다. 신실크로드는 무력 대신 협력과 협동, 그리고 무역을 기반으로 하여, 더 공정한 부의 분배를 목표로 합니다. 외국인이 자국을 착취하고, 국정에 간섭하고, 자국 영토에 군대를 주둔시키는 것을 좋아하는 나라는 없습니다. 그러나 상업을 발전시키고 부를 안겨 준다는데 반대할 사람이 있을까요?"[5]

세르게이와 대화를 끝낸 후에 소련과의 냉전, 그리고 중국과 경쟁하는 현 상황이 어떻게 다른지 생각에 잠겼다. 돌이켜 보면, 소련의 핵무기는 미국을 군사적으로 위협했지만 소련은 미국과 경제적인 경쟁 관계에 놓여 있지는 않았다. 물론 소련도 해외 투자를 늘리기 위해 애쓰긴 했다. 그러나 당시 워싱턴 컨센서스가 기울였던 노력이나 오늘날 중국이 기울이는 노력에 비하면 미미한 수준이다. 무역도 마찬가지다. 소련의 국내 경제는 모방할 만한 대상이 아니었다. 마르크스 공산주의의 개념 역시 스탈린 시대의 과거로 인해 대거 왜곡되었다. 평화봉사단에서 활동하던 시절에 만났던 중남미의 이상주의자들은 툭하면 마르크스주의에 대해 떠들어 댔다. 그러나 자국에 소련식 모델을 적용해야 한다고 생각하는 사람은 아무도 없었다. 러시아에서 대학을 졸업한 사람이 많았지만 하나같이 소련식 경제학을 매우 비판적으로 바라봤다. 그런데 최근 중남미를 방문하면서 중국에 대해서는 매우 다른 이야기를 들었다.

카자흐스탄을 방문하고 몇 달이 지난 후에 나는 에콰도르를 찾았다. 익명을 요청한 한 장관이 내게 이런 말을 했다. "중남미 국가에는 천연자원이 풍부합니다. 하지만 그 자원을 활용할 기술이나 재정이 부족합니다. 중국은 희망을 제시해 주었고, 우리는 미국보다는 중국의 도움을 받고 싶습니다. 중국은 중남미에서 다른 나라를 침략하거나 쿠데타를 지지한 적도 없고 선출직 공직자에 대한 암살을 조직한 적도 없습니다. 미국은 둘 다 했습니다."

장관은 2007년에 있었던 사건을 언급했다. 당시 부시가 에콰도르 영토에 있는 대규모 미군 기지 임대 연장을 요구하자 라파엘 코레아 에콰도르 대통령은 이렇게 답했다. "미국이 에콰도르에 있는 미군 기지를 계속 유지하고 싶다면 우리한테도 플로리다에 기지를 건설할 수 있는 권한을 줘야 합니다." 미 국방부는 결국 에콰도르 기지를 폐쇄했다. 장관은 설명을 덧붙였다. "다른 나라 사람들이 자국 영토에 외국 군인이 주둔하는 것을 좋아할 거라고 미국 국민들이 생각하는 모양입니다만, 실제로 대부분 다른 나라 사람들은 아주 싫어합니다. 미국인들이 1775년에 그랬던 것처럼요." 장관은 코레아가 미국에 등을 돌리고 중국의 손을 잡은 것은 결국 워싱턴 컨센서스가 신자유주의 경제학을 동원해 다른 나라의 정부와 자원을 통제하려 들기 때문이라고 설명했다.

남중국해, 홍콩, 대만, 티베트, 인도 국경에서 중국이 다른 나라를 침략한 사건에 관한 생각을 묻자 그는 어깨를 으쓱했다. "중국의 그런 행동을 정당화할 생각은 없습니다. 하지만 그런 곳들은 중국의 오랜 역사가 복잡하게 뒤엉킨 곳이며, 중국이 주권을 주장하는 지역들입니다." 그는 비꼬는 듯한 미소를 지었다. "1800년대에 미국이 멕시코를 침략해 그 땅의 절반을 합병하고서는 줄곧 중남미에서 '치안' 활동을 해 왔던 것과 비슷하죠. 당신이 직접 관여하고 책에도 썼던 그런 활동 말입니다." 장관은 생각에 잠긴 듯 턱을 문질렀다. "게다가 중국과 갈등을 빚는 여러 지역은 우리와는 먼 곳입니다. 반대로, 미국의 공격 대상이었던 파나마나 좀 더 최근에 공격당한 온두라스★는 모두 우리 이웃 국가들입니다."

이런 생각을 하는 것이 그 장관뿐만은 아니었다. 많은 나라의 사람들이 같은 생각을 했다. 미국에는 한 가지 불행한 진실이 있다. 세계 유일의 초강대국이라는 지위에 도취되어 자국의 자원을 헐값에 미국에 넘기고, 공공 부문을 민영화해 미국 투자자들에게 매각하고, 긴축 프로그램을 실행하고, 그 외의 부담스러운 조건을 따르도록 강압, 부패, 위협, 폭력 같은 방법을 총동원해 다른 나라들을 수없이 겁박했다.

중국의 경제 저격수들은 다른 방법을 활용하고 있다. 중국의 국내 성공 사례와 전 세계의 발전을 강조하는 신실크로드 구상이 국제 사회에서 화제의 중심이 되었다. 중국은 자국이 단순한 채권국이 아니라 무역 파트너라는 메시지를 전하기 위해 노력한다. 즉 다른 나라의 자원과 경제, 정책을 마음대로 주무르기 위해 차관을 이용하는 것이 아니라 그 나라가 전 세계의 상업 무대에서 좀 더 활발하게 활동할 수 있도록 돕기 위해 차관을 제공한다는 점을 강조한다. 극심한 빈곤과 어려운 경제 상황에 직면한 국가들은 중국의 이 같은 메시지에 커다란 매

★ 2022년 4월, 오를란도 에르난데스 전 온두라스 대통령이 퇴임 후 마약 밀매 혐의로 미국으로 송환된 사건을 언급하는 것으로 추정된다.

력을 느낀다. 전 세계의 저소득 국가를 이끌어 나가는 많은 지도자들이 갓 경력을 쌓기 시작했을 때 중국도 비슷한 상황을 겪고 있었다. 그랬던 탓에 중국의 경제 저격수들은 중국식 모델을 적용하면 방대한 무역망과 자국을 이어 주는 인프라를 구축할 수 있다고 세계 각국의 지도자들을 설득하기가 상대적으로 수월했다.

러시아와 카자흐스탄에서 열린 콘퍼런스에서 한낱 개념에 불과했던 신실크로드가 현실이 되었다는 사실을 깨달았다. 미국이 이라크와 아프가니스탄에서 수렁에 빠져 있는 동안 중국은 여러 나라와 동맹을 구축했고 그런 노력 끝에 세계의 또 다른 초강대국으로 자리매김했다. '중국의 세기'라고 불리는 이 새로운 시대는, 1978년에 덩샤오핑이 개발 전략을 발표한 이후 중국이 40년간 이룬 성과를 모방하고자 하는 국가들을 위한 발전 모델로 칭송받고 있다.

정반대로, 미국에는 중국은 이제 쇠퇴기에 접어들었으며 제2차 세계대전 이후 미국이 거머쥔 패권이 이전과 다름없이 유지될 것이라고 주장하는 사람들이 많다. 이들이 중국의 쇠퇴를 점치는 이유로는 인구 고령화, 노령 인구를 책임져야 하는 젊은 세대가 짊어질 과제, 이전보다 현저하게 낮아진 경제 성장률, 공기·물·토지 오염, 자기 성찰과 미디어, 다른 형태의 소통과 표현을 제한하는 독재 정부, 가장 규모가 큰 기업과 일부 지역 사회에 만연한 심각한 부채 문제, 중요한 주택 시장의 수요 감소, 홍콩, 대만, 그 외의 소수 민족 등을 적대시하는 정책에서 비롯된 불화 등이 있다.

그러나 중국의 동향을 눈여겨 살피는 많은 사람이 다른 견해를 제시한다. 2022년에는 외교 전문지 《포린 폴리시》에 아래와 같은 기사가 실렸다.

1970년대에 경제 개혁이 시작된 이래 중국은 머지않아 휘청거리거나 붕괴할 것이라는 예측들을 줄곧 벗어나 왔다. …… 어떤 측면에서 중국은 여전히 놀라운 성장세를 보이고 있다. 중국의 군사력은 매년 더욱 강해지고 있다. ……

2020년대에는 중국의 경제적 역동성이 약해지는 대신 강압적인 역량이 그 어느 때보다 위협적인 수준으로 치달을 것이다. 이 세계에 가장 나쁜 조합이 될 수도 있다. ……

최근 수십 년 동안 중국은 난관에 봉착할 것이라고 예상한 사람들을 계속해서 혼란에 빠뜨렸다.[6]

세상은 미국이 가장 미국적인 이상의 핵심을 건드리는 실수를 저지르는 모습을 고스란히 지켜보았다. "미국이 대표적인 민주주의 국가라면 우리는 민주주의를 원하지 않습니다."라는 말이 종종 들려온다. 새로 들어선 행정부가 이전 행정부가 인정한 동맹과 약속을 깨뜨리는 일이 빈번하고, 상원과 하원이 타협안을 도출하지 못해 정국이 마비되는 사태도 자주 벌어진다. 다른 나라 사람들은 미국에서 벌어지는 이런 일들을 지켜보며 특히 큰 충격에 빠진다.

미국 기업에 유리한 협정을 체결하려는 미국의 시도에는 저항하면서 중국의 제안에는 긍정적으로 반응하는 나라가 늘어났다.

중국의 경제 저격수들이 창의적인 방식으로 열심히 일한 덕이 크다. 중국이 주도하는 제3의 경제 저격수 물결은 내가 경제 저격수로 일하던 때와 달리 엔지니어, 경제학자, 금융업자에 국한되어 있지 않다. 혹은 지난 수십 년 동안 미국에서 최고조에 달했던 제2의 경제 저격수 물결과 달리 기업을 위해 일하는 행동 대장들이 선봉에 서지도 않는다.

중국의 경제 저격수 팀은 마치 잘 조직된 스포츠 팀처럼 매우 깊이 있게 접근한다.

그러나 러시아의 우크라이나 침공으로 중국의 경제 저격수들이 도전받고 있는 것은 사실이다. 중국은 다른 나라의 주권을 존중하지 않는다는 인상을 남기고 싶어 하지 않는다. 또 한편으로, 중국은 러시아의 행보를 환영한다.(45장 참조) 러시아는 최근 미국과 유럽 동맹국들이 우크라이나에 막대한 돈과 에너지를 쏟아붓게 만드는 동시에 미국의 패권을 무너뜨리기 위해 안간힘을 쓰고 있다. 2022년 9월, 코로나19 사태 이후 시진핑이 중국과 홍콩 밖의 첫 순방지로 카자흐스탄과 우즈베키스탄을 선택한 것도 눈여겨볼 만하다. 중국은 두 나라를 방문해 중앙아시아와 중국의 관계를 증진했다. 푸틴은 시진핑과의 만남 후 시진핑 주석이 러시아의 우크라이나 침략에 "의문과 우려"를 표했으며 세계 안정의 중요성을 강조했다고 인정했다. 푸틴이 이 대화를 인정했다는 사실에 미뤄 볼 때 중국이 러시아의 행동에 불만을 품고 있다는 데는 의심의 여지가 없다.

40장
중국의 경제 저격수

오늘날 중국의 경제 저격수들이 사용하는 도구, 비법, 제도는 미국의 경제 저격수들이 사용하는 방법과 놀랄 만큼 비슷하다. 뒤에서 설명하겠지만, 중국의 경제 저격수 역시 네 개의 전술을 활용한다.

중국 국가안전부(MSS)는 CIA 및 NSA와 마찬가지로 감시 활동을 할 뿐 아니라 미국을 두려워해야 하는 이유를 퍼뜨리는 등 선전 활동에 열을 올린다. CIA와 NSA가 미 국방부 산하 기관들과 협력하듯 중국 국가안전부 역시 군사 조직인 합동참모본부와 협력하곤 한다. 또한 국가안전부는 중국의 경제 저격수들에게 전 세계의 시사 문제, 자원, 기회에 관한 귀중한 정보를 제공한다.

중국 국제개발협력청(CIDCA)은 부족할지도 모른다는 불안을 부추기고 차관을 받도록 유도한다. 2018년에 중국 국제개발협력청이 설립되었다는 사실 자체가 경제 저격수 전략을 확대하고 전반적인 관리를 하나의 강력한 기관에 위임하려는 중국 정부의 야망을 보여 준다. 대략적으로 미 국제개발처와 비슷한 역할을 하는 중국 국제개발협력청은 다른 정부 부처에 지원을 요청한다. 외교부는 다른 나라에 번영을 안겨 주는 프로그램을 평가하고, 추천하고, 감시하는 임무를 맡고 있으며 상무부는 이를 실행에 옮긴다.

브릭스개발은행과 아시아인프라투자은행은 중국의 경제 저격수들이 표적으로 삼는 국가에 보조금과 대출을 제공한다. 이 두 은행은 세계은행과 IMF 모델을 따르며, 많은 나라가 회원국, 재정 기여국, 차관 수혜국 등의 형태로 참여한다. 브릭스개발은행과 아시아인프라투자은행은 대개 중국 정부가 관리한다.(미국 정부가 대개 세계은행과 IMF를 관리하는 것과 마찬가지다.) 또한 중국개발은행, 중국수출입은행, 중국투자공사, 중국공상은행이 이 두 은행의 활동을 지원한다.(미국 수출입은행과 월 스트리트가 세계은행의 활동을 지원하는 것과 마찬가지다.)

뒤이어 프로젝트 사례를 좀 더 구체적으로 언급하겠지만, 중국의 경제 저격수들은 국가안전부, 중국 국제개발협력청, 브릭스개발은행, 아시아인프라투자은행을 매우 능숙하게 활용했다. 이런 기관들을 통해 실행된 프로그램들은 대개 신실크로드의 통신, 교통, 에너지 시스템을 확대하는 데 도움이 됐다.

중국의 경제 저격수 전략에 대해 배우고 관련 전략에 대해 잘 알고 있는 전문가들과 대화를 나눌수록, 중국이 미국식 접근 방법에서 가장 효과적인 요소를 잘 통합했을 뿐 아니라 중국과 미국의 방식에는 상당한 차이가 있다는 사실을 잘 이해하게 되었다. 앞서 설명했듯이 제2의 경제 저격수 물결을 이끈 미국 경제 저격수들은 미국의 국익보다는 주로 개별 기업의 이익을 좇는 데 집중했다. 반면 제3의 경제 저격수 물결을 이끄는 중국의 경제 저격수들은 주로 국익에 집중한다. 중국에 국영 기업이 많은 것도 하나의 원인이다.

20세기에는 경제 저격수 활동이 석유, 광업, 그 외의 다른 물질적인 자산에 집중되어 있었다. 이런 자산을 가진 국가들은 특히 네 개의 전술 모두에 취약했는데, 그중에서도 부채, 부족할지도 모른다는 불안에 더 취약했다. 인류가 하이테크, 인공두뇌학, 환경 및 사회에 대한 책임이 중요해진 지식 경제의 시대로 접어들면서 중국은 이와 같은 새로운 유형의 경제 저격수를 빠르게 받아들이고 있다. 2021년 말과 2022년 초에 중국의 새로운 전략을 대표하는 저명한 사상가 세 명과 대화를 나눈 결과, 그들을 움직이는 철학이 미국 경제 저격수들의 철학과는 다르다는 사실을 발견했다.

《차이나 비즈니스 위클리》가 "중국 경제의 10대 유력 인사 중 한 명"으로 꼽은 원톄진 박사는 다양한 직함을 갖고 있다. 왕즈허 박사는 중국 포스트모던개발연구소 소장이며 중국의 고위 인사들과도 개인적으로 친분이 있다. 판메이진 박사는 중국의 유력 신문 《문화 통신》의 편집장이다.

미국식 접근 방법과 중국식 접근 방법의 차이를 묻는 내게 원톄진 박사는 이렇게 답했다. "1980년대부터 세계은행이 퍼뜨렸던 신자유주의, 민영화, 시장 경제화, 세계화의 개념을 잘 알고 있습니다. 아프리카, 인도, 러시아, 그 외의 다른 나라들을 많이 여행했습니다." 원톄진 박사는 미국과 달리 "중국은 필요에 주목한다."고 설명했다. "가령, 이렇게 이야기하는 겁니다. '당신네 국민에게 교육이 필요하죠? 좋아요. 학교를 짓도록 도와드리죠. 당신네 국민들한테 의료 서비스가 필요하죠? 좋습니다. 병원을 짓도록 도와드리죠. 도로가 필요하십니까? 도로를 짓도록 도와드리죠.'"

그의 이야기를 듣다 보니 1990년대 말에 에콰도르 안데스산맥에서 목격했던 사건이 생각났다. 감자를 경작하는 마을의 농부들은 말이 끌고 가는 나무 쟁기와 괭이를 단순한 철제 쟁기와 괭이로 교체할 수 있도록 도와달라고 키토 정부에 부탁했다. 키토 정부는 국제개발처에 도움을 요청했다. 국제개발처는 농업 전문가를 파견했고, 전문가는 수백 년 동안 내려온 키토의 전통에 따라 수십 종의 감자를 키우던 농사 방식을 중단할 것을 권고했다. 전문가는 농부들에게 수익성이 높은 네 가지 작물만 집중적으로 재배할 것을 권하며, 만약 그렇게 한다면 트랙터와 감자 종자 심는 기계, 수확 장비 등을 주겠다고 제안했다. 뿐만 아니라 농부들을 현대 과학의 시대로 이끌어 줄 글리포세이트가 함유된 제초제와 그 외의 '기적의 화학 물질'을 구입할 수 있도록 돈을 빌려주겠다고 제안했다. 트랙터 한 대 값만 하더라도 마을 전체가 약 10년 동안 벌어들이는 총수입에 맞먹는 금액이었다. 거절할 수 없는 제안이었다. 농부들은 결국 네 가지 품종의 감자를 심었다. 하지만 단 몇 년 만에 병충해로 농작물이 모두 죽어 버렸다. 나는 트랙터 때문에 황폐해진 산비탈에 서 있었다. 그곳에 서서 흉작, 산사태, 홍수로 삶이 조각난 사람들의 가슴 아픈 이야기를 들었다. 주민들은 집을 떠나야 했다. 많은 사람이 결국 키토 길거리에서 구걸하는 신세가 되었다.

"맞습니다." 나는 원톄진 박사에게 답했다. "우리 미국 사람들은 다른 사람의 말을 항상 경청하지는 못하는 것 같아서 걱정됩니다." 그런 다음 다시 물었다. "그렇다면 중국과 미국은 왜 협력하지 못하는 거죠?"

판메이진 박사가 말했다. "몇 가지 큰 문제가 있습니다. 첫째, 미국은 더 이상 하나의 통합된 나라가 아닙니다. 정부도, 국민도 모두 분열되어 있습니다. 둘째, 미국 정부는 중국에 적대적인 태도를 갖고 있습니다. 자신을 최대의 적으로 대하는 사람과 어떻게 협력할 수 있겠습니까?"

왕즈허 박사가 설명을 덧붙였다. "간단하게 말해, 만약 미국이 통합된 나라가 되고 중국과 협력하겠다는 의지를 가진다면 미국과 중국은 얼마든지 손을 잡을 수 있습니다. 안타깝게도 미국은 정치적으로 분열되어 있고 내부 갈등이 심각한 탓에 기후 변화를 돌이키는 문제 같은 공익을 위해서 노력하지 못합니다." 그런 다음 왕 박사는 신실크로드의 중요성을 강조하고 미국의 합류를 얼마나 간절하게 바라고 있는지 설명했다. "신실크로드는 세계 최대 프로젝트입니다. 이 프로젝트의 목표는 중국과 중앙아시아, 서아시아, 동남아시아 일부 지역, 중남미를 잇는 철도, 도로, 파이프라인, 전력망을 만드는 겁니다. 정책 조정, 무역 및 금융 협력, 사회 및 문화 협력 등 경제적인 협력을 뒷받침하고 전 세계가 하나로 연결되도록 만드는 세계 최대 규모의 플랫폼을 만드는 것이기도 합니다."

이런 대화를 나누다 보면, 중국의 경제 저격수들이 전 세계 사람을 하나로 모으는 것이 중국의 국익에 도움이 된다는 사실을 잘 파악하고 있다는 것을 깨닫게 된다. 나를 비롯해 나와 동시대에 활동했던 미국의 경제 저격수들이 이 같은 사실을 깨닫지 못했던 이유가 무엇인지 또다시 궁금해졌다.

뒤이은 장들에서 다섯 개의 대륙과 중동의 사람들에게 중국식 개발 접근 방법, 마오쩌둥 시대 이후 중국이 거둔 성과, 신실크로드 정책이 세상을 새로운 글로벌 협력 시대로 이끈다는 확신을 주기 위해 중국이 활용하는 경제 저격수 전략을 분석할 계획이다. 분석을 통해 미국의 경제 저격수 전략이 그랬듯 중국의 전략 역시 죽음의 경제로 이어진다는 결론을 도출할 생각이다. 또한 독재 정부가 관리를 맡고 있다는 점 때문에 중국의 경제 저격수 전략은 더욱 위험할 수밖에 없다. 독재 정부는 정보를 제한하고 자체 수정을 위한 비판을 억압하며, 부실과 부패에 취약하며, 저소득 국가를 매우 훌륭하게 설득해 내기 때문이다. 마지막 46장에서는 우리 개개인이 이런 패턴을 뒤집어 생명력 넘치는 생명의 경제를 만들 방법을 살펴볼 것이다.

41장

중남미

    2019년 8월, 파차마마 얼라이언스 지지자들을 태운 버스가 수력 발전 댐에 가까워지자 에콰도르의 전직 대통령 라파엘 코레아가 떠올랐다. 코레아가 중국과 벌인 협상, 중국 경제 저격수들의 성공과 실패에 관한 생각이 머리를 떠나지 않았다.
    자리에서 일어나 마이크를 켰다. 버스가 멈춰 섰다. 나는 창밖을 손가락으로 가리켰다. "저것이 바로 경제 저격수로 활동하던 시절에 제가 자금을 조달할 수 있도록 도왔던 많은 프로젝트 중 하나입니다." 롤도스 에콰도르 전 대통령을 만나 세계은행으로부터 추가 차관을 얻도록 설득하던 순간이 떠올랐다. "이 아고얀 댐은 1980년대가 되어서야 완공되었지만, 계획은 1970년대부터 수립되었습니다." 가슴이 저렸지만 계속해서 말을 이어 나갔다. "미국은 제국을 건설하기 위해 경제 저격수 전략을 사용하고 있었습니다."
    감정이 격해지지 않도록 심호흡을 했다. 이런 순간이 찾아오면 여전히 예전에 내가 했던 행동에 대한 죄책감이 밀려든다. "에콰도르가 빚더미에 올라앉고 미국 정부와 기업의 노예 상태로 빠져드는 원인이 되었던 많은 프로젝트 중 하나였습니다." 창밖으로 거대한 회색 콘크리트 벽을 바라봤다. 버스에 타고 있는 사람들은 내가 지난날에 대한 회한에 빠져드는 모습을 보려고 거기까지 온 것이 아니었다. "상황이 달라지고 있습니다."

다시 라파엘 코레아에 관한 생각에 빠져들어 신문에서 보았던 그의 모습을 떠올렸다. 신문 속 코레아는 키토 공항에서 환한 미소를 지으며 비행기에서 내리는 시진핑과 그의 아내를 맞이했다. "이제 중국 차례입니다." 버스가 앞으로 움직이기 시작했다. "하지만 중요한 차이가 있습니다. 지금 보고 계신 댐은 에콰도르에 막대한 빚을 안겼습니다. 그래도 댐의 기능은 합니다." 죄책감을 덜기 위해 스스로에게 되뇌이곤 했던 말이었다. "중국이 만든 댐은 그렇지 않습니다."

중국이 진행한 코카코도 싱클레어 프로젝트의 문제점을 설명했다. 코카코도 싱클레어 수력 발전 댐은 지진이 잘 일어나는 지역에 있는 활화산 바로 옆에 지어졌다. 코카코도 싱클레어는 에콰도르 전역에 전력을 공급하기로 되어 있었지만, 막상 완공된 후에는 오히려 국가 전력망을 마비시켰다. 여전히 전면 가동이 불가능했고 발전기 건물도 균열투성이였다.

나는 설명을 이어 나갔다. "그런데도 대부분의 중남미 국가들은 미국보다 중국을 선호합니다. 중국의 경제 저격수 전략이 미국의 전략보다 훨씬 효과적인 탓입니다."

1991년에 소련이 붕괴된 후, 세계 유일의 초강대국으로 자리매김한 미국은 북미자유무역협정, 중미자유무역협정 같은 '자유무역협정(FTA)'을 잇따라 체결했고, 2019년에는 미국-멕시코-캐나다 협정(USMCA)도 체결했다. 미국 경제 저격수들이 활용하는 또 다른 도구인 이 협정들은 부족할지도 모른다는 불안을 해소하는 역할을 했다. 처음에는 회원국들에 저렴한 식품을 제공하는 방안으로 홍보됐다. 그러나 대부분의 중남미 국가의 국민은 이러한 협정이 주로 미국 기업과 자국의 부패한 지배 계층에만 도움이 되는 일방적인 술책이라고 여겼다. 미국에서 수입되는 농산물은 결국 현지 농부가 생산하는 농산물과 경쟁 관계에 놓여 있지만, 협정으로 인해 미국에서 수입되는 농산물에는 관세를 부과할 수 없게 되어 버렸다. 반면, 미국은 얼마든지 자국의 농업 기업에 보조금을 지급할 수 있다. 결국 미국 기업들은 미국에서 자란 옥수수, 쌀, 면화, 그 외 기타 농산품을 중남미 국가에서 헐값에 판매한다. 미국 기업들이 정부의 보조금을 받는 탓에 미국에서 보조금 없이 생산되거나 중남미 국가 농부들이 직접 생산한 것보다 더 싼값에 농산물을 판매할 수 있게 된 것이다. 이런 구조는 현지 농부들에게 막대한 재정적 타격을 입히는 데서 끝나지 않고 수백만 명의 현지인에게까지 영향을 미친다. 농산물을 가공, 운송, 판매, 소비하는 소규모 회사를 운영하는 기업가와 그런 회사에서 일하는 직원들도 영향을 받기 때문이다. 가족을 부양할 수 없는 처지가 된 사람들은 결국 미국으로 이주하는 것 외에 다른 방법이 없다고 느끼게 되고, 경제적 어려움은 갱단 간의 전쟁, 부패, 범죄, 정치적 혼란을 초래한다.[1]

경제난을 피해 미국으로 건너온 이민자는 내게 이렇게 말했다. "사랑하는 조국과 아내, 그리고 아이들을 떠나는 건 마음이 찢어질 뿐 아니라 위험천만한 일이었습니다. 그러나 우리는 굶어 죽고 있었습니다. 저는 이곳에서 잔디를 깎고, 잡초를 관리해서 번 돈을 고향으로 보냅니다. 그 돈으로 제 자식들이 먹고 사는 겁니다."

또 다른 이민자는 이렇게 이야기했다. "우리나라 정치인들은 부패에 굴복합니다. 그러나 미국 기업들은 부패를 저지릅니다."

막대한 수익을 안겨 주는 마약 거래도 마찬가지다. 마약 거래는 부패로 얼룩져 있다. 미국과 중남미 양측의 여러 보고에 따르면 정부나 사법 기관 관계자들도 마약 거래에 연루된 것으로 보인다. 그러나 주로 언론의 주목을 받는 카르텔과 마약 조직 두목들에게 모든 책임이 돌아간다.[2] 전문가들은 미국 내 수요가 많은 탓에 마약 밀매가 더욱 횡행하며 미 대륙 전반에서 뇌물 문화가 더욱 공고히 자리 잡는다고 지적한다. 중남미 사람들은 마약 밀매 문제가 미국 때문에 더욱 악화되고 있으므로 이것이 미국 대신 중국의 손을 잡아야 할 또 다른 이유라고 여긴다.

중국은 불과 몇 년 만에 불가능해 보이는, 소련이 40년 넘는 냉전 기간에도 해내지 못했던 일을 해냈다. 바로 미국의 뒷마당에서 미국을 제치고 최대 해외 투자국으로 자리매김한 것이다.

시진핑은 2013년에 중국 주석이 된 직후 중국이 미 대륙을 바꿔 놓을 생각이라는 뜻을 분명하게 밝혔다. 미국 외교 잡지 《더 디플로맷》에 실린 기사를 살펴보자.

주로 경제에 집중하는 중국의 중남미 전략의 특징 중 하나는 투자다. 시진핑 주석은 2015년에 중국-중남미 포럼(China-CELAC Forum) 첫 장관급 회의에서 2500억 달러 규모의 투자를 약속하는 야심 찬 계획을 발표했다. 국내 인프라가 부족한 중남미 국가들에게는 중국의 직접 투자가 인프라를 마련하는 데 도움이 된다. 무역과 마찬가지로, 중국의

투자는 에너지와 천연자원 채굴 분야에 집중되는 경향이 있다.[3]

시진핑은 미국을 방문하기에 앞서, 트리니다드토바고, 코스타리카, 멕시코를 먼저 방문했다. 외교에서 상징성을 중요하게 여기는 중국 같은 나라가 미국보다 중남미를 우선시했다는 사실에는 매우 중요한 의미가 있다.

중국 정부의 상징은 여기서 끝나지 않았다. 시진핑이 결국 대통령이 된 트럼프를 만난 때는 2017년이었는데, 시진핑은 트럼프를 만나기에 앞서 아르헨티나, 브라질, 칠레, 쿠바, 에콰도르, 파나마, 페루, 베네수엘라를 모두 방문했다. 중국은 신실크로드를 미 대륙으로 확장하며 미국의 패권에 공개적으로 도전하고 있다. 상징적이고 재정적인 방식으로 도전하고 있으며, 미국 정부와 기업, 경제 저격수들이 했던 가혹한 요구를 반복하지 않겠다는 약속을 통해서도 미국에 도전장을 내밀고 있다.

시진핑은 중국이 다른 나라를 대하는 방식이 미국과는 매우 다르다는 점을 강조했다. 먼저 공포 전술부터 따져 보면, 시진핑은 상대국의 내정에 간섭하거나 국내외 정책에 영향력을 행사하지 않겠다고 약속했다. 중국과의 협력이 곧 미국의 간섭에서 벗어나는 방법이 될 수 있다는 미묘한 제안이었다. 부채와 부족할지도 모른다는 불안을 따져 보면, 시진핑은 다른 나라가 발전할 수 있도록 돕는 과정에서 원조 프로그램과 정치 문제를 엮기보다 중국의 투자를 통해 전략적인 이익을 추구하겠다고 장담했다. 분열과 정복 전략은 신실크로드를 통한 통합 요구로 대체되었다.

그러나 실제로 드러난 사실이 중국이 강조하는 인식과 다를 때가 많다. 중국 정부는 투자받는 종속국들에 중국의 외교 정책을 지지할 것을 요구한다. 특히 티베트, 홍콩, 대만을 둘러싼 중국의 외교 정책과 위구르족을 비롯한 소수 민족에 관한 중국 국내 정책을 지지해야 한다고 주장한다. 그럼에도 불구하고, 미국 정부와 월 스트리트의 오랜 괴롭힘에 지친 중남미 국가들은 내정에 간섭하지 않겠다는 중국의 약속을 중요하게 여겼다.

시진핑이 중남미 국가들을 방문하자, 이들 국가의 지도자들은 소련과의 협상을 이용해 미국의 요구를 누그러뜨렸던 시절을 떠올렸다. 소련이 붕괴한 후 미국 경제 저격수들은 무제한의 자유를 얻었다. 그들은 시진핑이 중국은 절대로 하지 않을 거라고 약속한 바로 그런 일들을 하도록 중남미 국가 지도자들을 압박할 수 있는 입장에 있었다. 뿐만 아니라, 중국으로부터 차관을 빌리면 중남미 국가를 전 세계와 통합하는 인프라를 구축할 수 있을 터였다. 중국 정부의 행동은 소련이 붕괴한 후 미국이 홀로 세상을 주무르는 시대가 끝났다는 신호로 여겨졌다. 뿐만 아니라 내가 평화봉사단으로 일했던 시절부터 수십 년 동안 쌓여 온 미국을 향한 원망에 다시 불을 지폈다.

평화봉사단 활동을 끝내고 경제 저격수 노릇을 시작했던 1971년, 미국의 베트남전 패배가 명확해졌다. 에콰도르 국민과 다른 중남미인들은 베트남전 패배를 미국의 수치스러운 패배로 여기며 환호했다. 미국 정부를 위해 일하는 선전 기관들은 이런 반미 정서가 공산주의가 판을 치고 있다는 증거라고 주장했다. 소련이 쿠바를 거점 삼아 미 대륙 전역에 테러리스트를 퍼뜨렸다는 소문이 넘쳐났다. 사실 쿠바는 그런 일을 벌일 만한 처지가 아니었다. 소련이 엄청난 음모를 꾸몄다면 쿠바 미사일 위기가 잠잠해지고 체 게바라가 처형된 후에 모든 상황이 종결되었어야 마땅하다. 그러나 제2차 세계대전이 끝난 후에도 핵전쟁 공포는 수그러들지 않았고, 공산주의자를 색출하기 위한 매카시 청문회★가 열렸으며, 공산당 스파이에 관한 TV 프로그램과 영화가 넘쳐났다. 결국 공산주의에 대한 히스테리는 나날이 커져만 갔다.

레이건 행정부는 미 대륙이 위협받고 있다고 대중을 설득하기 위해 '공포' 전술을 이용했다. 나를 비롯한 "개발 전문가"들이 CIA 요원들과 함께 세계 곳곳으로 파견되어 우파 운동을 강화하는 역할을 했다. 파시즘을 받아들였던 오랜 역사가 있는 칠레와 아르헨티나도 동원됐다. 칠레의 아우구스토 피노체트 장군과 아르헨티나 군사 정부는 미국 정부의 지원을 받아 민주적으로 선출된 칠레의 살바도르 아옌데 대통령(1973년)과 아르헨티나 이사벨 페론 대통령(1976년)을 축출했다. 칠레와 아르헨티나의 독재 정부는 수만 명에 달하는 사람들을 고문하고 암살했다. 미국이 나치 독일을 비난할 수는 있지만, 그와 동시에 미국이 히틀러를 따라하는 사람들을 지원한 것도 사실이다.

칠레와 아르헨티나를 이끈 잔혹한 독재자들은 CIA의 콘도르 계획에 앞장섰다. 콘도르 계획은 가장 막강한 권력을 가진 중남미의 지도자들을 하나의 연합체로 묶었다. 이들은 민주주의 운동(당시에는 사회주의 운동으로 알려졌다.)을 억압하고 중남미의 천연자원을 이용해 미국 기업에 이익을 안겨 주었다. 《가디언》은 미 국무부 장관이었던 키신저에 대해 이런 글을 적었다.

★ 1950년대 초 조지프 매카시 미 상원의원의 주도로 정부 기관, 할리우드, 학계 등에서 공산주의자로 의심되는 인물들을 탄압하기 위해 열린 청문회. 근거 없는 의혹과 고발로 수많은 무고한 사람이 피해를 입었다.

키신저는 수백 명에 달하는 정치범을 여전히 감옥에 가둬 둔 채 고문하면서 피노체트 정권에 힘을 실어 주고 있다.

미국 국무부 장관이었던 키신저는 제럴드 포드 행정부가 인권침해 혐의로 피노체트를 벌할 생각이 없다는 점을 명확하게 밝혔다. 키신저는 피노체트에게 그는 공산주의 선전의 피해자이며 미국 비평가들을 지나치게 신경 쓸 필요가 없다고 이야기했다.[4]

1975년에는 콘도르 계획이 콘도르 작전이라는 다국적 군사 작전으로 확대되었다. 아르헨티나, 볼리비아, 브라질, 칠레, 파라과이, 우루과이 등 여섯 개의 독재 정부가 미국 정부에 협조했다.[5] 분열과 정복이 새로운 변화를 맞이했다. 독재자들은 사회 복지, 공정한 임금, 인권을 옹호하는 운동을 억압하고, 국민 대다수가 자신들에게 가장 필요한 제도에 등을 돌리게 했으며, 많은 지도자를 소련 스파이로 치부했다. 여섯 나라의 정부가 경제 저격수 전략에 포함된 네 개의 전술을 실행할 수 있도록 지원하라는 임무를 맡고 파견된 경제 저격수 중 하나가 나였다. 우리와 함께 파견된 CIA 요원과 미 특수부대는 미국의 패권에 위협이 되는 것으로 간주되는 사람이라면 누구든 납치, 살해, 혹은 '처리'할 수 있도록 각종 훈련과 무기, 기타 장비를 제공했다. 악명 높은 미 육군 아메리카군사학교는 파나마 운하 구역에 자리 잡고 있었다. 중남미 사람들이 몹시 혐오했던 이 학교는 우파 민병대를 양성하는 훈련장 역할을 했으며, 아르헨티나 군사 정부는 현장 지휘관 노릇을 맡았다. 콘도르 작전은 미 대륙 전역으로 확대되었고 결국 약 6만 명에 달하는 사람이 살해당했다.

미국은 마치 자국과는 아무런 상관이 없는 일처럼 굴 수 있었다. 암살을 비롯해 자칼이 진행하는 일을 직접 처리하는 것은 대개 아르헨티나와 칠레의 독재자들을 위해 일하는 요원들이었다. 물론 CIA의 지시에 따라 임무를 수행하는 경우가 많았다. 뿐만 아니라, CIA는 이런 활동을 '비공개' 예산, 즉 의회의 승인을 받기는 하지만 세부 사항은 공개되지 않는 예산을 늘릴 기회로 삼았다. CIA는 이러한 공식 자금만으로는 해외 작전에 필요한 돈을 충당할 수 없다고 여긴다. 따라서 콘도르 작전 같은 은밀한 활동을 진행하면 무기, 의약품, 불법 마약 등을 판매하고, 가장 비싼 값을 부르는 상대에게 은밀하게 운송, 경호, 통신 서비스를 제공해 추가 자금을 확보할 기회를 얻을 수 있다.

선전 기관들은 이 모든 일을 은폐하는 데 매우 능숙했다.(혹은 친민주주의나 반공산주의 색을 입히는 데 매우 뛰어났다.) 그러나 경제 저격수 활동이 막바지에 달할 무렵이었던 1970년대 말에 나의 의구심은 나날이 커져만 갔다. 내가 맡았던 역할 때문에 수치심과 분노, 죄책감이 쌓여만 갔고 결국 관두기로 결심했다.

의회 청문회를 통해 이란-콘트라 비밀공작의 실체가 폭로된 후에야 진실이 드러나기 시작했다. 청문회 결과, 1985년부터 1987년까지 지속되었던 이란-콘트라 비밀공작은 레이건 행정부의 주도하에 CIA가 진행한 작품으로 밝혀졌다. 레이건 행정부가 미국의 무기 금수 조치 대상이었던 이란에 무기를 팔 목적으로 이런 작전을 실행했던 것이다. 이란에 무기를 팔아 번 돈은 니카라과 사회주의 정부에 반대하는 우익 반군 콘트라를 지원하는 데 사용되었다. 불법일 뿐 아니라 레이건 행정부가 떠들어 대는 말과는 정반대였지만 CIA와 경제 저격수의 전형적인 협력 사례였다. 의회 청문회를 통해 콘도르 작전을 비롯한 미국의 은밀한 작전의 실체가 대거 폭로되었다. 중남미인들은 미국이 저지른 억압적이고 비민주적인 행동을 용서하지 않을 것이었다.

미국과 동맹국들은 냉전에서 승리했고, 베를린 장벽은 무너졌으며, 소련은 1991년에 붕괴했다. 미국에 대적할 만한 초강대국이 사라지자 중남미 국가 지도자들은 미국의 경제 저격수 전술에 점점 더 취약해졌다. 신자유주의가 판을 쳤다. 중남미인들은 강경하기 그지없는 미국의 정치와 기업의 탐욕에 착취당한다고 느끼면서도 대응할 능력이 없었다. 그런 탓에 미국을 향한 분노는 나날이 커져만 갔다.

내가 에콰도르에서 지냈던 2002년, 우고 차베스 베네수엘라 대통령을 축출하기 위해 CIA가 벌인 쿠데타가 실패로 돌아가자 반미 정서가 극에 달했다. 쿠데타 실패는 감춰진 진실에 눈을 뜨게 하는 놀라운 사건이었다. 이를 지켜본 나라들은 미국이 종이호랑이라는 사실을 깨달았다. 많은 나라가 우파 성향이 짙은 미국 정치인들 대신 좀 더 진보적인 지도자와 손을 잡을 수 있게 됐다.

중남미에서는 2002년부터 2018년까지 "분홍 물결(Pink tide)"이라고 불리는 현상이 나타났다. 아르헨티나, 볼리비아, 브라질, 칠레, 코스타리카, 에콰도르, 엘살바도르, 멕시코, 니카라과, 파라과이, 페루, 우루과이 등 중남미의 많은 나라에서 온건한 사회주의를 표방하는 좌파 정당이 집권했다. 미국의 지원을 받아 선거 없이 정권을 찬탈한 우파 정부들이 저지른 범죄가 마침내 만천하에 드러났다. 새로 선출된 지도자들은 민족 자결, 좀 더 평등한 사회 체제, 경제 자치를 강조하며 미국 정부에 대항하기 위해 중국과 손을 잡았다.

시진핑은 기회를 놓치지 않았다. 국내 정치에 간섭하지 않고 중남미 국가 간의 연결성을 강화하고 전 세계와 이어 주겠다는 약속을 재빨리 내걸었다. 성공적인 전략이었다. 2002년에는 170억 달러에 불과했던 중국과 중남미 국가의 무역 규모가 2019년에는 3150억 달러로 늘어났다. 2년이 채 지나기도 전에 중국은 브라질, 칠레, 페루, 우루과이의 최대 교역 상대국이 되었으며 그 외의 상당수 국가와의 교역에서 두 번째로 큰 무역 상대국이 되었다.[6]

에콰도르는 벨기에에 거주 중인 라파엘 코레아 전 대통령의 그림자에서 여전히 벗어나지 못하고 있다. 에콰도르에서 대선이 치러진 2021년, 은행장과 경제부 장관을 역임한 친기업 성향의 우파 정치인 기예르모 라소가 출사표를 던졌다. 라소는 세금 감면 및 사회 복지 감소를 주장하고 코레아가 시행한 사회주의 정책을 비난했다. 라소는 친라파엘 코레아 성향의 안드레스 아라우스를 꺾고 대통령에 당선됐지만 그의 승리는 이념보다는 그의 개인적인 매력에서 비롯된 것으로 보인다. 《포린 폴리시》는 이렇게 보도했다.

> 포퓰리스트였던 코레아 전 대통령이 직접 낙점한 후보였던 아라우스는 에콰도르를 코레아가 국정을 운영했던 '시민 혁명' 시대로 돌려놓겠다고 약속했다. 2007년부터 2017년까지를 가리키는 시민 혁명 시대에 에콰도르 경제는 높은 성장세를 기록했고 새로운 중산층이 등장했다. ……
> 최근에 선출된 의회의 정당 간 균형을 고려하면 라소는 다소 고립된 대통령이 될 것으로 보인다. 에콰도르 의회의 3대 좌파 정당과 연합이 전체 의석의 거의 70퍼센트를 차지하고 있다.[7]

라소는 우파적인 정치 성향을 가지고 있지만 계속해서 중국의 환심을 사려고 했다. 라소는 베이징으로 날아가 2022년 동계 올림픽에 참석한 후 트위터에 글을 남겼다. "중국에서 시진핑 주석과 생산적인 만남을 가졌습니다. 상업적인 기회와 의료 협력, 차관 재협상 부문에서 훌륭한 성과를 거뒀습니다." 양국은 에콰도르의 새우, 바나나, 카카오, 각종 과일, 광물 수출을 늘리는 무역 협상에도 서명했다.[8]

내가 경제 저격수로 일할 때 많은 영향을 끼쳤던 두 중남미 국가를 통해서도 현재 중국이 어떤 전략을 사용하고 있는지 통찰력을 얻을 수 있다.

아르헨티나: 아무런 도움도 안 되는 차관

2004년, 네스토르 키르치네르 아르헨티나 대통령은 아르헨티나와 중국이 공식적인 '전략적 무역 동맹국'임을 알리는 협정에 서명했다. 키르치네르는 "아르헨티나가 역사상 가장 중요한 무역 임무를 마무리 지었다."고 떠벌렸다.[9]

2020년이 되자 중국은 아르헨티나의 최대 무역 상대국이 되었다. 중국 국영 은행인 중국공상은행은 아르헨티나에서 가장 중요한 금융 기관 중 하나로 자리매김했고, 중국 최대 식품 기업인 코프코(Cofco)는 아르헨티나에 가공 공장을 지어 아르헨티나 최대 규모의 곡물 수출 업체가 되었다. 곡물은 해외 무역에서 중요한 역할을 하는 자원이다. 아르헨티나는 육류 수출의 85퍼센트, 해외 무역을 통해서 벌어들인 전체 경화의 63퍼센트, 중앙은행 외환 보유액의 45퍼센트를 중국에 의존한다. 아르헨티나 석유 시장에서 중국 석유 회사 시노펙(SINOPEC)보다 뛰어난 성과를 내는 곳은 아르헨티나 석유 회사 YPF뿐이다. 중국이 아르헨티나의 에너지 부문을 장악했다. 중국 기업들은 아르헨티나에서 두 개의 수력 발전 댐을 건설하고 중남미에서 가장 큰 태양열 발전소 중

하나를 지었다.[10]

미국 입장에서 보면 한층 불리하게도, 아르헨티나는 여전히 워싱턴 컨센서스에서 빌린 차관의 망령에서 벗어나지 못하고 있다. 《뉴욕 타임스》는 2020년 1월에 다음과 같이 보도했다.

> 알베르토 페르난데스 아르헨티나 대통령은 엄청난 규모의 경제적 재앙을 물려받았다. …… 가장 시급한 문제는 아르헨티나가 IMF로부터 빌린 570억 달러의 차관이다. IMF가 무책임하게 차관을 제공했을 수도 있지만 페르난데스의 전임자 마우리시오 마크리는 대체로 무책임하게 이 돈을 사용했다.[11]

2020년, 부에노스아이레스국립대 경제학 교수 루카스 페드로와 코르도바국립대에서 사회적 소통과 기획을 연구하는 아나 아르헨토 나세르와 이런 문제에 관해 대화할 기회가 있었다. 두 사람 모두 프란치스코 교황의 주도로 결성된 '프란치스코의 경제' 프로그램에 참여한다. 프란치스코의 경제는 젊은 경제학자, 기업가, 변화를 만들어 나가는 사람들(이들은 자신을 '생명의 경제학자'라고 부른다.)이 참여하는 세계에서 가장 중요한 운동 중 하나로 여겨진다. 나 역시도 프란치스코의 경제가 진행하는 온라인 프로그램에서 강연을 진행한 적이 있다.

루카스는 이렇게 이야기했다. "아르헨티나가 IMF에 갚아야 할 570억 달러는 대개 금융 투기를 위해 사용되었을 뿐 산업 개발을 위해 사용되지 않았다는 사실을 반드시 기억해야 합니다. 결국 실질적인 이익도 없이 엄청난 빚만 떠안게 된 겁니다."

아나는 설명을 덧붙였다. "아르헨티나 국민이 원해서, 혹은 아르헨티나 국민의 승인을 받고서 차관을 얻은 것이 아닙니다. 상황이 이렇게 흘러가는 데 언론도 동조했습니다. 미국 대사관이 원하는 바를 이뤄 주고 신자유주의 정책을 펼칠 수 있도록 거들었습니다."

루카스가 설명을 이어 나갔다. "경제적인 부분을 얘기하자면, 미국이 IMF를 통해서 아르헨티나 경제에 간섭할 때마다 그 결과는 처참했습니다. 1970년대부터 지금까지 아르헨티나 정부가 미국의 경제 정책을 따를 때마다 소수의 지배 계층은 이익을 얻었지만, 대다수 국민은 위기와 고통을 맛봤습니다. 미국과 IMF는 오래전부터 아르헨티나에서 조정 정책*을 사용할 것을 제안했습니다. 중국이 빌려주는 차관은 조건이 그렇게 가혹하지 않을 거라고 생각합니다."

파나마: 세계로 가는 관문

미국이 1989년에 파나마를 침공한 후 모든 미국 대통령은 파나마와의 관계를 개선하기 위해 노력했다. 파나마와의 관계 개선은 두 가지 측면에서 특히 중요할 수밖에 없다. 먼저, 미 해군에게 파나마 운하는 전략적으로 매우 중요하다. 또한 대서양이나 태평양을 거쳐 미국으로 가는 모든 화물선 중 70퍼센트 이상이 파나마 운하를 통과한다.

모든 대통령이 그랬다. 2017년까지는. 《세인트루이스 포스트 디스패치》에 실린 어느 사설은 다음과 같은 결론을 내렸다.

> 도널드 트럼프가 이끄는 미국 정부는 중국이 파나마에 손을 뻗쳐 미국의 상업과 국가 안보에 무엇보다 중요한 수로를 따라 중요한 기반을

★ Adjustment policy. 경제 상황이 좋지 않을 때 경제를 안정시키거나 경제 구조를 조정하기 위해 사용하는 정책

다지는 모습을 가만히 지켜보고 있을 뿐이다.

 핵 잠수함을 비롯한 미국의 군용 선박이 제 기능을 하려면 운하에 접근하는 것이 무엇보다 중요하다. 미국에게 파나마 운하보다 전략적 중요성이 큰 수로는 드물다. 미국이 거의 한 세기 동안 파나마를 군사적으로 점령한 것 또한 바로 이 때문이다.[12]

《더 디플로맷》에는 아래와 같은 기사가 실렸다.

> 시진핑 중국 국가주석은 2018년 12월에 파나마를 국빈 자격으로 방문해 무역, 인프라, 기타 분야에서 총 19개의 협정을 체결했다. 이 방문을 통해 나날이 커지는 중국의 영향력이 한층 공고해졌다.
> 경제 분야를 살펴보면, 중국은 고속 열차 건설 같은 주요 인프라 프로젝트에 관한 협정을 체결했으며 이런 프로젝트를 지원하기 위해 은행 간 금융 서비스 거래도 체결했다.[13]

2018년, 시진핑의 파나마 국빈 방문 다음 날, 중국은 운하를 잇는 새로운 교량 건설에 14억 달러를 투자했다. 파나마 대통령 후안 카를로스 바렐라는 유쾌하게 선언했다. "파나마는 중국과의 관계에서 한 걸음 앞으로 나아가고 있습니다. 오늘 착공한 이 교량 건설 프로젝트가 양국이 주고받는 메시지와 신뢰의 일부라는 데 의심의 여지가 없습니다."[14]

 라우렌티노 '니토' 코르티소가 파나마에서 열린 2019년 대선에서 승리한 후 중국의 영향력은 한층 더 커졌다. 중국 기업들은 협정을 체결해 운하 양쪽 끝에서 이뤄지는 대부분의 항만 활동을 통제할 수 있는 권한을 확보했다. 다음은《포린 폴리시》에 실린 기사 일부를 발췌한 내용이다.

중국의 투자 물결이 거세다. 현재 진행 중인 대규모 인프라 프로젝트와 머지않아 체결하게 될 자유무역협정은 인구 400만 명인 나라 파나마가 무역, 제조, 물류의 중심 국가로서 자국의 잠재력을 극대화하는 데 도움이 될 것으로 보인다. 뿐만 아니라, 파나마 페이퍼스 사건★으로 커다란 피해를 입은 금융 서비스 산업의 부담도 줄어들 것이다. 중국은 그 대가로 비교적 적은 지출만으로 세계 무역의 요충지를 쥐고 있는 나라의 가장 중요한 상업 파트너가 될 준비를 하고 있다.[15]

파나마는 중남미 국가에서 미국의 경제 저격수 전략이 어떻게 실패로 돌아갔는지 잘 알려 주는 특히 중요한 사례다. 레이건 대통령이 오마르 토리호스 파나마 대통령을 싫어하는 마음을 공개적으로 표현한 사건, 운하를 움켜쥐려는 미국의 결의가 노골적인 식민주의의 상징처럼 보인다는 사실, 토리호스의 목숨을 앗아간 매우 수상한 비행기 사고, 무고한 시민 수천 명의 목숨을 앗아간 미국의 파나마 침공 등을 생각해 보면 파나마인들이 미국의 정책을 거부하고 점차 중국으로 돌아서는 이유를 잘 알 수 있다. 오히려 미국 정부와 국민, 특히 현재 미국의 경제 저격수로 활동하는 사람들이 신속하게 우리의 실수를 인정하고 문제를 바로잡기 위해 노력하지 않고 주저하는 이유를 이해하기 어렵다.

★ 파나마에 위치한 로펌의 비밀 문서가 폭로된 사건으로, 파나마를 조세 피난처로 이용하는 유명인들의 이름이 거론되어 파나마의 금융 산업이 타격을 입었다.

생각해 볼 점

중국의 영향력이 나날이 커지고 있지만 중국의 경제 저격수들은 많은 실수를 저질렀다. 에콰도르에서 진행 중인 거대한 수력 댐 및 탄광 건설 프로젝트, 중국 노동자를 데려와서 일을 시키는 방식, 중국 장비나 부품 이용을 고집하는 방침, 나날이 쌓이는 부채는 모두 중국 정부의 동기를 불신하게 만든다. 뿐만 아니라 중남미인과 북미인들 사이에는 끊으려야 끊을 수 없는 관계가 있다. 중남미인 중에는 미국에 가족이 있는 사람들이 많다. 미국 정부나 기업의 행동에 대해 어떤 생각을 가지고 있건 미국인들에게 깊은 존경을 표현하거나 심지어 사랑을 드러내는 사람이 수없이 많다.

대표적으로, 2019년 12월에 콜롬비아 카르타헤나에서 한 무리의 대학생들과 나눴던 대화를 들 수 있다. 한때 식민지였던 카르타헤나는 17세기에 세워진 거대한 성벽에 에워싸여 있다. 우리는 성벽 위에 있는 바에 앉아 카리브해 너머로 해가 지는 모습을 지켜봤다.

한 젊은 대학생이 말했다. "우리 정부는 중국과 시시덕거리며 서로 추파를 던지고 있는 겁니다. 그러나 우리나라는 오랫동안 미국과 데이트를 해 왔죠."

다른 학생이 덧붙였다. "우리는 미국 사람들을 사랑하고 미국을 방문하는 것도 좋아합니다. 그곳에서 사는 것도 좋아하죠. 다만 미국 정부가 우리를 대하는 방식을 싫어하는 겁니다." 그 학생은 잠깐 말을 멈췄다. "서로 협력하지 않으면 언젠가 생길 제 아이들에게 물려줄 미래가 별로 없을 거라는 사실을 잘 알아요. 그게 무엇보다 중요하죠."

42장
아시아

 중남미에서 중국의 존재감이 급격하게 확대된 것은 최근의 일이다. 반면 아시아에서 중국은 수천 년 전부터 좀 더 적극적인 행보를 보였다. 중국이 아시아 대륙을 지배하기 위해 가장 최근에 공세를 펼친 것은 제2차 세계대전 직후였다.
 아시아 전역에서 혁명의 바람을 일으키고 공산당을 널리 퍼뜨리겠다는 목표가 마오쩌둥의 전술을 뒷받침했다.
 중국의 이런 의지가 가장 확고하게 드러난 곳이 바로 공산당의 세력이 급격하게 확대되었던 인도네시아였다. 인도네시아군은 미국의 지원을 받아 1965년부터 1966년까지 반격을 시작했다. 공산당 대숙청이 자행되면서 50만 명에서 300만 명쯤 되는 사람들이 학살당했다.(7장 참조) 나는 1971년에 첫 번째 경제 저격수 임무를 수행하기 위해 자카르타로 향했는데, 그 무렵에는 폭력 사태가 거의 마무리되어 있었다. 미국, 특히 CIA는 우파 성향의 수하르토 장군을 권좌에 앉혔다는 이유로 칭송받았다.

　인도네시아는 그 무렵 여러 아시아 국가에서 어떤 혼란이 발생했는지 보여 주는 하나의 사례일 뿐이다. 마오쩌둥의 가혹한 정책은 아시아 전역에 공포와 분노를 퍼뜨렸다. 미국의 경제 저격수들은 미국을 보호자로 내세울 기회를 노렸다. 그러나 베트남 전쟁 때문에 아시아에서 미국의 경제 저격수 전략을 실행하기가 힘들어졌다. 제2차 세계대전이 끝난 후 미국은 아시아 전역에서 일본을 물리친 전쟁 영웅으로 칭송받았다. 그랬던 미국에 이제 무고한 민간인을 네이팜탄으로 학살한 나라라는 불신의 눈초리가 쏟아졌다. 게다가 기술적으로든 경제적으로든 세계 최강임에 틀림없는 미군의 패배가 확실해지자 미국은 전쟁 수행 능력이 떨어지고, 국민들은 분열되어 있으며, 민주 국가로서 제 기능을 하지 못하는 나라로 비춰졌다.

　마오쩌둥이 세상을 떠난 후 중국의 새로운 지도자로 등극한 덩샤오핑은 문화 대혁명의 문제점을 깨닫고 미국의 실수를 중국에 유리한 방식으로 활용할 방도를 찾아냈다. 덩샤오핑의 전술은 다른 나라의 신뢰를 얻어 해외에서 활동하는 중국 기업의 금융 자원을 활용하는 것이었다. 그는 중국 정부의 해외 공산당 지원을 중단한 다음, 해외에 거주하는 중국인들이 중국 정부의 대리인 역할을 하기보다 각자 살고 있는 나라에 충성할 것을 기대한다고 분명하게 밝혔다. 동시에 덩샤오핑은 해외에 있는 중국인들이 중국과 무역을 하고 중국에 투자하도록 격려했다.

　『경제 저격수의 고백』 집필을 시작했던 1990년대 말 무렵에는 미국이 베트남에서 남긴 유산과 미국의 경제 저격수 전략 때문에 미국의 신뢰도가 심각하게 훼손되었다는 사실이 명확해졌다. 그러다 2001년

9월 11일이 됐다. 미국 전역에서 반무슬림 시위와 폭력 사태가 발생했고, 이런 사회 분위기 탓에 오랫동안 다양한 인종이 모이는 용광로를 자처했던 미국의 이미지가 더욱 훼손되었다. 미국 정부는 아프가니스탄을 제외한 아시아 전역에서 개입을 축소하고 이라크, 시리아, 그 외의 중동 일부 지역에 더 많은 자원을 투입하기로 했다. 전략적인 관점에서 봤을 때 재앙이나 다름없는 결정이었다.

베트남을 방문하자 미국의 전략이 얼마나 처참하게 실패하고 중국은 얼마나 놀라운 성공을 거뒀는지 훨씬 정확하게 이해할 수 있었다.

베트남: 깊은 상처

키먼은 나를 만나기 훨씬 전부터 아시아 국가를 자주 찾아다녔다. 키먼이 운영하는 비영리 단체는 아시아에서 학교, 직업 훈련 센터, 기업 등을 후원하고, 지뢰를 비롯한 각종 전쟁용 포 때문에 부상당한 사람을 돕는 프로젝트를 진행했다. 2013년에 내가 키먼의 회사 자문 위원단에 합류한 후, 키먼은 회사 직원들과 함께 미얀마와 태국, 베트남을 방문하자고 내게 제안했다. 젊은 시절에 징집을 피하려고 그토록 애썼던 나라에서 놀라운 사실을 발견했다.

하노이에 있는 베트남 정부 청사에서 앨범을 한 권 건네받았다. 앨범을 펼치니 카메라를 향해 손을 흔드는 리처드 닉슨 대통령의 사진이 눈에 들어왔다. 사진에는 베트남어와 영어로 다음과 같은 캡션이 쓰여 있었다.

미국 군대가 베트남에서 철수하기 전, 닉슨은 "승리를 위한 마지막 폭격을 퍼부어 그들을 석기 시대로 돌려놓을 것"이라고 선언했다. 미국

항공기는 북베트남에 2만 톤이 넘는 폭탄을 투하했고 1,000명이 넘는 베트남인이 목숨을 잃었다.[1]

앨범을 넘기며 맞은 편에 앉아 있는 정부 관료에게 이렇게 말했다. "물론 닉슨은 미군을 철수할 생각이었고 미국이 전쟁에서 질 거라는 사실을 잘 알았습니다." 그는 침통하게 고개를 끄덕였다.

목에서 뭔가가 걸리는 기분이었다. 미국의 악의적인 파괴와 무자비함, 비인간적인 행위를 떠올리자 슬픔과 분노가 치밀었다. 닉슨과 장군들은 도대체 무슨 생각이었던 걸까? 무고한 시민이나 아이들이 치러야 할 희생까지는 고려하지 못했더라도, 그런 행동이 미국에 대한 반감을 자극할 것이라는 생각쯤은 할 수 있지 않았을까?

앨범에는 고엽제와 지뢰 때문에 고통스럽게 살아가는 사람들의 최근 모습, 팔과 다리가 있어야 할 자리가 잘려 나간 채 살아가는 어른들과 아이들의 가슴 아픈 사진 등이 담겨 있었다.

아래와 같은 통계 자료도 있었다.

- 미군은 1959년부터 1975년까지 베트남에 약 1400만 톤의 폭탄을 투하했다. 제2차 세계대전이 벌어졌을 때 연합군이 사용한 폭탄의 세 배에 달하는 양이다.
- 그중 약 30퍼센트가 폭발하지 않았다. 미국이 투하한 미폭발탄(UXO)이 여전히 시민들의 삶을 위협하고 있다.
- 전쟁이 끝난 후에도 땅에 묻힌 폭탄과 지뢰 때문에 10만 명 이상이 목숨을 잃었다.
- 북베트남과 남베트남을 갈랐던 비무장지대 인근은 전체 토지 중

80퍼센트가 미폭발탄으로 오염되어 있다.²

- 300만 명이 넘는 베트남인이 고엽제 후유증으로 고통스럽게 살아간다.³

질문들이 머릿속을 맴돌았다. 이 모든 일은 도대체 언제 끝날까? 도대체 어떻게 해야 이런 행동이 피해자뿐 아니라 가해자도 파괴한다는 사실을 깨닫게 될까? 또한 지금 우리 미국인들이 이 지구상에 존재하는 모든 생명을 파괴할 만한 위협을 가하고 있다는 사실을 어떻게 깨달을 수 있을까? 물론, 빼먹지 말아야 할 질문이 있다. 그렇다면 중국은 어떨까?

베트남전 당시 중국은 북베트남을 지원했지만 1975년에 베트남이 통일된 후 중국과 베트남의 관계는 악화되었다. 베트남은 중국의 지원을 받는 크메르루주 정권을 캄보디아에서 몰아냈고, 중국은 이에 대한 보복으로 베트남을 공격했다. 1990년까지도 중국과 베트남은 서로를 적대시했다. 그 후, 중국의 경제 저격수들은 베트남에서 활발하게 활동하며 공장을 비롯한 많은 기업을 짓고 무역 및 투자에 관한 협정을 끌어냈다. 양국 모두 사회주의적인 요소가 있는 자본주의를 택했다는 공통점이 외교 관계를 발전시키는 데 도움이 되었다. 양국은 갈등 해소를 위해 애썼고, 특히 남중국해를 둘러싼 불화를 진화하기 위해 노력을 기울였다. 중국 관계자들은 미국이 저지른 전쟁에 관한 기억을 재빨리 이용했다. 공포와 분열과 정복 전술을 택한 것이다. 그들은 또다시 베트남이 외세에 침략당하는 일이 벌어지지 않도록 중국군이 베트남을 지키겠다고 약속했다.

최근 몇 년 동안, 중국이 주도하는 제3의 경제 저격수 물결은 매우 효과적이었다. 중국의 영향력은 꾸준히 늘어난 반면 미국의 영향력은 급격하게 줄어들었다. 2021년이 되자 양국의 격차가 무척 벌어졌다.

> 2021년 3월 2일에 공개된 최신 베트남아시아지표조사(Vietnam Asian Barometer Survey, ABS)에 의하면, 아시아에서 가장 영향력이 큰 나라로 중국을 꼽은 베트남인 응답자가 50퍼센트가 넘었고, 미국을 꼽은 응답자는 14.67퍼센트에 불과했다. …… 중국은 15년째 베트남의 최대 무역 상대국이며 베트남은 중국과의 교역을 통해 많은 이익을 얻고 있다.[4]

중국은 베트남과 1000억 달러에 달하는 양자 무역 규모를 달성한 첫 번째 국가가 되었으며, 2020년은 그 이정표에 도달한 세 번째 해였다. 약 400억 달러에 달하는 베트남의 대중국 수출 품목에는 컴퓨터, 스마트폰, 의류, 신발, 기계류 등이 모두 포함되어 있다. 투자 부문에서도 중국은 미국을 능가하고 있다.[5]

그러나 일부 전문가들은 늘어나는 수입, 그로 인해 나날이 심각해지는 무역 불균형, 중국에서 베트남으로 쏟아지는 투자가 모두 골칫거리가 될 수 있다고 경고한다. 중남미에서도 중국 기업과 근로자를 고용할 것을 고집하는 정책, 열악한 근로 조건, 문제가 많은 설계와 건설, 인권 문제 등이 발생하고 있다. 뿐만 아니라, 중국 기업들이 '중국산'이라는 라벨을 피하기 위해 베트남 기업을 조종한다는 비판도 있다.

동남아연구소(Institute of Southeast Asian Studies)는 중요한 정치 문제를 다음과 같이 요약했다.

> 중국은 오래전부터 갈등을 빚는 국가를 벌하기 위한 무기로 무역을

이용해 왔다. …… 나날이 커지는 베트남의 대중국 무역 적자와 중국에서 수입한 자본재와 중간재에 지나치게 의존하는 현상은 베트남을 경제적으로 취약하게 만든다. 남중국해를 둘러싼 긴장이 고조되는 탓에 이런 문제들은 베트남의 국가 안보 문제로 여겨진다.[6]

뿐만 아니라 중국이 여러 나라에서 진행한 건설 프로젝트의 고질적인 문제인 부실 건설 관행이 베트남에서 적나라하게 드러났다. 《사우스 차이나 모닝 포스트》는 〈디스 위크 인 아시아(This Week in Asia)〉에서 베트남의 두 도시에서 진행된 일본과 중국의 프로젝트를 비교해서 소개했다.

> 호찌민과 하노이에서 역사상 처음으로 대규모 지하철 프로젝트가 진행 중이다. 두 도시는 대대적인 변화를 위해 지하철이 간절하게 필요했다. 두 프로젝트 모두 지연되고 있지만, 중국이 지하철 공사를 진행 중인 하노이에서는 이미 몇 차례 대형 사고가 발생해 거대한 그림자가 드리우고 있다.
> 반면, 호찌민에서 일본 대기업들이 진행 중인 지하철 프로젝트는 사고 없이 진행되고 있다. 이런 상황 탓에 일본의 장인 정신과 공학 기술이 뛰어나다는 베트남인들의 오랜 믿음이 더욱 공고해지고 있다.[7]

아세안과 RCEP: 세계 최대 무역 블록

중국의 경제 저격수들은 베트남뿐 아니라 그 외의 아세안(Association of Southeast Asian Nations, ASEAN) 9개국에서도 지속해서 세력을 키워 나가고 있다. 브루나이, 캄보디아, 라오스, 말레이시아, 미얀마, 필리핀, 인도네시아, 싱가포르, 태국 등이 여기에 해당한다.

중국의 경제 저격수들은 아세안 회의에 참석해 신실크로드의 장점을 알리고 신실크로드 참가국들이 얻게 될 인프라 투자 기회가 얼마나 엄청난지 홍보하는 일을 매우 중요하게 여긴다. 앞서 언급한 10개국과 중국의 무역 규모는 1991년부터 2020년까지 연간 무려 17퍼센트씩 증가했다. 2021년 9월에 열린 중국국제수입박람회(China International Import Expo)에서는 다음과 같은 내용이 공개됐다.

> 중국은 12년 연속 아세안의 최대 무역 파트너 자리를 지켜 왔다. 2021년 8월까지, 중국과 아세안의 무역 규모는 5539억 2000만 달러에 달했다. 33.3퍼센트나 증가한 셈이다.[8]

중국의 경제 저격수들은 아세안 국가들의 중국 기업 투자를 권유한다. 주필리핀 중국 대사 황시롄은 2021년에 다음과 같은 내용이 담긴 연설을 했다.

> 우리의 상호 투자가 급증했다. …… 올해 6월, 중국과 아세안의 누적 상호 투자가 3100억 달러를 넘어섰다. 제조, 농업, 인프라, 하이테크, 디지털 경제, 녹색 경제 등 다양한 분야에서 협력 사례가 급증하고 있다.[9]

중국은 세계 최대 규모의 무역 블록을 만들었다. 2020년에 새롭게 출범한 역내포괄적경제동반자협정(Regional Comprehensive Economic Partnership, RCEP)을 통해 중국과 아세안 회원국, 호주, 일본, 뉴질랜드, 한국이 하나의 블록으로 묶이게 되었다. 중국의 경제 저격수들은 일대일로 프로젝트 중 전 세계를 잇는 도로를 건설하기 위한 중요한 연결고리를 만들어 냈다. RCEP에 가입한 15개국은 전 세계 인구와 국내총생산의 약 30퍼센트를 차지한다. RCEP는 오랫동안 반목했던 나라들을 하나로 묶는 전략을 활용해 중국이 분열과 정복 전략에 종지부를 찍었다는 메시지를 전달한다.

내가 경제 저격수로서 첫 임무를 수행했던 인도네시아는 세계 무대에서 힘의 균형이 이동하는 놀라운 사례를 보여 준다.

인도네시아: 아세안으로 가는 관문

1971년에 나는 인도네시아로 떠났다. 출국이 얼마 남지 않았을 때, 클로딘은 인도네시아 공산당 숙청이 어떻게 진행되었고, 수하르토가 정권을 잡는 과정에서 미국이 어떤 역할을 맡았는지 알려 주었다. 미국 정부 덕에 대통령 자리에 올랐지만 수하르토는 대놓고 중국과 가까이 지냈다. 클로딘은 인도네시아를 미국의 동맹국으로 만드는 것이 내 임무라고 이야기했다.

1970년대에 인도네시아를 방문할 때마다 자카르타나 반둥 같은 도시에서부터 술라웨시 같은 외딴 섬에 이르기까지 인도네시아 곳곳에 있는 산업 공단과 앞으로 프로젝트 부지로 선정될 가능성이 있는 곳을 방문했다. 중앙정부와 지방정부의 관계자, 기업 임원, 기업가 등 다양한 사람들도 만났다. 경제 저격수들이 활용하는 네 개의 전술을 활용해 중국과 소련이 공산주의를 앞세워 인도네시아를 침략할지도 모른다는 공포심을 조장하고, 분열과 정복 전술의 일환으로 캄보디아, 라오스, 베트남 같은 이웃 나라들을 들먹였다. 거액의 차관을 빌려 인도네시아 전역에 인프라를 구축하면 더 부강해질 것이라는 기대 또한 심어 주었다.

인도네시아는 당시에도 그랬지만 지금까지도 석유, 가스, 주석, 금, 석탄, 니켈, 구리, 은, 보크사이트 같은 천연자원 때문에 매우 중요하게 여겨진다. 인도네시아는 전자 제품, 고무 제품, 의류 등을 생산하는, 세계에서 열 번째로 큰 제조국으로 성장했다.[10] 물동량이 많은 말라카 해협 통제권을 쥐고 있는 만큼 국제 운송의 측면에서도 매우 중요한 나라다.

내가 경제 저격수로 일할 때 시작된 미국식 경제 저격수 전략은 거의 50년 동안 매우 성공적이었다. 인도네시아 정치인들은 미국을 "가장 친한 우방"이라고 묘사하곤 했다. 트럼프 대통령이 당선될 때까지는 그랬다. 트럼프가 개발도상국들을 향해 "거지 같은 나라"라는 민족주의적이고 인종 차별적인 발언을 쏟아 내고, 예전에 했던 협정을 파기한 탓에 관계가 악화됐다. 중국의 남중국해 지배에 반대하도록 인도네시아 정부에 압력을 행사한 마이크 폼페이오 국무부 장관이 특히 양국의 관계에 지대한 악영향을 미쳤다.

인도네시아는 오랫동안 중국과 협력해 왔고 지리적으로도 중국과 가깝다. 그런 데다가 중국의 군사력과 경제력이 나날이 확대되는 현실을 고려할 때 인도네시아는 중립적인 외교 정책을 펼 수밖에 없다. 이러한 상황에서 인도네시아 정부에 압박을 가한 것은 폼페이오의 커다란 실수였다. 분열과 정복 전술은 효과를 낼 수가 없다. 미국은 중국이 남중국해를 장악하면 인도네시아가 위협받게 된다고 주장했지만 중국 정부는 어떤 위협이 있든 인도네시아를 보호해 주겠다고 약속했다.

중국은 미국 정부의 실수를 이용해 제3의 경제 저격수 물결을 거세게 몰아붙였다. 뉴욕에 기반을 둔 뉴스매체 섭차이나(SupChina)는 아래와 같이 발표했다.

> 2021년 4월, 인도네시아 대통령 조코 위도도는 시진핑 중국 국가주석에게 중국은 "좋은 친구이자 형제"라고 말했다. 이후 중국과 인도네시아는 무역, 일대일로 산업 단지, 벤처 캐피털 등의 분야에서 협력을 강화했다. …… 중국과 인도네시아의 관계 개선은 인도양-태평양 지역에서 입지를 다져온 미국을 심각하게 뒤흔들고 있다. 이런 변화는 미국의 외교 정책에 중요한 교훈을 준다. 다른 나라들은 중국을 견제하기 위한 미국의 도구 노릇을 원하지 않는다.[11]

중국의 경제 저격수들 역시 네 개의 전술을 활용했다. 북한과 '불안정한 미국'에 대한 공포를 주입했고, 중국군의 보호를 강조했으며, 극심한 빈곤을 종식시킬 프로젝트를 진행하는 데 필요한 차관을 빌려주겠다고 약속했다. 또한 캄보디아, 라오스, 베트남, 그리고 중국이 위협을 가할 것이라고 주장하며 미국 정부가 활용했던 분열과 정복 전술을 완전히 뒤집어, 신실크로드로 하나 되는 세상이라는 새로운 비전을 제시했다. 중국의 전술은 효과가 있었다.

2020년, 중국과 인도네시아의 총 무역 규모는 785억 달러에 달했다. 이로써 중국은 무려 7년 연속 인도네시아의 최대 무역 파트너 자리를 지켰다. 같은 해 미국과 인도네시아의 총 무역 규모가 276억 달러에 그쳤던 것과 비교해 보면 그 차이가 엄청나다. 중국 기업들은 인도네시아의 철강 프로젝트, 산업 단지, 황산 니켈 및 구리 가공 시설, 리튬 화학 공장 등에 많은 투자를 했다. 또한 새로 생긴 하이테크 대기업 고투(GoTo)는 중국 기업들로부터 무려 285억 달러의 투자를 유치했다. 인도네시아 역사상 최대 규모였다. 주로 중국의 투자 덕분이라고 볼 수 있지만, 인도네시아는 이제 동남아시아에서 수십억 달러 규모의 스타트업이 가장 많은 나라가 되었다.[11]

인도네시아 인프라 개발에 가장 열을 올리는 나라 역시 중국이다. 중국의 경제 저격수들은 중국 기업을 고용해 고속도로, 항만, 발전소, 그 외에 다른 인프라를 구축할 수 있도록 차관을 제공했다. 2019년에는 중국이 인도네시아에 제공한 차관이 170억 달러를 넘어섰다. 2017년보다 11퍼센트 늘어난 수치다.[12]

가장 의미 있는 변화로 손꼽을 만한 것은 인도네시아 정부가 중국 정부와 체결한 통화 협정이었다. 이 협정으로 인해 위안화 사용이 확대되고 세계 주요 통화였던 달러의 지위가 위협받게 되었다. 미국이 돈을 찍어 내 외채에서 벗어나고 다른 나라에 경제 제재를 가할 수 있었던 것은 모두 달러의 지배적인 위치 덕분이었다. 중국이 추구하는 경제 저격수 전략의 장기적인 목표 중 하나가 달러 대신 위안화가 세계 주요 통화로 자리 잡게 만드는 것이었다.

인도네시아에서 중국의 존재감이 급속하게 커지자 비판의 목소리 또한 커졌다. 다른 나라에서와 마찬가지로 프로젝트를 추진하는 중국 기업이 관리자와 근로자로 중국인만 고용하고 중국산 부품만 이용하도록 강제하는 규정, 인권을 외면하는 태도, 부실한 공사, 중국 정부의 정책을 지지하도록 인도네시아 정부를 압박하는 방침 등에 대한 분노가 들끓었다. 인도네시아의 야당 정치인들은 중국 정부가 '부채 함정 외교'를 한다고 비난했다. 중국 자본이 다른 나라, 그중에서도 특히 스리랑카에서 초래한 위기를 재빨리 지적하고 나섰다.

인도네시아는 차관을 갚지 못해 콜롬보에 있는 항구 운영권을 대거 중국에 넘긴 스리랑카의 경험을 되풀이하지 않도록 주의해야 한다. ……

함반토타 항구는 2010년에 개항했다. 그러나 스리랑카 정부는 막대한 손실을 내는 항만을 건설하는 데 투입한 차관을 갚는 데 어려움을 겪고 있다. …… 스리랑카 정부가 중국에 갚아야 할 돈은 무려 80억 달러에 달한다.

엄청난 액수의 빚 때문에 스리랑카 정부는 함반토타 항구 운영권을 중국 정부에 넘길 수밖에 없었다.[12]

종교도 문제가 된다. 인도네시아는 전 세계에서 무슬림 인구가 가장 많은 나라다. 인도네시아에서 막강한 힘을 가진 무슬림 공동체는 위구르족을 비롯한 다른 무슬림 세력을 억압하는 중국 정부의 정책에 반발하고 있다.

나머지 아시아 국가들

나머지 아시아 국가에서 일어나는 일 역시 동남아시아에서 벌어지는 일 못지않게 중요하다. 특히 중국과 유라시아를 잇는 중요한 길목 역할을 하는 구소련 국가에서 어떤 일이 일어나고 있는지 눈여겨봐야 한다. 인도의 국책연구소 옵서버리서치재단(Observer Research Foundation)은 다음과 같은 보고서를 발표했다.

중앙아시아가 소련으로부터 독립한 1991년 이후, 중국과 중앙아시아 5개국(카자흐스탄, 키르기스스탄, 타지키스탄, 투르크메니스탄, 우즈베키스탄)

의 관계는 놀라운 성장세를 보였다. …… 중국이 추진 중인 일대일로 정책 덕에 유럽과 중동을 중국과 이어 주는 중앙아시아의 중요성이 한층 커졌다.[13]

2017년에 나는 카자흐스탄을 방문해 인류의 미래에 중요한 역할을 하는데도 불구하고 미국에서는 거의 관심을 끌지 못하는 이 지역에 대해 많은 것을 직접 보고 들었다. 아스타나 경제포럼에서 유익한 연설을 듣고 다른 참가자들과 많은 대화를 나눴을 뿐 아니라 몇몇 연설자와 함께 누르술탄 나자르바예프 카자흐스탄 대통령의 식사 초대를 받았다. 그런 초대를 받게 되어 매우 영광이라고 생각했다. 나자르바예프에 대한 몇 가지 충격적인 사실을 알기 전까지는 그랬다.

나자르바예프는 소련이 붕괴하기 직전 소련 공산당에서 중요한 직위를 맡았다. 미국 언론들은 나자르바예프를 사나운 냉전 전사로 묘사했다. 그레그 팰라스트 기자는 다음과 같이 기술했다. "한때 잔혹한 소련 KGB의 수장이었던 나자르바예프는 종교를 찾았고 잔인한 이슬람 지도자가 되었다. 휘하의 군인들은 나자르바예프를 비난하는 말을 단 한 마디라도 내뱉는 사람은 누구든 체포했다."[14]

나자르바예프는 경제 저격수로서 내가 했던 모든 일에 반대했다. 그러자 머릿속에 한 가지 질문이 떠올랐다. 그런데 도대체 왜 나를 대통령궁에 초대하는 걸까?

키먼은 나의 불안감을 가라앉히려고 애썼다. "자기가 주최하는 중요한 국제 콘퍼런스의 연사로 나서는 미국인을 해치지는 않을 거예요." 그리고 잠시 말을 멈췄다. "물론 당신한테 굴욕감을 줄 수는 있겠지요." 키먼은 요염한 미소를 띠며 말했다. "그래도 거절하진 않을 생각인 거죠?"

저녁 식사 날, 함께 식사하기로 한 사람들이 경비 요원들의 안내에 따라 광활한 '악오르다 대통령궁'으로 들어갔다. 참가자들의 휴대전화와 카메라, 열쇠, 그 외에 의심을 살 만한 모든 물건을 압수한 경비 요원들은 커다란 홀에서 또 다른 홀로 정신없이 빠른 속도로 이동했다. 빛나는 금장식, 반짝이는 샹들리에, 대리석 기둥, 아름다운 디자인이 뒤얽힌 바닥에 모두가 황홀감을 느꼈다.

마침내 우리는 저녁 만찬을 위해 마련된 기품 있는 기다란 테이블이 놓인 방으로 입장했다. 나자르바예프 대통령이 일어서서 우리를 기다리고 있었다. 내 차례를 맞아 그와 악수를 했다. 검은 정장을 입고 나자르바예프 옆에 서 있던 남자가 카자흐 말로 무언가를 속삭였.

나자르바예프가 미소를 지어 보였다. "경제 저격수로군요." 나자르바예프는 고개를 가볍게 까딱했다.

누군가 내 팔을 움켜쥐었다. 나는 뒤로 물러서서 내 이름이 적힌 작은 깃발이 놓인 자리를 가리키는 경비 요원을 쳐다보고, 그 자리로 향했다.

의자가 바닥에 긁히는 소리가 났다. 우리는 차례대로 자리에 앉았다. 테이블 상석에 앉은 나자르바예프는 사람들을 하나하나 둘러보며 환영의 표시를 한 다음 카자흐스탄은 비즈니스를 하기에 가장 이상적인 곳이라고 설명했다. 구소련 국가 중 카자흐스탄이 유일하게 러시아, 미국, 유럽연합 모두와 우호적인 관계를 맺고 있으며, 신실크로드 프로젝트에서도 중국의 핵심 파트너로 활약 중이라는 설명도 덧붙였다. 노트에 글씨를 끼적대고 있는데 나자르바예프가 카자흐스탄을 "신실크로드라는 벨트의 버클"이라고 묘사했다. 카자흐스탄이 중국을 중동, 러시아, 유럽, 아프리카와 모두 잇는 역할을 한다는 것이었다. 나자르바예프는 "세상을 바꿔 놓을 이 프로젝트"가 "전 지구"에 어떤 이익을 안겨 줄지 간략하게 설명했다. 그런 다음 돌아가면서 자기소개를 하고 왜 콘퍼런스에 참석했는지 이유를 설명해 보는 게 어떻겠냐고 제안했다.

나보다 앞서 자기소개를 한 사람들은 모두 나자르바예프와 개인적인 인연이 있었다. 나자르바예프는 그들을 향해 "~에서 온 내 친구"라거나 "내 옛 전우" 같은 표현을 사용했다. 내 차례가 되면 굴욕을 당할 수밖에 없다고 생각하니 배가 사르르 아팠다. 나자르바예프가 쏟아 내는 비판을 잘 피해 갈 수 있을 만한 유머러스하면서도 예의 있는 답변을 생각해 내려고 애썼다. 테이블에 앉은 사람들은 차례로 나자르바예프 대통령에 대한 칭송을 늘어놓고 신실크로드에서 그가 어떤 역할을 하는지 간략하게 소개했다. 그러나 내 귀에는 아무런 소리도 들리지 않았다.

내 오른쪽에 있던 남자가 말을 끝낸 후 나를 쳐다보자, 나자르바예프가 입을 열었다. "이제 미국에서 오신 손님 차례군요." 나자르바예프가 미소를 지었다. "이분은 바로 경제 저격수입니다."

나는 그가 좀 더 많은 말을 하기를 기다리며 가만히 쳐다봤다. 그는 두 손을 벌려 이제 내 차례라는 듯한 제스처를 취했다.

그게 전부라고? 나는 숨을 내뱉고 "감사합니다. 나자르바예프 대통령님."이라고 답했다. 그 외에 내가 어떤 말을 했는지는 기억나지 않는다. 나는 깊은 충격을 받았다. 그동안 내가 수없이 했던 말을 무의식적으로 반복했다. 우리 경제 저격수들이 어떻게 죽음의 경제를 만들어 냈는지, 죽음의 경제를 생명의 경제로 바꾸는 것이 얼마나 중요한지 간단히 설명했다. 이런 변화를 만들어 내는 과정에서 카자흐스탄이 하게 될 역할을 외교적으로 칭찬하며 이야기를 마무리했던 기억이 난다.

나자르바예프가 내게 감사 인사를 건넨 후 다음 사람으로 넘어가자 나는 깊은 안도감을 느끼며 의자에 몸을 파묻었다.

카자흐스탄을 방문하고 나니 미국 정부와 언론이 카자흐스탄과 그 이웃 국가들에 대해 매우 불완전하고 다소 편향된 시각을 유도했다는 생각이 들었다.

그날 저녁 이후, 중국과 카자흐스탄의 무역이 빠르게 확대되는 모습을 지켜봤다. 2016년부터 2019년까지, 카자흐스탄의 대중국 수출은 90퍼센트 늘어났고, 대중국 수입은 55퍼센트 이상 늘어났다. 카자흐스탄이 신실크로드를 발전시키는 데 매우 중요하다는 나자르바예프의 주장은 옳았다. 옵서버리서치재단은 다음과 같은 내용의 보고서를 공개했다.

> 중앙아시아에서 가장 규모가 크고 번창한 나라인 카자흐스탄은 중국과의 파트너 관계를 열성적으로 환영했다. 중국이 진행하는 일대일로 프로젝트에서 자국이 '버클'의 역할을 맡고 있으며 중국 정부가 제공하는 새로운 투자와 연결 기회를 통해 경제적으로나 금융적으로나 많은 이익을 얻을 것으로 기대하고 있다.[15]

중국은 중앙아시아에 있는 모든 구소련 국가의 최대 무역 상대국으로 자리매김했다. 2015년부터 2019년까지 중앙아시아에서 중국으로 수출되는 제품이 35퍼센트 늘어났고, 중국에서 중앙아시아로 수출되는 제품은 49퍼센트 늘어났다.[16]

물론 어두운 면도 있다. 중앙아시아 국가들 역시 중국의 차관을 받은 다른 나라들처럼 비인간적인 작업 환경, 환경 오염, 부실시공으로 얼룩진 건축물, 남중국해 및 소수 민족 문제와 관련해 자국의 정책을 지지하라는 압박 등을 경험하고 있다. 인도네시아와 마찬가지로 종교 또한 걸림돌이 된다. 전체 인구의 70퍼센트 이상이 무슬림인 카자흐스탄은 이웃한 신장 지구에 거주하는 위구르족을 염려한다.《워싱턴 포스트》에 실린 내용을 살펴보면 다음과 같다.

> 분석가들은 2017년에 시진핑이 신장 지구의 소요 사태가 확대되지 않도록 '철의 장막'을 설치할 것을 요구한 후 중앙아시아에서 반중 감정이 확산했다고 지적한다. 신장 지구는 중국이 진행 중인 일대일로 프로젝트의 관문 역할을 하는 곳이다. 중국 정부의 탄압 정책은 종교를 억압하고 신장에 수용소를 건설해 카자흐인, 키르기스인을 비롯해 200만 명에 달하는 무슬림을 구금하기에 이르렀다.[17]

요즘은 수용소에 관한 기사를 읽을 때마다 2013년에 베트남을 방문했을 적이 떠오른다. 전쟁 당시에 미국인들이 하노이 힐턴이라고 불렀던 곳에서 몇 시간을 보냈다. 생포한 미군을 가둬 두었던 감옥은 이제 전쟁의 비극, 죽음, 파괴, 고통이 베트남과 미국, 전 세계에 끼친 영향을 상기시키는 박물관이 되었다.

베트남 전쟁은 경제 저격수 전략을 대거 수정하는 시발점이 되었다. 제2차 세계대전이 끝난 후 미국은 역사상 가장 막강한 군대로 부상했고 '공포'는 미국이 사용하는 전략의 핵심이 되었다. 1950년대에 한국이 북한을 38선 위로 밀어내는 데 가장 중요한 역할을 한 것이 바로 미군이었다. 냉전 기간이었던 1960년대 초에는 소련 해군이 쿠바에 미사일을 배치하지 못하도록 막을 정도의 공포를 충분히 조성했다. 그러나 베트남전 패전으로 모든 것이 끝났다. 1970년대에 들어서서는 미국이 훨씬 열악한 무기를 가진 훨씬 작은 나라를 이길 수 없다는 사실을 들키고 말았다. 어쩌면 미군 병사들의 사기가 저하되고, 미군 내에서 마약 사용이 만연해지고, 미국 국민이 분열된 것이 더 큰 문제였는지도 모른다. 린든 B. 존슨은 베트남 전쟁에서 패배한 탓에 재선에 도전하지 못하고 백악관을 떠나야만 했다. 베트남전 패배는 후임 대통령들에게 거의 20년 동안 전쟁은 실행 가능한 방안이 아니라는 경고장 역할을 했다. 그 결과, 공포는 차관으로 대체되었다. 커밋 루스벨트가 1953년에 이란에서 성공을 거둔 이후 나날이 거세졌던 제1차 경제 저격수 물결은 1970년대에 절정에 달했다.

하노이 힐턴의 어두운 감옥을 둘러보며 그런 경제 저격수 전략을 만드는 데 나도 기여했다는 생각을 떨치기가 힘들었다. 나는 스스로에게 물었다. 내가 베트남 전쟁에 나가 그 감옥에 갇히거나 전장에서 죽었다면 이 세상은 좀 더 나은 곳이 되었을까?

43장

아프리카

아프리카와 관련된 업무를 맡은 건 1972년이었다. 어느 날 메인의 회장이자 CEO였던 맥 홀이 나를 사무실로 불렀다. 수석 경제 전문가로 승진한 것을 축하하려고 나를 불렀다고 짐작했다.

내 짐작은 보기 좋게 빗나갔다. 맥 홀은 승진에 대해서는 언급조차 하지 않았다. 대신에 자신이 젊은 엔지니어였던 1900년대 초에 콩고강을 따라 거슬러 올라가며 얼마나 멋진 모험을 했는지 설명했다. 맥 홀은 수력 발전 댐 건설 가능성을 따지고 있었다.

맥 홀은 발전 가능성이 엄청나다고 평가했다. "하지만, 발전소를 짓지 않았지. 현지 수요도 충분하지 않았고 그 시절에는 아프리카 대륙 다른 곳으로 송전할 방법이 없었거든. 그런데 지금은 말일세……." 맥 홀은 알루미늄 같은 산업을 꾸려 나가려면 방대한 에너지가 필요하며, 경제적으로 에너지를 공급할 방법은 수력 발전밖에 없고, 이웃 국가인 기니에서 보크사이트를 갖고 와서 콩고강 옆에 가공 공장을 세울 수 있다고 이야기했다. 그는 자이르(지금의 콩고민주공화국)를 "미래의 보물 상자"라고 부르며 그곳에는 구리, 코발트, 우라늄 등 그 중요성이 점차 커질 수밖에 없는 천연 광물이 다량 매장되어 있다고 강조했다. 그는 제2차 세계대전이 끝날 무렵 미국이 핵폭탄을 만들 수 있도록 우라늄을 공급한 곳이 바로 아프리카이며 미국 정부는 아프리카에 있는 미국 광산을 보호하기 위해 많은 투자를 했다고 덧붙였다. 여기까지 설명한 맥 홀은 메인을 고용해 콩고강에 대규모 수력 발전소를 짓도록 세계은행을 설득하는 임무를 맡겼다.

자이르와 이웃 국가, 그중에서도 특히 광물이 풍부한 앙골라에 대한 통계 자료를 수집한 다음 콩고강에 댐과 발전소를 건설하고 그 일대를 연결하는 송전선을 설치하면 얼마나 좋을지 강조하는 보고서를 작성했다. 세계은행에 제출할 보고서였다. 메인이 프로젝트에 앞장서겠다는 문구로 보고서를 끝맺었다. 메인은 전체 프로젝트를 설계하고 공사를 감독할 뿐 아니라 알루미늄 기업 및 광산 기업들과 함께 이 프로젝트를 홍보할 작정이었다.

보고서를 마무리한 지 얼마 지나지 않아 메인에서 홀의 오른팔 역할을 하는 제이크 도버 사장의 사무실로 불려 갔다. 홀과 자신이 내가 작성한 콩고 보고서를 보고 깊은 감명을 받았다고 이야기한 도버는 내게 아프리카에 관한 또 다른 연구를 맡겼다. 이번에는 메인이 라이베리아에서 방대한 산업 공단을 개발하는 역할을 맡아야 한다고 주장하는 보고서를 써야 했다. 메인이 진행할 프로젝트에는 콩고 댐을 건설하고 고압 송전선을 연결해 10여 개의 서아프리카 국가에 전력을 공급하는 방안이 포함되어 있었다.

나는 연구를 통해 메인이 설계한 댐과 발전소가 들어서면 자이르, 라이베리아, 앙골라, 그 외의 이웃 국가들이 놀라운 경제 성장을 이루게 될 것이라고 결론을 내렸다. 완벽한 경제 저격수 전략이었다. 홀과 도버는 우리가 계약을 따내게 될 것이라는 자신감을 보였다.

그러나 세계은행은 확답을 주지 않았다. 세계은행 임원들이 아프리카 프로젝트에 돈을 대기를 꺼린다는 소문이 퍼졌다. 아프리카는 정치 상황이 매우 불안정한 곳이었고, 그런 탓에 아프리카 투자는 매우 위험한 것으로 여겨졌다.

그 후, 여러 회의에 참석해 메인 최고 경영진이 전 세계에서 메인이 선택할 수 있을 만한 방안을 논의하는 모습을 지켜보았다. 결국 홀은 아프리카가 너무 위험하다는 세계은행의 의견에 동의했다. 나는 세계은행으로부터 중남미 프로젝트에 투입할 돈과 석유가 넘쳐나는 이란과 사우디아라비아가 지원하는 프로젝트에 투입할 돈을 받아 내라는 지시를 받았다.

아프리카에 진출하는 데는 실패했지만, 자이르, 라이베리아, 앙골라에 관한 보고서를 작성하며 두 가지 중요한 사실을 발견했다. 첫 번째는 아프리카에는 엄청날 정도로 천연자원이 넘쳐난다는 것이고, 두 번째는 아프리카 사람들은 극심한 빈곤에 허덕인다는 것이다. 이런 요인들이 더해져 아프리카는 많은 정부와 기업이 노리는 착취의 대상이 되었다.

아프리카, 서양에서 동양으로 돌아서다

국민을 위해 자원을 활용하기보다 외국인과 손잡고 자신들의 주머니를 채우기에 급급한 부패한 지도자, 식민주의, 기업의 착취가 오랫동안 아프리카를 괴롭혔다.

아프리카는 수 세기 동안 이집트인, 로마인, 아랍인의 침략을 겪었다. 1500년대부터 아프리카를 침략한 유럽의 식민 제국들은 아프리카의 경제와 문화에 커다란 영향을 미쳐 결국 아프리카 전체의 지정학을 완전히 바꿔 놓았다. 유럽인들은 아프리카인들을 노예로 만들고 토착 문화를 파괴하면서, 임의로 경계를 만들었다. 본인들의 정의에 따라 국가를 만든 다음 아프리카인들을 마구잡이로 나눠 각 국가에 분산 배치했으며, 자신들의 상업적 이익을 추구하고 아프리카의 자원을 착취하는 데 도움이 되는 언어와 교육 체계, 제도를 받아들이도록 강요했다.

네 개의 전술은 다시 한번 지배 구조를 떠받치는 역할을 했다. 군대를 앞세워 아프리카를 정복한 유럽은 다양한 형태의 부채를 떠안기며 번영을 약속했다. 분열과 정복은 새로운 수준으로 발전했고 대서양 노예 무역에 불이 붙었다. 부족 지도자들은 살아남고 이익을 얻기 위해서는 침략자들과 협력하고, 이웃 국가와의 전쟁도 불사해야 한다는 것을 금세 깨달았다. 1950년대와 1960년대에 벌어진 독립운동으로 직접적인 식민 지배가 종식될 때까지 외세의 착취는 계속되었다.

하지만 아프리카 지도자들은 어떠한 교훈을 얻었다. 문화적이고 부족적인 차이를 이용하면 잔인하고 독재적인 정권을 유지할 수 있다는 사실을 알아차린 것이다. 오랫동안 쌓여 온 앙금과 광물 채굴권 및 다른 문제를 둘러싼 갈등 탓에 아프리카 대륙 전역에서 불화, 무력 충돌, 전면적인 전쟁이 벌어졌다. 미국의 경제 저격수들은 "우리는 유럽 식민주의자가 아닙니다."라는 말을 끝없이 반복했지만, 독재자들이 미국 기업의 요구를 수용하는 한 경제 저격수들의 전략은 결국 현지 독재자들의 권력을 한층 강화하는 결과로 이어졌다.

영국 시민단체 글로벌저스티스나우(Global Justice Now)는 보고서를 통해 "아프리카의 농업 및 식량 안보 개선을 돕는 것"으로 명시된 자본이 "실제로는 다국적 기업이 아프리카의 자원에 접근할 수 있도록 지원하고 비즈니스 확대에 도움이 되는 방향으로 정책을 수정하는 데 사용된다."는 사실을 폭로했다. 또한 "그런 계획들의 기업 친화적 접근법이…… 토지 약탈의 증가, 불안정하고 낮은 임금의 일자리, 작물 종자의 민영화, 그리고 현지인들의 이익보다는 수출 시장을 위한 생산에 집중하게 만듦으로써 기아와 빈곤을 악화시킬 가능성이 높다."고 밝혔다.[1]

미군과 훈련 부대의 존재 때문에 아프리카 사람들은 서로를 더욱 불신하게 되었다. 미국이 마흔 개가 넘는 국가에 개입한 결과 민간인들이 목숨을 잃었으며, 예멘과 수단을 비롯한 여러 아프리카 국가에서 민간인의 목숨을 앗아간 무기를 사우디아라비아 같은 나라에 공급한 곳이 바로 미국이라는 사실이 널리 알려졌다. 무자비한 독재자들은 해외 군사 원조를 환영했지만 국민들은 이를 매우 혐오했다. 아프리카 기자들은 이 같은 실상을 미국 정부가 전혀 이해하지 못하는 것에 실망감을 드러내곤 했다.

중국 정부는 많은 나라들이 날이 갈수록 미국과 유럽에 커다란 환멸을 느끼는 상황을 재빨리 이용했다. 1990년대에 중국과 아프리카의 무역은 700퍼센트나 증가했다.[2] 중국의 경제 저격수들은 미국과 유럽의 경제 저격수가 무엇을 놓칠 상황인지 제대로 파악했고, 아프리카의 환심을 사면 득이 실보다 훨씬 크다는 사실을 알아챘다. 《더 디플로맷》의 보도처럼 아프리카 내에서 중국의 외국인 직접 투자 규모가 급증했다.

지난 17년 동안 중국의 대(對)아프리카 외국인 직접 투자가 100배가량 늘어났다. 2003년에는 4억 9000만 달러였던 외국인 직접 투자가 2020년에는 434억 달러로 늘어났다. 2018년에는 외국인 직접 투자가 정점을 찍어 무려 461억 달러를 기록했다. 아프리카 투자의 측면에서 보면, 중국은 2014년부터 줄곧 미국을 앞질렀다.[3]

2018년에 개최된 중국-아프리카협력포럼(FOCAC) 베이징 정상 회담에서 중국은 신실크로드에 합류할 아프리카 대륙의 모든 '신흥 시장'을 재정적으로 지원하겠다고 약속했다. 아프리카 국가들은 "각국의 핵심적인 국익과 개도국 전체의 이익을 함께 지켜 내기 위해" 중국과의 협정에 서명했다. 브루킹스연구소 연구원이자 미국의 민간 연구 기관 스팀슨센터의 중국 프로그램 책임자인 윤선은 이렇게 기술했다.

중국은 자국, 그리고 동맹을 맺은 개발도상국들이 좀 더 큰 목소리와 좀 더 많은 권력을 가질 수 있도록 국제 시스템 개혁에 많은 노력을 기울였다. 오랫동안 중국이 가장 중요하게 여긴 것이 바로 '새로운 국제 관계 모델'이나 '국제 관계 민주화'였다. 중국은 아프리카 국가를 이 서사로 끌어들여 새로운 국제 질서를 만들어 나가기 위한 기틀을 다지고 있다. 공동 성명에서 볼 수 있듯 중국-아프리카협력포럼이 미국에 보내는 정치적 메시지는 명확하다. 중국과 아프리카는 모두 보호주의와 독단주의에 반대하며 열린 세계 경제와 다자간 무역 시스템을 향한 지지를 약속했다.

미국의 경제 저격수 전략은 독단적이고 자기 잇속만 차리는 측면이 많은 것으로 밝혀졌다. 반면, 중국은 자국이 추진하는 인프라 프로젝트를 진행하면 아프리카 국가들을 서로 연결하고 모두에게 도움이 되는 신실크로드에도 통합될 수 있다고 주장한다. '분열과 정복'이 '통합과 번영'으로 대체된 것이다. 윤선은 시진핑이 내세운 '5대 금지' 외교 정책을 소개했다. 시진핑은 특히 아프리카에 대해 다음과 같은 약속을 내걸었다.

> "개별 국가의 발전 경로 간섭 금지. 내정 간섭 금지. 중국의 의지 강요 금지. 원조에 정치적인 조건을 추가하는 행위 금지. 투자 및 금융 협력 과정에서 이기적인 정치적 이익 추구 금지."[4]

그럴듯하게 꾸며 낸 이런 말을 들을 때마다 제1의 경제 저격수 물결이 한창이었을 때 우리가 써먹던 전술을 중국이 그대로 사용하는 듯한 기분이 든다. 물론 우리는 정치적 이익을 추구하지 않겠다고 단언하지는 않았다. 다만 "미국식 민주주의를 채택하면 귀국에 도움이 될 것입니다."라는 표현을 썼을 뿐이다. 얼마나 자주 이런 말을 했는지, 이런 말이 얼마나 진실하지 못했는지 떠올리면 몸서리가 쳐진다. 우리는 차관을 받아들이고 미국 회사에 헐값에 자원을 넘기기만 하면 얼마든지 잔혹한 독재 정권을 지원했다.

중국의 경제 저격수들이 내뱉는 말들 역시 기만적이다. 중국은 실제로 다른 나라의 내정에 간섭한다. 특히 노동자 고용을 비롯한 각종 노동 관행, 환경 규제, 건설 프로젝트 감독 등에 간섭한다. 뿐만 아니라 대만, 홍콩, 티베트, 그 외의 소수 민족 문제와 관련해 채무국에 중국의 정책을 지지할 것을 요구한다. 그러나 중국의 경제 저격수들이 내뱉는 말은 오랫동안 식민 지배로 고통받았던 국가들을 솔깃하게 만든다. "부유한 나라가 되고 싶다면 귀국 정부가 하는 일에 간섭하지 않을 세계 무역 파트너로 중국을 받아들이고, 중국한테 돈을 빌려 인프라 프로젝트를 맡겨라."라는 중국의 요구가 "부유한 나라가 되고 싶다면 워싱턴 컨센서스가 빌려주는 돈을 받고, …… 신자유주의 정책을 펴라."라는 미국의 요구보다 훨씬 그럴듯하게 들린다. 중국의 경제 저격수들은 요즘 세상에서는 이런 말이 강압보다 훨씬 효과적이라는 사실을 잘 알고 있다.

2021년 무렵에는 중국이 아프리카에서 가장 지배적인 영향력을 행사하게 되었다. 아프리카 최대 양자 무역 파트너 겸 최대 양자 채권국이 되었으며, 아프리카에서 가장 영향력 있는 해외 투자국 중 하나로 부상했다. 옵서버리서치재단은 아래와 같은 보고서를 발표했다.

> 중국 기업들이 거의 모든 아프리카 시장에 진출했다. 현재(2021년) 아프리카에서 활동하는 기업이 1,000개가 넘고, 아프리카에 거주하는 중국계 인구가 100만 명이 넘는다. 아프리카에 진출한 중국 기업 중 상당수는 민간 소유이며 일부는 전체적으로, 또는 부분적으로 국가 소유다. 이러한 환경 덕에 중국 기업들은 유리한 조건으로 중국의 투자 자본을 확보할 수 있을 뿐 아니라 시장 상황에 맞춰 아프리카에서 기업을 운영하는 상당한 자유를 누린다.[5]

앙골라: 길잡이 양

미 국무부, CIA, 세계은행에서 아프리카를 전문적으로 연구하는 사람들은 앙골라를 '목에 방울을 단 길잡이 숫양'을 뜻하는 '벨웨더(bellwether)'라고 불렀다. 앙골라가 새로운 추세가 등장했음을 알려 주는 지표 역할을 한다는 뜻이다.

앙골라는 1970년대 초반에 홀과 도버를 위해서 진행했던 연구에서도 중요한 역할을 했다. 앙골라는 자이르와 국경을 접한 나라였고 세계에서 천연자원이 가장 풍부한 나라 중 하나였다. 자원을 잘 활용하려면 수력으로 만들어 낸 값싼 전기가 필요했다. 앙골라는 생활 수준을 기준으로 보면 세상에서 가장 가난한 나라 중 하나였다. 평균 수명은 세계 최저 수준이었고(물론 여전히 그렇다.) 유아 사망률은 최고 수준이었다. 석유와 다이아몬드를 비롯해 중요한 광물이 대거 매장되어 있는 탓에 1970년대의 앙골라는 미국과 소련이 냉전을 벌이는 전장이었다.

앙골라와 관련해 한 가지 잘 알려지지 않은 사실이 있다. 아프리카에 있는 나라지만 앙골라는 중남미에 지대한 영향을 미쳤다. 콘도르 작전을 정당화하는 역할을 한 나라였기 때문이다.

1975년 말, 포르투갈로부터 독립한 앙골라는 마르크스-레닌주의를 받아들였다.

당시 앙골라를 지배하던 세력은 소련의 지원을 받는 앙골라인민해방운동(MPLA)과 친미 성향의 앙골라완전독립민족동맹(UNITA)이었다. 두 세력은 앙골라에서 파괴적인 내전을 벌였다. 남아프리카공화국과 자이르는 미국에 합세해 완전독립민족동맹을 지지했다. 소련은 미국과의 직접적인 충돌을 피하려고 쿠바 군인을 모병해 인민해방운동과 함께 싸우도록 자금을 지원했다. 소련은 미 국방부가 외국군을 활용하는 방식을 모방했다.(미국은 콘도르 작전의 전신이었던 콘도르 계획을 진행하며 아르헨티나와 칠레의 우파 독재 정권을 이용했다.) 1976년이 되자 '고문'이라는 이름을 달고 소련을 위해 싸우는 군인이 3만 명을 넘어섰다.

미국 정부는 앙골라에서 쿠바인을 앞세워 전쟁을 벌이는 소련의 행태를 통해 공산주의자들이 중남미에서 어떤 전략을 사용할지 엿볼 수 있다고 떠벌리기 시작했다. 당시 세계은행 총재와 미 국방부 장관을 역임했던 로버트 맥나마라가 1976년 워싱턴에서 열린 회의에서 참석자들에게 경고했던 순간이 생생하게 떠오른다. 맥나마라는 소련이 1962년 쿠바 미사일 사태 당시 쿠바에 미사일을 설치하는 데는 실패했지만, 중남미를 지배하려는 의지가 확고하다고 설명했다. 맥나마라는 쿠바군의 훈련을 받은 앙골라군이 아프리카 전역에 공산주의를 퍼뜨릴 테고 쿠바는 앙골라에서의 경험을 발판 삼아 미 대륙 전역에 붉은 공산주의 물결을 퍼뜨릴 것이라고 강조했다. 결국 경제 저격수와 자칼의 활동이 앙골라와 중남미 전역으로 확대되었다.

돌이켜 보면, 전체 인구가 약 900만 명에 불과한 쿠바 같은 작은 섬나라가 그런 전략을 생각해 냈다고 믿는 것 자체가 말이 되지 않는다. 사실 피델 카스트로는 그런 전략을 생각해 본 적도 없었을 것이다. 카스트로는 기꺼이 소련의 원조를 받고 미국이 보이콧한 쿠바산 설탕을 소련에 가져다 팔긴 했지만, 미 대륙에 공산주의를 퍼뜨릴 전략 같은 것은 세웠을 리가 없다. 그러나 우리는 맥나마라의 경고에 귀를 기울였다. 나는 자칼, 특수부대, CIA 요원, 다른 경제 저격수들과 함께 상상 속의 붉은 물결을 저지하기 위해 나섰다. 1975년이 되자, 콘도르 작전은 중남미의 우익 반공 독재자들에게 저항하는 모든 사람에게 공포를 안겼다. 콘도르 작전은 거의 15년 동안 다양한 강도로 계속되었다.

앙골라를 '목에 방울을 단 길잡이 숫양'에 비유하고 에콰도르를 '새장 속의 카나리아'에 비유한 데서 공통점을 발견할 수 있다. 앙골라와 에콰도르 모두 소련이 각 대륙을 지배하려 한다는 경고를 보내는 나라로 여겨졌다. 두 나라 모두 석유나 다른 자원이 풍부했지만 정작 국민들은 수십 년 동안 지속된 외세의 착취로 극빈한 삶을 살았다. 앙골라와 에콰도르를 착취한 것은 상당 부분 미국의 석유 회사들이었다. 에콰도르에서는 텍사코가, 앙골라에서는 카빈다걸프오일이 착취를 일삼았다.(현재는 둘 다 셰브론의 자회사다.) 경제 저격수 전략의 측면에서 한 가지 흥미로운 교차점이 있다. 쿠바 군부는 앙골라인민해방운동이 소련의 지원을 정당화할 수 있도록 카빈다의 비즈니스 활동을 도왔고, 에콰도르의 우파 독재자들은 미국의 콘도르 작전 지원을 정당화하기 위해 텍사코를 도왔다.

앙골라인민해방운동의 통치 아래, 앙골라의 산업은 1980년대에 대거 성장했다. 미국과 소련의 경제 저격수, 자칼, 기업 용병들이 자원을 차지하기 위해 치열하게 다퉜으며, 부패와 폭력이 만연했다. 1990년대 초에 소련이 해체되자 미국의 경제 저격수들은 앙골라인민해방운동 지도부를 설득해 마르크스주의를 거부하고, 앙골라를 사회 민주주의 국가라고 선언하고, IMF에 가입하도록 했다.

미국이나 유럽과 화해 분위기가 조성되기도 하고 몇 차례 휴전도 했지만, 내전은 2000년대까지 계속되었다. 약 150만 명이 목숨을 잃었고, 400만 명이 삶의 터전을 잃었으며, 50만 명이 넘는 사람들이 조국을 떠났다. 앙골라의 인프라와 농업은 파괴되었고, 교육, 의료, 기타 사회 복지는 황폐해졌다. 이 모든 것들이 미국의 경제 저격수들에게 완벽한 기회를 선사하는 듯했다.

2002년에 내전이 끝나자 워싱턴 컨센서스는 앙골라에 신자유주의 경제 정책과 함께 1970년대부터 언제나 잘 먹혀들었던 여러 협정을 제안했다. 하지만 앙골라에 등장한 새로운 유형의 지도자들이 미국의 경제 저격수들을 곤란하게 만들었다. 그중 한 명인 주앙 로렌수는 라파엘 코레아 에콰도르 대통령과 공통점이 많은 인물이었다. 로렌수 역시 코레아와 마찬가지로 식민 지배 국가에 의해 아버지가 투옥되는 사건을 겪었다.(로렌수의 아버지를 가뒀던 나라는 포르투갈이다.) 또한 코레아처럼 로렌수도 해외(러시아)에서 석사 학위를 받았고, 세계 경제에 대한 이해도가 높았고, 신자유주의에 반대했다.

IMF와의 협상은 결렬됐다. 코레아와 마찬가지로 로렌수와 앙골라 인민해방운동 역시 긴축 정책과 터무니없는 조세 구조, 정치적 요구, 그 외의 조건을 받아들일 뜻이 없었다. 에콰도르처럼 앙골라도 결국 중국의 손을 잡았다. 중국의 경제 저격수들은 에콰도르에서 그랬듯이 곧장 기회를 잡았다. 2004년, 중국은 석유를 담보로 앙골라에 20억 달러의 차관을 빌려주었고 각종 인프라 개발 협정을 맺었다. 잇따라 차관을 내어 준 끝에 중국은 머지않아 앙골라 최대 채권국이 되었다.[6]

그러나, 에콰도르에서와 마찬가지로 문제가 있었다. 옵서버리서치재단은 아래와 같이 지적했다.

> 많은 분석가들이 아프리카의 인프라 개발을 돕기 위해 중국이 빌려주는 차관을 '부채 함정 외교'라고 부른다. 일부 추정치에 따르면, 앙골라는 중국개발은행, 중국수출입은행, 중국공상은행 등 세 개의 중국 은행에 200억 달러가 넘는 돈을 빚지고 있다.

석유와 광물 자원을 활용하면 부족한 삶을 끝낼 수 있을 거라는 기대는 결국 앙골라를 나락으로 떨어뜨렸다. 대다수의 국민에게는 어떤 혜택도 돌아가지 않았고 앙골라는 중국 경제 저격수들의 손아귀에 들어갔다. 극소수지만 중국에서 차관을 빌려 이익을 얻은 사람들도 있었다. 모두 경제 저격수들과 협력하고, 더 많은 차관을 받아 내고, 민족과 정치 성향에 따라 나뉜 여러 파벌 사이에서 공포와 분열을 조장한 이들이었다.

늘 그렇듯 중국 기업들은 자국 노동자를 데려오고 중국에서 생산된 기기와 부품을 사용할 것을 고집했다. 다른 나라에서와 마찬가지로 중국이 진행한 건설 프로젝트가 부실 공사로 판명나는 경우가 많았다. 옵서버리서치재단이 공개한 내용을 다시 살펴보자.

> 앙골라에 부패가 만연한 데다가 중국이 진행하는 프로젝트를 둘러싼 불확실성이 높았던 탓에 인프라 프로젝트에 관한 감독이나 품질 관리가 거의 이뤄지지 않았다. 중국이 건설한 인프라의 품질은 조악해서 구조물이 붕괴되는 일이 벌어지기도 했다. 실제로 남수단 같은 아프리카 국가에서 중국이 시공한 프로젝트가 부실 공사로 끝난 사례가 수없이 많다.[7]

앙골라와 에콰도르는 경제 저격수 전략이 여전히 세계 곳곳에서 사용되고 있으며, 미국과 중국의 경제 저격수들이 사용하는 방법이 결국 같다는 것을 보여 주는 대표적인 사례다.

콩고: "세계 최악의 전쟁"

콩고 지역★의 중요성에 관한 맥 홀의 예언은 현실이 되었다. 21세기에 접어들자 리튬, 코발트 등 콩고민주공화국이 보유한 광물이 현대 기술에서 중요한 역할을 했다. 미국의 군대, 컴퓨터, 인터넷, 자동차, 의료, 그 외의 대다수 비즈니스 분야가 어떤 식으로든 이런 광물을 필

★ 콩고어를 사용하는 콩고 분지 일대

요로 했다. 메인의 경영진이 옳았다. 이 지역에서 일하는 것은 매우 위험했고 날이 갈수록 위험도가 높아질 수밖에 없었다. 콩고민주공화국의 최근 역사는 자원이 풍부한 나라에서 흔히 그렇듯 폭력으로 점철되어 있다.

지금은 콩고민주공화국으로 국명이 바뀐 자이르가 공산주의 운동에 맞서 미국과 동맹을 맺은 이유 중 하나는 자이르 육군 참모총장 모부투 세세 세코가 미국 정계에 진 빚 때문이었다. 자이르가 1960년에 벨기에로부터 독립한 후, 모부투는 민주적으로 선출되었으나 당시 공산주의자로 의심받던 파트리스 루뭄바 총리를 축출하기 위해 미국과 벨기에에 도움을 청했다. 미국 정부의 선전 기관은 루뭄바를 공산주의자로 낙인찍었다. CIA와 벨기에군의 도움을 받아 루뭄바를 축출하고 암살한 모부투는 자신을 국가 원수로 선포했다. 모부투는 '미국의 총애를 받는 대통령'이 되었고 소련은 야당을 지지했다. 소련과 미국의 경제 저격수와 자칼들은 자이르의 막대한 자원을 놓고 치열한 다툼을 벌였다. 분열과 정복, 공포, 지속적인 전쟁, 그리고 기근이 자이르를 끝없는 혼란에 빠뜨렸다.

어느 민간 '안보' 기업 대표는 "콩고민주공화국은 서부 개척 시대의 서부보다 1,000배는 더 거칠다."고 설명했다. 그는 『경제 저격수의 고백』을 읽어 보았다며 기꺼이 대화에 응했지만 익명을 요청했다. 그는 계속 설명을 이어 나갔다. "그곳에서는 사람 목숨이 파리 목숨보다 못합니다. 그러나 배짱이 있는 사람은 부를 얻을 수 있습니다. 다른 곳에서는 마구 돈을 빌려주고 그럴듯한 프로젝트를 진행하는 전략이 먹힐 수도 있습니다. 그렇지만 결국 콩고를 지배하는 것은 폭력입니다."

모부투가 '반자본주의' 운동을 시작한 1970년대에 마오쩌둥은 모부투를 범아프리카-중국 동맹의 지도자로 여겼다. 모부투는 중국의 원조를 받아들이고 IMF의 손길을 거부했다. 미국 정치인들은 마오쩌둥과 손을 잡고, 인권을 침해하고, 노골적으로 부패를 저지른다며 모부투를 비난했다. 미국 정부는 르완다에서 내전이 벌어진 1994년에 모부투를 돕지 않았다. 당시 르완다 내전은 결국 자이르와 우간다, 수단으로 확대되어 약 100만 명이 목숨을 잃었다. 1997년에 마오쩌둥이 세상을 떠난 후 자이르는 경제적으로 심각한 위기에 봉착했고 모부투는 로랑데지레 카빌라의 손에 축출당했다. 전면전이 아프리카 9개국으로 확대되었다. "제2차 세계대전 이후 최악의 전쟁"으로 알려진 이 전쟁은 2003년까지 계속됐으며 500만 명이 넘는 사람이 목숨을 잃었다. 결국 카빌라가 암살당한 후 그의 아들 조제프 카빌라가 뒤를 이어 대통령에 올랐다.

아랍의 봄(중동과 북아프리카에서 일어난 혁명의 물결)의 영향으로 콩고민주공화국에서도 친민주주의 운동이 일어났고 2018년 선거에서는 펠릭스 치세케디가 대통령으로 선출됐다. 치세케디는 평화를 가져오고, 환경 보호법을 도입하고, 콩고민주공화국의 자원을 자국민에게 도움이 되는 방향으로 사용하겠다고 약속했다. 치세케디는 채굴 기업들의 운영 방식을 둘러싼 불협화음을 조율하기 위해 협상에 돌입했다.

매우 복잡하게 얽힌 사건들을 간략하게 요약했다. 내가 경제 저격수였을 때도 그랬고 지금까지도 콩고 지역은 극도의 정치적 혼란과 사회적 혼란, 폭력, 고통, 환경 파괴로 몸살을 앓고 있다. 실제로 벌어지고 있는 일을 충분히 전달하기는 어렵겠지만 미국, 러시아, 중국 등 경제 저격수 전략을 활용하는 주체가 누구였든 경제 저격수 전략을 떠받치는 네 개의 전술 때문에 갈가리 찢긴 나라의 상황을 대략 이해하는 데는 도움이 되었을 것이다. 콩고민주공화국과 이웃 나라 사람들은 죽음, 고문, 강간, 거의 상상하기 어려울 정도의 잔인함을 끝없이 두려워하며 살았다. 금전적인 부채뿐 아니라 보호, 식량, 충성으로 되갚아야 할 부채도 쌓여 갔다. 남녀노소를 불문한 현지 주민들의 굶주린 얼굴과 몸에서, 높이 쌓인 시쳇더미에서, 폭격을 맞아 폐허가 된 마을에서 그 무엇도 충족되지 않고 한없이 부족하기만 한 그들 삶의 실체가 여실히 드러났다. 냉전 시대의 핵심 전술로 사용된 분열과 정복은 세계 각국이 서로 반목하는 계기가 되었다. 그러나 거기에서 끝이 아니었다. 현지 지도자들은 분열과 정복이라는 전술을 이용해 후투족, 투치족, 그 외의 여러 부족을 서로 반목하게 만들었다.

    메인은 콩고 지역이 너무 위험한 곳이라고 결론지었다. 그러나 석유 회사와 광업 회사는 경우가 다르다. 땅에 묻힌 자원을 채굴하는 기업들은 위험한 상황에서도 얼마든지 승승장구하며 직접 경제 저격수를 채용하고 나름의 방식으로 네 개의 전술을 활용해 사업을 발전시킨다. 부채를 이용해 담보로 잡은 석유, 구리, 리튬, 그 외의 다른 광물을 얼마든지 채굴할 수 있다. 공포, 정치적 불안정성, 폭력적인 갈등, 빈곤은 노동력을 헐값에 착취하고, 반대 세력을 협박할 준군사 조직을 만들고, '자사 시설 보호'를 위해 용병으로 이용할 '보안 회사'를 세우는 데 도움이 된다. 사회나 환경에 관한 법은 얼마든지 무시되고, 뇌물은 일반적인 관행으로 여겨진다.

    미국인들은 저소득 국가가 부패했다고 비난하면서도 그들을 부패하게 만드는 것이 바로 경제 저격수라는 사실은 쉽게 잊어버린다. 콩고민주공화국 사례는 최근에 중국의 경제 저격수가 미국 경제 저격수들을 어떻게 뛰어넘었는지 잘 보여 준다. 특히 광업 분야에서 중국 경제 저격수의 약진이 두드러진다. 2016년, 미국의 광업 대기업 프리포트-맥모란은 콩고민주공화국에 위치한 거대한 코발트 광산을 중국 뤄양몰리브데넘에 매각했다. 《뉴욕 타임스》는 다음과 같이 매각 소식을 전했다.

> 아프리카에서 활동했던 미국의 고위급 외교관 페리엘로는 국무부에 경고를 전했다. 당시 코발트 광산의 콩고 총책임자였던 카팡가는 주콩고 미국 대사 페리엘로에게 거의 간청하다시피 중재를 요청했다.
> 카팡가는 "이건 실수"라며 페리엘로에게 경고했던 순간을 떠올렸다. 카팡가는 전 세계 코발트 생산량의 3분의 2 이상을 생산하는 콩고에서 수십 년간 쌓아 온 관계를 하찮게 내동댕이치고 있다고 설명했다.

2020년, 프리포트-맥모란은 매각 과정을 이어 나갔다. 이번에는 더욱 규모가 큰 코발트 광산을 뤄양몰리브데넘에 매각했다. 《뉴욕 타임스》 기사를 다시 살펴보자.

> 콩고의 코발트를 확보하려는 노력은 체계적인 전략의 일환이다. 중국은 이런 전략을 활용해 미국을 훨씬 앞서 나가고 있다. …… 미국은 사실상 자원을 중국에 넘겨주었으며, 콩고에서 수십 년간 외교와 금융에 쏟아부었던 투자를 지켜 내지 못했다. 구리마저 다량 매장되어 있는 두 코발트 광산을 매각하는 것으로 미뤄 볼 때 청정에너지 혁명을 둘러싼 지정학이 달라지고 있는 것을 알 수 있다. 배터리에 들어가는 코발트, 리튬, 그 외의 원자재가 풍부한 나라들이 갑자기 거대 석유 기업들과 맞먹는 역할을 하게 되었다.⁸

중국 기업들은 콩고민주공화국에서 인권과 시민권을 심각하게 침해한다는 이유로 거센 비난을 받고 있다. 인권 단체 국제앰네스티는 "국제법에 따르면 불법"으로 여겨지는 "위험하고 착취적인 업무 환경"을 폭로하는 보고서를 발표했다. 보고서는 "전 세계에서 가장 중요한 광물 매장지가 있는 콩고민주공화국의 자원 채굴 분야에서 중국 기업들이 가장 영향력 있고 강력한 외국 경제 주체로 거듭나고 있다."고 설명을 이어 나갔다.[9]

《뉴욕 타임스》 기사에도 언급되어 있듯, 콩고민주공화국은 2020년에 전 세계 코발트 생산량의 약 3분의 2를 차지했다. 폭력과 범죄, 전쟁이 가장 만연한 지역에서 영세 채굴업자나 소규모 채굴업자들이 채굴 작업을 진행하며, 어린 아동이 동원되는 경우도 많다. 광산업 전문 언론사 마이닝 테크놀로지(Mining Technology)는 아래와 같이 결론지었다.

> 땅에 묻힌 코발트는 콩고 사람들에게 도움을 주기보다 심각한 사회 갈등과 부패를 초래했다. 영세기업이나 중소기업들이 정부의 감독을 받지 않고 건강 기준이나 안전 기준도 따르지 않은 채 위험한 방법을 사용해 채굴을 진행했다. 현재 콩고에서 코발트 채굴에 뛰어든 영세 채굴업자가 15만~20만 명에 달한다. 경제적인 측면에서, 이들의 채굴 활동에 직접적인 영향을 받는 인구가 100만 명이 넘는다.[10]

2020년까지, 콩고민주공화국에 있는 대규모 코발트 광산은 대부분 중국 기업들의 손에 넘어갔거나 중국 기업으로부터 자금을 지원받았다. 중국 정부가 지원하는 금융 기관들은 중국 기업의 활동을 돕기 위해 이미 1000억 달러가 넘는 돈을 제공했거나 제공하겠다고 약속했다.

치세케디 대통령은 2021년 초에 콩고민주공화국을 방문한 중국 국무위원 겸 외교부장을 만났고, 2022년에는 채굴 협상이 거의 마무리 단계에 다다랐다고 발표했다. 그러나 작업 여건을 개선하거나 아동 노동 문제를 비롯한 인권 문제를 해결하려는 노력은 거의 없었던 것으로 보인다.

콩고민주공화국은 미국 정부와 언론에 중국의 실체를 낱낱이 까발리고 미국을 인권의 수호자로 묘사할 이상적인 기회를 제공했다. 그러나 미국은 또다시 실패했다. 미국은 콩고민주공화국에 등을 돌렸다.

콩고민주공화국과 앙골라에서 일어난 일은 아프리카 대륙에서 벌어진 일을 상징적으로 보여 준다. 미국은 중동에서 수렁에 빠지고 말았지만 중국의 경제 저격수들은 자원이 풍부한 여러 아프리카 국가를 사로잡는 데 성공했다. 항만, 도로, 철도, 경기장, 쇼핑몰을 건설하고 관련 프로젝트에 자금을 지원하기 위한 계약을 체결했다.

주도권을 잡은 중국 기업

중국 정부가 공식적으로 아프리카에 빌려주는 차관은 2000년대 초반에 급격하게 성장한 후 2018년에는 감소세를 기록했다. 동시에, 중국 기업이 고용한 경제 저격수들은 투자를 늘렸다. 그중에서도 특히 코발트, 콜탄, 구리, 리튬, 우라늄, 보크사이트 등 배터리를 비롯해 오염 물질 감소에 도움이 되는 하이테크 제품에 들어가는 자원 확보를 위한 투자를 대거 늘렸다. 중앙집중화된 경제를 변화시키겠다는 약속을 지키고 세계 시장에서 민간 기업들의 존재를 강화하기 위한 전략의 일환이다. 제3의 경제 저격수 물결을 통해 체결된 투자 규모는 2003년에는 1억 달러에 불과했으나 2020년에는 40억 달러를 넘어섰다. 미국

은 그보다 크게 뒤처졌다.[11]

중국의 또 다른 경제 저격수들은 무역에 집중했다. 2017년에는 중국과 아프리카의 무역 규모가 1480억 달러에 달했다. 같은 해 390억 달러에 불과했던 미국과 아프리카의 무역 규모에 비해 거의 네 배 많은 수준이었다.

뿐만 아니라, 중국이 일궈 낸 아프리카자유무역협정은 55개에 달하는 아프리카연합 국가를 하나로 묶어 세계에서 가장 강력한 무역 블록 중 하나를 만들어 냈다. 이 블록은 생명의 경제를 발전시키는 데 무엇보다 중요한 다량의 광물을 보유하고 있다.[12]

2021년 말, 중국의 경제 저격수들은 정부 고위급 관료들과 함께 세네갈의 수도 다카르에서 열린 제8회 중국-아프리카협력포럼 정상 회담에 참여했다. 아프리카의 단합을 보여 주기 위해 유엔총회 때보다 더 많은 숫자의 아프리카 지도자들이 회담에 참석했다.《포린 폴리시》에 실린 논평을 살펴보자.

> 미국이 오랫동안 아프리카에 보내온 메시지의 요점은 "우리는 유럽이 아니다."라는 것이었다. 그러나 중국은 적어도 2000년대 초부터 "우리는 미국이 아니다."라는 메시지를 아프리카에 전달해 왔다. 중국은 말은 요란하게 하되 작은 몽둥이를 들고 다니는★ 전략으로 중대한 발전을 이뤄 냈다. 중국은 공식적인 외교 행보를 선택할 때 아프리카 국가들과 관계를 구축하고 모든 형태의 협력을 광범위하게 보도하는 데 주력하는 한편 제재와 안보 문제에 관한 개입은 최소화한다.[13]

★ 시어도어 루스벨트 대통령은 "말은 부드럽게 하되 큰 몽둥이를 들고 다녀라."라는 문장으로 자신의 외교 전략을 함축적으로 표현했다. 루스벨트의 외교 전략과는 반대되는 중국의 전략을 일컫는 표현이다.

아프리카가 미래에 보물 상자가 될 거라는 맥 홀의 예언은 옳았다. 다만, 그 보물 상자의 열쇠가 중국 손에 들어가게 될 거라는 사실은 맥 홀뿐 아니라 그 누구도 몰랐다. 이런 일이 벌어진 까닭이 무엇일까? 메인의 CEO가 눈치챘던 자원의 가치를 중국이 이해했으며, 그 자원을 차지하기 위해 행동에 돌입한 것도 하나의 이유다. 하지만 그게 전부는 아니다. 미국의 반공 활동과 반이슬람적인 테러 진압 활동이 불신을 초래했고, 미국 금융 기관들이 높은 수익률이 보장될 때만 투자에 나선 탓도 있다. 9·11 테러 사건 이후에는 미국이 아프리카에 관심을 끊고 오직 중동에만 관심을 가진 탓도 크다. 중국이 분열과 정복 대신 통합을 제안하고 정치적인 조건이 없는 것처럼 보이는 차관을 제안한 것도 중요한 원인이었다.

《포린 폴리시》가 2021년 12월에 공개한 2021 중국-아프리카협력포럼 정상 회담에 대한 보도 자료에 중국과 미국의 전략 차이가 잘 요약되어 있다.

> 시진핑은 3년 동안 중국 기업이 아프리카에 100억 달러 이상 투자하고 좀 더 친환경적인 계약을 체결하도록 장려하겠다고 약속했다. …… 미국과 아프리카의 관계에서는 경제적인 측면보다는 주로 안보 문제가 중심이 되었다. …… 미국이 군사 장비와 군인을 제공할 수는 있겠지만, 실제로 사용하는 휴대전화, 눈으로 보는 TV, 운전할 때 지나가는 도로는 모두 중국이 만든 것이다.[14]

다른 곳에서도 그랬지만 아프리카와 관련해 가장 중요한 결론은, 경제 저격수 전략은 아프리카 대륙에도 전 세계에도 도움이 되지 않는다는 것이다. 전략을 실행하는 쪽이 미국이든 중국이든 다를 것은 없다. 아프리카에서 중국의 세력이 점점 커지자, 현지 노동자들, 사회 복지 제도, 환경을 둘러싼 문제가 점점 심각해졌고, 부채, 부실하게 시공된 공사 프로젝트, 부패 또한 나날이 심각해졌다. 게다가 점점 더 많은 자원이 약탈의 대상이 되었다.

그러나 나는 이와 같은 새로운 형태의 식민주의가 내가 경제 저격수로 활약하던 시절에 새로운 차원에 도달했던 바로 그 전략에서 비롯된 결과라는 사실을 잘 알고 있다. 나는 이따금 맥 홀과 제이크 도버의 지시에 따라 세계은행에 제출할 보고서를 쓰던 시절을 떠올린다. 메인에 아프리카 프로젝트를 의뢰하도록 세계은행을 설득하는 것이 목표였다. 첫 번째 임무를 수행하러 떠나기도 전이었다. 문득 궁금해진다. 이 모든 일이 어떤 결과로 이어질지 미리 알았다면, 나는 그 일을 계속했을까? 아니면 메인과 경제 저격수의 세계에서 떠나 버렸을까?

44장
중동

내가 경제 저격수로 활동했던 시절에는 중국식 제3의 경제 저격수 물결이 미국 제국을 궁지에 몰아넣고, 중동이 결정타를 날리게 될 거라고 누구도 예견하지 못했다.

최초의 실크로드가 있었던 시절을 돌이켜 보며 중동이 수 세기 동안 아프리카와 아시아, 유럽을 잇는 중요한 연결고리 역할을 했다고 생각했을 뿐이다. 제2차 세계대전 이후 현대 사회에서 국제 무역과 석유의 중요성이 커지면서, 전 세계에서 패권을 잡는 데 중동이 무엇보다 중요한 역할을 하게 되었다. 미국의 경제 저격수들은 결국 중동이 우리 차지가 될 것이라고 확신했다. 이란 국왕은 소련과 중동 사이에서 계속해서 완충 작용을 하는 충성스러운 친구였다. 석유가 넘쳐나는 쿠웨이트나 사우디아라비아도 중요한 협정을 체결했다. 미국의 동맹국인 이스라엘은 1960년대 말부터 1970년대 초에 미국의 패권을 위협하는 국가들을 상대로 커다란 승리를 거뒀다.

당시 미국의 세계 지배를 위협하는 요인은 공산주의와 소련이었다. 중동 지역은 대개 이 두 가지 모두를 반대했다. 왕과 독재자들은 마르크스주의를 받아들이지 않았고, 무슬림들은 무신론에 반대했다. 소련의 아프가니스탄 침공은 중동 지도자들이 미국과의 협력을 강화하는 계기가 됐다. 미국의 지원을 받는 무자헤딘이 소련군을 물리친 1988년에는 미국의 지위가 영원할 것만 같았다.

과거에 중동 지역을 정복한 나라로는 페르시아, 튀르키예 등이 있고, 중동 내의 한 나라가 다른 나라를 정복한 사례도 있다. 물론 아시아나 유럽, 북아프리카가 중동을 침략한 사례도 있었다. 이런 침략은 크게 두 개의 경제 저격수 전술을 바탕으로 했다. 첫 번째는 군사적인 침략이 있을지도 모른다는 공포였고(혹은 실제로 그런 일이 벌어지기도 했다.) 두 번째는 분열과 정복이었다. 영국의 지략가들이 오늘날의 경제 저격수의 전신이라고 볼 수 있는 T.E. 로런스, 즉 아라비아의 로런스라고 불리는 인물을 기용하면서 이 모든 것이 달라졌다. 로런스가 맡은 임무는 아랍의 반체제 세력을 통합해 잔인하기 짝이 없었던 오스만 제국의 분열과 정복 정책에 대항하는 것이었다.

이러한 변화는 그리 오래 가지 않았다. 제1차 세계대전이 끝난 후, 영국은 다시 옛 전술로 돌아갔다. 로런스의 후예들은 프랑스를 비롯한 국제연맹(League of Nations) 회원국들의 도움을 받아 중동의 지정학을 영구적으로 바꿔 놓을 분열과 정복 접근 방법을 만들어 냈다. 튀르키예 공화국이 건국되었던 1923년, 옛 오스만 제국은 인종이나 문화, 종교, 역사와 상관없이 여러 나라로 쪼개졌다. 영국과 프랑스가 이 지역에 대한 통제권을 유지할 작정으로 의도적으로 갈등과 혼란, 부패를 조장한 것이었다.[1]

나치가 권력을 장악한 독일, 파시즘에 사로잡힌 이탈리아, 제국주의에 빠져든 일본으로 인해 석유가 풍부한 중동에 새롭게 긴장감이 감돌았다. 제2차 세계대전에서 추축국이 패배한 후에 소련은 절실하게 석유가 필요했고, 미국과 나토(NATO)가 수에즈 운하, 파나마 운하 같은 중요한 해로와 이란과 인도를 가로지르는 육로를 모두 장악하고 있는 현실에 불만을 품었다. 이런 분위기는 새로운 전쟁이 발발할지도 모른다는 불안 요인으로 작용했다. 핵전쟁이 벌어질지도 모른다는 공포 덕에 새로운 경제 저격수 전략이 등장했다.

"미래는 동쪽에"

모사데크 이란 총리가 외국 석유 회사를 국유화하겠다고 위협하자 아이젠하워 대통령은 로런스를 상기시키는 접근 방법을 택했다. 6장에서 자세히 설명했듯이, CIA는 커밋 루스벨트를 중동으로 파견해 모사데크를 몰아내고 친미 성향의 국왕을 왕좌에 앉혔다. 군대를 총동원하는 작전 대신 차관과 부족에 초점을 맞출 뿐 아니라 덜 위험하고 돈도 덜 드는 전술을 채택했던 것이다.

유럽연합과 경제협력개발기구(OECD)에서 튀르키예 대표를 역임한 울루치 외케르는 이러한 변화의 중요성을 지적했다. 2013년에 이스탄불에서 울루치를 만난 적이 있다. 우리는 지중해와 흑해를 잇고 아시아와 유럽을 가르는 보스포루스 해협이 시원하게 내려다보이는 식당의 야외 테이블에 앉아 튀르키예 커피를 주문했다.

"공포와 차관은 말입니다."라고 말문을 연 울루치는 진한 커피를 한 모금 들이켠 후 다시 말을 이었다. "이 두 가지는 제국의 가장 강력한 도구입니다." 그는 커피잔을 테이블 위에 내려놓았다. "사람들은 대개 군사력이 제국을 움직이는 원동력이라고 생각합니다. 그러나 전쟁, 그리고 전쟁이 벌어질 수도 있다는 위협이 중요한 것은 공포를 자극하기 때문입니다. 사람들은 먹을 게 없고 가족을 제대로 돌보지 못하는 상황을 두려워합니다. 그래서 더 많은 빚을 냅니다." 울루치의 얼굴에 미소가 떠올랐다. "그러고는 더 많은 걸 사들입니다. 돈을 빚지든 호의를 빚지든 그것들은 결국 족쇄가 됩니다. 경제 저격수 접근 방법이 효과적인 것도 바로 이런 이유 때문입니다. 전쟁보다 더 효과가 뛰어나지요."

내가 사람들이 서로 등을 돌리게 만드는 방법에 대해 언급하자 울루치도 동의한다고 말했다.

"그렇습니다. 분열을 조장해서 정복하는 건 매우 중요한 또 다른 전략입니다." 그는 이란-이라크 전쟁과 수니파와 시아파의 분열, 내전과 부족 갈등이 권력 공백으로 이어져 쉽게 착취당하는 상황이 벌어지는 현실 등을 언급했다. "양쪽 모두 더 많은 빚을 지고, 더 많은 무기를 사고, 자원과 인프라를 파괴한 다음, 재건을 위해 더 많은 돈을 빌립니다. 시리아, 이라크, 이집트, 아프가니스탄 등 중동 전역에서 이런 일이 벌어집니다." 울루치는 잠깐 말을 멈추더니 얼굴을 찡그렸다. "안타깝게도 미국은 이라크와 아프가니스탄을 침공하는 중대한 실수를 저질렀습니다." 울루치는 미국과 소련이 각각 베트남과 아프가니스탄에서 실패하고도 교훈을 얻지 못한 이유가 무엇인지 궁금하다고 했다. 그러더니 다시 미소를 지었다. "당신네 나라가 경제 저격수 접근 방법을 고수하는 편이 나았을 겁니다."

"중국은 어떻게 이런 상황을 비집고 들어올 수 있었던 거죠?"

"아, 중국 말이군요." 울루치는 중국해운(China Shipping)과 코스코(COSCO)의 로고가 적힌 컨테이너들을 싣고 가는 배를 손가락으로 가리켰다.

"바로 저겁니다." 울루치는 중동의 역사적 중요성을 간략하게 설명했다. "중동을 차지하기 위한 전쟁이 벌어지곤 했던 곳이 바로 여기, 이스탄불입니다. 전쟁을 벌이는 표면적인 이유는 종교입니다. 그러나 사실은 경제, 그리고 무역 때문에 전쟁을 하는 겁니다." 울루치가 힐끗 배를 쳐다봤다. "중국은 당시 세계적인 경제 강국이었습니다." 울루치는 내게로 다시 시선을 옮겼다. "지금도 그렇습니다. 게다가 미래는 동쪽에 있습니다."

울루치와 대화를 나누다 보니 1977년에 참석했던 여러 회의가 떠올랐다. 당시 아미르아바스 호베이다 이란 국무총리는 나날이 견고해지는 중국과의 관계를 활용해 이란 국왕에 대한 지지도를 높이려고 했다. 총리는 늘상 위엄 있는 태도로 회의실에 들어섰다. 작은 키에 권투 선수처럼 체격이 좋은 사람이었지만 정중하고 세계적인 추세를 잘 이해하는 매우 총명한 사람이었다. 브뤼셀, 런던, 파리에서 교육을 받고, 경제학을 공부했으며, 위대한 문학 작품을 인용할 줄 알았고, 모국어인 페르시아어는 물론이고 프랑스어, 영어, 이탈리아어, 독일어도 구사할 줄 알았다. 그야말로 이상적인 외교관이었다. 그는 종종 전해에 마오쩌둥이 타계한 사건을 언급하며 세상이 바뀔 징조라고 설명했다. 호베이다는 마오쩌둥의 후계자가 권력을 잡으면 중국이 새롭게 영향력을 발휘하게 되고 결국 이란이 매우 중요한 역할을 하게 될 것이라고 예측했다. 그는 수천 년에 걸친 중동과 중국의 관계에서 실크로드 무역로가 중심적인 역할을 했으며, 이란이 바로 그 중동과 중국을 잇는 '다리' 역할을 해 왔다고 설명했다.

1979년 4월, 이란 국왕이 축출된 후 호베이다가 처형당했다는 소식을 듣고 나는 경악했다. 호베이다는 체포되어 재판을 받다가 내가 파라드의 성화에 못 이겨 테헤란을 빠져나온 지 몇 달 만에 총살당했다. 그가 처형당했다는 소식을 듣고 내 삶이 얼마나 위태로운지 절실하게 느꼈다. 책임감과 함께 내 일을 제대로 해내지 못했다는 생각이 밀려들었다. 국왕이 쫓겨날 거라는 생각을 왜 하지 못했던 걸까? 내가 함께 일하고 커피를 마시거나 식사했던 여러 사람이 호베이다와 같은 운명을 맞이했다. 시간이 상당히 흐른 후에야 나뿐만 아니라 결국 우리 모두가 실패한 셈이라는 사실을 깨달았고, 그제야 죄책감을 조금이나마 덜어 낼 수 있었다. 메인이나 CIA의 직원 중 그 누구도 이런 일이 벌어질 거라는 사실을 짐작하지 못한 이유는 무엇일까? 우리 모두가 안전하다고 믿었던 정부, 우리의 우방이자 동맹이었던 바로 그 정부가 아찔할 정도로 빠르게 몰락했다. 예기치 못한 이란 사태는 경제 저격수 전략에 커다란 그림자를 드리웠다. 뿐만 아니라 이란 사태 이후 내가 하고 있는 경제 저격수 일에 대한 의문이 한층 커졌다. 몇 달 동안 피로 뒤덮인 호베이다가 등장하는 악몽에 시달렸다.

이 훌륭한 외교관의 처형은 이란의 앞날을 예고하는 상징적인 사건이었다.

이란: 중국의 품에 안긴 중요한 나라

호베이다가 처형당한 지 7개월도 채 지나지 않아, 무장한 채 주테헤란 미 대사관을 습격한 이란 학생들에 의해 52명의 미국인이 인질로 잡히는 사건이 벌어졌다. 인질 사건이 벌어진 1979년 11월 4일은 미국과 이란이 돌이킬 수 없는 갈등의 출발점에 선 날이었다. 또한, 이 무렵 중동을 급격하게 바꿔 놓은 두 사건이 벌어졌다. 첫 번째는 이란-이라크 전쟁이었고 두 번째는 덩샤오핑의 외교 정책 변화였다.

이라크는 이란이 페르시아만에서 지배적인 위치를 차지한 것에 오랫동안 불만을 품었다. 이란이 자국에서 벌어진 혁명을 이라크로 확대하고 자신의 시대를 끝내려 한다는 두려움에 사로잡힌 사담 후세인은 이란에 대한 전면적인 침공을 감행했다.

중국에게는 이상적인 분열과 정복 시나리오였다. 덩샤오핑은 양국 모두에 무기를 팔고 양국 모두와 외교적인 관계를 유지하기 위한 전략을 능숙하게 구상했다. 1985년, 하셰미 라프산자니 이란 의회 의장이 중국을 방문한 후(라프산자니는 이후 1989년에 이란 대통령으로 취임했다.) 중국은 평화 중재자로 자리매김할 방법을 찾았다. 중국 정부는 양국 정부의 고위급 대표단을 모두 환영했다. 잇따른 회의는 1988년의 평화 협정으로 이어지면서 중동에서 중국의 신뢰도가 높아졌다. 덩샤오핑은 분열과 정복 전술을 정반대로 뒤집어 중국에 유리한 방식으로 활용했다.

중국은 1990년대부터 2000년대 초까지 양국과의 관계를 계속 발전시켜 나갔다. 2003년에는 미국의 이라크 침공을 공개적으로 반대하고 나섰으며 이라크를 재정적으로 지원했다. 중국의 경제 저격수들은 이란에서 맹활약을 펼쳤다. 미국의 제재에도 불구하고 중국은 이란으로부터 석유를 구매했다. 2010년이 되자 이란산 석유가 중국 총 석유 수입의 약 10퍼센트를 차지하기에 이르렀다. 시진핑은 중국 주석이 된 후 이란을 위한 종합 개발 계획을 제안했다. 2020년에 《뉴욕 타임스》가 관련 내용을 입수할 때까지 이 계획안은 비밀로 유지되었다.

이 개발 계획이 실행되면 은행, 통신, 항만, 철도, 그 외에 수십 개의 다른 프로젝트를 통해 중국의 존재감이 대거 확대될 것이다. 그 대가로 중국은 향후 25년 동안 이란으로부터 안정적으로 석유를 공급받게 될 것이다. 이란의 한 정부 관계자와 석유 업계 관계자는 중국이 대폭 할인된 가격으로 석유를 공급받을 것이라고 설명했다.

이 문서에는 양국이 군사 협력을 강화할 것이라는 내용도 기록되어 있다. 양국의 군사 협력이 강화되면 미국이 수십 년 동안 전략적으로 공들였던 지역에서 중국이 발판을 마련하게 될 가능성이 크다.[2]

이란 정부가 신실크로드 계획에 동참할 뜻을 밝힌 것은 트럼프 취임 전인 2016년이었다. 그러나 트럼프가 핵 협상을 파기하고 좀 더 강경한 제재를 가하겠다고 선언하자 이란은 중국과의 관계를 다지는 데 더욱 열을 올렸다. 중국 기업들은 제재의 영향을 받지 않았다. 양국의 무역은 계속 발전했다.

미 국방부와 월 스트리트가 가장 염려한 것은 호르무즈 해협을 지배하기 위해 중국 정부가 벌인 협상이었다. 세계에서 가장 중요한 국제 수로 중 한 곳인 이 좁은 해협은 액화천연가스와 석유를 실은 대형 선박이 바레인, 이라크, 쿠웨이트, 오만, 카타르, 사우디아라비아, 아랍에미리트, 이란의 항구를 출발해 공해로 빠져나가기 위해 반드시 통과해야 하는 유일한 통로다.

경제 저격수로 일하던 시절 미국의 중동 전략에서 핵심적인 역할을 했던 바로 그 지역에서 벌어지는 상황을 가만히 지켜보았다.

1970년대 초, 이란 정부는 미 국방부 및 국무부와 함께 호르무즈 해협에 있는 반다르아바스 심해항에 대규모 군사 기지를 짓기로 했다. 우리 경제 저격수들과 미국 정부 산하 선전 기관들은 소련이 중동을 침공할 준비를 하고 있다는 공포 전술을 동원했다. 메인을 고용해 어촌 마을을 전략적 요충지로 변모시킬 계획도 세웠다. 전 세계 경제에 영향을 미치는 해상 교통을 관찰하고 관리하는 데 매우 중요한 역할을 하는, 고도로 발전된 기지를 세울 작정이었다. 물론 이 기지를 관리하는 것은 미국의 역할이었다. 이 군사 기지에 많은 돈을 투자하도록 이란 정부와 미국 의회를 설득할 보고서를 작성하기 위해 나는 반다르아바스로 날아갔다.

금세 승인이 떨어졌고 기지 건설이 본격적으로 진행됐다. 그러나 곧 상황이 변했다. 그로부터 5년이 채 지나기도 전에 국왕이 축출되었고 이란은 우리가 지은 시설을 미국에 맞서는 데 사용했다.

테러와의 전쟁

미국의 전략은 이란뿐 아니라 중동 곳곳에서 실패로 돌아가고 있었다. 미국인들은 군사적인 개입을 '테러와의 전쟁'의 일환이라고 정당화할지 모르지만, 대다수의 중동 사람들은 테러와의 전쟁이 자신들의 삶에 대한 직접적인 위협이자 주권이 있는 각 나라에 대한 적대적인 행위라고 여긴다. 아래는 《뉴욕 타임스》에서 발췌한 기사다.

> 드론이나 유인 비행기를 이용한 공습은 이라크, 아프가니스탄, 시리아 등 최근에 분쟁이 발생한 지역에서 미국이 사용하는 중요한 군사 전술이다. 미국 관계자들은 이런 전술이 얼마나 효과적인지 자랑스레 떠들어 대곤 한다. ……
>
> 하지만 그들이 공습의 이점을 과장하고, 민간인 사상자들이 겪어야 할 공포를 비롯한 단점을 상당히 축소해 왔다는 점이 명백해졌다. ……

《뉴욕 타임스》는 "공습에 대한 미국식 접근 방법에는 너무도 문제가 많아서 오히려 다른 사람들이 치명적인 비용을 치르게 된다. 뿐만 아니라, 미국의 안보에 도움이 되기보다 오히려 방해가 된다."3고 결론지었다.

워싱턴 아랍센터는 카타르에 있는 아랍조사정책연구원과 함께 여론 조사를 시행했다. 두 연구소는 2017년 9월 중순부터 10월 중순까지 이집트, 요르단, 쿠웨이트, 레바논, 모로코, 팔레스타인, 사우디아라비아, 튀니지 사람들을 무작위로 뽑아 여론 조사를 진행했다. 조사 결과, "다른 여론 조사에서도 그랬듯 미국의 외교 정책을 부정적으로 받아들이는 사람이 많았다. 전체적으로, 설문에 응한 아랍인 61퍼센트는 미국이 아랍에서 시행하는 정책에 대해 '부정적'이거나 '다소 부정적인' 태도를 보였다."4

중국의 경제 저격수들이 현지 민병대를 지원하는 경우는 많았지만 중국은 군사 작전에 연루되지 않도록 주의를 기울였다. 중국은 이란, 이라크, 레바논, 시리아의 지원을 받으며 반미 성향을 가진 시아파 조직들과의 관계를 발전시켰다. 헤즈볼라, 아사이브 아흘 알하크 등이 여기에 해당한다. 마찬가지로, 수니파 정권들과의 관계도 강화했다. 《포린 폴리시》의 보도 내용을 살펴보자.

놀랍게도 시아파 단체를 지원하는 중국의 정책은 중동 지역의 주요 수니파 국가에서 반중 감정을 조장하지 않았다. 사우디아라비아는 모든 학교와 대학에서 중국어를 제3의 언어로 가르치는 프로그램을 도입했다. 사우디아라비아, 아랍에미리트, 쿠웨이트는 모두 미국의 압력에도 불구하고 중국 기업 화웨이에 5G 통신 인프라 구축 사업을 맡겼다.

……

미국이 떠난 중동에서 가장 큰 이익을 얻은 나라가 바로 중국이다. 중국은 이미 중동의 석유를 가장 많이 구입하는 국가다. 2021년 현재, 중국은 중동 외의 지역에 위치한 강대국 중에서 중동의 모든 주요 국가와 정치 및 외교의 측면에서 탄탄한 관계를 맺고 있는 유일한 국가가 되었다.[5]

이라크: 중국이 전쟁에서 승자가 되다

미국은 2003년에 대대적인 바그다드 공습을 감행했다. 제2차 걸프 전쟁을 촉발한 당시의 공격은 "충격과 공포"라고 불렸다. 9·11테러에 대한 미국의 복수 의지를 전달하고 누구든 미국을 위협하면 미 국방부가 압도적인 군사력을 동원해 보복할 것임을 알려 주기 위해 만들어 낸 표현이었다. 돌이켜 보면, 이런 표현은 실패로 돌아간 전쟁의 실체를 좀 더 잘 묘사한다고 볼 수 있다. 당시의 폭격은 중동과 서아시아를 장악하고 있었던 미국의 시대가 끝나가고 있음을 알리는 서막이었다. 미국은 막대한 돈과 인력을 쏟아부었다. 그러나 정작 미국이 모든 전쟁을 끝내고 철수를 결정했던 2021년, 승리는 중국에 돌아갔다.

중국은 2003년에 미국의 이라크 침공을 공개적으로 반대했으며, 전쟁이 시작되자 중국의 경제 저격수들은 재정을 지원했다. 중국은 이라크 석유를 사들이고 국제 제재를 외면한 채 군수품 판매 협상을 진행했다. 2008년, 중국석유천연가스공사(China National Petroleum Company, CNPC)는 이라크와 석유 생산 계약을 체결했다. 전쟁이 시작된 이후 외국 기업이 이라크와 석유 생산 계약을 체결한 최초의 사례였다. 2013년이 되자, 중국은 이라크에 군수품을 판매하고 이라크에서 생산되는 원유 중 절반가량을 사들이기에 이르렀다.[6] 중국 정부는 차관 전술을 완전히 뒤집어 이라크가 빌린 85억 달러에서 80퍼센트를 탕감해 주었다. 중국 외교부 대변인 마자오쉬는 "중국과 이라크는 이라크가 중국 기업에 진 부채를 상당히 탕감해 주는 협정을 체결했다."고 자랑했다.[7] 중국의 경제 저격수들은 부채를 붙들고 있는 것보다 탕감해 주는 것이 더욱 중요하다는 사실을 깨달았다. 뿐만 아니라, 중국에게는 자국 기업들에게 이라크 경제 재건을 맡기는 데 필요한 자본이 충분히 있었다. 물론 이라크의 자원을 사용할 수 있는 권리는 여전히 중국에게 있었다.

중국의 전술은 여기에서 끝이 아니었다. 중국 기업들은 신실크로드를 위한 운송 시스템 및 통신 시스템뿐 아니라 교육, 의료, 사회 복지에 주력했다.[8] 중국의 경제 저격수 전략은 이라크가 나라를 재건하고 세계 무역 시장에 진출하는 데 도움이 됐다.

중국은 중동에서 돈독한 관계를 맺었지만 미국은 우방을 잃었다. 미국이 이란혁명수비대 최정예부대 사령관이자 이라크 민병대를 이끌었던 가셈 솔레이마니를 암살한 지 2주년째였던 2022년, 수천 명의 이라크인이 미국에 항의하는 시위를 벌였다. 미국 정부는 솔레이마니 암살을 테러와의 전쟁에서 얻은 값진 승리라고 떠벌렸지만, 이라크인들은 주권 국가에 대한 범죄라고 비난했다.★ 상당수의 중동인은 이 사건을 미국을 신뢰하지 말고 중국과 손을 잡아야 하는 또 하나의 이유로 여겼다.[9]

중국의 경제 저격수들은 네 개의 전술을 변화하는 세상에 맞게 수정하는 데 날이 갈수록 능숙해졌다. 이라크가 훌륭한 모델이 되었다. 중

★ 2020년 1월, 미국은 이라크 바그다드 공항에 무인기로 폭탄을 떨어뜨려 솔레이마니를 폭살했다.

국의 경제 저격수들은 중동 전역에서 미국의 제국주의에 대한 공포를 자극했다. 부족할지도 모른다는 불안감을 이용해 석유 협정을 이끌어 냈고, 이런 협정은 인프라 개발에 필요한 자금을 마련하는 통로가 되었다. 먼저 석유를 담보로 차관을 빌려준 다음 탕감해 주는 방식이었다. 분열과 정복 전술을 활용할 때는 이라크 전쟁을 들먹여 아랍 국가와 미국의 사이를 갈라놓는 한편, 중동 국가들이 신실크로드를 중심으로 힘을 모으도록 격려했다. 중국의 경제 저격수들이 사용하는 전술 중 특히 중요한 것으로 원톄진 박사가 설명하는 방법을 꼽을 수 있다. 그의 설명에 의하면, 중국은 자국이 원하는 것을 채무국에게 주기보다 채무국이 원하는 것을 주는 방식을 택했다. 아래는 《포린 폴리시》 중동 분석가들의 설명이다.

> 2022년 1월 중순, 중국 정부는 이라크에서 발생한 잇따른 분쟁으로 파괴된 수천 개의 학교, 의료 시설, 주택을 재건하겠다는 발표로 소프트 파워★를 과시했다. 이라크 관계자들의 설명에 따르면, 이라크는 "교육 부문의 격차를 메우기 위해" 총 8,000개의 학교가 필요하다. 중국은 수백만 명의 이라크 아동에게 교육의 기회를 제공하기 위해 7,000개의 학교를 건설하기로 했다. 뿐만 아니라 중국은 이라크의 가장 강력한 정치 지도자이자 성직자인 무크타다 알 사드르의 요새인 사드르시티에 약 9만 호의 주택을 건설하고, 바그다드의 하수처리 시설을 개선하고, 나시리야에 공항을 건설하고, 이라크 전역에 1,000개의 의료 시설을 건설할 계획이다. 이라크의 석유를 얻는 대가로 이 모든 일을 진행하는 것이다.[10]

★ 군사력이나 경제력 같은 물리적 강제(하드 파워) 대신 문화, 가치, 정책의 매력을 통해 다른 국가들이 자발적으로 따르도록 만드는 힘

중국의 경제 저격수 전략은 기대한 성과로 이어졌다. 2019년, 이라크는 37개국과 함께 위구르족을 비롯한 무슬림 소수 민족에 대한 중국의 처우를 옹호하는 공동 서한을 유엔인권위원회에 보냈다. 2020년, 이라크는 중국 정부에 홍콩의 언론을 통제하고 시민을 감시할 수 있는 권한을 부여하는 국가보안법을 지지한다고 발표한 53개국 중 하나가 됐다. 이라크와 함께 무슬림 인구가 압도적으로 많은 중동의 여러 나라가 이러한 협정에 서명했다. 이 태도가 중국 정부를 만족시킬 수도 있다. 그러나 이를 통해 채무국의 정부 정책에 간섭하지 않겠다는 중국의 주장이 얼마나 위선적인지 확인할 수 있다.

객관적으로 상황을 바라보면 충격과 공포를 느낄 수밖에 없다. 미국의 침공은 인명 피해, 고통, 환경 파괴, 정부 기관 및 문화 제도 붕괴 등의 측면에서 상상하기 힘들 정도의 피해를 줬다. 강경 정책은 극소수의 미국인들에게는 커다란 도움이 됐다. 미국의 몇몇 군수 사업가들은 강경한 정책을 지지해 많은 돈을 벌었고, 미국 정치인들 역시 선거에서 승리했다. 그러나 미국 납세자들은 가늠할 수 없는 큰 대가를 치러야 하고, 세계를 끌어 나가는 선도 국가라는 미국의 지위 역시 위태롭기 짝이 없다. 객관적으로 상황을 바라보면, 경쟁자가 지쳐서 나가떨어질 때까지 에너지를 아껴 두는 팀이 결국 승리한다는 결론을 내릴지도 모르겠다. 그 승자가 바로 중국이다.

미국이 중국에 안겨 준 선물

미국의 중동 전략은 부패했고, 비효율적이었으며, 사실상 붕괴했다. 거기에다 2010년대 초에 벌어진 '아랍의 봄' 같은 민주주의 운동은 실패로 끝났다. 이런 현실은 미국의 정책에 큰 타격을 준 반면 중국에게는 기회가 되었다. 아래는 중동연구소가 2020년에 발표한 보고서에서 발췌한 내용이다.

> 21세기에 접어들어 중동·북아프리카(Middle East and North Africa, MENA) 국가와 중국 간의 관계가 대거 달라졌다는 데는 의심의 여지가 없다. 중국 경제는 최근 가파르게 성장하고 있다. 이 같은 추세로 미루어 볼 때 중국은 경제 발전에 필요한 천연자원 확보를 위해 공격적인 접근 방법을 택할 수밖에 없다. 중국은 과거에 아시아와 아프리카에는 눈을 돌리면서도 MENA 지역에는 대체로 관심을 두지 않았다. 그러나 2011년 아랍의 봄 사태 이후로 중국은 MENA 지역의 핵심 국가들에 보다 적극적으로 다가갔다. ……
>
> 미국이 이 지역에서 손을 떼고 있는 상황과 맞물려, 상당수의 MENA 국가들은 중국과 중국 정부가 제공하는 금융 지원 모델을 두 팔 벌려 환영했다.[11]

미국의 투자와 무역이 줄어들자 공백이 생겼다. 눈치 빠르게 그 공백을 메운 것이 중국의 경제 저격수였다. 현재 중국은 MENA의 최대 투자국으로, 2019년에는 중국의 투자 규모가 1770억 달러를 넘어섰다.[12] (미국의 투자는 약 900억 달러에 그쳤다.)[13] 미국이 약 80억 달러를 군사 작전에 쏟아부었다는 사실을 떠올리면 그 차이가 특히 극명하다. 아프리카나 아시아, 중남미 같은 곳에 이 돈을 투자하거나 심지어 미국 내 각종 프로그램에 지출할 수도 있었다고 생각하면 그 차이가 더욱 두드러진다.

중국은 MENA 지역 최대 무역 파트너가 되었다. 제2차 세계대전 이후 미국이 줄곧 차지했던 자리였다. 2018년, 중국과 MENA의 무역 규모가 미국과 MENA의 무역 규모보다 약 1330억 달러 더 많았다. 2021년이 되자, MENA에 속한 19개국 중 17개국이 신실크로드 참여를 약속했다.[14]

미국의 오랜 동맹국이었던 이스라엘 역시 동쪽으로 눈을 돌렸다. 중국토목건설공사(CCECC)는 이스라엘의 터널과 텔아비브 경전철 공사에 참여했다. 중국 기업들은 현재 이스라엘의 항구 세 곳을 관리하고 있다. 2020년, 중국은 미국을 제치고 이스라엘에 수입품을 가장 많이 판매하는 나라가 되었다.

중국의 활동에도 문제가 있다. 외교관계협의회(Council on Foreign Relations)는 중국의 MENA 지역 내 투자 현황을 다음과 같이 분석했다.

> 인프라 개선을 위해 거액의 차관을 빌린 나라에는 일대일로(신실크로드)를 명목으로 빌린 차관이 독이 든 성배가 될 수도 있다. …… 일대일로와 관련된 일부 투자 자금에는 불투명한 입찰 과정이 포함되었으며 중국 기업을 고용할 것을 요구하는 경우도 있었다. 그 결과, 도급 업체들이 비용을 부풀려 프로젝트가 취소되었고, 정치적인 반발이 일어나기도 했다.[15]

미국과 중국이라는 두 초강대국의 경쟁을 적당한 길이로 설명하려다 보니 가장 핵심적인 내용을 간추릴 수밖에 없었다는 사실을 다시 한번 강조하고 싶다. 전형적인 특징을 갖고 있거나 특히 중요한 몇몇 나라에 집중해서 글을 썼다. 미국과 중국의 경제 저격수 전략에 대해 잘 아는 사람들과 많은 대화를 나누고 오랫동안 연구를 진행하며 놀라운 사실들을 알게 되었다. 미국의 경제 저격수 전략이 중국에게 그토록 큰 선물이 될 줄은 몰랐다. 미국이 그토록 많은 노력과 돈을 쏟아부은 중동에서 이런 현상이 특히 두드러졌다. 또한 경제 저격수 전략이 기후 온난화를 비롯해 죽음의 경제의 특징이라고 볼 수 있는 다른 위기들을 초래할 것이라고는 상상도 하지 못했다.

죄책감은 영원히 사라지지 않을 것 같다. 경제 저격수 일을 관둔 후 수십 년 동안 내가 중동에서 저질렀던 일에 대해 속죄하려고 애썼다. 그러나, 내가 했던 행동들이 그 후 중동을 줄곧 괴롭혔던 혼란을 더욱 가중시켰다는 사실을 지울 수가 없었다. 나는 제2차 세계대전 이후에 발생한 제1차 경제 저격수 물결의 일원이었고, 그 물결은 제2차와 제3차 물결의 발판이 되었다.

45장

유럽

　바츨라프 하벨 체코 전 대통령의 고문을 지냈으며, 체코의 경제학자이자 TV에 등장하는 유명 인사이기도 한 토마스 세들라체크는 내게 이렇게 말했다. "유럽은 미국이라는 독수리의 발톱과 중국이라는 용의 발톱 사이에 끼어 있습니다." 2018년과 2019년, 체코 오스트라바에서 열리는 '컬러즈 오브 오스트라바' 음악 축제에서 관중들 앞에서 세들라체크와 대화를 나눴다. 세들라체크의 말은 내가 유럽을 여행하는 동안 자주 들어 왔던 우려를 정확히 짚어 낸다. 유럽 전역은 경쟁 관계에 놓여 있는 두 강대국의 존재론적인 충돌로 분열되어 있었다. 다시 말해서, 유럽은 제2차 세계대전 이후 가장 강력한 동맹국이었던 미국과 현재 가장 중요한 무역 파트너인 중국 사이에서 분열되어 있었다.
　미국과 중국이 유럽에 적용하는 경제 저격수 전략에는 기본적인 차이점이 있다. 앞서 설명한 다른 지역에서와는 달리 미국의 경제 저격수들은 유럽에서는 대개 과도한 차관을 제공하거나 부족할지도 모른다는 불안을 자극하지 않았다. 대신, 공포를 활용했다. 처음에는 소련을 들먹였고, 다음은 러시아, 그리고 지금은 무슬림 테러리스트들을 공포의 원인으로 지목한다. 이들은 크림반도, 우크라이나, 그 외의 옛 소련 국가에서 입지를 되찾으려는 소련 정부의 시도를 언급하며 분열과 정복 전술도 활용한다. 반면에 중국의 경제 저격수들은 신실크로드를 통한 세계적인 번영과 평화, 날이 갈수록 두드러지는 중국의 경제 성과에 집중한다.

2010년대는 중요한 전환점이 되었다. 2009년부터 2010년 사이에 유럽연합의 중국 수출은 38퍼센트 증가했으며 중국의 유럽연합 수출은 31퍼센트 늘어났다.[1] 이는 시작에 불과했다. 유럽은 전략적 중요도가 높은 화학 물질, 금속, 광물, 전자제품, 의약품, 각종 보급품을 확보하기 위해 중국에 대거 의존하게 되었다. 중국 경제 저격수들의 유럽 의존도 또한 높아졌다. 일부 유럽연합 회원국들은 해외 투자 규모가 크고 일자리 창출 역량이 뛰어난 데다, 중국 기업들에게 매우 중요한 시장의 역할을 해 주며 기술적인 전문 지식도 제공한다. 2020년이 되자 중국은 미국을 제치고 유럽연합의 최대 무역 파트너로 발돋움했다.[2]

중국은 제3의 경제 저격수 물결을 타고 유럽에 수많은 투자 제안을 쏟아부었다. 2020년, 유럽연합과 중국은 포괄적투자협정(Comprehensive Agreement on Investment, CAI)에 합의했다. 이 협정은 투자자들에게 공정한 경쟁의 장을 제공하고, 금융 거래의 투명성을 보장하고, 외국인 직접 투자와 무역을 증진시키는 훌륭한 국제 협정이라는 평가를 받았다.

그러나 유럽 지도자들이 중국 정부의 위구르족 박해, 홍콩과 남중국해에서의 공격적인 행보, 대만을 향한 위협에 반대하면서 문제가 불거졌다. 2021년 3월, 유럽연합은 결국 중국에 대한 제재를 승인했다. 중국 역시 유럽연합 의회, 학계, 정부 관료 등을 상대로 보복성 제재를 가했다. 유럽의회는 포괄적투자협정 비준을 동결했다.

유럽은 미국을 향해서도 환멸을 느꼈다. 브뤼노 르메르 프랑스 재무장관은 2021년에 이를 다음과 같이 요약했다. "미국은 중국과 정면으로 부딪치려고 합니다. 유럽연합은 중국과 협력하려고 하죠."[3]

중국의 경제 저격수 전략에서 발칸 국가들은 특히 중요하다. 튀르키예 바로 북쪽에 있는 발칸반도는 알바니아, 보스니아헤르체고비나, 불가리아, 크로아티아, 그리스, 코소보, 몬테네그로, 북마케도니아, 루마니아, 세르비아, 슬로베니아로 이뤄져 있다. 발칸반도는 유럽과 중동, 아시아를 연결하는 요지이자, 신실크로드 개발에도 매우 중요한 역할을 하는 지역이다. 그중 발칸반도를 가로지르며 거대한 장벽, 또는 관문 역할을 하는 세 개의 구소련 국가는 중국에게 특히 중요하다.

세르비아: 오염을 수입하는 나라

세르비아는 2008년 금융 위기, 2015년에 시작된 이민자 위기, 브렉시트로 인한 혼란 등 잇따라 어려움을 겪었다. 유럽연합은 당시 별다른 도움을 제공하지 않아 세르비아를 버린 것처럼 비춰졌다. 유럽부흥개발은행은 현대화된 전력망을 구축할 자금을 지원해 달라는 세르비아의 요청을 거절했다. 알렉산다르 부치치 세르비아 대통령은 "유럽의 연대 같은 건 존재하지 않는다."라는 선언으로 많은 사람의 생각을 표현했다. 세르비아는 특정한 국가와 동맹을 맺을 생각이 없고 러시아를 자극할 생각도 없다는 말과 함께 부치치는 나토 가입 또한 거부했다.

반면 중국의 경제 저격수들은 나토 국가들과는 반대로 인프라를 개선할 수 있도록 돕고 수익성이 없는 산업 시설을 매입하겠다고 제안했다. 시진핑 주석은 2016년에 세르비아를 방문해 신실크로드 참여를 제안했다. 트럼프 대통령은 다소 허술한 '따라잡기' 전략을 구상해, 정치·경제적 분쟁에 휘말려 있던 세르비아와 코소보의 대통령을 미국으로 초청해 백악관에서 함께 사진을 찍었다. 트럼프는 합의를 중재했다고 떠벌렸다. 그러나 로이터통신의 보도는 달랐다.

> 알렉산다르 부치치 세르비아 대통령은 기자들에게 2008년에 세르비아에서 분리되어 독립을 선언한 코소보와 세르비아 사이에는 차이점이 많다고 말했다. …… 이후 부치치는 세르비아 언론에 세르비아는 미국과 협정을 체결했을 뿐 코소보와 협정을 맺지는 않았다고 말했다. ……
> 정치 분석가들은 전혀 특별한 것이 없는 어렴풋한 협정일 뿐이라고 평가했다. ……

로이터에 따르면, 트럼프의 진짜 동기는 "세르비아는 대사관을 예루살렘으로 옮기기로 약속했고, 코소보와 이스라엘이 관계를 정상화하고 외교 관계를 맺기로 합의했다."라는 대목에서 드러난다.⁴ 세르비아인들은 미국이 지역 분쟁을 해결하거나 경제 발전을 돕기보다는 세르비아의 정치를 좌지우지하고 이스라엘을 만족시키고 싶어 하는 것으로 느꼈다.

중국은 또다시 재빠르게 움직였다. 중국의 경제 저격수들은 다양한 협정을 체결했고 중국 정부와 기업들은 2010년부터 2019년 사이에 세르비아에 19억 달러를 투자했다. 중국은 특히 제철소, 광산, 석탄 화력 발전소에 집중적으로 투자했다. 뿐만 아니라, 중국 기업을 고용해 인프라 프로젝트를 진행하도록 세르비아에 70억 달러 이상의 차관을 빌려주었다. 중국의 엄청난 투자 규모도 놀랍지만, 세르비아는 미국보다 중국에서 훨씬 많은 것을 수입한다.

세르비아 TV 프로그램에 출연한 부치치 대통령은 중국이 세르비아를 돕는 이유를 묻자 현실적인 답을 내놓았다. "중국이 일부 제철소를 폐쇄해야 하기 때문입니다. 아마도 깨끗한 공기 때문이겠죠."

부치치의 발언을 통해 중국이 사용하는 경제 저격수 전략의 중요한 측면이 드러났다. 중국은 놀라운 경제 성과를 얻는 과정에서 산업화로 인한 심각한 오염을 견뎌야만 했다. 중국의 주요 도시들은 수십 년 동안 독성 가득한 스모그로 뒤덮였다. 이제 중국은 산업화를 넘어서 하이테크 세계로 접어들고 있는 만큼 이런 상황을 끝내고 싶어 한다. 이는 미국이 수십 년 동안 오염을 수출했던 방식과 비슷하다. 미국은 아마존에서 광물을 캐내고, 나무를 베어 내고, 석유를 시추하고, 또 다른 취약한 지역을 파괴하면서 미국에서 요구되는 환경 보호 조치를 하지 않았다. 이런 정책들은 경제적인 이익을 발생시키기 때문에 세르비아 같은 국가에 단기적으로는 매력적인 제안이 될 수 있다. 그러나 결국 돌이킬 수 없는 문제가 발생한다. 세르비아 외교부에서 근무한 경력이 있고 현재 런던정치경제대학에서 연구를 진행 중인 부크 부크사노비치는 《포린 폴리시》에 아래와 같은 글을 기고했다.

세르비아 국민이 이제 그 결과를 체감하고 있다. 제철소가 위치한 스메레데보와 인근 마을 라디낙의 주민들은 중국 허강그룹 소유의 제철소 때문에 공기와 토양이 오염되고 있다고 항의한다. 스메데레보에 붉은 먼지가 쏟아지는 것은 흔한 일이 되어 버렸다. 2020년 9월, 세르비아 동부에 있는 보르는 구리를 채굴해 오염을 초래했다는 이유로 쯔진 광업을 형사 고발했다. ……

　오염으로 인한 사망률을 따져 보면, 세르비아는 유럽에서 1위, 세계에서 9위를 차지한다. 유럽의회는 환경 문제를 비롯한 다양한 이유로 중국이 세르비아에서 진행하는 프로젝트에 대한 우려를 표명했으며, 이는 세르비아의 유럽연합 가입에 또 다른 걸림돌이 되고 있다.[5]

중국의 투자에는 많은 문제가 있지만 중국의 경제 저격수들은 여전히 세르비아에서 활개를 치고 있다. 반면 미국의 경제 저격수는 아예 활동조차 하지 않고 있는 듯하다.

몬테네그로: 부패의 상징

몬테네그로는 세르비아와 달리 나토 회원국이다. 2017년에 나토에 가입하며 서방에 충성을 맹세하고 옛 주인이었던 러시아를 격분하게 만든 탓에 몬테네그로는 취약한 상황에 놓였다. 몬테네그로는 중국에 막대한 빚을 지고 있었고, 중국은 러시아와 긴밀한 동맹 관계를 맺고 있었다. 필리프 부야노비치 몬테네그로 대통령은 이 시점이 중국이 주장하는 '정치 불간섭' 정책을 시험할 절호의 기회라고 생각했다.

　중국은 그 시험을 통과한 것처럼 보였다. "도로가 필요하신가요? 그렇다면, 도로를 만들 수 있도록 도와드리겠습니다."라는 원톄진 교수의 단언처럼 중국의 경제 저격수들은 2013년에 필리프 부야노비치 대통령과 밀로 주카노비치 총리(이후 대통령이 되었다.)에게 몬테네그로 국민은 무엇을 원하는지 물었다. 두 사람은 도로를 원한다고 답했다. 중국은 도로 건설에 돌입했다. 그리고 중국이 공사한 이 도로는 한 나라를 이끌어 가는 지도자들의 뜻을 무조건적으로 따를 때 어떤 문제가 나타나는지 알려 주는 상징적인 존재가 되었다.

 중국의 경제 저격수들은 아드리아해의 바르 항구에서 몬테네그로를 지나 세르비아까지 이어지는 161킬로미터 길이의 고속도로 중 41킬로미터를 건설하기로 했다. 이 도로는 신실크로드를 완성하는 중요한 연결고리로 여겨졌다. 60만에 달하는 몬테네그로 국민의 손에 발칸 지역의 교통 허브를 쥐여주고, 유럽에서 가장 가난한 나라 중 하나로 꼽히는 몬테네그로에 부를 안겨 줄 도로였다. 적어도 중국 경제 저격수들의 말은 그랬다. 그러나 실상은 달랐다. 2021년, 《뉴욕 타임스》는 아래와 같은 기사를 내놓았다.

> 세계에서 가장 비싼 도로 중 하나가 몬테네그로의 산을 가로질러, 깊은 협곡 위로 우뚝 솟아오른 다리를 지나, 목적지에 도달한다. 그 끝에는 수십 채의 집이 있는 작은 마을을 에워싼 흙밭이 있다. 대부분의 집에 사람이 살지 않아 인구가 15명에 불과한 그 마을은 바로 '마테세보'다. ……
> 2014년에 중국과 도로 건설 및 차관 도입 계약에 서명한 정부로부터 지난해 말에 정권을 이양받은 몬테네그로의 신임 총리 즈드라브코 크리보카피치는 이 고속도로를 "아무 데도 아닌 곳에서 출발해 아무 데도 아닌 곳에 도착하며" 몬테네그로의 재정을 심각하게 망가뜨린 "과대망상적 프로젝트"라고 지적했다.[6]

 몬테네그로는 미국의 경제 저격수 전략과 중국의 경제 저격수 전략이 어떤 차이가 있는지(미국은 채무국에 차관을 빌려주면서 조건을 내걸고 중국은 채무국이 원하는 것을 따른다.), 그 결과가 어떻게 다르게 나타나는지 잘 보여 주는 훌륭한 사례다. 나라를 이끄는 지도자들에게 차관의 사용 방식을 결정할 수 있는 권한이 주어지면, 그들은 곧장 자신의 주머니를 채우는 데 도움이 되는 프로젝트를 제안할 가능성이 크다. 만약 채권국이 시키는 대로 인프라 프로젝트를 진행해야 하는 상황이더라도, 반대의 경우와 마찬가지로 대부분의 비즈니스를 소유한 바로 그 부유한 가문들이 이익을 얻게 된다. 그러나 이 경우에는 부패로 여겨지지 않는다. 진행 속도가 훨씬 느린 데다 경제 성장의 결과처럼 보이기 때문이다. 미국의 경제 저격수 전략과 달리 중국의 경제 저격수 전략에는 뇌물과 단기적인 리베이트가 오갈 가능성이 가득 담긴 판도라의 상자가 함께 뒤따른다. 프랑스 잡지 《르몽드 디플로마티크》는 몬테네그로의 41킬로미터 길이 도로를 둘러싼 상황을 아래와 같이 간단하게 짚고 넘어갔다.

> 중국수출입은행은 중국도로교량집단(CRBC)이 맡고 있는 첫 41킬로미터 구간을 건설하는 데 들어가는 비용을 충당하기 위해 8억 900만 유로의 차관을 제공했다. 전체 프로젝트 비용은 몬테네그로 국내총생산의 약 절반인 25억 유로에 달한다. 환경단체 오존(Ozon) 임원 알렉산다르 페로비치는 생태 파괴와 부패는 동시에 진행된다고 설명한다. ······
>
> 독립 주간지 《모니터》의 공동 창립자이자 몬테네그로탐사보도센터(Centre for Investigative Journalism of Montenegro) 회장인 밀카 타디치 미요비치는 이렇게 이야기한다. "최상부에 있는 사람들이 부패의 결과로 생겨난 돈을 대부분 가져갑니다. ······ 주카노비치 가문은 몬테네그로에서 가장 부유한 사람들이 되었습니다."[7]

주카노비치는 2006년에 몬테네그로가 유고슬라비아로부터 독립할 수 있도록 이끈 인물이라는 명성을 얻었다. 주카노비치는 숙련된 경제 저격수의 솜씨를 활용해 경쟁 상대들을 분열시킨 다음 차례로 정복했다. 먼저 유고슬라비아와 세르비아의 대통령을 역임하며 반인륜적인 범죄를 저지른 혐의로 기소된 악명 높은 슬로보단 밀로셰비치와 협력했다. 그 후에는 러시아 정부와 가까운 러시아 부유층 투자자들에게 접근했고, 다음 차례는 미국이었다. 미국은 몬테네그로의 나토 가입을 위해 주카노비치가 과거에 저지른 죄를 용서했다. 그랬던 주카노비치는 이제 자신은 원하고 있지만 《뉴욕 타임스》에 따르면 "미국이나 유럽 은행 모두 현명한 판단을 내리지 못했던" 프로젝트에 자금을 제공하겠다고 제안하는 중국에 관심을 돌리고 있다. 주카노비치는 분열과 정복 외에 나머지 세 가지 전술도 활용했다. 때에 따라 미국과 유럽의 여러 강대국, 러시아에 대한 두려움을 불러일으켰다. 뿐만 아니라 주카노비치는 몬테네그로 국민들에게 차관이 그들을 부족함에서 구해줄 것이라는 확신을 심어 놓았다.

루마니아: 중국의 실패한 경제 저격수 전략

알렉산드라 포스텔니쿠는 루마니아에서 파차마마 얼라이언스 지부를 설립한 인물이다. 2014년, 알렉산드라는 키먼과 내게 함께 루마니아를 돌아볼 것을 제안했다. 나는 대학과 환경단체 같은 다양한 곳을 방문해 죽음의 경제를 생명의 경제로 전환하는 방법에 대해 강연하고 워크숍을 진행했으며, 정부 관계자 및 학자들을 만나기도 했다.

어느 날 알렉산드라는 우리를 태우고 로시아 몬타나로 향했다. 유럽에서 가장 큰 규모의 노천 금 채굴에 반대하는 주민들이 거주하는 목가적인 산악 지역이었다. 나는 루마니아의 환경 운동가들과 함께 곧 파괴될 예정인 네 개의 산봉우리 중 한 곳에 올랐다. 예전에 인근의 산을 완전히 파괴해 금광을 만드는 바람에 생겨난 거대한 상흔을 바라보며 공포를 느꼈다. 그 금광은 다시 운영될 계획이라고 했다. 이 프로젝트가 계속 진행되면 로시아 몬타나 지역 전체가 자연경관을 끔찍하게 훼손해 놓은 이 금광과 같은 꼴이 될 거라는 말도 했다.

근처에는 거대하고 어두컴컴한 호수가 있었다. 누군가 말했다. "저건 시안화물 저수지입니다. 채굴이 진행되면 저수지는 지금보다 몇 배로 커질 겁니다." 루마니아의 다른 금광에서 댐이 붕괴돼 시안화물이 다뉴브강으로 유출되었던 유럽 최악의 환경 재앙 사건이 떠올랐다. 에콰도르 내 아마존강 유역에 중국이 광산을 지었다는 사실을 알게 된 후 로시아 몬타나의 이미지가 머리를 떠나지 않았다. 내가 지구 전체에 죽음의 경제를 퍼뜨린 시스템을 직접 만들어 낸 사람 중 하나라는 사실을 인정할 수밖에 없었다.

로시아 몬타나가 '미국의 작품'이라는 이야기를 들었을 때 특히 괴로움이 극에 달했다. 번역된 보고서를 통해 콜로라도에 본사를 둔 핀콕앨런앤드홀트(Pincock Allen & Holt)라는 회사가 2000년에 2000만 달러를 받고 사전 타당성 조사를 시행했다는 사실을 알게 되었다. 물론 핀콕앨런앤드홀트는 금광이 루마니아 국민에게 큰 이익을 안겨 준다는 사실을 '증명'해 보였다. 이 보고서가 내가 경제 저격수로 일할 당시 썼던 기만적인 보고서를 꼭 닮았다는 사실을 깨닫고 죄책감에 시달렸다. 그 보고서가 몇 안 되는 루마니아의 부유한 가문에는 도움이 될지 모르지만 대다수 국민은 고통을 겪을 수밖에 없을 터였다. 로시아 몬타나 금광회사의 지분 중 80퍼센트가 캐나다 기업 가브리엘리소스

(Gabriel Resources) 소유고 나머지 20퍼센트는 루마니아 정부 소유라는 사실이 밝혀지자, 사람들은 로시아 몬타나가 '미국의 작품'이라는 사실을 뼈저리게 실감하게 되었다. 미국과 캐나다의 토목 광산 기업들이 저소득 국가에서 금, 은, 구리 같은 각종 광물을 확보하기 위해 협력하는 경우가 많아서 미국과 캐나다가 한 덩어리로 취급되곤 한다는, 중남미에서 종종 들었던 바로 그 이야기를 루마니아에서도 듣게 되었다.

로시아 몬타나를 방문한 후 당시 루마니아의 저명한 언론인이었으며 이후에 상원의원이 된 미하이 고티우를 만났다. 미하이는 로시아 몬타나 광산 개발을 저지하기 위한 운동에 앞장서는 운동가이기도 했다. 바베스보여이대학에서 나와 마주 앉은 미하이는 북미 기업들은 기업 소유주에게 돈을 벌어 주기 위해서 무슨 짓이든 할 각오가 된 것처럼 보인다고 말했다. 이런 태도에 사람들이 분노한 탓에 중국에 기회가 돌아갔다는 것이 미하이의 설명이었다.

중국 기업도 마찬가지라고 조심스럽게 답하자 미하이는 "미래를 아는 사람이 어디 있겠습니까? 우리가 아는 건 과거뿐입니다."라고 답했다. 북미 기업들은 오랫동안 이윤을 늘리기 위해 환경을 희생시켜 왔다. 중국과 미국의 경제 저격수 전략이 똑같이 처참한 죽음의 경제를 만들어 내고 있으며 이제 중단해야 한다는 또 다른 경고였다.

루마니아는 2004년에 나토에 가입해 미국의 확고한 동맹국임을 밝혔지만, 로시아 몬타나 같은 프로젝트를 둘러싼 논란과 실망감은 중국 경제 저격수들이 활동을 강화하는 계기가 되었다.

중국 경제 저격수들의 눈부신 활약은 2012년에 흔히 '16+1'이라고 불리는 중국-중동부유럽국가(CEEC) 간의 정상 회담으로 이어졌다. 유럽연합 11개국과 발칸반도 5개국(알바니아, 보스니아헤르체고비나, 불가리아, 크로아티아, 체코, 에스토니아, 헝가리, 라트비아, 리투아니아, 마케도니아, 몬테네그로, 폴란드, 루마니아, 세르비아, 슬로바키아, 슬로베니아)이 신실크로드에 참여했다. 분열과 정복 전술을 뒤집기 위한 시도였다. 그러나 이번에도 많은 문제가 뒤따랐다.

루마니아 아시아-태평양연구소의 안드레아 브린자 부소장은 아래와 같이 상황을 요약했다.

> 16+1에 해당하는 거의 모든 국가에서 최종적으로 진행되는 프로젝트는 몇 안 되는 데 비해, 너무 많은 약속과 협상, 회의가 이뤄졌다. …… 그동안 중국이 유럽에서 진행했던 프로젝트 중 상당수가 취소되거나 지연되었다.

16개국 중 두 번째로 인구가 많은 나라인 루마니아를 대표적인 경우로 꼽을 수 있다.

브린자는 로비나리 발전소와 타르니차-러푸슈테슈티 발전소, 체르나보다 원자력 발전소, 타르니차-러푸슈테슈티 양수식 수력 발전소를 실패한 프로젝트로 언급하며 다음과 같이 결론지었다.

> 16+1과 중국은 많은 약속을 했지만 실제로 실행된 것은 많지 않다. 이런 간극으로 인해 중앙유럽과 동유럽의 일부 국가에서는 중국이 신뢰할 수 있는 투자자라는 믿음이 흔들리고 있다. …… 루마니아, 폴란드 등 16개국 중 가장 규모가 큰 일부 국가의 총리들은 이미 관련 행사들을 일정에서 제외하기 시작했다.
>
> 결국 16+1 프로젝트가 실패하더라도 훨씬 더 큰 문제 때문에 그 같

은 사실이 가려질 수도 있다. 미국과 중국의 경쟁이 날이 갈수록 치열해지는 가운데 이 세상은 다시 한번 분열의 길로 나아가고 있다.[8]

러시아: 우크라이나 침공

유럽인들은 15세기부터 세계 곳곳을 식민지로 삼았다. 두 차례의 세계대전이 끝난 후, 유럽 제국은 무너졌다. 마지막까지 버텼던 소련도 1991년에 결국 무너지고 말았다. 미국과 중국이라는 초강대국들이 벌이는 치열한 경쟁의 틈바구니에 낀 유럽은 한때 식민지로 삼았던 아프리카나 아시아, 중남미, 중동과는 다른 처지에 놓여 있다. 그와 동시에, 이제는 붕괴되고 없는 소련을 움직였던 실세가 다시 세계 무대에 등장했다.

유럽과 아시아에 걸쳐 있는 러시아는 오랫동안 미국과 중국에 뒤처져 있었다. 그러나 유럽에 있는 우크라이나를 침공하자 상황이 달라졌다.

러시아-우크라이나 전쟁이 시작되자 전 세계 언론이 푸틴 대통령에 관한 소식을 대서특필했다. 상반신을 드러낸 채 말 등에 올라탄 대통령에서 핵전쟁을 시작하겠다고 위협하는 독재자로 그의 이미지가 바뀌었다. 러시아의 경제는 캘리포니아와 텍사스를 합친 것보다는 규모가 작고 뉴욕과 비슷한 수준이다. 러시아의 경제 저격수들은 전 세계 대부분의 지역에서 그다지 뛰어난 역량을 발휘하지 못할 가능성이 크다. 그러나 러시아 대통령은 세계 무대에서 벌어지는 일을 좌지우지할 수 있는 사람이 되었다. 적어도 세계 무대에서 벌어지고 있는 가장 중요한 정치·경제적 사건, 즉 미국과 중국의 경쟁 이외의 사건에 세간의 이목을 집중시킬 수 있는 존재가 되었다.

그러나 러시아의 침공으로 푸틴이 원했던 것과 정반대되는 결과가 나타났다. 미국과 대다수 유럽 국가 간의 협력이 훨씬 강화된 것이다. 나토는 더욱 강력한 힘을 가지게 되었고, 궁극적으로 러시아산 석유와 가스를 대체할 새로운 에너지원 개발에 불이 붙었다. 러시아와 우크라이나의 전쟁이 계속되자 아프리카와 중동에서는 식량난이 심해졌다. 우크라이나인들의 놀라운 용기와 훌륭한 군사 역량이 드러났고 러시아군의 문제점이 노출됐다.

러시아-우크라이나 전쟁은 중국에도 부정적인 영향을 미쳤다. 중국은 전쟁 발발 직후 우크라이나를 지지한다는 성명을 발표하지 않았다. 그 결과 타국의 주권을 존중한다는 중국 정부의 정책에 대한 신뢰도가 훼손되었다. 전쟁은 신실크로드 개발에 무엇보다 중요한 통신망과 교통망을 대거 파괴했다. 중국의 상업에 매우 중요할 뿐 아니라 코로나19 사태로 이미 손상된 공급망도 교란시켰다. 그러나 중국에 이익이 되는 점도 있었다. 2022년 4월 《포린 폴리시》는 푸틴 대통령과 시 주석에 대해 아래와 같은 보도를 내놓았다.

> 이 지도자들은 국제 시스템을 쥐고 흔드는 미국의 패권을 깨고 전 세계가 국제법에 명시되어 있으며 유엔 같은 기구가 인정하는 공통된 가치를 따라야 한다는 개념을 무너뜨리고 싶어 한다.
> 이들이 만들어 내고자 하는 새로운 세계 질서는 서로 경쟁 관계에 놓여 있으며, 날이 갈수록 독재의 색채가 짙어지는 문명의 지배를 받고 있다. 또한 각 문명은 별도의 지정학적 공간을 통제한다.[9]

전쟁을 이유로 러시아에 제재가 가해졌다는 사실로 미뤄 보면, 적어도 지금은 미국이 9·11 테러 이전의 전략으로 복귀했다는 사실을 알 수 있다. 미국의 전략가들은 군대를 파견하는 대신 나머지 세 개의 전술을 활용했다. 다시 말해서, 러시아 정부가 나날이 늘어나는 부채 때문에 디폴트를 선언하게 될 가능성을 열어 두고, 러시아인들이 부족할지도 모른다는 불안감을 느끼게 만들고, 러시아와 무역 상대국들 사이에서 분열을 조장하고 러시아인 사이에서 반대 의견을 부추겼다. 미국 정부는 자국의 경제 저격수 전략이 오직 군사력에만 의존하는 구태의연한 전략과는 거리가 멀며 극도로 위험한 상황에도 얼마든지 적용될 수 있는 전략이라는 사실을 널리 알렸다. 그러나 의도치 않게 중국에게 또 다른 기회를 제공한 것인지도 모른다. 아래는 《포린 폴리시》 기사 일부를 발췌한 것이다.

> 미국의 러시아 제재로 미국과 중국 간의 경제 디커플링★이 가속화될 것으로 보인다. 중국이 자국 화폐와 금융 구조의 매력을 강화할 기회를 잡는다면 양국의 차이는 더욱 벌어질 것이다. 세계 많은 나라들이 금융과 경제의 측면에서 서방과 운명을 함께 하고 달러를 고수하기를 원하지 않는다면, 그들이 택할 수 있는 현실적인 대안은 하나뿐이다. 중국, 그리고 인민폐라고도 알려진 위안화가 그 답이다. 사우디아라비아는 거의 50년 동안 원유를 달러로만 거래해 왔다. 그러나 미국에 환멸을 느낀 사우디아라비아는 이미 중국에 판매하는 석유 대금을 위안화로 받는 방안을 고려하고 있다.[10]

장기적으로 볼 때, 러시아의 우크라이나 침공으로 세계 무대에서 미

★ Decoupling. 탈동조화. 국가 간 경제 흐름이 다르게 나타나는 현상

국의 입지를 약화시키기 위한 중국의 노력이 한층 강화될 가능성이 크다. 푸틴과 시진핑은 2022년 9월에 만남을 가졌다. 푸틴은 드물게도 겸손한 태도를 보이며 시진핑이 전쟁에 대해 "의문과 염려"를 표했다는 사실을 인정했다. 시진핑은 러시아 같은 대국이 책임 있는 리더가 되어 "혼란스러운 세계에 안정감을 불어넣어야" 한다고 공개적으로 말했다. 일련의 회담을 통해 시진핑은 평화 중재를 위해 노력하고 우크라이나 전쟁으로 경제적으로 심각한 피해를 입은 여러 나라에 관심을 기울이는 인물이라는 이미지를 얻게 되었다. 그와 동시에, 러시아는 잃어버린 유럽 시장 대신 중국에 석유와 가스를 팔 수 있게 되었다. 따라서 중국의 경제 저격수들은 러시아산 석유와 가스를 놓고 거래를 체결하기에 이상적인 위치를 점하고 있다. 우크라이나 전쟁은 미국이 아프리카, 아시아, 중남미, 중동에서 관계를 강화하는 데 또다시 걸림돌이 되고 있다. 미국과 나토 동맹국들이 우크라이나 전쟁 문제 때문에 많은 돈과 정치 자원을 쏟아붓고 있기 때문이다. 우크라이나 전쟁이 단기적으로는 중국 경제에도 위협이 될 수 있다. 그러나 시진핑이 상황을 잘 활용하기만 하면 전 세계인을 핵전쟁의 공포에 떨게 하는 이 끔찍한 전쟁을 중국을 위한 절호의 기회로 바꿔 놓을 수 있다.

46장
미국

 이 책에는 중국과 미국의 경쟁, 두 나라가 사용하는 경제 저격수 전략이 각 지역에 미치는 영향에 관한 내용이 간략하게 소개되어 있다. 그러나 중국이 미국에 미치는 매우 중요한 몇 가지 영향을 살펴보지 않고는 이야기를 끝낼 수가 없다.

 2021년에 브루킹스 연구소가 발표한 연구에 의하면, 미국의 최대 무역 파트너인 중국으로 인해 미국에서 생겨나고 유지되는 일자리가 120만 개에 달한다. 게다가 중국산 제품과 중국 자본에 의존하는 일자리는 더 많다. 미국의 대중국 수입 규모는 모든 유럽연합 국가로부터 수입하는 총액보다 많고, 모든 아세안 국가에서 수입하는 금액을 더한 액수보다 많다. 또한 브루킹스 연구소는 중국에서 사업하는 대부분의 미국 기업이 장기적으로 중국에서 비즈니스를 할 계획을 세우고 있다는 사실을 발견했다. 아래는 브루킹스 연구소의 보고서를 일부 발췌한 것이다.

미국 기업들은 세계적인 추세를 따라 중국에서 입지를 강화하고 있다. UBS, 노무라 홀딩스, 크레디트스위스, AXA(악사) 같은 글로벌 기업의 움직임에 발맞춰 블랙록, JP모건체이스, 골드만삭스, 모건스탠리 역시 모두 중국에서 비즈니스를 확장해 왔다. 미국 연구기관 로디움 그룹의 추산에 의하면, 2020년 말 현재, 미국 투자자들은 중국 기업이 발행한 주식 1조 1000억 달러어치를 보유하고 있으며, 미국과 중국이 상호 보유 중인 주식과 채권의 규모를 모두 더하면 3조 3000억 달러에 달한다.[1]

반박할 수 없는 사실은 미국과 중국의 상호 의존성이 매우 높다는 것이다. 양국의 경제는 매우 긴밀하게 얽혀 있어서 한쪽이 없는 나머지 한쪽을 상상하기가 어렵다. 무역이나 투자 같은 '하드' 부문뿐 아니라 교육, 정보, 기술 같은 '소프트' 부문도 매한가지다. 2019~2020학년도에 미국 대학에 재학했던 모든 외국인 학생 중 3분의 1 이상이 중국인이었다. 최근, 뉴잉글랜드 어느 유명한 사립 학교 교장은 내게 부유한 중국 가정 출신 학생들이 내는 학비 덕에 대여섯 명쯤 되는 미국 학생에게 장학금을 지급할 수 있다는 이야기를 들려주었다. 최근에는 활발한 지식 교류가 기술 혁명에도 큰 도움이 되었다. 브루킹스 연구소가 밝힌 내용 중 일부를 살펴보자.

양국의 주요 기술 기업들은 상대 나라에 연구 센터를 설립하고 있다. 알리바바, 바이두, 텐센트는 미국에 연구 센터를 설립했으며, 애플, 마이크로소프트, 테슬라 등 미국의 주요 기업들 역시 중국의 뛰어난 공학 인재들을 활용하고 있다.[1]

중국과 미국이 1979년에 외교 관계를 수립하고 양자 무역협정에 서명하자 제3의 경제 저격수 물결이 미국 투자자들을 휩쓸었다. 이런 투자는 미국 경제를 떠받치며 미국 기업들의 경쟁력을 더욱 강화한다. 중국 기업에서 일하는 미국인이 수십만 명에 달한다. 미국 기업가들은 중국이 머지않아 세계 1위 경제 대국이 될 것이라고 예상하며 호황을 누리는 중국 경제에서 소외되지 않기 위해 서두르고 있다.[2]

중국의 경제 저격수들은 내가 수석 경제 전문가라는 직함으로 활동했듯 다양한 모습으로 위장한다. 학생 신분으로 미국에 와서 미국 문화와 미국 경제 저격수들의 성공과 실패에 대해 배우는 사람도 있다. 국제 기업에서 일하고, 미국 대학에서 학생들을 가르치고, 여러 기관에서 자문을 제공하기도 한다. 좀 더 전통적인 비밀 작전에 투입되는 사람도 있다. 다시 말해 '스파이'의 역할을 하는 것이다. 이들은 워싱턴에 있는 중국 대사관이나 다섯 곳의 주미 중국 영사관 중 한 곳에서 '상무관'이나 그 외에 전혀 해가 없어 보이는 직함을 달고 일한다. 40장에 소개된 새로운 부류의 미국인 경제 저격수도 있다. 바로 중국을 위해 일하는 경제 저격수들이다. 미국의 공직자로 일하던 시절에는 중국을 강하게 비판하다가 은퇴 후에는 많은 돈을 받고 중국과 중국 기업을 위해서 일하는 사람들로, 이들은 제2의 물결과 제3의 물결에 모두 해당한다.

중국 출신의 경제 저격수들은 중국에 강경한 입장을 취하는 것으로 잘 알려진 미국인들을 잘 포섭하면 가장 훌륭한 동맹을 맺을 수 있다는 사실을 잘 알고 있다. 클로딘은 내게 "누구보다 중요한 사람이 바로 신랄한 비판을 일삼다가 당신 편이 된 정치인이죠."라는 말을 한 적이 있다. 정치 자금 감시 전문 비영리기관이 2021년에 발표한 '포린 로비

(Foreign Lobby)' 보고서에는 다음과 같은 내용이 포함되어 있었다.

> 전직 의원인 에드 로이스, 데이비드 비터, 트렌트 롯은 모두 의원직을 수행할 당시 중국에 강경한 입장을 보인 것으로 잘 알려져 있었다.
> 이 세 전직 의원들에게는 또 다른 한 가지 공통점이 있다. 셋 다 미국의 국가 안보에 위협을 가한다고 비난받은 중국 기업들을 위해 로비를 벌이고 있다는 것이다. ……
> 현재 중국 기업의 외국 대리인이나 중국 기업이 설립한 미국 지사를 위해 일하는 로비스트로 등록된 전직 의원은 이 셋을 포함해 총 열두 명이다.³

미국 뉴스 사이트 데일리 비스트(The Daily Beast)는 "미국의 저명한 정치인이나 정부 관료였던 인물 중 중국을 위해서 로비를 벌이고 있거나 중국과 긴밀한 사업적 이해관계가 있는 인물들"을 찾아냈다. 기사에 언급된 인물로는 미-중 워킹 그룹을 이끌었던 찰스 부스타니 루이지애나 의원, 존 베이너 전 연방하원의회 의장, 미 국무부 아시아태평양 경제협력체(Asia-Pacific Economic Cooperation, APEC) 담당국에서 근무하고 미국외국인서비스협회(American Foreign Service Association, AFSA) 운영위원회 위원을 지낸 데이비드 파이어스타인, 빌 클린턴 행정부 당시 미국 무역 대사를 지내고 콜린 파월 장관 시절 미 국무부 고문으로 활약한 마이크 홀츠먼 등이 있었다. 특정한 중국 기업을 위해서 일하는 영향력 있는 미국인으로는 도널드 (앤디) 퍼디 주니어, 클라크 T. 랜트 주니어, 제임스 D. 울펀슨 등이 있다. 이들의 이력을 자세히 살펴보면, 도널드 퍼디 주니어는 조지 W. 부시 대통령 시절 백악관 직원으로 일하며 미국의 '미국 사이버 안보 전략' 초안 작성에 참여하고, 국토안보부 사이버 책임자를 지내고, 화웨이 미국 사업 부문에서 최고 책임자로 일했다. 클라크 랜트 주니어는 주중 미국 대사를 지낸 인물로 현재 호푸징후아(베이징)투자컨설팅의 특별 고문을 맡고 있을 뿐 아니라 중국과 밀접한 관련이 있는 여러 기업의 자문 위원으로 활동하고 있다. 전 세계은행 총재이자 워싱턴 컨센서스와 신자유주의의 옹호자인 제임스 울펀슨은 중국 국부 펀드인 중국투자공사(China Investment Corporation, CIC)의 국제 자문 위원으로 활동했다.[4]

정치 매체 《폴리티코》는 전 미국 재무부 관계자 피터 쿠식과 전 의원 토비 모펫, 전 상원의원 데이비드 비터가 하이크비전(Hikvision)의 자회사를 대리하는 회사에 합류했다고 보도했다. 하이크비전은 중국의 무슬림 소수 민족 감시를 도왔다는 혐의를 받는 영상 모니터링 기업이다. 또한 《폴리티코》의 보도에 따르면, 하원의원을 지낸 리 테리가 운영하는 컨설팅 회사 역시 중국군과 연계됐다는 이유로 미 국방부의 블랙리스트에 오른 화웨이를 위해 일한 적이 있다.[5]

내가 경제 저격수로 일했던 냉전 시대와 지금을 비교하면 흥미로운 차이가 눈에 띈다. 냉전 시대에 소련은 지금의 중국과 달리 미국과 경제적인 교류가 별로 없었다. 두 나라 간의 교역이 각국의 전체 교역에서 차지하는 비중은 약 1퍼센트에 불과했다. 상호 의존과는 거리가 먼 관계였다. 34년간 미국 하원의원을 지낸 프랭크 울프는 개탄스러워하며 또 다른 점을 지적했다. "1980년대에는 그 누구도 러시아 정부를 대변하지 않았습니다. 그런데 지금은 중국 정부를 위해 로비하는 사람이 너무도 많습니다. …… 정말 충격적입니다."[6]

이런 기사를 읽다 보면 내가 경제 저격수로 활동했던 시절이 떠오른다. 세계 각국 지도자들이 "미국의 경제적 이익에 도움이 되는 거대한 네트워크"의 일부가 되도록 만들고, "공산주의자를 두려워하게 만들어야 한다."고 강조했던 클로딘의 이야기가 떠올랐다. 경제 저격수 일을 무척 좋아했던 마음, 지나치게 낙관적이었던 경제 전망, 거짓 보고서, 국가원수들과 수하들을 부패의 길로 몰아넣기 위해 했던 약속들, 뇌물, 협박 등을 떠올리니 가슴이 저렸다. 인도네시아인들에게 둘러싸여 닉슨 대통령이 등장하는 인형극을 지켜보며 내가 느꼈던 수치심이 떠올랐다. 닉슨 인형이 지도에 걸린 중동 국가의 이름을 쏙쏙 떼어 내 쓰레기통으로 던져 버렸던 바로 그 인형극 말이다. 동시에, 닉슨 인형이 "이슬람의 개", "무함마드의 괴물", "이슬람 악마들" 같은 말을 내뱉을 때 관중이 격분하는 모습을 보며 내 마음속에서 피어올랐던 공포도 생생하게 되살아났다. 롤도스와 토리호스를 태운 비행기가 내 눈앞에서 추락하는 이미지가 떠오를 때마다 속이 꼬이는 기분이 들었다. 끝없이 기억이 떠올랐다. 상황에 따라, 특정한 기억이 더 오래 내 마음을 휩쓸고 지나갔다. 그러나 그 모든 일은 소련을 저지하기 위한 것이었다.

이제 소련은 없다. 냉전도 끝났다. 물론 러시아는 또다시 군사적 위협을 가하고 있지만, 역사를 돌아보면 이러한 위협은 항상 해소되기 마련이었다. 어떻게든 끝이 났다. 이번 전쟁 역시 역사적인 패턴을 따른다고 가정하더라도, 우리는 여전히 가공할 만한 파괴력으로 우리가 아는 세상을 위협하는 경제의 시한폭탄 위에 올라앉아 있을 것이다. 분명 나도 이런 폭탄이 생겨나는 데 일조했다. 그러나 이제 거의 모두가 어떤 식으로든 이런 폭탄을 만드는 일의 공모자가 되었다. 우리는 죽음의 경제로 이어지는 생각을 의심 없이 받아들인다. 뿐만 아니라, 우리가 저항 없이 받아들인 개념들은 결국 미국과 중국의 경제 저격수 전략이 파괴적으로 충돌하는 결과로 이어졌다. 많은 미국인은 중국을 '문제'로 정의하고 싶어 한다. 심지어 '적'으로 정의하려 드는 사람들도 있다. 그러나 양국은 비슷한 목표를 갖고 있으며 양국의 경제 역시 긴밀하게 얽혀 있다. 이 두 나라 때문에 전 세계가 숱한 위기와 마주하게 되었다.

결국 결론은 하나뿐이다.

결론

모두가 노력해야만 바꿀 수 있다

경제 저격수 전략에 종지부를 찍어야 할 때가 왔다. 완전히.

이 책은 전 세계를 망가뜨린 미국과 중국의 경제 저격수 전략을 주도하는 인식이 어떤 것인지 낱낱이 폭로한다. 미국의 경제 저격수 전략은 "부유한 나라가 되고 싶다면 워싱턴 컨센서스가 빌려주는 돈을 받고, 미국 회사를 고용해 인프라 프로젝트를 맡기고, 신자유주의 정책을 펴라."이고, 중국의 경제 저격수 전략은 "부유한 나라가 되고 싶다면 귀국 정부가 하는 일에 간섭하지 않을 세계 무역 파트너로 중국을 받아들이고, 중국한테 돈을 빌려 인프라 프로젝트를 맡겨라."다. 이제는 둘 모두에 종지부를 찍어야 할 때다. 우리는 이 책을 통해 이런 것들이 수 세기 동안 전해져 내려온 번영에 관한 사람들의 인식, 즉 지배 시스템을 통해 다른 나라를 식민지로 삼기 위한 전술을 떠받치는 그런 인식이라는 사실을 알게 되었다. 이들의 목표는 사람과 천연자원을 활용해 극소수 엘리트에게 더 많은 이윤과 권력을 안겨 주는 것이다. 이런 방식은 결국 우리가 알고 있는 지구상의 삶을 파괴할 뿐이다.

세계 각국에는 문화적 차이가 존재한다. 그렇지만 중국인과 미국인, 그리고 전 세계 모든 사람이 장기적인 관점에서 다음과 같은 새로운 인식을 받아들여야 한다. "우리나라가 번영하길 바란다면, 이 세상의 모든 생명에게 도움이 되는 것을 '번영'으로 정의하고, 인간을 자연과 다른 존재가 아닌 자연의 일부로 바라보고, 우리가 지구라는 우주선을 타고 항해하는 조종사라는 사실을 받아들이고, 죽음의 경제에서 벗어나 생명의 경제로 나아가기 위해 다 함께 노력해야 한다."

우리에게는 주어진 역할이 있다. 우리는 모두 인식을 바꾸고 가족, 지역사회, 국가, 세계의 목표를 바꾸기 위해 노력해야 한다. 경제 저격수 전략을 떠받치는 네 개의 전술을 수정해야 할 때가 되었다.

'타인'의 공포를 이용하는 전술을 버리고 함께 나아가겠다는 결의로 그 자리를 메워야 한다. 우리는 그동안 우리의 버팀목이 되어 준 환경으로부터 우리를 소외시켰다. 결국 우리 스스로를 외계인으로 규정한 셈이다. 이제 다른 태양계에서 온 외계인이 우리를 위협하기라도 하는 듯 힘을 합쳐야 할 때다. 단기적인 성과를 과도하게 중요시하는 물질주의와 수익 극대화가 성공의 지표라는 인식이 바로 우리의 적이다. 다른 사람을 적으로 간주하는 외국인 혐오적인 강박을 버리지 못하는 삶은 어리석다. 이런 생각을 버리고 머지않아 실제로 들이닥칠 적을 두려워하는 것이 옳다. 즉 우리를 자멸로 이끄는 시스템을 두려워해야 한다.

다른 사람을 통제하기 위해 부채를 사용하는 방식을 더는 용납해서는 안 된다. 소수의 사람만이 극도로 풍요를 향유하는 과도한 물질주의가 아니라, 모두가 충만하고 평화로운 삶을 누리는 생활방식을 '번영'이라고 정의한다면, 우리 아이들이 풍요로운 삶을 누리기 위해서는 이 세상 모든 아이들이 번영의 길을 걸어야 한다는 사실을 이해하게 된다. 경제적 부채를 떠안기는 것은 상대를 노예로 만드는 방법이다. 모든 노예 제도가 그렇듯 부채 역시 결국 자기 파괴적이다. 우리가 진정으로 빚을 지고 있는 대상은 공기, 물, 토양, 식물, 동물, 그리고 신체적으로나 영적으로 우리를 지탱하는 사람들이다. 우리는 이들과 우리 자신을 위해 생명의 경제를 만들어 나가겠다고 약속해야 한다.

부족할지도 모른다는 불안이 생겨나는 것은, 자원은 한정되어 있고 '승리하려면' 경제 저격수 전략을 활용해 다른 사람과 자원을 착취해야 한다는 생각 때문이다. 이제는 이런 생각을 버려야 한다. 불평등과 희소성을 부각하는 인식과 시스템을 바꿔 놓을 창의성과 의지만 있다면, 지금이든 미래에든 자원이 부족할 일이 없다는 사실을 받아들여야 한다.

핵무기가 모든 생명을 파괴하겠다고 위협하는 세상에서는 분열과 정복 전략이 설 자리가 없다. 외부에서 적을 찾아야 한다는 원시적인 개념에 마침표를 찍고 전 세계가 손을 잡아야만 희망이 생긴다. 오히려 이제는 우리를 상호 파괴의 벼랑으로 몰고 가는 내면의 적과 맞서야 한다.

미국과 중국의 경제는 전 세계 경제의 43퍼센트를 차지한다.(2021년을 기준으로 미국과 중국은 세계 국내총생산의 약 25퍼센트와 18퍼센트를 차지했으며, 3위인 일본의 비중은 5퍼센트에 불과했다.)[1] 미국과 중국은 기후 변화를 초래하는 중요한 원인이다. 화석 연료로 인해 발생한 전 세계 이산화탄소량의 약 40퍼센트가 두 나라에서 비롯된 것이다.(2019년, 미국과 중국은 각각 11퍼센트와 27퍼센트를 차지했고, 3위인 인도는 7퍼센트를 차지했다.)[2] 미국과 중국이 다양한 문제를 놓고 다른 의견을 가질 수도 있다. 그러나 번영하는 미래, 즉 생명의 경제를 함께 창조하기 위해서는 힘을 모아야 한다. 누군가에게 다른 사람을 지배할 권리가 있고, 인간이 자연보다 우월하고, 소수의 엘리트에게 특권이 있고, 군사력과 경제력만 있으면 무엇이든 정당화된다는 자기애적 신화를 끝내야 할 때가 되었다. 이제 우리가, 즉 당신과 내가 역사적 전환점에 살고 있다는 사실을 깨달아야 한다.

희망이 없다는 생각이 든다면 주변을 둘러보자. 희망의 징후가 너무도 많다.

그중 하나는 중국유럽국제경영대학원이나 콜롬비아 카르타헤나의 카페에서 의견을 나누고 토론하는 젊은이들, 미국 전역, 그리고 전 세계에서 활발하게 모임에 참여하는 젊은이들이다. 2018년과 2019년에는 '컬러즈 오브 오스트라바' 축제의 연사로 나서서 많은 젊은이를 만났다. 체코에 있는 오스트라바는 우리가 어떤 미래를 만들어 나갈 수 있는지 보여 주는 훌륭한 모델이다. 냉전 시대에 소련의 '강철 심장'으로 알려졌던 오스트라바는 대형 제철소에 직접 석탄을 공급하는 광산이 있던 곳이었다. 석탄이 고갈되자 제철소 전체가 폐쇄됐다. 경제가 무너질 상황이 되자, 시민들은 거대하고 노후화된 건물을 멋진 무대와 공연장으로 탈바꿈시켰다. 음악가들을 초청해 공연을 열고, 예술가들을 초청해 작품 전시 기회를 제공하고, 연사들을 초청해 세계 문제를 논의하게 했다. 오스트라바 무대에 연사로 올랐던 두 해 내내, 죽음의 경제가 생명의 경제로 바뀐 변화를 상징하는 그곳에서 5만 명이 넘는 관객이 환호를 보냈다.

다른 예로는 그린뉴딜(Green New Deal, 지속 가능한 발전 정책) 같은 정치 계획, 깨어 있는 자본주의, 사회적 기업, 협동조합, 그 외의 혁신적인 비즈니스 접근 방법, 에너지 생성 및 유기농 농업을 위한 대안 기술, 장기 증권거래소 설립 등이 있다. 2019년에 열린 비즈니스 라운드 테이블★ 회의에서 세계 최대 규모를 자랑하는 192개 기업의 CEO들은 '이윤 극대화'라는 목표를 버리고, '고객과 직원, 공급 업체, 지역 사회의 필요 충족'이라는 목표로 바꾸겠다고 약속했다. 죽음의 경제를 생명의 경제로 바꾸기로 약속한 셈이다.

미국 기후 변화 특사 존 케리와 중국 기후 변화 특사 셰전화는 2021년 4월 15일부터 16일까지 양일간 상하이에서 회담을 가진 후 아래와 같은 성명을 발표했다.

> 미국과 중국은 진지하고 시급한 태도로 해결해야 할 기후 위기에 대응하기 위해 서로, 그리고 다른 나라들과 협력하기로 다짐했습니다. 이를 위해서 각국의 행동을 개선하고 유엔기후변화협약이나 파리협정과 같은 다자간 약속을 지키기 위해 협력해야 합니다.[3]

이것 또한 희망적인 징후이다.

아흔일곱의 나이에도 불구하고 활력이 넘치는 존 코브 박사는 중국의 환경 문제를 널리 알리고 중국의 지도자들과 친분을 쌓는 데 많은 세월을 바쳤다. 존은 죽음의 경제에서 생명의 경제로의 전환이 생태 문명으로 이어진다고 강조하며(부록 참조) 중국 헌법에는 생태 문명을 달성하겠다는 목표가 명시되어 있다고 지적한다.[4] 2021년 10월, 그는 시진핑 주석과 바이든 대통령에게 협력을 부탁하는 서신을 보냈다. 존은 내게 이렇게 이야기했다. "바이든 대통령이 중국을 온건하게 대하

★ Business Roundtable. 미국의 200대 기업의 이익을 대변하는 이익단체

는 듯한 행동을 취할 때마다 그가 정치적인 부담을 지게 될 수 있다는 사실을 잘 이해해 달라고 시진핑 주석에게 부탁했습니다. 미국이 보내오는 호의적인 제스처를 어떤 것이든 받아들이고 우리의 손자들을 위해 함께 협력하자는 제안을 수용하라고 이야기했습니다. 두 사람 모두에게 두 초강대국이 긴밀하게 협력해야만 우리의 미래에 희망이 있다고 강조했습니다."

존이 작성한 편지는 바이든과 시진핑의 측근에게 직접 전달되었다. 2021년 11월 15일, 두 지도자가 마침내 화상으로 회동했다. 존은 이렇게 말했다. "두 분이 제 편지를 읽었는지는 모릅니다. 다만 두 사람이 대화를 나누고 있다는 사실 자체가 매우 기쁠 따름입니다." 편지가 두 사람에게 도착했건 도착하지 않았건 두 사람은 인터넷을 통해 많은 사람들에게 통합의 중요성을 일깨웠다.

비즈니스 라운드 테이블에서 192명의 CEO들이 한 약속을 보면 태도가 변하고 있는 것이 분명하다. 많은 기업 임원이 나를 찾아와 자녀와 손주를 생각하면 사회적으로나 환경적으로나 훨씬 더 책임감 있는 방향으로 기업을 운영해 나가고 싶다고 이야기했다. 그러나 이들에게도 넘어야 할 도전 과제가 있다. 비즈니스 라운드 테이블에 참석한 CEO들을 비롯해 투자자가 소유한 기업을 운영하는 임원들은 이윤 극대화를 원하는 주주들의 요구에 부응해야 한다는 사실을 잘 알고 있다. 경영진들은 이런 문제를 해결하려면 고객에게 희망을 걸 수밖에 없다고 이야기한다. 고객이 기업에게 '옳은 일을 하지 않으면 다른 기업에 눈을 돌릴 테고, 결국 시장 점유율과 이윤을 모두 잃게 될 것'이라는 메시지를 보내야 한다는 것이다.

기업 임원들이 죽음의 경제를 생명의 경제로 바꾸는 데 앞장서고 이를 위한 행동에 돌입할 수 있도록 격려하고 이들에게 그런 권한을 부여하는 것은 우리 모두의 몫이다. 이런 희망을 현실로 바꾸기 위해 우리 모두 소셜 미디어를 비롯해 활용 가능한 모든 수단을 동원해야 한다. 맡은 일을 하고, 쇼핑하고, 투자하고, 선거에 참여할 때마다 성공에 대한 새로운 인식과 새로운 이야기를 지지한다는 메시지를 보내야 한다. 우리에게는 이런 변화를 만들어 내는 데 필요한 행동을 활성화할 힘이 있다.

누구나 할 수 있는 일

달라지는 모습을 보고 싶은 기업을 선택해 간단한 메시지를 적어 보내는 소셜 미디어 캠페인에 동참하거나 이런 캠페인을 직접 시작할 수 있다. 아래와 같은 메시지를 적어 보낼 수 있다.

> A 회사 CEO님께
>
> 저는 귀사가 판매하는 제품을 좋아합니다. 저는 귀사가 큰 성공을 거두고 다른 회사의 모범이 되기를 바랍니다. 또한 저는 A사를 이끌어 가는 CEO님이 미래의 비즈니스 지도자들에게 훌륭한 귀감이 되기를 바랍니다. 따라서 A사가 ~할 때까지(예: 환경 오염을 멈출 때까지, 국외 노동자들에게 정당한 임금을 줄 때까지 등등) 귀사의 제품을 구매하지 않겠습니다. 만약 그런 일이 실현된다면 저와 수천 명의 다른 소비자들은 귀사에서 벌어진 일이 재계 곳곳에서 되풀이되게 할 겁니다. 귀사의 경쟁 기업들도 귀사를 따를 수밖에 없어지겠지만, 귀사가 훨씬 앞서 있을 겁니다. 결국 귀사의 매출, 시장 점유율, 주가가 모두 증가할 겁니다.
>
> 소중한 시간을 내어 이 글을 읽어 주셔서 감사합니다.
>
> 〈이름〉

이 이메일을 CEO와 이메일 주소록에 있는 모든 연락처, 다른 소셜 미디어 계정으로 보내자. 그중 단 10명이 CEO에게 이메일을 보낸 후 소셜 미디어 계정에 이 내용을 게시하고, 그 내용을 본 또 다른 10명이 같은 행동을 하면 결국 CEO는 100건의 메시지를 받게 된다. 이 100건의 메시지가 또다시 각각 10개의 반응을 끌어내면 CEO는 결국 1,000개의 메시지를 받게 된다. 이렇게 메시지가 모여 1만 개가 되고, 결국 외면할 수 없는 단계에 다다르면 CEO는 투자자들에게 고객의 조언에 귀를 기울일 *수밖에 없는* 이유를 설명할 수 있게 된다.

누구나 할 수 있는 또 다른 일

우리는 모든 것이 긴밀하게 연결된 기술 세계에서 살아가고 있다. 그러니 정책과 행동을 수정하도록 얼마든지 다른 사람들에게 영감을 불어넣을 수 있다. 성공하려면 함께 협력하고, 이 세상의 모든 생명에게 도움이 되는 것을 '번영'으로 정의하고, 인간을 자연과 다른 존재가 아닌 자연의 일부로 바라보고, 우리가 지구라는 우주선을 타고 항해하는 조종사라는 사실을 받아들이고, 죽음의 경제에서 벗어나 생명의 경제로 나아가기 위한 수많은 기회가 우리에게 있다는 인식을 널리 퍼뜨릴 방법이 얼마든지 넘쳐난다.

경제 저격수 전략을 구성하는 네 가지 전술에 각각 어떻게 대처해야 할지 아래에 간략하게 설명해 두었다. 소셜 미디어 활용, 지역 도시 계획 회의나 학부모회에서 의견을 표현하는 방법, 시위 조직, 공직 출마 등 다양한 방법을 활용할 수 있다. 그 외에도 많은 방법이 있다. 가장 효과적으로 의견을 밝히고 가장 큰 기쁨을 얻을 수 있는 일을 하기 바란다. 창의력을 발휘하며 즐거움을 누리기 바란다.

공포

- 소셜 미디어를 통해 가족, 이웃, 교회, 유대교 회당, 모스크, 그 외의 다른 모임 장소, 정치인들에게 문화나 인종, 국적이 다른 사람들에게 공포를 느낄 필요가 없다는 사실을 알리자.
- 테레사 수녀, 로자 파크스, 마틴 루터 킹 주니어 등 긍정적인 행동을 통해 공포를 극복한 인물에 관해 이야기하자. 혹은 자신이 생각하는 영웅을 알리는 것도 좋다. 이들 역시 맨 처음에는 다른 사람들과 마찬가지로 언젠가 성공하거나 유명해질 거라는 생각을 전혀 하지 못했던 평범한 사람이었을 뿐이라는 사실을 반드시 언급하자.
- 죽음의 경제와 폭력을 부추기는 생각 외에 그 어떤 것도 두려워할 필요가 없다는 사실을 알리자.

부채

- 학생들을 비롯한 사람들이 돈을 빌리지 않도록 유도하자.
- 과도한 학자금 대출, 지나치게 금리가 높은 신용카드 대금, 초단기 대출을 탕감해 달라고 요구하는 기사나 블로그를 작성하거나, 정치인에게 이런 내용을 담은 이메일을 보내자.
- 정부와 은행, 벌처 펀드에 다른 나라에 갚을 수 없는 빚을 떠안기는 정책 활용 중단을 촉구하자. 장기적인 관점에서 보면 부채를 탕감해 줘야 우리한테도 도움이 되고 생명의 경제를 만들 수 있다는 논리를 앞세워, 빚더미에 올라앉은 나라의 부채를 탕감해 주는 방안을 제안하자.

부족할지도 모른다는 불안

- '부족'에 대한 정의가 실제로 필요한 정도보다는 지위와 관련이 있을 가능성이 크다는 사실을 이해해야 한다. 또한 생필품이 부족해 실제로 고

통받는 사람들이 더 이상 부족하지 않은 삶을 살게 하려면 전 세계가 생명의 경제로 나아가야 한다는 사실을 기억해야 한다.
- 생명의 경제로 나아갈 수 있도록 노력하자.
- 생태 정원을 직접 가꾸거나 현지 지역 농장이나 인근 시장에서 물건을 구매하자.
- 화석 연료를 대체 에너지로 대체하는 데 도움이 되는 기술을 활용하자.
- 제로 웨이스트 재활용 프로그램을 알리고 이런 프로그램에 참여하자.
- 물질주의적인 소비를 줄이는 생활방식을 받아들이자.
- 걷거나 자전거를 타고, 전기 사용을 줄이고, 채식에 힘쓰자.

분열과 정복
- 서로 다른 나라, 인종, 문화를 분열시킬 작정으로 만들어 낸 음모 이론을 무시하자. 그럴 만하다면 이런 이론을 비판하는 것도 좋다.
- 다른 인종, 문화, 나라에 관한 특징과 중요한 역사를 가르치도록 인근 학교에 제안하자.
- 정복보다는 협력, 연민, 평화를 미화하는 이야기를 읽고, 보고, 들려주자.

전반적인 노력
- 평화롭고, 쇄신을 추구하고, 지속 가능한 생명의 경제로 전환하면 신나고 재미있다는 생각을 계속 퍼뜨리자.
- 지역 기업, 협동조합, 농장, 자연 보호를 위한 활동을 지지하자.
- 인식을 바꾸고 죽음의 경제를 생명의 경제로 바꾸기 위한 캠페인, 스스로에게 기쁨을 안겨 주는 캠페인을 진행하자. 너무 많은 일을 한꺼번에 떠맡거나 자신이나 다른 사람의 번아웃을 초래할 만한 캠페인을 진행해서는 안 된다.(아래에 있는 다섯 개의 질문을 참고하자.)

나는 언젠가 할머니에게 두 차례의 세계대전, 1918년의 스페인 독감, 대공황을 거치는 동안 공포를 어떻게 다스렸는지 물었다. 할머니는 망설임 없이 "희망, 믿음, 용기, 행동"이라고 답했다.

이제 희망을 받아들이고, 인식을 바꾸면 현실이 바뀐다는 사실을 이해하고, 우리의 선조들이 그랬듯 우리 역시 걸림돌을 극복할 수 있다는 믿음을 갖고, 용기를 내 우리의 공포를 긍정적인 행동으로 이어지는 인식으로 바꿔야 할 때다.

각자가 어떤 역할을 할 수 있을지 판단하는 데 도움이 되는 가장 쉬운 방법의 하나가 아래와 같은 다섯 개의 질문에 답하는 것이다.

1. 나의 사명, 가장 큰 욕망, 내게 가장 큰 만족감과 기쁨을 주는 일은 무엇인가?

예를 들어, 나라면 "계속 책을 쓰고 싶다."라고 답을 하겠다.

목수인 친구는 이렇게 답한다. "내 손으로 나무를 이용해 무언가를 만들고 싶다."

2. 첫 번째 행동이 인식을 바꾸고 죽음의 경제를 생명의 경제로 바꾸는 데 어떤 도움이 되는가?

나: "글을 통해 이런 생각을 전달하고 사람들의 행동을 촉구할 수 있다."

목수 친구: "지속 가능한 자재를 활용하고 이런 자재를 활용하는 것이 현명한 일이라는 인식을 고객에게 전달할 수 있다."

3. 어떤 인식이 그동안 1번이나 2번의 일을 하는 데 걸림돌이 되었거나 앞으로 걸림돌이 될 가능성이 있는가?

나: "글을 쓸 시간이 부족하다. 게다가 출판사들이 지난 원고를 퇴짜를 놓았기 때문에 의욕이 느껴지지 않는다."

목수 친구: "고객들은 아무리 지속 가능한 자재라고 해도 더 비싼 값을 지불하고 싶어 하지 않는다."

4. 이런 문제를 직면하고 인정한 다음에는 내 인식이 어떻게 달라지는가?

나: "매주 네 번 밤마다 TV를 한 시간 덜 보고 그 시간을 글쓰기에 할애하겠다. 출판사들이 옳다고 생각하기보다 그들 역시 실수하는 평범한 사람으로 여길 것이다. 계속해서 다른 출판사의 문을 두드리거나 자가 출판을 고려할 것이다."

목수 친구: "고객들에게 추가 가격은 단순한 비용이 아니라 모든 생명체의 미래를 위한 투자라는 사실을 알려 줄 것이다."

5. 인식을 바꿨다면 사명을 실현하기 위해 어떤 행동을 하겠는가?

나: "적어도 일주일에 나흘은, 확보해 둔 시간에 한 시간씩 글을 쓸 것이다. 출판사가 거절해도 좌절하지 않을 것이다. 곧바로 작업에 들어가서 가능한 한 많은 출판사에 원고를 보낼 것이다. 그래도 안 되면 적극적으로 자가 출판하는 법을 배울 것이다."

목수 친구: "지속 가능한 자재로 집과 수납장을 만들고 고객들에게 그들이 미래에 투자하고 있다는 사실을 알릴 것이다."

시간이 지나면 위 질문에 대한 답이 달라지고, 특히 마지막 세 질문에 대한 답이 달라질 수밖에 없다는 사실을 발견했다. 예를 들면, 매주 일정한 시간 동안 글을 쓰기로 결심하면 매일 무엇에 대한 글을 쓸지 결정해야 한다. 따라서 이 질문을 자주 되돌아보는 것이 좋다. 이런 질문을 던지고 답하는 데 채 10분의 시간도 걸리지 않으며 매번 점점 더 쉬워진다. 그 과정 자체가 창의적이고 재미있다.

질문에 답을 할 때건 실제로 행동을 할 때건 재미를 느끼는 것이 중요하다. 번아웃을 초래하는 행동을 억지로 해서는 안 된다. 맛있는 식사 후에 해야 하는 설거지처럼 덜 매력적인 부분이 항상 존재하겠지만, 그렇다고 해서 식사의 즐거움이 줄어들어서는 안 된다. 개인적으로 일단 글을 쓴 후에 편집할 때는 글을 쓸 때만큼 재미있지 않다. 그러나 편집을 부담으로 보기보다 흥미로운 세부 사항을 강조할 기회로 보고 있다.

자신의 꿈, 사명, 그리고 자신에게 기쁨을 주는 일을 존중하고 세상을 더 나은 곳으로 만들기 위한 행동을 해야 한다. 이제 모든 곳에서 경제 저격수 전략을 끝낼 때가 됐다는 사실을 기억해야 한다. 장기적으로 우리의 삶에 이로운 인식을 받아들여야 한다. 다시 말해서, "우리나라가 번영하길 바란다면, 이 세상의 모든 생명에게 도움이 되는 것을 '번영'으로 정의하고, 인간을 자연과 다른 존재가 아닌 자연의 일부로 바라보고, 우리가 지구라는 우주선을 타고 항해하는 조종사라는 사실을 받아들이고, 죽음의 경제에서 벗어나 생명의 경제로 나아가기 위해 다 함께 노력해야 한다."는 생각을 받아들여야 한다.

이 세상의 모든 사람이 힘을 모으면 전 세계적인 생태 문명을 만들어 낼 수 있다.

이 책의 내용과 관련 있는 현안과 사진은 economichitmanbook.com에서 확인할 수 있다.

토론 가이드

독서 모임, 북클럽, 교실, 교육 프로그램 등 다양한 환경에서 이 책에 관해 원활한 논의를 진행할 수 있도록 대화를 자극하고 풍요롭게 할 만한 몇 가지 질문을 적어 두었다. 가장 흥미롭고, 관련성이 있으며, 목적에 도움이 되는 질문에 집중해도 된다. 혹은 직접 질문을 만들어 봐도 좋다.

서문/들어가며

- 인식이 바뀐 끝에 행동이 달라졌고, 결국 현실이 달라진 예시로 어떤 것이 있을까? 여러분이 사는 나라에서, 지역 사회에서, 그리고 개인적으로 어떤 변화가 있었는지 구체적인 예를 들어 보자.
- 퍼킨스는 국내총생산이 매우 주관적이라는 점을 지적한다. 국내총생산 같은 지표는 경제 저격수 전략에 어떻게 도움이 될까?
- 자, 여러분이 한 나라의 지도자라고 가정해 보자. 그 나라에 천연자원은

있지만 이를 활용할 기술은 없고, 국민들은 미국이나 중국과 협정을 맺고 싶어 한다. 이 책에는 미국과 중국이 제시하는 서로 다른 두 부류의 인식이 소개되어 있다. 그런 인식이 여러분에게 어떤 영향을 미칠 것 같은가?
- 중국은 경제 저격수 전략을 구성하는 네 개의 전술을 수정했다. 이런 변화가 중요하다고 생각하는가? 또한 이런 변화가 실행되고 있다고 생각하는가?

1부: 다가올 미래의 징조
- 만약 여러분이 라파엘 코레아 대통령이었다면, 그와 같은 방식으로 중국의 손을 잡았을 텐가?
- 천연자원이 풍부한 나라들은, 국민에게 사회 복지를 제공하기 위한 돈을 벌어야 할 필요성과 환경을 보호해야 할 책임 사이에서 어떻게 균형을 잡아야 할까?
- 에콰도르를 비롯한 여러 나라에서 세계적인 경제 단체들이 교묘하게 농간을 벌였다는 주장을 뒷받침하는 어떤 자료를 발견했는가?
- 이런 주장을 반박할 만한 어떤 자료를 발견했는가?

2부: 1963~1971년
- 퍼킨스는 아메리칸드림이 자신의 삶과 직업에 어떤 영향을 끼쳤는지 기록한다. 여러분은 아메리칸드림에 대해 어떤 선입견을 품고 있는가?
- 그중 얼마나 많은 것들이 사실로 밝혀졌는가? 혹은 어떤 것이 거짓으로 드러났는가?
- 에콰도르의 고급 레스토랑에서 한 석유 회사 임원이 퍼킨스에게 아마존에서 텍사코가 하는 활동에 관한 이야기를 하는 부분에서 어떤 생각이

들었는가?
- 퍼킨스는 인도네시아에서 현지 예술과 문화를 경험하며 양심의 가책을 느꼈다. 지역 사회를 긍정적으로 변화시키거나 부정적인 변화를 피하려면 이런 관계가 꼭 필요할까?

3부: 1971~1975년
- 파나마 운하는 경제 지배 및 제국주의의 역사와 어떻게 연결되는가?
- 파나마 운하 개발의 역사는 퍼킨스가 인도네시아 등에서 제안한 인프라 프로젝트와 어떻게 비교되는가?
- 미국과 사우디아라비아의 경제 및 군사 관계를 뒷받침하는 근거가 많다. 이런 관계가 9·11 테러 이후 사우디아라비아에 대한 미국의 태도에 얼마나 영향을 미쳤다고 생각하는가?
- 이런 관계들이 제국 건설과 얼마나 구체적으로 관련이 있다고 생각하는가?

4부: 1975~1981년
- 퍼킨스는 서구가 주장하는 정당성의 기준에 넌지시 의문을 제기한다. 이 같은 사실을 염두에 둘 때, 서구의 과학 및 경제 방식이 겉으로 드러나는 것만큼 타당하다고 생각하는가?
- 경제학은 과학인가? 통상적인 경제학의 범위 밖에서 번영을 이해할 방법이 있을까?
- 퍼킨스는 회사 측에서 이력서를 읽는 사람을 의도적으로 속일 작정으로 이력서를 수정했다고 설명한다. 하지만 그와 동시에 "희미한 진실을 기반으로 삼고 있는 데다 다른 기업, 국제 은행, 정부의 신뢰를 얻은 기업이 만들어 낸 것이기 때문에 반박할 수가 없"는 정보가 포함되었다고 덧

붙인다. 이런 문화가 지금도 지속되고 있을까? 만약 그렇다면 어디에서 (비즈니스 분야에서건 다른 분야에서건) 그런 문제를 발견했으며, 이런 문화가 전반적으로 어떤 영향을 미칠까?

5부: 1981~2004년

- 미국이 파나마와 이라크를 침공한 후 전통적인 경제 저격수 모델에 대한 반발심이 커졌다. 어떤 교훈을 얻었는가?
- 이 책에 언급된 사악한 활동과 그 후폭풍의 상당수가, 현재 공개되거나 기밀이 해제된 문서와 연구를 통해 입증되었다. CIA가 토리호스와 롤도스를 암살했다는 이야기가 신빙성이 있다고 생각하는가?
- 이런 현상을 생각할 때, 음모론 확산과 불편한 진실의 폭로가 나뉘는 지점은 어디쯤일까?

6부: 2004~2016년

- 퍼킨스가 독을 먹었다고 생각하는가? 만약 그렇다면 누가 음식에 독을 탔을까?
- 퍼킨스는 죽음의 경제와 생명의 경제의 중요한 특징을 설명한다. 그의 정의에 동의하는가? 더하거나 빼고 싶은 부분이 있는가?
- 생명의 경제에는 다양한 목적과 전술이 있다. 그중 무엇이 가장 중요하다고 생각하는가?
- 퍼킨스는 새로운 부류의 경제 저격수와 자칼을 소개한다. 추가하고 싶은 부류가 있는가?

7부: 중국의 경제 저격수 전략

- 여러분이 국가 경제를 발전시킬 계획을 수립하는 임무를 맡게 된다면, 중국의 투자를 받음으로써 뒤따를 위험과 보상을 어떻게 결정할 것인가?
- 중국이 2020년까지 아르헨티나의 최대 무역 상대라는 사실을 떠올리면 (41장 참조) 한 가지 질문을 던지지 않을 수 없다. 퍼킨스는 중국이 미국과는 명확하게 구분되는 인식을 가지고 경제 저격수 전략에 접근했다고 설명했다. 아르헨티나의 무역 현황이 퍼킨스의 이 같은 주장을 어떻게 뒷받침하는가?
- 제국을 건설하는 과정에서 미국이 군사력을 강조한 것은 실수일까?
- 신실크로드에는 얼마나 많은 장점이 있을까? 미국에 맞서 제국을 만들고 싶은 중국의 욕심에 불과한 것일까, 아니면 중국이 주장하는 수혜국들에 실제로 이익이 있는 일일까? 둘 다일까?

결론

- 경제 저격수 전략을 구성하는 네 전술에 관한 대응 방안에 추가하고 싶은 내용이 있는가?
- 다섯 개의 질문을 스스로에게 던지고 답할 때, 여러분의 인생에서 가장 큰 만족감을 안겨 줄 사명을 가지고 앞으로 나아갈 수 있을 듯한 기분이 들었는가?
- 죽음의 경제에서 생명의 경제로 나아가는 데 이바지할 방법이 있는가?

책 전체와 관련된 주요 질문과 고려 사항

- 이 책의 많은 부분은 지배적인 서사에 도전하는 내용이다. 이전에 가졌던 선입견 중 책을 읽고 나서 다시 생각하게 된 것이 있는가?

- 퍼킨스의 서사는 비즈니스 교육 및 실행 부문의 특정 서사와 통념에 어떻게 도전하는가?
- 생명의 경제를 확장하려면 기업과 각종 기관에서 어떤 정책을 도입해야 할까?
- 퍼킨스가 제시한 서사 중에 회의감이 드는 부분이 있는가?

주제를 기반으로 한 질문

경제 저격수
- 퍼킨스가 설명하듯이 오늘날 경제 저격수로 일하는 사람들은 대개 자신이 얼마나 유해한 역할을 하고 있는지 모른다고 생각하는가?
- 회의적인 태도를 보이는 사람들에게 경제 저격수 전략을 어떻게 설명할 수 있을까? 신뢰성을 유지하고 다른 관점을 공정하게 다루려면 어떤 말을 해야 할까?

경제 저격수 전략과 공식
- 경제 저격수 전략으로 보이지만 이 책에서 언급되지 않은 전술이 있는가?
- 여러분이 살고 있는 나라에서는 경제 저격수 전략이 어느 정도 사용되고 있는가?

부채 함정
- 부채 함정은 국가뿐 아니라 개인에게도 영향을 미친다. 부채가 지배적인 영향을 미치지 못하도록 막거나 영향을 줄일 방법이 있는가?

- 대부분의 나라에서 사용되는 부채 기반 신용 시스템을 대체할 방법이 있는가?

경제적 이익에 관한 잘못된 인식
- 중국의 경제 저격수 전략은 중국으로부터 차관을 빌렸을 때 상대국이 얻게 될 이익을 강조하는 것이다. 왜 이런 부분을 그토록 강조할까?
- 이 책의 본문을 떠올려 보면, 이 주장은 어디에서부터 무너지기 시작하는가?

나날이 확대되는 부의 불평등
- 유엔에 따르면, 국가 간 부의 격차는 줄어든 반면 국가 내 부의 격차는 늘어났다.(un.org/en/un75/inequality-bridging-divide) 경제 저격수들이 대기업과 대주주에게 더 큰 이익을 안겨 줄 목적으로 국가 정체성을 훼손했다고 생각하는가?
- 경제 저격수들은 서구 사회의 부의 불평등에 어떻게 기여했는가?
- 이 책을 읽고 나서 능력주의, 혹은 이 세상에서 성공하기 위해 필요한 것에 관한 생각이 달라졌는가?

자원 채굴
- 미국이 전쟁을 일으켜 왔으며, 퍼킨스가 아프리카에 관한 내용에서 설명했듯이 자원이 풍부한 지역의 안정을 저해하는 분쟁에 개입하지 않는다는 지적이 오랫동안 제기되어 왔다. 중국의 정책에도 비슷한 부분이 있을까?
- 오늘날 많은 사람이 생산과 소비를 모두 줄이는 '탈성장 운동'이 이뤄져야 한다고 목소리를 높인다. 우리 사회를 지탱하려면 전통적인 경제적

의미에서 성장이 필요하다고 생각하는가?
- 생명의 경제로 이어지는 또 다른 종류의 성장이 있는가?

죽음의 경제와 생명의 경제
- 생명의 경제와 죽음의 경제라는 틀이 유용하게 느껴지는가?
- 이런 틀을 개선하거나 여러분이 처한 상황에 맞게 수정할 방법이 있는가?
- 소규모 지역 사회를 기반으로 하는 해결 방안, 그리고 대대적인 제도 변화에 각각 어느 정도의 중점을 두고 싶은가?

부록
죽음의 경제 vs 생명의 경제

많은 경제학자가 '약탈적 자본주의(predatory capitalism)'라고 부르는 변형된 자본주의는 원래의 자본주의와는 공통점이 거의 없다. 미국의 유명 사전 메리엄-웹스터 사전은 자본주의를 아래와 같이 정의한다.

> 개인이나 기업이 자본재를 소유하고, 개인의 결정에 따라 투자가 이뤄지고, 주로 자유시장 내에서의 경쟁에 따라 가격, 생산, 재화 분배가 결정되는 경제 체제.[1]

옥스퍼드 사전은 자본주의를 아래와 같이 정의한다.

> 국가가 무역과 산업을 통제하지 않고 개인 소유주가 이윤 창출을 위해 무역 및 산업 활동에 참여하는 경제 및 정치 체제.[2]

현재 이 세계를 뒤덮은 죽음의 경제는 위의 정의 중 어떤 것에도 어울리지 않는다. 죽음의 경제에는 경쟁을 막고 자유 시장 정책에 반대하는 기업이 있다. 국가가 기업을 소유하지 않지만, 기업과 그 기업을 소유한 억만장자 주주들이 그 국가를 통제한다. 절대로 자본주의로 여겨져서는 안 되는 약탈적인 형태일 뿐이다.

노벨상을 받은 프리드리히 폰 하이에크(1974년 수상)와 밀턴 프리드먼(1976년 수상) 등 1970년대와 1980년대에 명성을 크게 얻었던 경제학자들이 강조했던 목표가 죽음의 경제를 널리 퍼뜨리는 역할을 했다. "사회 비용과 환경 비용이 얼마가 들건 단기적인 주주 이익을 극대화하는 것이 기업의 유일한 책임"이라는 말로 그 목표를 요약할 수 있다.

이런 인식을 가진 기업들이 저지른 일을 보면 기업 임원들에게는 마치 이윤 극대화를 위해서는 무엇이든 할 수 있는 권리가 있는 것처럼 보인다. 심지어 그래야 할 의무가 있는 듯 보이기도 한다. 가령, 선거 자금을 제공해 정부 관료들을 매수하고, 정계를 떠나면 컨설턴트나 로비스트의 일자리를 주겠다고 약속하고, 노동자를 착취한다. 뿐만 아니라 경쟁 상대를 전멸시키거나 아예 인수하고, 환경 파괴를 일삼으며, 세금 인하를 종용하는 동시에 임금은 삭감하고, 근로자와 소비자, 그리고 생태계 보호를 위한 규제에 반대하는 로비 활동을 벌인다. 게다가 공장을 특정한 도시나 국가에 짓겠다고 약속하거나 이미 운영 중인 공장을 닫겠다고 위협해 지역 경제에 영향을 미칠 뿐더러 기업의 장기적인 생존과도 직결된 바로 그 자원을 파괴한다. 이런 사건들은 기업뿐만 아니라 정부에 명령 하달 방식의 권위주의적이고 독재적인 운영 체계를 조장한다.

죽음의 경제의 핵심 특징

- 상대적으로 극소수에 불과한 사람에게 돌아가는 단기 이익을 극대화하는 것을 목표로 삼는다.
- 시장 점유율과 정치적 통제권을 얻기 위해 공포와 부채를 이용한다.
- 누군가가 이기려면 다른 누군가는 질 수밖에 없다는 생각을 퍼뜨린다.
- 다른 기업이나 사람, 환경을 모두 착취하도록 기업들을 부추기는 약탈적인 경제다.
- 장기적인 성장에 필요한 자원을 파괴한다.
- 육아, 예술 등 삶의 질을 높이는 재화와 서비스 대신 '착취적'이고 물질주의적인 재화와 서비스를 중시한다.
- 주가 조작, 금융화, 도박 등 비생산적인 금융 거래에 지나치게 많은 영향을 받는다.
- 이윤, 국내총생산 등의 지표를 측정할 때 환경 파괴나 노동자 착취 같은 외적인 요인을 외면한다.
- 인간이든 다른 생명체든 무언가를 죽이고, 죽이겠다고 위협하고, 인프라를 파괴하는 등 군대화에 지나치게 많이 투자한다.
- 환경 오염, 환경 파괴, 심각한 임금 및 사회 불평등을 초래하며, 정치 불안정으로 이어질 수도 있다.
- 세금을 (사회 복지, 인프라, 군대 등에 대한) 투자라고 정의하기보다 악마화한다.
- 소수의 개인이 지배권을 가진 대기업의 성장을 장려하는 비민주적인 경제다. 이들이 가진 돈은 정치에 지대한 영향을 미친다.(독점이 소수 독재 정치로 이어진다.)
- 명령 하달 방식의 권위주의적인 명령 체계를 기반으로 하며, 이는 기업과 정부에 독재적인 운영 방식을 강화한다.

- 생산적인 직업(노동자, 공장 근로자)과 삶을 윤택하게 만드는 직업(교사, 음악가, 화가)보다 비생산적인 직업(벤처 캐피털리스트, 투자 은행가)을 더 중요하게 여긴다.
- 수십억 명의 사람들을 빈곤한 상태에 머무르게 한다.
- 식물과 동물을 비롯한 자연계 전체를 마음대로 써도 좋은 자원으로 여긴다. 자연을 존중하거나 보호하지 못하며, 대규모 멸종과 기타 돌이킬 수 없는 문제들을 야기한다.
- 전 세계에서 '자본주의'를 가장 열렬히 옹호한다.

죽음의 경제를 생명의 경제로 바꿔 놓아야만 우리에게 미래가 있다. 오염을 정화하고, 황폐해진 생태계를 되살리고, 재활용하고, 자원을 되살리고 환경을 마구잡이로 파괴하기보다는 이롭게 하는 기술을 개발하는 생명의 경제로 나아가지 않는 한 미래는 없다. 경제 자체가 재생 가능한 자원이 되는 그런 경제에 투자하는 투자자에게 수익을 돌려주는 기업이 성공하게 된다.

생명의 경제를 움직이는 목표는 인간과 환경에 돌아가는 장기적인 이익을 극대화하는 것이다.

생명의 경제의 핵심 특징
- 공익(인간과 자연에 돌아가는 장기적인 이익 극대화)을 위하는 것을 목표로 삼는다.
- 건강하고 비독점적인 경쟁, 혁신적인 아이디어, 지속 가능한 제품을 장려하는 공정한 경쟁 환경을 중요시하는 법칙을 따른다.
- 모두를 위한 장기적인 이익을 추구하겠다는 목표를 세우면 우리 모두가 승리할 수 있다는 생각, 즉 협력의 개념을 받아들인다.

- 물질주의와 자원 착취에만 의존하는 활동보다는 영적인 발전과 삶의 질을 향상시키는 활동을 중시한다.
- 주가 조작, 금융화, 도박 같은 비생산적인 활동보다 재활용, 교육, 의료, 예술 같은 유익하고 생산적인 활동을 기반으로 한다.
- 오염을 정화한다.
- 황폐해진 환경을 되살린다.
- 부채를 탈피하는 것과 연민을 중요하게 여긴다.
- 굶주린 사람들이 스스로 먹고살 수 있도록 돕는다.
- 금융 지표나 경제 지표를 측정할 때 외부 요인을 고려한다.
- 혁신을 위해 노력한다. 새롭고 재생 가능하고 지속 가능한 기술을 개발하고 수용한다.
- 재활용한다.
- 세금을 투자로 정의한다.(여러분의 세금이 의료에 투입되는 것이 좋은가, 군비로 사용되는 것이 좋은가?)
- 많은 사람에게 이익이 되는 지역 기반 상거래, 그리고 직원이나 공동체 소유의 비즈니스(예: 협동조합, 사회적 기업)를 장려하는 민주적인 경제다.
- 기업과 정부에서 민주적인 의사 결정 과정 및 경영 방식을 강화한다.
- 삶을 풍요롭게 하는 일(음악가, 사회 복지사, 의료진, 부모)에 높은 가치를 둔다.
- 인간은 지구와 공생 관계이며, 자연계를 존중하고, 감사하게 여기고, 보호해야 한다는 기본 지식에 기반한다.
- 이 모든 특징을 존중하는 투자자에게 보상을 제공한다.
- 20만 년에 달하는 인류의 역사에서 대부분의 기간 동안 이런 형태의 경제 발전이 이뤄졌다.

가치와 행동에 영향을 미치는 인식, 그리고 그에 관해 우리가 하는 이야기들이 달라져야 죽음의 경제에서 벗어나 생명의 경제로 나아갈 수 있다. "사회나 환경의 측면에서 어떤 비용이 발생하건 소수에게만 득이 되는 단기 이윤을 극대화하는 방식"이 "모든 인류와 자연에 돌아가는 장기적인 이익을 극대화하는 방식"이 되는 것이다. 소비자, 노동자, 투자자들이 몸소 이런 가치를 받아들이고, 이런 가치를 실천하는 기업과 정부를 돕기 위한 행동에 돌입하면, 생태 문명(Ecological Civilization)이 생겨난다. 하버드 경영대학원 교수를 역임하고, 포드 재단, 록펠러 재단, 국제개발처 사절단, 아시아, 중남미, 아프리카 등지의 경영대학원에 자문했던 데이비드 코튼은 2021년에 로마클럽★ 보고서에서 생태 문명을 언급했다. "생태 문명은 자연의 재생 능력과 아름다움을 회복하고 강화할 수 있도록 인간과 자연의 관계를 변화시킨다. …… 모든 기업이 지역 사회에 도움이 되는 목적을 달성하도록 노력해야 한다."[3] 데이비드는 최근에 나와 연락을 주고받으며 이런 말을 덧붙였다.

모든 것은 우리가 자신을 정의할 때 사용하는 이야기에 달려 있습니다. 우리 인간은 우주에 떠 있는 생명력 없는 돌덩이 위에서 금융을 위해 살아가는 존재인가요? 아니면 생명력이 넘치는 지구에서 태어나고 자란 존재인가요? 우리가 오직 돈을 위해 살아가는 금융적인 존재라면 더 많은 돈을 버는 것이 항상 더 좋을 수밖에 없습니다. 게다가 사회나 환경 측면에서의 결과는 무시한 채 오직 단기적인 이윤 극대화에 매달리는 것이 기업에 잘 어울립니다.

★ Club of Rome. 환경 문제에 대응하기 위해 설립된 비영리 단체

그러나 우리는 깨끗한 공기와 물, 비옥한 토양, 안정된 기후, 서로의 행복과 지구의 안위가 모두 전제되어야만 행복할 수 있는 존재입니다. 이와 같은 요건들을 충족시키는 것이 기업의 공인된 목표로 여겨지는 생태 문명으로 우리 인류가 다 함께 나아가야만 미래가 있습니다. 돈도 가끔은 유용한 도구가 될 것입니다. 민간 기업에게는 공정한 이익이 반드시 필요한 수단일 수밖에 없습니다. 그러나 돈이 결코 근본적인 목표가 되어서는 안 됩니다.

중국 공산당은 생태 문명 달성을 헌법과 5개년 계획에 모두 명시하고 있다.

저자 약력

1963년
사립 고등학교를 졸업하고 미들베리대학에 입학한다.

1964년
이란인 장군의 아들이었던 파라드와 친구가 된 후 미들베리대학을 자퇴한다.

1965년
보스턴에 살면서 허스트그룹 소속 신문사에서 근무한다.

1966년
보스턴대학 경영학과에 입학한다.

1967년
NSA 고위급 간부를 '프랭크 아저씨'라고 부르는 미들베리 동창 앤과 결혼한다.

1968년
NSA로부터 경제 저격수 일을 맡기기에 적임자라는 평가를 받는다. 프랭크 아저씨의 격려를 받으며 평화봉사단에 가입해 에콰도르 내의 아마존 지역으로 배치된다. 그곳에서 오래전부터 살아온 원주민들이 미국 석유 회사들과 갈등을 빚는 현실을 알게 된다.

1969년
우림 지역과 안데스산맥에 거주. 석유 회사와 정부 기관들이 사용하는 기만적이고 파괴적인 관행과 이런 것들이 현지 문화와 환경에 미치는 부정적인 영향을 직접 경험한다.

1970년
에콰도르에서 세계적인 컨설팅 기업 메인의 부사장이자 NSA의 연락 담당자였던 인물을 만난다.

1971년
메인에 입사해 보스턴에서 경제 저격수가 되기 위한 은밀한 훈련을 받는다. 열한 명으로 구성된 팀의 일원으로 인도네시아 자바로 파견을 나간 후 경제 전망을 위조하라는 압박 때문에 양심의 가책을 느낀다.

1972년

기꺼이 '협조'한 덕에 수석 경제 전문가가 되어 '수재'로 여겨지고, 세계은행 총재 로버트 맥나마라를 비롯한 유명 인사들을 만난다. 특수 임무를 맡아 파나마로 파견된다. 카리스마 넘치는 파나마 지도자 오마르 토리호스와 친구가 되어 미국의 제국주의 역사와 파나마 운하 소유권을 되찾겠다는 토리호스의 결의를 이해하게 된다.

1973년

성공가도를 달리며, 메인 내에서 제국을 건설한다. 파나마 프로젝트를 계속 진행하며 세계 곳곳으로 출장을 다니고, 아시아, 중남미, 중동에 관한 연구를 진행한다.

1974년

사우디아라비아에서 경제 저격수 프로젝트를 대성공시키는 데 중요한 역할을 한다. 사우디 왕가는 석유를 팔아 벌어들인 수십억 달러의 돈을 미국 채권에 투자하는 데 동의하고, 미 재무부는 그 돈으로 얻은 이자 수익으로 미국 기업을 고용해 사우디아라비아의 전력망, 상하수도 시설, 고속도로, 항만, 도시를 건설한다. 대신 미국은 사우디 왕가의 사우디아라비아 통치권을 보장한다. 이 사례는 향후에 경제 저격수 협상의 모범 답안 역할을 하게 된다. 사우디아라비아의 선례에 따라 진행한 이라크 협상은 결국 실패로 돌아갔다.

1975년

경제·지역 개발 계획 팀장으로 다시 승진하고, 100년에 달하는 메인 역사상 가장 젊은 파트너로 등극한다. 여러 건의 영향력 있는 보고서를 발표하고 하버드대학을 비롯한 여러 단체에서 강의를 한다.

1976년
아프리카, 아시아, 중남미, 북미, 중동 등 세계 각지에서 주요 프로젝트를 진행하며, 이란 국왕 사례를 통해 혁신적인 제국 건설 방법을 익힌다.

1977년
콜롬비아에서 만난 새로운 인연 덕에, 실제로는 가족과 집을 지키려고 애쓰는 농부인 선량한 시민들이 공산주의 테러리스트나 마약 밀매자로 치부되어 곤경을 겪고 있다는 사실을 알게 된다.

1978년
파라드의 성화에 못 이겨 이란을 빠져나와, 파라드와 함께 로마로 날아가 이란 장군 출신인 파라드의 아버지가 사는 집을 방문한다. 이때 파라드의 아버지는 이란 국왕이 축출될 날이 머지않았다며 중동 전역에 증오가 들끓는 것은 미국의 정책과 부패한 지도자, 독재 정부 때문이라고 비난한다. 또한 미국이 좀 더 연민 어린 태도를 보이지 않는다면 상황이 악화될 것이라고 경고한다.

1979년
이란의 국왕이 망명길에 오르고 이란인들이 미국 대사관을 점거해 52명을 인질로 잡는 상황을 지켜보며 양심의 가책을 느낀다. 미국은 전 세계에서 자국이 얼마나 제국주의적인 역할을 하고 있는지 진실을 외면하는 나라라는 사실을 깨닫게 되고, 오랜 갈등과 여러 번에 걸친 별거 끝에 첫 부인과 이혼한다.

1980년

깊은 우울감, 죄책감, 돈과 권력 때문에 메인에 남아 있었다는 자각으로 고통받는다. 결국 회사를 그만둔다.

1981년

에콰도르 대통령 하이메 롤도스(외국 기업이 에콰도르의 석유를 좌지우지하는 데 반대한 인물)와 파나마 지도자 토리호스(파나마 운하와 미군 기지에 대한 입장 때문에 미국 정부로부터 강한 반발을 산 인물)가 CIA의 암살 작전처럼 보이는 비행기 폭발 사고로 사망한 후 깊은 충격에 빠진다. 퍼킨스가 1974년에 경제 저격수로 활약한 결과로 체결된 협정으로 생겨난 사우디아라비아 도시를 설계하고 건설하는 프로젝트를 책임지고 있는 인물이자 벡텔의 수석 설계사인 아버지를 둔 여성과 재혼한다.

1982년

친환경 전기를 생산하는 인디펜던트파워시스템스 설립. 딸 제시카가 태어난다.

1983~1989년

다양한 '우연'(높은 자리에 있는 사람들, 세금 감면 등)의 도움으로 인디펜던트파워시스템스 CEO로 화려한 성공을 거둔다. 한 아이의 아버지로서 세상이 직면한 위기와 과거에 했던 경제 저격수 일에 대한 고민에 빠지게 된다. 모든 것을 폭로하는 책을 쓰기 시작하지만, 그러한 책을 출간하지 않는 조건으로 거액의 컨설팅 의뢰를 받는다.

1990~1991년

미국의 파나마 침공과 노리에가 투옥 이후 인디펜던트파워시스템스를 매각하고 마흔다섯에 은퇴를 선택한다. 경제 저격수로서 살아온 삶에 관한 책을 구상하지만 비영리 단체를 설립하라는 설득에 넘어갔고, 이런 책이 비영리 단체 운영에 도움이 되지 않는다는 의견도 수용하게 된다.

1992~2000년

이라크에서 경제 저격수가 실패한 끝에 제1차 걸프전이 벌어지는 모습을 지켜보게 된다. 경제 저격수에 관한 책을 쓰려고 세 번이나 시도하지만, 협박과 뇌물에 굴복한다. 원주민에 관한 책을 쓰고, 비영리 단체를 지원하고, 뉴에이지 포럼에서 강연하고, 아마존과 히말라야를 여행하고, 달라이 라마를 만나는 등 양심의 가책을 덜기 위해 다양한 활동을 한다.

2001~2002년

2001년 9월 11일, 북미에서 온 한 무리의 관광객을 이끌고 아마존으로 가 원주민들과 함께 시간을 보낸다. 그라운드 제로에서 하루를 보낸 후 자신의 고통을 치유하고 경제 저격수의 진실을 폭로하는 책을 쓰기로 결심한다.

2003~2004년

에콰도르에 있는 아마존 지역으로 돌아가 석유 회사를 상대로 전쟁을 벌이겠다고 위협하는 원주민을 만난다. 『경제 저격수의 고백』을 집필한다.

2005~2016년

세계적인 베스트셀러『경제 저격수의 고백』을 출간한 후, 세계 강연 투어, 기업 정상 회의, CEO 및 비즈니스 리더들이 참석하는 대규모 회의, 소비자 콘퍼런스, 음악 축제, 50개 이상의 대학에서 죽음의 경제를 삶의 경제로 대체해야 한다는 메시지를 전달한다. 좀 더 적극적인 행동주의를 실천하기 위해 ABC, NBC, CNN, CNBC, NPR, A&E, 히스토리 채널 등에 출연하고《타임》,《뉴욕 타임스》,《워싱턴 포스트》,《코스모폴리탄》,《엘르》,《슈피겔》등 다양한 매체의 인터뷰 요청에 응하고,「빈곤의 종말?(The End of Poverty?)」,「시대정신, 후속편(Zeitgeist Addendum)」,「나는 경제 저격수였다」등 다양한 다큐멘터리에 출연한다.『경제 저격수의 새로운 고백』을 집필한다.

2016~2022년

『경제 저격수의 새로운 고백』의 세계적인 영향력이 높아진 결과, 여러 나라로부터 언론 행사나 연설 초청을 받고, 정부 전·현직 관료나 고위급 기업 임원, 학생, 환경단체, 사회정의단체 등과 함께하는 다양한 회의에 초대받는다. 중국의 세력이 나날이 강해지고 있으며 중국의 경제 저격수들이 미국 경제 저격수 전략의 성공과 실패를 통해 커다란 교훈을 얻는다는 사실에 깊이 감명받게 된다. 죽음의 경제를 생명의 경제로 바꾸려면 미국과 중국의 협력이 필요하다는 확신을 가지고『경제 저격수의 고백』3판을 집필한다.

참고 자료

주석에 설명해 둔 자료 목록 외에도 아래와 같은 몇 가지 자료를 참고하기 바란다. 간단한 설명도 달아 두었다. 단, 제목만 봐도 알 수 있는 경우에는 설명을 생략했다.

영상

「미국이 벌인 쿠데타(*An American Coup*)」 CIA가 이란에서 벌인 쿠데타에 관한 98분짜리 다큐멘터리. https://www.imdb.com/title/tt1800242/

"경제 저격수의 고백과 행동을 촉구하는 목소리(*An Economic Hit Man Confesses and Calls to Action*)" 존 퍼킨스가 진행한 테드엑스(TEDx) 강연. https://www.youtube.com/watch?v=btF6nKHo2i0

「나는 경제 저격수였다(*Apology of an Economic Hit Man*)」 그리스 제작사가 제작한 90분짜리 다큐멘터리. 퍼킨스가 에콰도르에서 했던 연설을 중점적으로 다루며, 퍼킨스가 경제 저격수로 살았던 시절을 담은 장면과 미국의 선전 영상 및 에콰도르와 파나마의 국가원수가 사망할 당시의 장면을 모두 공개한다. https://www.youtube.com/watch?v=DPoLsZpRK38

「경제 저격수 만화(*Economic Hitmen Cartoon*)」 2분 30초짜리 애니메이션. 존 퍼킨스의 목소리가 기업이 부채, 전쟁, 약탈적 자본주의를 앞세워 국가를 어떻게 망가뜨리는지 설명한다. https://www.youtube.com/watch?v=RozOiZAK9lQ

「삶과 부채(*Life and Debt*)」 스테파니 블랙 감독이 2001년에 발표한 장편 영화. IMF와 세계은행이 자메이카에 차관을 빌려주고 특정한 정책을 실행할 것을 요구했지만 결국 실패로 돌아간 사례를 폭로하는 영화. 자메이카가 떠안게 된 많은 부채와 이런 현실이 자메이카에 미치는 영향, 마이클 맨리 자메이카 전 대통령이 이들 기관을 비판하는 내용이 담겨 있다. https://www.imdb.com/title/tt0284262/

「빅쇼트」 애덤 맥케이 감독이 2015년에 공개한 영화. 2007~2008년의 금융 위기를 다룬 이 영화는 투기꾼들과 부자들이 금융 시장을 조작하기 위해 어떤 방법을 사용하는지 잘 보여 준다.

https://www.imdb.com/title/tt1596363

「파나마 사기극」 미국의 파나마 침공을 다룬 바버라 트렌트 감독의 1992년 영화. 미군이 파나마에서 저지른 잔학 행위를 알리고 파나마 운하 통제권을 빼앗기지 않고 친미 성향의 정부를 수립하는 것이 침공의 진짜 목표였다는 사실을 폭로한다. https://www.imdb.com/title/tt0105089/

「더 울프 오브 월 스트리트」 부패와 사기를 일삼는 월 스트리트 브로커에 관한 실화를 소개하는 마틴 스콜세지 감독의 2013년 작품. https://www.imdb.com/title/tt0993846/

"아프리카를 노예로 만들려는 중국의 수익성 넘치는 비즈니스(*China's Profitable Business of Enslaving Africa*)" https://www.youtube.com/watch?v=6lz1RQw_MgU

참고 도서와 보고서

데이비드 코튼, 「생태 문명(*Ecological Civilization*)」, Club of Rome, 2021. https://www.clubofrome.org/wp-content/uploads/2021/11/Korten_EcoCiv_11032021_Updated-cover-1.pdf

데이비드 코튼, 『위대한 전환』, 김승진 역, 가나출판사, 2024.

데이비드 코튼, 『경제가 성장하면 우리는 정말로 행복해질까』, 김경숙 역, 사이, 2014.

비자이 프라샤드, 『갈색의 세계사』, 박소현 역, 뿌리와이파리, 2015년. (이 책은 제3세계의 '유토피아적 이상'을 분석하고 경제·정치 질서에서 소위 제3세계 국가를 정복하는 데 이 이상이 어떻게 사용되었는지 파헤친다.)

하워드 진, 『미국민중사 1·2』, 유강은 역, 이후, 2005.

Isaac Stone, 『America Second: How America's Elites Are Making China Stronger』. Knopf, 2022.

Janine R. Wedel, 『Shadow Elite: How the World's New Power Brokers Undermine Democracy, Government, and the Free Market』, Basic Books, 2009.

Wang Zhihe·Fan Meijun, 「Tong(通): What the West Can Learn from China)」, International Daily, 2018.

Walter Rodney, 『How Europe Underdeveloped Africa』, Bogle-L'Ouverture Publications, 1972. (이 책은 유럽이 어떻게 아프리카에 식민지를 건설하고, 아프리카의 자원과 정치 구조를 악용했는지 분석하고, 그로 인해 세계에서 가장 자원이 풍부한 대륙 중 한 곳인 아프리카가 어떻게 계속해서 저개발 지역으로 남게 되었는지 파헤친다.)

기타 자료

Cardiff Garcia, "The Great Turnaround", The New Bazaar podcast, 2021. https://open.spotify.com/episode/42ot6CHUCEwkXDsjr1CE2o?si=kSuDEaL3QpW55YDfsOTBWg (이 팟캐스트는 자유주의 경제 정책을 다른 경제 정책과 대조해서 설명하며 개발 프로젝트를 진행할 때 차관을 제공하는 방법과 지분 투자를 하는 방법의 차이를 강조한다.)

Vincent Ni·Helen Davidson, "'More Cautious' China Shifts Africa Approach from Debt to Vaccine Diplomacy", The Guardian. December 8, 2021. https://www.theguardian.com/world/2021/dec/08/more-cautious-china-shifts-africa-approach-from-debt-to-vaccine-diplomacy (이 기사는 중국 정부가 최근 경제 외교에 대해 어떤 태도로 접근하는지 설명한다.)

Rob Schmitz, "How a Chinese-Built Highway Drove Montenegro Deep Into Debt" NPR. June 28, 2021. https://www.npr.org/2021/06/28/1010832606/road-deal-with-china-is-blamed-for-catapulting -montenegro-into-historic-debt (이 기사는 퍼킨스 시대의 경제 저격수들이 부추긴 인프라 프로젝트와 유사한 방식으로 진행되는 중국의 인프라 프로젝트를 파헤친다.)

주

들어가며

1. Drew Desilver, "For Most U.S. Workers, Real Wages Have Barely Budged in Decades," Pew Research Center, August 7, 2018, https://www.pewresearch.org/fact-tank/2018/08/07/for-most-us-workers-real-wages-have-barely-budged-for-decades/

1장

1. Simon Romero, "Ecuador: President Orders Debt Default," New York Times, December 12, 2008, www.nytimes.com/2008/12/13/world/americas/13briefs-PRESIDENTORD_BRF.html; Mick Riordan et al., "Daily Brief: Economics and Financial Market Commentary," Global Economic Monitor, December 16, 2008, https://documents1.worldbank.org/curated/en/994341468322493262/pdf/612410NEWS0DEC0BOX0358349B00PUBLIC0.pdf

2. 에너지광산부 장관 알베르토 아코스타와 저자와의 대화는 저자의 전작 『경제 저격수의 고백 2』(민음인, 2010)에 자세히 묘사되어 있다. John Perkins, *Hoodwinked: An Economic Hit Man Reveals Why the Global Economy IMPLODED—and How to Fix It* (New York: Crown Business, 2009), 67.

3. Mercedes Alvaro, "China, Ecuador Sign $2 Billion Loan Deal," Wall Street Journal, June 28, 2011, www.wsj.com/articles/SB10001424052702304314404576412373916029508

4. Stansfield Smith, "Ecuador's Accomplishments under the 10 Years of Rafael Correa's Citizen's Revolution," Council on Hemispheric Affairs, April 17, 2017, https://www.coha.org/ecuadors-accomplishments-under-the-10-years-of-rafael-correas-citizens-revolution/

5. 에콰도르의 부채와 중국의 자금 조달을 해석하는 방식에는 약간의 이견이 있다. 부분적으로는 투자와 반대되는 개념인 대출에 대한 정의가 다르기 때문이다. 이에 관한 애덤 주커먼의 해석은 이렇다. "코레아 에콰도르 대통령은 지난주 중국을 방문해 충분한 보상을 받았지만, 이러한 중국의 투자는 아마존과 그곳 주민들에게 심각한 영향을 미칠 수 있다. 수요일, 중국 정부는

석유 의존도가 매우 높은 나라인 에콰도르가 국제 원유 가격 인하에 대응할 수 있도록 75억 3000만 달러를 빌려주기로 합의했다. 중국이 에콰도르에 빌려준 차관 중 최대 규모로, 이번 차관까지 모두 더하면 중국은 에콰도르 국내총생산의 4분의 1이 넘는 약 250억 달러를 빌려주는 셈이 된다. 2013년, 중국은 에콰도르 정부가 대외에서 조달한 금융의 61퍼센트를 차지했으며 에콰도르 석유 중 83퍼센트를 구매했다. 이번 차관으로 두 수치 모두 훨씬 더 높아질 것으로 보인다.(Zuckerman, "Eye on Ecuador: Racking Up the China Debt and Paying It Forward with Oil," Amazon Watch, January 13, 2015, http://amazonwatch.org/news/2015/0113-racking-up-the-china-debt-and-paying-it-forward-with-oil) 《월 스트리트 저널》은 다음과 같이 분석한다. "현재 중국이 에콰도르에 내어 준 차관은 60억 달러를 웃돈다. 시노하이드로가 건설하는 수력 발전 댐 '코카코도 싱클레어'를 짓는 데 들어가는 17억 달러도 여기에 포함되어 있다. 에콰도르의 전체 에너지 수요 중 약 75퍼센트를 충족시킬 목적으로 건설되는 이 댐을 짓는 데 필요한 비용의 85퍼센트를 제공하는 셈이다."(Alvaro, "China, Ecuador Sign $2 Billion Loan Deal") 이 책에서는 에콰도르 일간지 《엘 꼬메르시오》에 보도된 에콰도르 정부의 공식 차관 수치를 이용했다. El Comercio, July 29, 2015, "La prensa de EE.UU. alerta la dependencia de Ecuador a China."

6. Clifford Krauss and Keith Bradsher, "China's Global Ambitions, Cash and Strings Attached," New York Times, July 24, 2015, https://www.nytimes.com/2015/07/26/business/international/chinas-global-ambitions-with-loans-and-strings-attached.html

2장

1. Nicholas Casey and Clifford Krauss, "It Doesn't Matter if Ecuador Can Afford This Dam. China Still Gets Paid.", New York Times, December 24, 2018, https://www.nytimes.com/2018/12/24/world/americas/ecuador-china-dam.html?auth=login-google

2. El Comercio, July 29, 2015, "La Prensa de EE.UU. Alerta de Dependencia de Ecuador a China."

3. Raquel Carvalho, "How Chinese Projects Are Tearing Communities in Ecuador Apart," South China Morning Post, May 25, 2019, https://multimedia.scmp.com/week-asia/article/3011618/beijing-conquest-latin-america/chapter02.html

4. Casey and Krauss, "It Doesn't Matter."

3장

1. Raquel Carvalho, "How Chinese Projects Are Tearing Communities in Ecuador Apart," South China Morning Post, May 25, 2019, https://multimedia.scmp.com/week-

asia/article/3011618/beijing-conquest-latin-america/chapter02.html

2. David Dene, Julio Prieto, and EnvJustice, "Mirador: A Mine Full of Mirages," The Ecologist, February 18, 2019, https://theecologist.org/2019/feb/18/mirador-mine-full-mirages

3. Ciara Nugent and Charlie Campell, "The U.S. and China Are Battling for Influence in Latin America, and the Pandemic Has Raised the Stakes," TIME, February 4, 2021, https://time.com/5936037/us-china-latin-america-influence/

4. Mark P. Sullivan and Thomas Lum, "China's Engagement with Latin America and the Caribbean," Congressional Research Service, updated May 4, 2022, https://fas.org/sgp/crs/row/IF10982.pdf

5. R. Evan Ellis, "China's Bid to Dominate Electrical Connectivity in Latin America," China Brief 21, no. 10 (2021): https://jamestown.org/program/chinas-bid-to-dominate-electrical-connectivity-in-latin-america/

6. China Africa Research Initiative, "Data: Chinese Investment in Africa," January 10, 2022, http://www.sais-cari.org/chinese-investment-in-africa

7. Elliot Smith, "The US-China Trade Rivalry Is Underway in Africa, and Washington Is Playing Catch- Up," CNBC, October 9, 2019, https://www.cnbc.com/2019/10/09/the-us-china-trade-rivalry-is-underway-in-africa.html

4장

1. ChevronToxico, "A Rainforest Chernobyl," n.d., http://chevrontoxico.com/about/rainforest-chernobyl/

6장

1. Stephen Kinzer, *All the Shah's Men: An American Coup and the Roots of Middle East Terror,* 2nd ed.(Hoboken, NJ: Wiley, 2008)

2. Jane Mayer, "Contract Sport: What Did the Vice-President Do for Halliburton?", New Yorker, February 8, 2004, https://www.newyorker.com/magazine/2004/02/16/contract-sport

7장

1. Jean Gelman Taylor, *Indonesia: Peoples and Histories* (New Haven, CT, and London: Yale University Press, 2003); Theodore Friend, *Indonesian Destinies* (Cambridge, MA, and London: Belknap Press of Harvard University, 2003); Rex Mortimer, *Indonesian Communism Under Sukarno: Ideology and Politics, 1959–1965* (Sheffield, UK: Equinox Publishing, 2006)

8장

1. Tim Weiner, "Robert S. McNamara, Architect of a Futile War, Dies at 93," New York Times, July 7, 2009, http://www.nytimes.com/2009/07/07/us/07mcnamara.html

9장

1. Susan Rosegrant and David R. Lampe, *Route 128: Lessons from Boston's High-Tech Community*, paperback ed. (New York: Basic Books, 1993)

11장

1. Arnold Toynbee and D. C. Somervell, *Civilization on Trial and The World and the West* (New York: Meridian Books, 1958)

13장

1. 참조. David McCullough, *The Path Between the Seas: The Creation of the Panama Canal 1870–1914* (New York: Simon and Schuster, 1999); William Friar, *Portrait of the Panama Canal: From Construction to the Twenty-First Century* (New York: Graphic Arts Publishing Company, 1999); Graham Greene, *Conversations with the General* (New York: Pocket Books, 1984)

2. 참조. "Zapata Petroleum Corp.", Fortune, April 1958, 248; Darwin Payne, *Initiative in Energy: Dresser Industries, Inc. 1880–1978* (New York: Simon and Schuster, 1979); Steve Pizzo et al., *Inside Job: The Looting of America's Savings and Loans* (New York: McGraw Hill, 1989); Gary Webb, *Dark Alliance: The CIA, The Contras, and the Crack Cocaine Explosion* (New York: Seven Stories Press, 1999); Gerard Colby and Charlotte Dennet, *Thy Will Be Done, The Conquest of the Amazon: Nelson Rockefeller and

Evangelism in the Age of Oil(New York: HarperCollins, 1995)

    3. Manuel Noriega with Peter Eisner, *America's Prisoner: The Memoirs of Manuel Noriega*(New York: Random House, 1997); Omar Torrijos Herrera, *Ideario*(San José, Costa Rica: Editorial Universitaria Centroamericano, 1983); Greene, *Conversations*.

    4. Greene, *Conversations*; Noriega with Eisner, *Memoirs*.

    5. Derrick Jensen, *A Language Older than Words*(New York: Context Books, 2000), 86–88.

    6. Greene, *Conversations*; Noriega with Eisner, *Memoirs*.

14장

    1. 운하 구역에 관해 좀 더 자세한 내용이 궁금하다면 다음을 참고하기 바란다. John Major, *Prize Possession: The United States Government and the Panama Canal 1903–1979*(Cambridge, UK; New York: Cambridge University Press, 1993); David McCullough, *The Path Between the Seas: The Creation of the Panama Canal, 1870–1914*(New York: Simon & Schuster, 1978).

15장

    1. William Shawcross: *The Shah's Last Ride: The Fate of an Ally*(New York: Simon & Schuster, 1988); Stephen Kinzer, *All the Shah's Men: An American Coup and the Roots of Middle East Terror*(Hoboken, NJ: John Wiley & Sons, Inc., 2003), 45.

    2. 아르벤스와 유나이티드프루트, 폭력으로 얼룩진 과테말라의 역사를 다룬 글은 많다. 그중 몇 가지를 소개하면 다음과 같다. 보스턴대학에서 정치학을 가르쳤던 하워드 진의 책도 그중 하나다. Howard Zinn, 『미국민중사 1, 2』(이후, 2008년); Diane K. Stanley, *For the Record: The United Fruit Company's Sixty-Six Years in Guatemala*(Guatemala City: Centro Impresor Piedra Santa, 1994). 간단하게 참고하고 싶다면, 다음 자료를 살펴보자. "The Banana Republic: The United Fruit Company"; "CIA Involved in Guatemala Coup, 1954," http://www.english.upen n.edu/~afilreis/50s/guatemala.html 부시 일가의 개입에 관한 내용은 다음에서 확인할 수 있다. "Zapata Petroleum Corp.," Fortune (April 1958): 248.

16장

    1. "Robert S. McNamara: 8th Secretary of Defense," https://www.nytimes

.com/2009/07/07/us/07mcnamara.html.

17장

1. 1973년 석유 금수 조치로 이어진 사건, 그리고 금수 조치가 미친 영향에 대해 알아보고 싶다면 다음을 참고하기 바란다. Thomas W. Lippman, *Inside the Mirage: America's Fragile Partnership with Saudi Arabia* (Boulder, CO: Westview Press, 2004), 155–59; Daniel Yergin, *The Prize: The Epic Quest for Oil, Money & Power* (New York: Free Press, 1993); Stephen Schneider, *The Oil Price Revolution* (Baltimore: Johns Hopkins University Press, 1983); Ian Seymour, *OPEC: Instrument of Change* (London: McMillan, 1980).

2. Lippman, *Inside the Mirage*, 160.

3. David Holden and Richard Johns, *The House of Saud: The Rise and Rule of the Most Powerful Dynasty in the Arab World* (New York: Holt, Rinehart & Winston, 1981), 359.

4. Lippman, *Inside the Mirage*, 167.

18장

1. Robert Baer, *Sleeping with the Devil: How Washington Sold Our Soul for Saudi Oil* (New York: Crown Publishers, 2003), 26.

2. Thomas W. Lippman, *Inside the Mirage: America's Fragile Partnership with Saudi Arabia* (Boulder, CO: Westview Press, 2004), 162.

3. Lippman, *Inside the Mirage*, 2.

4. Henry Wasswa, "Idi Amin, Murderous Ugandan Dictator, Dies," Associated Press, August 17, 2003.

5. David E. Kaplan, Monica Ekman, and Aamir Latif, "The Saudi Connection," U.S. News & World Report, December 15, 2003.

6. Kaplan, Ekman, and Latif, "The Saudi Connection."

7. Craig Unger, "Saving the Saudis," Vanity Fair, October 2003. 부시 일가의 개입, 벡텔 등에 관해 좀 더 자세한 내용이 궁금하다면 다음을 참고하기 바란다. "Zapata Petroleum Corp.," Fortune, April 1958, 248; Darwin Payne, *Initiative in Energy: Dresser Industries, Inc. 1880–1978* (New York: Simon and Schuster, 1979); Nathan Vardi, "Desert Storm: Bechtel Group Is Leading the Charge," and "Contacts for Contracts," both in Forbes,

June 23, 2003, 63-66; Graydon Carter, "Editor's Letter: Fly the Friendly Skies . . ." Vanity Fair, October 2003; Richard A. Oppel Jr. with Diana B. Henriques, "A Nation at War: The Contractor; Company Has Ties in Washington, and to Iraq," New York Times, April 18, 2003, https://www.nytimes.com/2003/04/18/business/a-nation-at-war-the-contractor-company-has-ties-in-washington-and-to-iraq.html

19장

1. 다음과 같은 자료를 참고하기 바란다. John M. Perkins, "Colonialism in Panama Has No Place in 1975," Boston Evening Globe, Op-Ed page, September 19, 1975; John M. Perkins, "U.S.-Brazil Pact Upsets Ecuador," Boston Globe, Op-Ed page, May 10, 1976.

2. 전문 잡지에 기고한 몇 개의 보고서는 다음과 같다. John M. Perkins et al., "A Markov Process Applied to Forecasting, Part I—Economic Development" and "A Markov Process Applied to Forecasting, Part II—The Demand for Electricity," Institute of Electrical and Electronics Engineers, Conference Papers C 73 475-1 (July 1973) and C 74 146-7 (January 1974), respectively; John M. Perkins and Nadipuram R. Prasad, "A Model for Describing Direct and Indirect Interrelationships Between the Economy and the Environment," Consulting Engineer (April 1973); Edwin Vennard, John M. Perkins, and Robert C. Ender, "Electric Demand from Interconnected Systems," TAPPI Journal (Technical Association of the Pulp and Paper Industry), 28th Conference Edition, 1974; John M. Perkins et al., "Iranian Steel: Implications for the Economy and the Demand for Electricity" and "Markov Method Applied to Planning," presented at the Fourth Iranian Conference on Engineering, Pahlavi University, Shiraz, Iran, May 12-16, 1974; and Economic Theories and Applications: A Collection of Technical Papers with a Foreword by John M. Perkins (Boston: Chas. T. Main, Inc., 1975).

3. Perkins, "Colonialism."

20장

1. William Shawcross, The Shah's Last Ride: The Fate of an Ally (New York: Simon and Schuster, 1988). 이란 국왕의 왕위 등극에 관한 내용을 좀 더 자세히 알고 싶다면 다음을 참고하자. H. D. S. Greenway, "The Iran Conspiracy," New York Review of Books, September 23, 2003; Stephen Kinzer, All the Shah's Men: An American Coup and the Roots of Middle East Terror (Hoboken, NJ: John Wiley & Sons, Inc., 2003).

2. 야민과 푸른 사막 프로젝트, 이란에 대해서 좀 더 많은 내용이 궁금하다면 다음을

참고하기 바란다. John Perkins, *Shapeshifting* (Rochester, VT: Destiny Books, 1997).

21장

1. Erich Kolig, *Conservative Islam: A Cultural Anthropology* (Lanham, MD: Rowman & Littlefield, 2012).

2. Saeed Kamali Dehghan and Richard Norton-Taylor, "CIA Admits Role in 1953 Iranian Coup," The Guardian, August 19, 2013, http://www.theguardian.com/world/2013/aug/19/cia-admits-role-1953-iranian-coup

22장

1. 이란 국왕의 왕위 등극에 관한 내용을 좀 더 자세히 알고 싶다면 다음을 참고하자. H. D. S. Greenway, "The Iran Conspiracy," New York Review of Books, September 23, 2003; Stephen Kinzer, *All the Shah's Men: An American Coup and the Roots of Middle East Terror* (Hoboken, NJ: John Wiley & Sons, Inc., 2003).

2. 아야톨라 루홀라 호메이니에 관한 《타임》 표지기사를 참고하기 바란다. February 12, 1979, January 7, 1980, and August 17, 1987.

23장

1. Gerard Colby and Charlotte Dennet, *Thy Will Be Done, The Conquest of the Amazon: Nelson Rockefeller and Evangelism in the Age of Oil* (New York: HarperCollins, 1995), 381.

24장

1. 전문가의 의견은 다음에서 확인할 수 있다. Dylan Matthews and Kimberly Ann Elliot, "Poor Countries Can Keep Workers Safe and Still Escape Poverty," Washington Post, April 25, 2013, http://www.washingtonpost.com/blogs/wonkblog/wp/2013/04/25/poor-countries-can-keep-workers-safe-and-still-escape-poverty/ 중국에 있는 공장에 관한 좀 더 많은 내용이 궁금하다면 다음을 참고하기 바란다. "Sweatshops in China," War On Want, October 12, 2009, http://www.waronwant.org/sweatshops-china

26장

1. Maria Guadalupe Moog Rodrigues, "Environmental Activism Beyond Brazil I—The Struggle Against Oil Exploitation in Ecuador," in *Global Environmentalism and Local Politics: Transnational Advocacy Networks in Brazil, Ecuador, and India* (Albany: State University of New York Press, 2004).

2. 서머언어학연구소의 역사, 활동, 여러 석유 회사 및 록펠러 가문과의 유착에 관한 자세한 내용이 궁금하다면 다음을 참고하기 바란다. Gerard Colby and Charlotte Dennet, *Thy Will Be Done: The Conquest of the Amazon: Nelson Rockefeller and Evangelism in the Age of Oil* (New York: HarperCollins, 1995); Joe Kane, *Savages* (New York: Alfred A. Knopf, 1995; 레이철 세인트에 관해 좀 더 자세한 내용은 85, 156, 227쪽에서 확인할 수 있다.)

3. John D. Martz, *Politics and Petroleum in Ecuador* (New Brunswick, NJ, and Oxford, UK: Transaction Books, 1987), 272.

4. José Carvajal Candall, *Objetivos y Políticas de CEPE* (Quito, Ecuador: Primer Seminario, 1979), 88.

28장

1. John D. Martz, *Politics and Petroleum in Ecuador* (New Brunswick, NJ and Oxford, UK: Transaction Books, 1987), 272.

2. Gerard Colby and Charlotte Dennet: *Thy Will Be Done: The Conquest of the Amazon: Nelson Rockefeller and Evangelism in the Age of Oil* (New York: HarperCollins, 1995), 813.

3. Martz, *Politics and Petroleum*, 303.

4. Martz, *Politics and Petroleum*, 381, 400.

29장

1. 조지 슐츠는 닉슨 행정부에서 재무부 장관과 경제정책위원회 의장을 지낸 후(1972~1974년), 벡텔 회장직을 맡았다가(1974~1982년) 레이건 행정부에서 국무부 장관을 역임했다.(1982~1989년) 캐스퍼 와인버거는 닉슨 행정부와 포드 행정부에서 예산관리국장과 보건교육복지부 장관을 지냈으며(1973~1975년), 벡텔에서 부사장 겸 법무 자문 위원을 지낸 후(1975~1980년), 레이건 행정부 시절 국방부 장관을 역임했다.(1981~1987년) 1973년에 열린 워터게이트 청문회에서 존 딘은 미 상원에서 증언하던 중 미국의 토리호스 암살 음모를 처음

폭로했다. 1975년에는 프랭크 처치 상원의원의 주재로 CIA에 관한 조사가 진행됐고, 당시 CIA가 토리호스와 노리에가를 모두 암살할 계획을 세웠다는 추가 증언과 문서가 제출됐다. 예를 들어 다음과 같은 자료를 참고할 수 있다. Manuel Noriega with Peter Eisner, *America's Prisoner: The Memoirs of Manuel Noriega* (New York: Random House, 1997), 107.

30장

1. 인디펜던트파워시스템스와 완전소유 자회사인 아치볼드 파워코퍼레이션, 그리고 전 CEO 존 퍼킨스에 대해 좀 더 많은 내용이 궁금하다면 다음을 참고하자. Jack M. Daly and Thomas J. Duffy, "Burning Coal's Waste at Archbald," Civil Engineering, July 1988; Vince Coveleskie, "Co-Generation Plant Attributes Cited," Scranton Times, October 17, 1987; Robert Curran, "Archbald Facility Dedicated," Scranton Tribune, October 17, 1987; "Archbald Plant Will Turn Coal Waste into Power," Citizen's Voice (Wilkes-Barre, PA), June 6, 1988; "Liabilities to Assets: Culm to Light, Food," Citizen's Voice (Wilkes-Barre, PA), June 7, 1988.

2. Joe Conason, "The George W. Bush Success Story," Harper's Magazine, February 2000; Craig Unger, "Saving the Saudis," Vanity Fair, October 2003.

3. Unger, "Saving the Saudis."

4. 참조. George Lardner Jr. and Lois Romano, "The Turning Point After Coming Up Dry," Washington Post, July 30, 1999; Conason, "The George W. Bush Success Story"; Sam Parry, "The Bush Family 'Oiligarchy'-Part Two: The Third Generation," June 12, 2015, https://consortiumnews.com/2015/06/12/the-bush-family-oiligarchy/

5. 이 이론은 새로운 의미를 갖게 되었고, 몇 년 후 유명 회계법인 아서 앤더슨이 엔론 경영진과 공모해 에너지 소비자, 엔론 직원, 미국 대중을 속여 수십억 달러를 가로챘다는 사실이 밝혀지면서 대대적인 관심을 받게 되었다. 그러나 2003년 이라크 전쟁이 임박해지자 사람들의 관심이 사라졌다. 이라크 전쟁 시기에, 바레인은 조지 W. 부시 대통령의 전략에서 중요한 역할을 했다.

32장

1. Manuel Noriega with Peter Eisner, *America's Prisoner: The Memoirs of Manuel Noriega* (New York: Random House, 1997), 56.

2. David Harris, *Shooting the Moon: The True Story of an American Manhunt Unlike Any Other, Ever* (Boston: Little, Brown and Company, 2001), 31-34.

3. Harris, *Shooting the Moon*, 43.

4. Noriega with Eisner, *Memoirs*, 212; see also Craig Unger, "Saving the Saudis," Vanity Fair, October 2003.

5. Noriega with Eisner, *Memoirs*, 114.

6. www.famoustexans.com/georgebush.htm

7. Noriega with Eisner, *Memoirs*, 56–57.

8. Harris, *Shooting the Moon*, 6.

9. www.famoustexans.com/georgebush.htm

10. Harris, *Shooting the Moon*, 4.

11. Noriega with Eisner, *Memoirs*, 248.

12. Noriega with Eisner, *Memoirs*, 248.

13. Noriega with Eisner, *Memoirs*, xxi.

33장

1. Morris Barrett, "The Web's Wild World," TIME, April 26, 1999, https://content.time.com/time/subscriber/article/0,33009,990845-2,00.html

34장

1. 미국 남성들은 ISIS보다 중국을 더 두려워한다. 참조. "What Are Americans Most Afraid Of?" Vanity Fair, January 5, 2015, http://www.vanityfair.com/culture/2015/01/fear-60-minutes-poll

35장

1. Roddy Scheer and Doug Moss, "Use It and Lose It: The Outsize Effect of US Consumption on the Environment," Scientific American, EarthTalk blog, September 14, 2012, http://www.scientificamerican.com/article/american-consumption-habits/

36장

1. Leo King, "Bandits, Mafia, Cartel, Bank Traders' Astonishing Online Messages,"

Forbes, May 21, 2015, http://www.forbes.com/sites/leoking/2015/05/21/forex-barclays-citi-ubs-jpmorgan-online-chat-instant-messenger/

2. Virginia Harrison and Mark Thompson, "5 Big Banks Pay $5.4 Billion for Rigging Currencies," CNNMoney, May 20, 2015.

3. Stephanie Clifford and Matt Apuzzo, "After Indicting 14 Soccer Officials, U.S. Vows to End Graft in FIFA," New York Times, May 27, 2015, https://www.nytimes.com/2015/05/28/sports/soccer/fifa-officials-arrested-on-corruption-charges-blatter-isnt-among-them.html

4. Laura Shin, "The 85 Richest People in the World Have as Much Wealth as the 3.5 Billion Poorest," Forbes, January 23, 2014, http://www.forbes.com/sites/laurashin/2014/01/23/the-85-richest-people-in-the-world-have-as-much-wealth-as-the-3-5-billion-poorest/

5. Ricardo Fuentes-Nieva and Nick Galasso, "Working for the Few: Political Capture and Economic Inequality," Oxfam International, January 20, 2014, https://policy-practice.oxfam.org/resources/working-for-the-few-political-capture-and-economic-inequality-311312/

6. World Bank, "Poverty Overview," April 6, 2015, http://www.worldbank.org/en/topic/poverty/overview.

7. James S. Henry, "Where the Money Went," Across the Board 41, no. 2 (March/April 2004): 42–45. 더 많은 정보를 알고 싶다면 다음 책을 참고하라. Henry, *The Blood Bankers: Tales from the Global Underground Economy* (New York: Four Walls Eight Windows, 2003)

8. Jacob Kushner, Anthony Langat, Sasha Chavkin, and Michael Hudson, "World Bank Projects Leave Trail of Misery Around Globe," Huffington Post, April 16, 2015, http://projects.huffingtonpost.com/worldbank-evicted-abandoned/worldbank-projects-leave-trail-misery-around-globe-kenya

37장

1. Lee Fang, "Where Have All the Lobbyists Gone?" The Nation, February 19, 2014, https://www.thenation.com/article/archive/shadow-lobbying-complex/

2. Brooks Barnes, "M.P.A.A. and Christopher Dodd Said to Be Near Deal," New York Times, Media Decoder blog, February 20, 2011, http://mediadecoder.blogs.nytimes.c

om/2011/02/20/m-p-a-a-and-christopher-dodd-said-to-be-near-deal/

3. Center for Responsive Politics, "Former Members," Open Secrets, https://www.opensecrets.org/revolving/top.php?display=Z

4. Fang, "Lobbyists."

5. Lee Drutman, "How Corporate Lobbyists Conquered American Democracy," The Atlantic, April 20, 2015, http://www.theatlantic.com/business/archive/2015/04/how-corporate-lobbyists-conquered-american-democracy/390822/

6. Conn Hallinan and Leon Wofsy, "'The American Century' Has Plunged the World into Crisis. What Happens Now?" Common Dreams, June 22, 2015, http://www.commondreams.org/views/2015/06/22/american-century-has-plunged-world-crisis-what-happens-now

7. Niraj Chokshi, "The United States of Subsidies: The Biggest Corporate Winners in Each State," Washington Post, March 18, 2015, http://www.washingtonpost.com/blogs/govbeat/wp/2015/03/17/the-united-states-of-subsidies-the-biggest-corporate-winners-in-each-state/

8. Jim Brunner, "Labor Group Disinvites Inslee over Boeing Tensions," Seattle Times, July 20, 2015, http://www.seattletimes.com/seattle-news/politics/labor-group-disinvites-inslee-over-boeing-tensions/

9. Mike Baker, "Boeing to Throw Party to Thank Washington Lawmakers for $8.7B," St. Louis Today, February 4, 2014, http://www.stltoday.com/business/local/boeing-to-throw-party-to-thank-washington-lawmakers-for-b/article_6d191691-9f07-5063-8e67-c2808ad4b302.html

10. Greg LeRoy, "Site Location 101: How Companies Decide Where to Expand or Relocate" and "Fantus and the Rise of the Economic War Among the States," in The Great American Jobs Scam: Corporate Tax Dodging and the Myth of Job Creation (San Francisco: Berrett-Koehler 2005), http://www.goodjobsfirst.org/corporate-subsidy-watch/site-location-consultants

11. Philip Mattera and Kasia Tarczynska with Greg LeRoy, "Megadeals: The Largest Economic Development Subsidy Packages Ever Awarded by State and Local Governments in the United States," Good Jobs First (June 2013), http://www.goodjobsfirst.org/sites/default/files/docs/pdf/megadeals_report.pdf

12. Damian Carrington and Harry Davies, "US Taxpayers Subsidising World's Biggest Fossil Fuel Companies," The Guardian, May 12, 2015, http://www.theguardian.com/

environment/2015/may/12/us-taxpayers-subsidising-worlds-biggest-fossil-fuel-companies

13. Andrea Germanos, "'Corporate Influence Has Won': House Passes Anti-GMO Labeling Bill," Common Dreams, July 23, 2015, http://www.commondreams.org/news/2015/07/23/corporate-influence-has-won-house-passes-anti-gmo-labeling-bill

14. Deirdre Fulton, "Exposed: How Walmart Spun an 'Extensive and Secretive Web' of Overseas Tax Havens," Common Dreams, June 17, 2015, http://www.commondreams.org/news/2015/06/17/exposed-how-walmart-spun-extensive-and-secretive-web-overseas-tax-havens

15. Clare O'Connor, "Report: Walmart Workers Cost Taxpayers $6.2 Billion in Public Assistance," Forbes, April 15 2014, http://www.forbes.com/sites/clareoconnor/2014/04/15/report-walmart-workers-cost-taxpayers-6-2-billion-in-public-assistance/

16. Jubilee USA Network, "Vulture Funds Case Study," https://www.jubileeusa.org/vulture_funds

17. Chavala Madlena, Maggie O'Kane, and Greg Palast, "Vulture Funds Await Jersey Decision on Poor Countries' Debts," The Guardian, November 15, 2011, http://www.theguardian.com/global-development/2011/nov/15/vulture-funds-jersey-decision

18. Joseph Stiglitz, "Sovereign Debt Needs International Supervision," The Guardian, June 16, 2015, http://www.theguardian.com/business/2015/jun/16/sovereign-debt-needs-international-supervision

19. Laura Shin, "The 85 Richest People in the World Have as Much Wealth as the 3.5 Billion Poorest," Forbes, January 23, 2014, http://www.forbes.com/sites/laurashin/2014/01/23/the-85-richest-people-in-the-world-have-as-much-wealth-as-the-3-5-billion-poorest/

38장

1. Julian Gavaghan, "Is There a Drone in Your Neighbourhood? Rise of Spy Planes Exposed after FAA Is Forced to Reveal 63 Launch Sites across U.S.," Mail Online, April 24, 2012, http://www.dailymail.co.uk/news/article-2134376/Is-drone-neighbourhood-Rise-killer-spy-planes-exposed-FAA-forced-reveal-63-launch-sites-U-S.html

2. Sarah Lazare, "'You Have a Choice': Veterans Call on Drone Operators to

Refuse Orders," Common Dreams, June 19, 2015, http://www.commondreams.org/news/2015/06/19/you-have-choice-veterans-call-drone-operators-refuse-orders

3. "Top U.S. General: Drones Are 'Failed Strategy' That 'Cause More Damage,'" Democracy Now!, July 17, 2015, http://www.democracynow.org/2015/7/17/headlines/top_us_general_drones_are_failed_strategy_that_cause_more_damage

4. Mark Mazzetti, Nicholas Kulish, Christopher Drew, Serge F. Kovaleski, Sean D. Naylor, and John Ismay, "SEAL Team 6: A Secret History of Quiet Killings and Blurred Lines," New York Times, June 6, 2015, http://www.nytimes.com/2015/06/07/world/asia/the-secret-history-of-seal-team-6.html

5. Gavaghan, "Is There a Drone?"

6. "AP: FBI Using Low-Flying Spy Planes over U.S.," CBS News, June 2, 2015, http://www.cbsnews.com/news/ap-fbi-using-low-flying-spy-planes-over-us/

7. "NSA Spying," Electronic Frontier Foundation, https://www.eff.org/nsa-spying

8. Steve Holland, Mark Hosenball, and Jeff Mason, "Obama Bans Spying on Leaders of U.S. Allies, Scales Back NSA Program," Reuters, January 18, 2014, https://www.reuters.com/article/us-usa-security-obama/obama-bans-spying-on-leaders-of-u-s-allies-scales-back-nsa-program-idUSBREA0G0JI20140117

9. James Ball, "NSA Monitored Calls of 35 World Leaders after US Official Handed over Contacts," The Guardian, October 25, 2013, http://www.theguardian.com/world/2013/oct/24/nsa-surveillance-world-leaders-calls

10. "Private Security Monitor," University of Denver, http://psm.du.edu/articles_reports_statistics/data_and_statistics.html

11. "30 Most Powerful Private Security Companies in the World," Security Degree Hub, January 11, 2013, http://www.securitydegreehub.com/30-most-powerful-private-security-companies-in-the-world/

39장

1. "Great Leap Forward, Chinese history," Encyclopedia Britannica, https://www.britannica.com/event/Great-Leap-Forward

2. Los Angeles Times Staff, "China's President Is the Country's Most- Traveled Leader Since Communism—and Maybe the Strongest," Los Angeles Times, December

25, 2015, https://www.latimes.com/world/asia/la-fg-china-president-travel-20151225-story.html

3. Abraham Denmark, "40 Years Ago, Deng Xiaoping Changed China—and the World," Washington Post, December 19, 2018, https://www.washingtonpost.com/news/monkey-cage/wp/2018/12/19/40-years-ago-deng-xiaoping-changed-china-and-the-world/

4. Drew Desilver, "For Most U.S. Workers, Real Wages Have Barely Budged in Decades," Pew Research Center, August 7, 2018, https://www.pewresearch.org/fact-tank/2018/08/07/for-most-us-workers-real-wages-have-barely-budged-for-decades/

5. 좀 더 자세한 내용은 다음에서 확인할 수 있다. Sergey Glazyev, "The Threat of War and the Russian Response," Russia in Global Affairs no. 3 (July/Sept 2014), https://eng.globalaffairs.ru/articles/the-threat-of-war-and-the-russian-response/; Sergey Glazyev, *Strategy for Growth in the Context of the Global Economic Crisis* (Hanover, Germany: European Academy of Natural Sciences Press, 2015; 대부분의 나라에서 이 책은 더 이상 판매되지 않는다. 대개 오바마 대통령의 제재 탓인 크다.); "CGTN talks to President Putin's special adviser, Sergey Glazyev about Russia, China and the West" (video), November 28, 2017, https://www.youtube.com/watch?v=EHhpZ9XaYSo

6. Hal Brands, "The Dangers of China's Decline," Foreign Policy, April 14 2022, https://foreignpolicy.com/2022/04/14/china-decline-dangers/

41장

1. Clifford Krauss and Keith Bradsher, "China's Global Ambitions, Cash and Strings Attached," New York Times, July 24, 2015, https://www.nytimes.com/2015/07/26/business/international/chinas-global-ambitions-with-loans-and-strings-attached.html

2. Adam Isacson, "Four Common Misconceptions about US-bound Drug Flows through Mexico and Central America," WOLA (Advocacy for Human Rights in the Americas), June 20, 2017, https://www.wola.org/analysis/four-common-misconceptions-u-s-bound-drug-flows-mexico-central-america/

3. Don Giolzetti, "China's Front Door to America's Backyard," The Diplomat, June 28, 2019, https://thediplomat.com/2019/06/chinas-front-door-to-americas-backyard/

4. Lucy Kosimar, "Kissinger Covered Up Chile Torture," The Guardian, February 28, 1999, https://www.theguardian.com/world/1999/feb/28/pinochet.chile; Julian Borger, "Kissinger Backed Dirty War against Left in Argentina," The Guardian, August 28, 2014,

https://www.theguardian.com/world/2004/aug/28/argentina.julianborger

5. Larry Rohter, "Exposing the Legacy of Operation Condor," New York Times, January 24, 2014, https://lens.blogs.nytimes.com/2014/01/24/exposing-the-legacy-of-operation-condor?/

6. Mark P. Sullivan and Thomas Lum, "China's Engagement with Latin America and the Caribbean," Congressional Research Service, updated May 4, 2022, https://fas.org/sgp/crs/row/IF10982.pdf

7. Will Freeman, "Ecuador Just Voted Against Populism, but Its Democracy Is Far from Healthy," Foreign Policy, April 15, 2021, https://foreignpolicy.com/2021/04/15/ecuador-election-president-lasso-arauz/

8. Alexandra Valencia, "Ecuador Sees Trade Deal with China at End of Year, Debt Talks to Begin," Reuters, February 5, 2022, https://www.reuters.com/markets/us/ecuador-sees-trade-deal-with-china-end-year-debt-talks-begin-2022-02-05/

9. Juan Luis González, "'Relaciones Carnales': Argentina's Ties with China Deepen under Fernández," Buenos Aires Times, August 8, 2020, https://www.batimes.com.ar/news/argentina/relaciones-carnales-argentinas-ties-with-china-deepen-under-fernandez.phtml

10. Jorge G. Castañeda, "Argentina Needs Help. Trump Is the Answer," New York Times, January 10, 2020, https://www.nytimes.com/2020/01/10/opinion/argentina-fernandez-trump.html

11. Castañeda, "Argentina Needs Help."

12. Editorial Board, "While America Slept, China Gained a Stranglehold on the Panama Canal," St. Louis Post-Dispatch, January 6, 2019, https://www.stltoday.com/opinion/editorial/editorial-while-america-slept-china-gained-a-stranglehold-on-the-panama-canal/article_30203f97-8324-55f0-b878-351e945c2e1c.html

13. Giolzetti, "China's Front Door."

14. Giolzetti, "China's Front Door."

15. Mat Youkee, "The Panama Canal Could Become the Center of the U.S. China Trade War," Foreign Policy, May 7, 2019, https://foreignpolicy.com/2019/05/07/the-panama-canal-could-become-the-center-of-the-u-s-china-trade-war/

42장

1. Rebecca Kesby, "North Vietnam, 1972: The Christmas Bombing of Hanoi," BBC World Service, December 24, 2012, https://www.bbc.com/news/magazine-20719382

2. Simon Speakman Cordall, "Landmines Still Exacting a Heavy Toll on Vietnamese Civilians," Guardian Weekly, September 18, 2012, http://www.guardian.co.uk/world/2012/sep/18/vietnam-unexploded-landmines-bombs

3. Michael F. Martin, "Vietnamese Victims of Agent Orange and U.S.-Vietnam Relations," CRS Report for Congress, Prepared for Members and Committees of Congress, Congressional Research Service 7-5700, RL34761, http://www.fas.org/sgp/crs/row/RL34761.pdf

4. Mengzhen Xia and Dingding Chen, "China and the US: Who Has More Influence in Vietnam?" The Diplomat, May 21, 2021, https://thediplomat.com/2021/05/china-and-the-us-who-has-more-influence-in-vietnam/

5. Dat Nguyen, "China- Vietnam Trade Soars Past $100 Bln," VNExpress International, November 19, 2020, https://e.vnexpress.net/news/business/economy/china-vietnam-trade-soars-past-100-bln-4194048.html

6. Bich T. Tran, "Vietnam Continues Efforts to Reduce Trade Dependence on China," ISEAS Perspective no. 114 (2021), https://www.iseas.edu.sg/articles-commentaries/iseas-perspective/2021-114-vietnam-continues-efforts-to-reduce-trade-dependence-on-china-by-bich-t-tran/

7. Michael Tatarski, "Vietnam's Tale of Two Metros, One Built by the Japanese and the Other by the Chinese," This Week in Asia, July 30, 2017, https:// www.scmp.com/week-asia/business/article/2104149/vietnams-tale-two-metros-one-built-japanese-and-other-chinese

8. China International Import Expo Bureau, "China-ASEAN Bilateral Trade Annually [sic] Growth Rate Hits 16.5% from 1991 to 2020: Customs" News Center, September 9, 2013, https://www.ciie.org/zbh/en/news/exhibition/news/20210913/29410.html

9. "Xi Jinping and Mauritian President Roupong Exchange Congratulatory Messages," China News Agency, April 15, 2022.; "Authors: Chinese Ambassador Huang Xilian," Manila Times.

10. "Manufacturing in Asia," AsiaLink, Business.

11. William Yuen Yee, "Explaining China's Relationship with Indonesia, Its Gateway

to Southeast Asia," SupChina, December 2, 2021.

12. Muhammad Zulfikar Rakhmat, "Growing Dependence on China Is Dangerous for Indonesia—What Can Be Done?" The Conversation, November 26, 2020, https://theconversation.com/growing-dependence-on-china-is-dangerous-for-indonesia-what-can-be-done-150372

13. Ashok Sajjanhar, "China- Central Asia Relations: An Uneasy Co-existence," Observer Research Foundation, March 10, 2021, https://www.orfonline.org/expert-speak/china-central-asia-relations-an-uneasy-co-existence/

14. Greg Palast, *Vultures' Picnic: In Pursuit of Petroleum Pigs, Power Pirates, and High-Finance Carnivores* (New York: Dutton Adult, 2011), 186.

15. Sajjanhar, "China- Central Asia Relations."

16. "China and Central Asia: Bilateral Trade Relationships and Future Outlook," China Briefing, May 20, 2021, https://www.china-briefing.com/news/china-and-central-asia-bilateral-trade-relationships-and-future-outlook/

17. Bradley Jardine, "Why Are There Anti- China Protests in Central Asia?" Washington Post, October 16, 2019, https://www.washingtonpost.com/politics/2019/10/16/why-are-there-anti-china-protests-central-asia/

43장

1. Christine Haigh, "Carving Up a Continent," World Development Movement report, April 2014, https://www.globaljustice.org.uk/wp-content/uploads/2014/11/carving_up_a_continent_report_web.pdf

2. "Data: Chinese investment in Africa," China Africa Research Initiative, Johns Hopkins School of Advanced International Studies, http://www.sais-cari.org/chinese-investment-in-africa

3. Yike Fu, "The Quiet China-Africa Revolution: Chinese Investment," The Diplomat, November 22, 2021, https://thediplomat.com/2021/11/the-quiet-china-africa-revolution-chinese-investment/

4. Yun Sun, "The Political Significance of China's Latest Commitments to Africa," Brookings, September 12, 2018, https://www.brookings.edu/blog/africa-in-focus/2018/09/12/the-political-significance-of-chinas-latest-commitments-to-africa/

5. Peter Stein and Emil Uddhammer, "China in Africa: The Role of Trade, Investments, and Loans amidst Shifting Geopolitical Ambitions," Observer Research Foundation, August 25, 2021, https://www.orfonline.org/research/china-in-africa/

6. Zainab Usman, "What Do We Know about Chinese Lending in Africa?," Carnegie Endowment for International Peace, June 2, 2021, https://carnegieendowment.org/2021/06/02/what-do-we-know-about-chinese-lending-in-africa-pub-84648

7. Malancha Chakrabarty, "From War Zone to China's Poster Child, to Economic Despair: Angola's 40-Year Journey," Observer Research Foundation, January 28, 2021, https://www.orfonline.org/research/from-war-zone-to-chinas-poster-child-to-economic-despair-angolas-40-year-journey/

8. Eric Lipton and Dionne Searcey, "How the U.S. Lost Ground to China in the Contest for Clean Energy," New York Times, November 21, 2021, https://www.nytimes.com/2021/11/21/world/us-china-energy.html; Fu, "The Quiet China-Africa Revolution."

9. "Chinese Mining Industry Contributes to Abuses in Democratic Republic of the Congo," Amnesty International, June 19, 2013, https://www.amnesty.org/en/latest/news/2013/06/chinese-mining-industry-contributes-abuses-democratic-republic-congo/

10. Zachary Skidmore, "The Future of Artisanal Mining in the DRC," Mining Technology, September 14, 2021, https://www.mining-technology.com/features/artisanal-mining-drc/

11. Data: Chinese Investment in Africa," China Africa Research Initiative, Johns Hopkins School of Advanced International Studies, http://www.sais-cari.org/chinese-investment-in-africa

12. Elliot Smith, "The US China Trade Rivalry Is Underway in Africa, and the US Is Playing Catch-up," CNBC, October 9, 2019, https://www.cnbc.com/2019/10/09/the-us-china-trade-rivalry-is-underway-in-africa.html

13. Henry Tugendhat, "Washington Needs a Better Message in Africa Than 'Don't Trust China,'" Foreign Policy, November 29, 2021, https://foreignpolicy.com/2021/11/29/us-china-africa-focac/

14. Nosmot Gbadamosi, "What Is China's Future in Africa?," Foreign Policy, December 8, 2021, https://foreignpolicy.com/2021/12/08/china-africa-cooperation-

investment-belt-road/

44장

1. History.com Editors, "Ottoman Empire," last updated May 9, 2022, https://www.history.com/topics/middle-east/ottoman-empire

2. Farnaz Fassihi and Steven Lee Myers, "Defying U.S., China and Iran Near Trade and Military Partnership," New York Times, July 11, 2020, https://www.nytimes.com/2020/07/11/world/asia/china-iran-trade-military-deal.html

3. David Leonhardt, "The Human Toll," New York Times, December 20, 2021, https://www.nytimes.com/2021/12/20/briefing/us-airstrikes-human-toll.html

4. "Arab Attitudes toward President Trump and his Middle East Policies and Positions," Arab Center Washington DC, October 27, 2017, https://arabcenterdc.org/resource/arabs-opinion-trump-oct-2017/

5. Eyck Freymann, "Influence Without Entanglement in the Middle East: How China Is Outflanking the United States—and Staying Under the Radar," Foreign Policy, February 25, 2021, https://foreignpolicy.com/2021/02/25/influence-without-entanglement-in-the-middle-east/

6. Jonathan Marcus, "China Helps Iraq Military Enter Drone Error," BBC, October 12, 2015, https://www.bbc.com/news/world-middle-east-34510126

7. "China Cancels 80% of Iraq's Debt," Sydney Morning Herald, February 3, 2010, https://www.smh.com.au/business/china-cancels-80-of-iraqs-debt-20100203-nbc9.html

8. Li Xuanmin and Chi Jingyi, "China to Help Build 1,000 Schools in War-Torn Iraq After US Announces End to Combat Mission," Global Times, December 20, 2021, https://www.globaltimes.cn/page/202112/1242930.shtml; GCR Staff, "China to Build Airport, Housing and Healthcare Facilities for Iraqi Oil," Global Construction Review, July 26, 2021, https://www.globalconstructionreview.com/china-build-airport-housing-and-healthcare-facilit/

9. "Headlines," January 4, 2022, DemocracyNow!, https://www.democracynow.org/2022/1/4/headlines?utm_source=Democracy+Now%21&utm_campaign=dc42566112-Daily_Digest_COPY_01&utm_medium=email&utm_term=0_fa2346a853-dc42566112-190355325

10. Anchel Vohra, "Xi Jinping Has Transformed China's Middle East Policy," Foreign Policy, February 1, 2022, https://foreignpolicy.com/2022/02/01/xi-jinping-has-transformed-chinas-middle-east-policy/

11. Yasser Elnaggar, "China's Growing Role in the Middle East," Middle East Institute, MEI@75, January 9, 2020, https://www.mei.edu/publications/chinas-growing-role-middle-east

12. Suhail Ahmad Khan, "China's Increasing Influence in the Middle East," E-International Relations, September 20, 2021, https://www.e-ir.info/2021/09/20/chinas-increasing-influence-in-the-middle-east/

13. "Direct Investment Position of the U.S. in the Middle East 2000-2020," Statista Research Department, August 4, 2021, https://www.statista.com/statistics/188602/united-states-direct-investments-in-the-middle-east-since-2000/

14. Amin Mohseni-Cheraghlou, "MENA at the Center of the West: China's 'Opening Up to the West' Strategy," Middle East Institute, MEI@75, March 9, 2021, https://www.mei.edu/publications/mena-center-west-chinas-opening-west-strategy

15. "China Challenges US Position as Most Important Partner for Middle East," Business Standard, June 14, 2021, https://www.business-standard.com/article/international/china-challenges-us-position-as-most-important-partner-for-middle-east-121061400348_1.html

45장

1. Wikipedia, "China–European Union Relations," https://en.wikipedia.org/wiki/China%E2%80%93European_Union_relations

2. "China Overtakes US as EU's Biggest Trading Partner," BBC, February 17, 2021, https://www.bbc.com/news/business-56093378

3. Stephen M. Walt, "Will Europe Ever Really Confront China?" Foreign Policy, October 15, 2021, https://foreignpolicy.com/2021/10/15/will-europe-ever-really-confront-china/

4. Jeff Mason, Andrea Shalal, and Jonathan Landay, "Trump Lauds Economic Steps between Serbia and Kosovo," Reuters, September 15, 2020, https://www.reuters.com/article/usa-serbia-kosovo-int-idUSKBN25V2LX

5. Vuk Vuksanovic, "How Serbia Became China's Dirty-Energy Dumping Ground,"

Foreign Policy, July 16, 2021, https://foreignpolicy.com/2021/07/16/serbia-china-bri-coal-copper-dirty-energy-dumping-ground/

6. Andrew Higgins, "A Pricey Drive Down Montenegro's Highway 'From Nowhere to Nowhere,'" New York Times, August 14, 2021, https://www.nytimes.com/2021/08/14/world/europe/montenegro-highway-china.html

7. Philippe Descamps and Ana Otašević, "Montenegro's Ragged Coalition," Le Monde Diplomatique, April 2021, https://mondediplo.com/2021/04/06montenegro

8. Andreea Brînză, "How China Blew Its Chance in Eastern Europe," Foreign Policy, April 11, 2019, https://foreignpolicy.com/2019/04/11/how-china-blew-its-chance-in-eastern-europe/; Jonathan E. Hillman and Maesea McCalpin, "Will China's '16+1' Format Divide Europe?," Center for Strategic & International Studies, April 11, 2019, https://www.csis.org/analysis/will-chinas-161-format-divide-europe

9. Michael Hirsh, "The Month That Changed a Century," Foreign Policy, April 10, 2022, https://foreignpolicy.com/2022/04/10/russia-ukraine-war-postwar-global-order-civilization/

10. Diana Choyleva, "China Is Reassessing Western Financial Power After Ukraine," Foreign Policy, April 15, 2022, https://foreignpolicy.com/2022/04/15/china-western-financial-power-ukraine/

46장

1. Ryan Hass, "The 'New Normal' in US-China Relations: Hardening Competition and Deep Interdependence," Brookings, August 12, 2021, https://www.brookings.edu/blog/order-from-chaos/2021/08/12/the-new-normal-in-us-china-relations-hardening-competition-and-deep-interdependence/

2. "The US-China Economic Relationship," US-China Business Council, January 2021, https://www.uschina.org/reports/us-china-economic-relationship

3. Julian Pecquet, "Meet the Former US Lawmakers Lobbying for China, Inc.," Foreign Lobby Report, May 17, 2021.

4. Bethany Allen-Ebrahimian, "Meet the U.S. Officials Now in China's Sphere of Influence," Daily Beast, November 21, 2018, https://www.thedailybeast.com/meet-the-us-officials-who-now-lobby-for-china

5. Caitlin Oprysko with Daniel Lippman, "Embattled Chinese Firms Add

Lobbying Help," Politico, July 7, 2021, https://www.politico.com/newsletters/politico-influence/2021/07/07/embattled-chinese-firms-add-lobbying-help-796354

6. Allen-Ebrahimian, "Meet the U.S. Officials."

결론

1. Dorothy Neufeld, "Visualizing the $94 Trillion World Economy in One Chart," Visual Capitalist, December 22, 2021, https://www.visualcapitalist.com/visualizing-the-94-trillion-world-economy-in-one-chart/

2. Kate Larsen, Hannah Pitt, Mikhail Grant, and Trevor Houser, "China's Greenhouse Gas Emissions Exceeded the Developed World for the First Time in 2019," Rhodium Group, May 6, 2021, https://rhg.com/research/chinas-emissions-surpass-developed-countries/

3. Office of the Spokesperson, "U.S.-China Joint Statement Addressing the Climate Crisis," US Department of State, April 17, 2021, https://2021-2025.state.gov/u-s-china-joint-statement-addressing-the-climate-crisis/

4. David Korten, *Ecological Civilization: From Emergency to Emergence* (Rome: Club of Rome, 2021), https://www.clubofrome.org/wp-content/uploads/2021/11/Korten_EcoCiv_11032021_Updated-cover-1.pdf; Arthur Hanson, "Ecological Civilization in the People's Republic of China: Values, Action, and Future Needs," ADB East Asia Working Paper Series, No. 21, Asian Development Bank, December 2019, https://www.adb.org/sites/default/files/publication/545291/eawp-021-ecological-civilization-prc.pdf

부록

1. Merriam-Webster, s.v. "capitalism," https://www.merriam-webster.com/dictionary/capitalism

2. Lexico, s.v. "capitalism."

3. David Korten, *Ecological Civilization: From Emergency to Emergence* (Rome: Club of Rome, 2021), https://www.clubofrome.org/wp-content/uploads/2021/11/Korten_EcoCiv_11032021_Updated-cover-1.pdf

감사의 말

『경제가 성장하면 우리는 정말로 행복해질까』, 『위대한 전환』, 『생태 문명』 등 여러 권의 중요한 책과 기사를 작성한 내 친구 데이비드 코튼에게 특히 깊은 감사를 전한다. 하버드 경영대학원에서 학생들을 가르쳤으며 포드 재단, 록펠러 재단, 국제개발처 사절단, 아시아와 중남미, 아프리카 등지의 경영대학원 자문 위원으로 활발하게 활동해 온 데이비드는 내게 매우 중요한 통찰력과 정보를 주었다. 생명의 경제와 생태 문명을 일구기 위해 부단히 노력을 기울이고 많은 사람에게 지혜를 전수해 준 데 대해서도 무척 감사하게 생각한다.

이 책을 계속 집필하기는 일이 너무도 벅차게 느껴졌을 때 포기하지 않도록 나를 격려해 준 나의 동반자 키먼 루카스에게 깊은 감사를 표한다. 키먼은 아시아, 유럽, 중남미, 중동 여행을 직접 계획하고 동행했다. 키먼은 주간 뉴스레터뿐 아니라 내 원고를 읽고, 비평하고, 수정 방안도 제시했다. 연설과 인터뷰에 앞서 나를 코치해 줬고 내 삶에 계속해서 기쁨을 가져다주었다.

베렛-쾰러 출판사 설립자이자 『경제 저격수의 고백』이 3판까지 인쇄되는 동안 줄곧 편집을 맡아 준 스티븐 피어산티에게 감사를 전한다. 1판과 2판에 최신 내용을 추가하도록 격려하고, 미국과 중국의 입장에서 경제 저격수 전략을 바라보고 끊임없이 변화하는 전 세계의 지정학에 대응할 수 있도록 셀 수 없이 많은 시간을 할애해 준 피어산티가 있었기에 이 책이 나올 수 있었다. 이 책 전반에서 그의 뛰어난 재능과 영혼이 돋보인다.

오랜 세월 동안 나를 지지해 주었고 지금까지 계속해서 나를 응원해 주는 전 아내 위니프리드, 지역 공동체 조직가로 활동하며 내게 영감을 불어넣고 항상 곁에 있어 주는 딸 제시카 퍼킨스 밀러, 중요한 책을 늘 챙겨주고 언제나 나와 함께 고무적인 토론에 임해 주는 사위 데릭 스타벨펠트, 체스 게임을 할 때마다 나를 이겨 언제나 최선을 다하도록 도와주는 그랜트에게 모두 깊은 감사를 전한다. 아마존과 토착 문화, 이 연약한 지구에서 잘 살아간다는 것의 의미를 가르쳐 준 나의 '형제' 대니얼 쿠퍼만, 현대 기술의 매트릭스를 가로지르고 세대의 다리를 건너, 결국 훌륭한 친구들을 만날 수 있게 도와준 헤이지 하버와 킬리안 루카스에게도 감사를 전한다.

오랜 세월 내 곁을 지켜 준 데이나 에리, 조앤 에리, 모니카 에어링, 레이철 베시, 카일라 브라운-블랙, 마이클 브라운-블랙, 패티 세라, 에릭 프리츠, 애니 호난, 조 호난, 래리 헐버트, 스콧 제임스, 수전 제임스, 실라 미첼, 세라 넬슨, 벨렌 파에스, 스테판 렉샤핀, 제시카 시어, 조 트렌치, 빌 트위스트, 린 트위스트, 마나리 우시구아에게도 감사를 전한다.

사회적 기업이자 훌륭한 출판사인 베렛-퀼러에서 일하시는 모든 분에게 감사의 뜻을 표한다. 편집부의 지반 시바수브라마니암, 스티브 피어산티, 세라 모들린, 디자인·제작부의 애슐리 잉그램, 코트니 숀펠트, 에드워드 웨이드, 표지 디자이너 애덤 존슨, 영업·마케팅부 크리스틴 프란츠, 케이티 시핸, 마이크 크롤리, 레슬리 크랜델, 세라 넬슨, 샨제 쿠람, 샬럿 애쉬록, 푸르니마 라즈쿠마르, 마렌 폭스, 카일리 존슨, 국제저작권부의 마리아 헤수스 아길로와 캐서린 렌그론, 운영·관리부 제이슨 반 덴 엥, 요하나 폰델링, 데이비드 마셜, 특수 자문과 편집 지원을 맡아 준 두 컨설턴트 대니엘 굿맨과 바엘라 틴슬리, 훌륭한 교열 담당자 레이철 모너핸에게 깊은 감사를 전한다. 베렛-퀼러의 출판 파트너로 활동하는 표지 디자이너 애덤 존슨과 도서 제작자 모린 포리스(독립 퍼블리싱 업체 해프스탠스 타이프-오-라마 소속)에게도 많은 감사를 전한다.

메인에서 나와 함께 일했으며 경제 저격수 전략을 펼치는 과정에서 자신들이 어떤 역할을 했는지 모를 가능성이 큰 모든 분, 전 세계의 정글, 사막, 산악 지대, 도시에서 자신의 삶 한 자락을 기꺼이 내어 주신 분들, 이 책에 등장하는 이야기와 정보가 생겨나는 데 관계된 모든 분께 감사를 전한다.

저자에 대하여

존 퍼킨스는 네 가지 삶을 살았다. 첫 번째는 대형 컨설팅 회사의 수석 경제 전문가로 사는 삶이었다. 실제로는 그곳에서 경제 저격수 일을 했다. 두 번째는 대체 에너지 기업의 CEO로 사는 삶이었다. 이 시기에 경제 저격수 시절에 경험했던 일들을 폭로하지 않는 대가로 많은 보상을 받았다. 세 번째는 토착 문화 전문가 겸 강사, 그리고 작가로 살아가며, 전문성을 활용해 생태계와 지속 가능성을 홍보하는 동시에 경제 저격수 시절에 대한 침묵의 서약을 지키는 삶이었다. 그리고 마지막으로 작가이자 활동가로 살아가는 지금의 삶이 있다. 네 번째 삶을 택한 이후, 몸소 체험한 남다른 경험에 관한 이야기를 들려주고 미국을 세계 제국으로 만들기 위해 경제 저격수 전략을 활용한 세계적인 음모와 부패에 관한 이야기를 폭로했다. 퍼킨스는 『경제 저격수의 고백』 3판에서도 이런 여정을 계속 이어 나가고 있다. 미국이 사용해 온 경제 저격수 전략을 중국이 얼마나 효과적이고 위험천만한 방식으로

평화봉사단, 에콰도르, 1968년

수정했는지 설명하고, 나날이 악화 일로를 거듭하는 죽음의 경제를 생명력 넘치고 성공적인 생명의 경제로 바꿔 놓기 위한 계획을 제시한다.

이 책에 설명되어 있듯이, 경제 저격수가 된 존은 엄청난 금액의 차관을 얻어 인프라 프로젝트를 진행하도록 저소득 국가를 설득하는 일을 했다. 물론 이런 프로젝트들은 결국 미국 기업들의 배를 불리는 결과로 이어졌을 뿐이다. 이런 국가들이 일단 빚더미에 올라앉으면 미국과 중국 기업들이 석유를 비롯한 기타 자원을 착취했다.

존은 사우디아라비아 돈세탁 프로젝트, 이란 국왕의 왕위 등극과 망명, 에콰도르 대통령 하이메 롤도스와 파나마 지도자 오마르 토리호스의 의문스러운 죽음, 미국의 파나마 침공, 2003년 이라크 전쟁으로 이어진 일련의 사건 등 현대 역사상 가장 극적인 몇몇 사건에 직접 개입하거나 이런 사건들을 가까이서 목격했다.

존은 경제 저격수 일을 관둔 후 대체 에너지 회사인 인디펜던트파워시스템스를 설립했다. 존이 경영할 당시 인디펜던트파워시스템스는 매우 위험이 큰 비즈니스 부문에서 매우 훌륭한 성과를 냈다. 인디펜던트파워시스템스는 수많은 '우연'과 막강한 힘을 가진 사람들의 호의 덕에 업계 선도기업으로 발돋움했다. 존이 경제 저격수, 그리고 쿠데타와 암살을 조장하는 '자칼'에 관한 글을 쓰기 시작하자, 존과 갓 태어난 딸의 목숨을 위협하는 사람들이 나타났다. 결국 존은 뇌물을 받아들인다. 책을 쓰지 않는 대신 매우 많은 돈을 주는 컨설턴트 자리를 받아들이기로 한 것이다.

1990년대에 존은 드림체인지와 파차마마 얼라이언스 같은 비영리 단체를 단독 혹은 공동으로 설립해 죄책감을 달랬다. 컨설팅을 하고 받은 돈을 원주민의 권리와 환경을 보호하는 데 사용했으며, 아마존강 유역에 있는 국가들과 특히 긴밀하게 협력했다.

2001년 9월 11일에 벌어진 테러 사건을 목격한 후 존은 협박과 뇌물에 굴하지 않고 『경제 저격수의 고백』을 집필했다. 『경제 저격수의 고백』은 38개 언어로 번역돼 세계적인 베스트셀러가 되었다. 73주간 《뉴욕 타임스》 베스트셀러 목록에 올라 있었으며 200만 부가 넘게 판매됐다. 『경제 저격수의 고백』 출판 이후 존은 글로벌 강연 투어에 돌입했다. 기업 정상 회의, 소비자 및 환경 회의, 음악 축제, 50개가 넘는 대학, 중국을 비롯한 아시아 각국의 다양한 장소를 방문해 강연과 연설을 했다.

존은 ABC, NBC, CNN, CNBC, NPR, A&E, 히스토리 채널 등에 출연하고 《타임》, 《뉴욕 타임스》, 《워싱턴포스트》, 《코스모폴리탄》, 《엘르》, 《슈피겔》 등과 인터뷰를 진행했으며, 그 외에도 다양한 출판물과 다큐멘터리에 등장했다. 존은 '존 레논-오노 요코 평화상(Lennon Ono Grant for Peace)'과 레인포레스트 액션 네트워크가 수여하는 '관행적 비즈니스에 도전상(Challenging Business as Usual Award)'을 받았다.

『경제 저격수의 고백』 1판을 공개한 후 『미국 제국의 은밀한 역사(The Secret History of the American Empire)』, 『경제 저격수의 고백 2』, 『경제 저격수의 새로운 고백』, 『재규어 만지기(Touching the Jaguar)』, 최신작 『경제 저격수의 고백』 3판을 출판했다. 『놀라운 변화(Shapeshifting)』, 『세상은 당신이 꿈꾸는 대로』, 『사이코네비게이션(Psychonavigation)』, 『슈아르의 정신(Spirit of the Shuar)』, 『스트레스에서 벗어나는 습관』 등 토착 문화와 원주민들의 변화에 관해서도 여러 권의 저서를 집필했다.

존에 대해 좀 더 알아보고 싶다면 JohnPerkins.org에서 확인해 보자. 이 사이트에서 존이 어디에서 강의하는지 확인하고, 존이 집필한 책을 주문하고, 뉴스레터를 구독하고, 직접 존에게 연락할 수 있다.

드림체인지와 파차마마 얼라이언스에 관한 좀 더 자세한 내용은 dreamchange.org와 pachamama.org에서 확인할 수 있다.

이 책과 관련된 다양한 사진 자료와 최신 시사 정보는 economichitmanbook.com에서 확인할 수 있다.

옮긴이의 말
『경제 저격수의 고백』, 더 나은 세상을 위한 마중물

세상에는 의심이 허락되지 않는 말들이 있다. 대개 권위 있는 사람의 입에서 나온 말이 이런 대접을 받는다. 벌거벗은 임금님을 보고 사람들이 차마 진실을 말하지 못한 것도 감히 권위에 도전할 수 없었기 때문이다. 권위란 이토록 막강한 것이어서, 사람들은 틀린 말 앞에서도 그저 고개를 끄덕인다. 혹은 그 말의 위력에 편승해 자신에게 유리한 방향으로 마음껏 왜곡하기도 한다. "기업의 유일한 사회적 책임은 주주 이익 극대화"라는 말도 그중 하나다. 무려 노벨 경제학상을 받은 밀턴 프리드먼이 한 말이다. 이 말을 듣고서 고개를 갸우뚱하면서도 사람들은 감히 노벨상의 권위에 도전하지 못한다.

내가 이 문장을 처음 접한 건 대학 때였다. 나는 이해가 되지 않았다. '그렇다면 기업은 돈을 벌기 위해서는 무슨 짓이든 해도 된다는 뜻인가?'라는 의문이 순식간에 머리를 어지럽혔다. 온 바다가 기름으로 뒤덮여도 책임지지 않는 기업, 공장이 무너져 많은 노동자가 목숨을 잃었는데도 나 몰라라 책임 회피에 급급한 기업, 유해 물질인 걸 뻔히 알면서도 비용 절감을 위해 기꺼이 제품 원료로 선택하는 기업. '기업의 유일한 사회적 책임은 주주 이익 극대화'라는 말 한마디면 이런 기업들의 행태가 모두 정당화된다.

프리드먼은 '주주 이익 극대화' 외에 기업은 그 어떤 책임도 질 필요가 없다고 주장했고, 그 주장은 그에게 노벨 경제학상을 안겨 주었다. 한마디로, 전 세계가 이 명제가 옳다고 인정한 것이다. 분명히 틀렸다고 생각하면서도 나 역시 세계적인 석학의 권위에 감히 도전하지 못했다. 임금님이 사실은 벌거벗었다고 당당하게 소리쳤던 소년처럼 내 의견을 솔직하게 말하지 못했다. 그러나 동화 속의 용감한 소년처럼 누구보다 큰 목소리로 이런 주장이 틀렸다고 외치는 사람이 여기 있다. 아무런 양심의 가책 없이 소비자를 속이고, 환경을 파괴하고, 가난한 나라를 착취하는 자들이 틀렸다고 말하는 이가 여기 있다. 이 책의 저자이자 10년 동안 경제 저격수로 살았던 존 퍼킨스가 바로 그 주인공이다.

'사람이 갑자기 변하면 죽을 때가 된 것'이라는 말이 있다. 못된 짓을 일삼던 사람이 갑자기 착한 일을 하거나, 죽어도 공부를 안 하겠다던 학생이 갑자기 밤을 새우며 공부를 하는 식의 예기치 못한 변화 앞에서 사람들은 이런 우스갯소리를 한다. 그러나, 우스갯소리라기보다는 타고난 본성을 바꾸기가 그만큼 어렵다는 진실을 일깨워 주는 촌철살인에 가까운 말이다.

인간은 대체로 타성에 젖어 살던 대로 살아간다. 인간이 잘 바뀌지 않는 건 급작스럽고 파격적인 변화를 위해서는 먼저 '반성'이 필요하기 때문이다. 인간의 삶은 대개 지나온 자신의 삶을 정당화하는 방식으로 흘러간다. 어제의 거짓말을 덮기 위해 '어쩔 수 없었다'고 자신을 세뇌하며 오늘 더 큰 거짓말을 하는 건 인간의 본성이다. 오히려 잘못을 솔직하게 시인하고 '지금껏 내가 살아온 방식이 틀렸다'고 공표하는 게 인간의 본성에 어긋나는 일이다. 존재의 정당성 자체가 뿌리째 흔들리는 일이기 때문이다.

퍼킨스는 경제 저격수로 일하며 마음속에서 의문이 일 때마다 자신의 지난 선택을 끝없이 정당화했다. 그래야만 회유와 협박을 일삼고 옳고 그름을 교묘하게 비트는 자신의 삶을 용납할 수 있었기 때문이다. 그런 가운데서도 '내가 하는 일이 과연 과연 옳은가?'라는 근원적인 의문과 '다음 세대에게 이런 세상을 물려줘서는 안 돼.'라는 죄책감은 사나운 소용돌이가 되어 그의 삶에 끝없이 균열을 일으켰다.

이 책은 '고백록'의 형태를 띠고 있지만, 실상은 치열한 '반성문'에 가깝다. 퍼킨스는 자신이 걸어온 길을 깊이 반성한다는 것이 어떤 의미인지 잘 알았고, 직접 경험한 부조리한 세계의 진실을 폭로하려면 무엇을 걸어야 하는지 제대로 이해했다. 그가 써 내려간 이 길고 긴 반성문은 제국을 건설하기 위해 고군분투했던 다른 사람들의 성찰도 종용했다. 낱낱이 드러난 진실 앞에서 결코 자신의 지난 삶을 반성할 수 없었던 제국의 부역자들은 그의 목숨을 위협했다. 유엔 연설을 하루 앞둔 날, 기자를 사칭한 한 남자를 만난 후 퍼킨스는 의식을 잃고 쓰러졌다. 제국을 무너뜨리려는 그의 시도를 가만히 지켜만 볼 수 없었던 누군가의 소행이었으리라.

표면적으로는 제국의 시대가 저물었다. 그러나 기능적인 측면에서 제국은 여전히 존재한다. 기업에만 적용되던 프리드먼의 논리가 국가로 확대된 탓에 구시대의 유물로만 여겨졌던 제국이 되살아난 것이다.

자국의 번영을 위해서는 무엇이든 해도 된다는 논리를 앞세워 힘 있는 나라들이 힘없는 나라들을 마음껏 착취한다. 정치적인 제국은 사라졌으나 경제적인 제국은 나날이 그 위세가 높아지고 있다.

이 책은 2004년에 출판된 『경제 저격수의 고백』의 최신 개정판이다. 지금으로부터 20여 년 전에 이 책을 처음 번역했을 때는 '이미 벌어진 일에 대한 고백'에 불과한, 그러니까 '이미 모두 끝나버린 과거'를 돌아보는 책이라고 생각했다. 글을 읽고, 번역하며, 나는 혼자 분노를 삭였다. 울화가 치밀었지만 어디까지나 과거의 일일 뿐이라고 막연히 믿었다. 그러나, 이번 최신 개정판을 번역하며 나의 믿음이 완전히 틀렸다는 사실을 알게 됐다. 제국을 향한 야욕은 사라지지 않았고 전 세계를 움켜쥔 제국의 손아귀는 한층 세졌다. 막강한 부와 권력을 거머쥔 재계와 정계가 교묘하게 뒤엉킨 채 함께 그 제국을 움직인다는 미묘한 차이가 있을 뿐이다.

퍼킨스는 은밀하게 사람들의 뒤통수를 치는 제국의 실체를 거침없이 폭로한다. 거기에서 그치지 않고 직간접적으로 제국의 지배를 받는 모든 사람에게 얼마든지 이런 상황을 변화시킬 힘이 있음을 일깨운다. 제국은 거대하고, 갖은 권모술수를 동원해 제국 건설에 열을 올리는 세력은 막강하다. 반면에 그 제국이 뿌리를 내리지 못하도록 견제해야 하는 일반 시민들은 한없이 작고 약해 보인다. 정말이지 달걀로 바위를 깨는 격이랄까. 달걀 하나 던진다고 바위가 깨지지는 않는다. 그러나 달걀을 100번, 1,000번쯤 바위에 던져서 만들어 낸 작은 홈집은 곧 승리의 틈이 된다. 오랜 세월 동안 그 작은 틈으로 물 한 줄기가 흘러 들어가, 겨우내 얼었다가 봄에 녹기를 반복하면 거대한 바위에도 조금씩 금이 간다.

거대한 제국을 일거에 파괴할 방법은 없다. 그렇지만 무엇이 잘못된 것인지 깨닫고 그 잘못을 바로잡기 위해 다 함께 조금씩 노력한다면 얼마든지 제국을 무너뜨릴 수 있다. 한 명의 소비자로서 가격표 뒤의 사람과 환경을 보고, 투자자로서 기업의 지배 구조와 공급망, 노동자의 안전과 존엄에 관심을 기울이고, 세계 시민으로서 자국의 기형적인 풍요 대신 그 너머에 있는 전 세계의 공정한 번영을 택하는 것. 이것이 바로 각자가 해야 할 일이다. 저자가 써 내려간 이 길고 긴 반성문이 이 세상을 변화시키는 주문이 되기를 바란다.

2025년 10월
옮긴이 김현정

옮긴이 | 김현정

한양대학교 경영학과를 졸업한 후 삼성경제연구소에서 경제경영 전문 번역가로 일했다. 현재 바른번역에서 전문 번역가로 활동하고 있다. 옮긴 책으로는 『경제 저격수의 고백 2』, 『폭력의 유산』, 『부의 공식』, 『축소되는 세계』, 『얼 나이팅게일 위대한 성공의 시작』, 『결제는 어떻게 세상을 바꾸는가』, 『승리하는 기업』 등 다수가 있다.

경제 저격수의 고백

1판 1쇄 펴냄 2005년 4월 4일
1판 11쇄 펴냄 2021년 1월 15일
2판 1쇄 적음 2025년 10월 8일
2판 1쇄 펴냄 2025년 10월 15일

지은이 | 존 퍼킨스
옮긴이 | 김현정
발행인 | 박근섭
책임편집 | 김하경
펴낸곳 | 민음인

출판등록 | 2009. 10. 8 (제2009-000273호)
주소 | 06027 서울 강남구 도산대로 1길 62 강남출판문화센터 5층
전화 | 영업부 515-2000 편집부 3446-8774 팩시밀리 515-2007
홈페이지 | minumin.minumsa.com

도서 파본 등의 이유로 반송이 필요할 경우에는 구매처에서 교환하시고
출판사 교환이 필요할 경우에는 아래 주소로 반송 사유를 적어 도서와 함께 보내주세요.
06027 서울 강남구 도산대로 1길 62 강남출판문화센터 6층 민음인 마케팅부

한국어판 © ㈜민음인, 2025. Printed in Seoul, Korea
ISBN 979-11-7052-672-8 03320

㈜민음인은 민음사 출판 그룹의 자회사입니다.